KB205743

GREENING PAUL

Rereading the Apostle in a Time of Ecological Crisis

생태위기 상황에서 다시 읽는 바울서신

생태위기 상황에서 다시 읽는 바울서신

Greening Paul: Rereading the Apostle in a Time of Ecological Crisis

초판 1쇄 인쇄 | 2023년 8월 25일
초판 1쇄 발행 | 2023년 8월 31일

지은이 데이빗 호렐 · 크리스토퍼 사우스게이트 · 셰릴 헌트
옮긴이 신현태
펴낸이 김운용
펴낸곳 장로회신학대학교 출판부

등록 제1979-2호
주소 (우)04965 서울시 광진구 광장로5길 25-1 (광장동)
전화 02-450-0795
팩스 02-450-0797
이메일 ptpress@puts.ac.kr
홈페이지 http://www.puts.ac.kr

값 20,000원
ISBN 978-89-7369-009-1 93230

- 잘못된 책은 바꿔 드립니다.
- 이 책은 저작권법의 보호를 받는 저작물이므로 무단 전재와 복제를 금합니다.

GREENING PAUL

Rereading the Apostle in a Time of Ecological Crisis

David G. Horrell, Christopher Southgate, Cherryl Hunt

생태위기 상황에서 다시 읽는
바울서신

데이빗 호렐 · 크리스토퍼 사우스게이트 · 셰릴 헌트 지음   신현태 옮김

장로회신학대학교출판부

차 례

서 론

        요 근래에, 환경 문제는 정치와 윤리 분야에서 주요 쟁점이 되었다. 공해와 쓰레기 문제, 삼림 파괴와 멸종과 같이 우리들의 우려를 불러일으키는 문제 등이 여기에 해당된다. 이 가운데 가장 중요하게 여겨지는 것은 지구 온난화 문제이다. 인류에 의해 야기된 지구 온난화에 대한 과학적 근거들과 더불어 ─ 현재 전 지구적으로 드러난 영향과 함께 ─ 미래에 끼칠 영향에 대하여 우려 섞인 예측이 나올수록 환경 문제는 전 지구 공동체가 당면한 장기 도전 과제 중 가장 중요하고 어려운 문제로 부상되었다.[1] 미국의 대통령이 부시에서 오바마로 바뀌는 사이에 이 주제에 대한 미국의 입장은 극적으로 변했고, 기후 변화가 중대한 위협이라는 것을 부인하거나 기후 변화가 인간 행동에 의해 악화되고 있는 것에 대해 의문을 제기하는 사람들은 "지구 평면설"을 주장하는 사람과 동급으로 취급되었다.

        그러므로 환경 또는 생태학과 관련된 질문들은 ─ 우리를 둘러

싸고 있는 것 ^{우리의 환경} *environs* 이 아니라 우리가 살고 있는 생명 공동체 *oikos* 에 대해 이야기하고 있다는 의미를 암시하기 때문에 선호되는 질문 ─ 종교학자들과 윤리학자들의 주의를 요하는 문제들로 인식되었다. 그러나 그리스도교 신학자들과 성서학자들은 이 책의 1장에서 논의하는 것과 같이 환경과 관련된 질문들을 성서적이고 신학적인 전통과 유산의 영향에 대한 문제로 받아들였다. 성서적 전통은 인류가 인간의 이익을 위해 지구를 착취할 수 있도록 위임받았다는 인간 중심적 세계관을 가르치는가? 성서적 종말론은 하늘에서 구원받는 선택된 사람들에게 있어서 이 땅은 단지 그들이 일시적으로 거주하는 곳임을 나타내는가?

다양한 성서 본문에 대한 의미와 암시, 그리고 그것들이 현재 생태 위기에 대한 신학적·윤리적 대응에 긍정적으로 기여할 수 있는지에 대한 상당한 연구가 진행되었다.[2] 실제로 그리스도교는 전통적으로 끊임없이 변화하는 환경에서 대두된 새롭고 긴급한 문제를 반영하여 성서 본문에 대한 새로운 이해를 통해 그러한 도전에 대응해 왔다. 그러나 지금까지 생태학적 의제를 지지하기 위해 바울서신에서 선호하는 특정 본문에 대한 빈번한 호소에도 불구하고 생태학적 관점에서 바울을 읽으려는 철저하고 광범위한 시도는 없었다. 사실 성서 본문 전체를 생태학적인 관점으로 조망하여 읽는 시도를 통해 유의미한 결과를 얻을 수도 있을 것이다.[3] 그러나 바울서신만으로 생태학적 의제를 다루고자 하는 충분한 이유가 있다. 바울은 그리스도교 신학을 집대성한 매우 중요한 인물로서 그리스도교의 "실제"이며 "두 번째" 창시자로 여겨졌다. 그리스도인들은 항상 예수 그리스도가 그리스도

교의 창시자이며 신약성서의 중심에 자리 잡고 있다고 주장하겠지만
바울서신들은 가장 이른 시기의 그리스도교 저작인 동시에 "그리스도
사건"의 의미와 중요성에 대한 초기 그리스도교의 성찰을 반영한다.
무엇보다도 그리스도의 죽음과 부활에 초점을 맞춘 복음, 곧 예수 그
리스도를 믿음으로 모든 사람이 구원을 받는다는 복음을 분명히 제시
한 사람은 바로 바울이다. 특히 개신교 전통에서 본질적으로 이신칭
의以信稱義에 대한 바울의 복음은 그리스도교 신학의 내용과 성격에 지
대한 영향을 미쳤다. 그러나 바울서신 또한 다른 성서 본문들과 마찬
가지로 생태학적 암시와 관련된 다음과 같은 중요하고도 어려운 질문
을 받고 있다: 바울이 전해준 복음은 본질적이고도 불가피하게 인간
의 구속에 전적으로 초점을 맞춘 복음을 제시하기에, 그에 상응하는
윤리는 인간들 사이또는 교회 내의 관계에만 초점을 맞추고 있는가? 아니
면 바울서신이 오늘날 우리가 직면한 생태학적 도전에 비추어 재구
성, 재이해되는 그리스도교 전통으로써 생태신학과 윤리를 위한 자원
으로써 활용될 수 있는가?

　　이 마지막 질문은 이 책에서 포괄적으로 다루는 주제이다. 이
를 위해 우리는 일반적으로 바울의 친서로 여겨지는 본문과 그렇지
않은 본문들까지 모두 다 포함하여 다룬다는 사실을 독자들에게 미리
밝힌다. 바울서신들은 그것이 사도 자신에 의해 작성되었는지의 여부
와 상관없이 정경의 일부를 구성함으로 그리스도교 신학과 윤리를 형
성하는 데 지대한 영향을 미쳤다. 그러나 이 입장은 우리가 저자 문제
에 대해 완전히 무시한다거나 바울서신으로 간주되는 모든 문서들이
자연스럽게 조화를 이루고 있다고 인정한다는 의미가 아니다. 실제로

우리는 이 책의 4장과 5장에서 로마서 8장과 골로새서 1장을 읽을 때 서로 다른 서신서들의 특정한 관점을 구별하기 위해 주의를 기울였다. 각 서신서의 서로 다른 관점을 구별하기 위해 주의를 기울이는 것은 바울이 저자인지의 여부를 따지는 것과 동일하게 중요하다.

그러나 우리는 더 넓은 관점에서 시작한다. 첫 장에서는 생태신학적 관점으로 쓰여진 책들과 현대 환경 의제에 반대하는 저술에서 일반적으로 발견되는 성서와의 관계 유형에 대한 분류적 조사를 먼저 다룬다. 이러한 실태 조사는 이 분야에 대한 개관으로서, 그리고 이 주제와 관련된 성서에 대한 다양한 종류의 호소에 작용하는 다양한 접근과 가정을 해명하려는 시도이기에 그 자체로 가치가 있다.

2장에서는 이러한 다양한 접근 방식에 대한 비판적 분석, 즉 어네스트 콘라디 Ernest Conradie 의 연구를 바탕으로 생태신학과 그리스도교 윤리에서 성서를 사용하는 것에 대한 특정한 입장에 대해 설명한다. 이 입장은 성서가 실제로 말하는 것을 설명한다고 주장하는 접근 방식과 현대의 윤리적 가치에 따라 성서를 비판적으로 평가하는 접근 방식 사이에 위치해 있다. 이러한 우리의 입장은 이 책의 전반적인 이해에 있어서 매우 중요하다. 우리는 우리 자신이 처한 상황과 우선순위에 비추어 바울서신을 읽고 있음을 인식하고 본문에서 새로운 의미를 만드는 "자의식적으로 건설적이고 창의적인 접근법"self-consciously constructive and creative approach 을 채택했다.

우리가 사용하는 방법론의 또 다른 측면은 3장에서 볼 수 있는데, 그곳에서 우리는 서사비평이 무엇인지에 대해서 간략하게 설명하고 더 나아가 바울서신을 서사적 관점으로 읽고 해석한다. 이 서사적 방법론^{narrative methodology}은 매우 중요한데, 왜냐하면 이 서사가 모든 형태의 생태신학에서 암묵적으로 존재하기 때문이며, 더 나아가 바울서신 본문을 유익하게 탐구할 수 있게 하여 바울의 생태신학의 형성에 건설적으로 기여할 수 있게 하기 때문이다.

이 책의 두 번째 부분은 생태신학에 관한 논의에서 가장 빈번하게 인용되는 두 개의 바울서신, 즉 로마서 8장 19-23절과 골로새서 1장 15-20절을 다룬다. 이 두 본문은 4장과 5장에서 각각 다루어지는데, 생태학적 해석이 출현한 방식을 다루고 "창조 이야기"의 개요를 설명하기 위해 서사적 방식을 사용하였다. 6장에서는 로마서 8장 19-23절과 골로새서 1장 15-20절에서 묘사하는 창조 이야기를 비교하고 분석한다. 일반적으로 이 두 개의 바울서신이 현대 생태학에 상당 부분 실제적인 기여를 할 수 있다고 우리는 주장한다. 하지만 이들 구절의 생태신학적 측면에만 지나치게 집중하면, 본문에 내재되어 있는 해석상의 어려움을 간과하거나 환경 윤리적 책임에 대한 연관성을 너무 쉽게 가정하는 우를 범할 수 있다. 우리는 바울서신을 의도적으로 건설적인 입장에서 해석한다. 이는 우리가 시도하는 성서해석은 바울이 "의도했던" 서신의 의미를 드러내는 것에 초점을 맞추고 있지 않다는 것을 의미한다. 오히려 우리는 바울이 의도한 것을 넘어 1세기의 문맥과는 거리가 있는 상황들과 연관지어 바울서신이 갖고 있는 잠재적인 의미를 드러내려고 시도한다. 2장과 3장에서 요약된 방법론적 관점을 선택하여 우리는 로마서 8장과 골로새서 1장에 있는 자료를 바탕으로 현대 과학과 신학에 바탕을 둔 정보에 입각해 해석하고, 바울서신의 해석에서 유래한, 그리고 계속해서 만들어져

나갈 해석학적 "렌즈"의 윤곽을 그려볼 것이다. 이 책의 마지막 부분은 이 렌즈를 통해 드러나는 바울신학과 윤리의 개요를 제시한다. 다시 말해 생태친화적인 본문으로 인식된 바울서신을 시작으로 하여 그 범위를 넓혀 바울서신 전체에 대해서 생태학적 연관성을 고려한 읽기를 시도함으로써 바울서신 전체에 대한 생태신학적인 방향성을 제시한다. 7장에서는 바울신학의 중심 주제를 확인하기 위한 다양한 시도들을 간략하게 소개한 후 "화해"라는 주제를 바울의 생태신학과 깊이 연관된 주제로서 제시한다. 우리는 "그리스도 안에 참여"라는 개념이 선택된 자들뿐만 아니라 모든 피조물들의 참여를 포함하는 확장된 개념으로 이해할 것이다. 바울서신은 모든 피조물의 궁극적인 구원과 선함을 암시하는 창세기의 "창조 이야기"story of creation를 넌지시 제시한다. 따라서 우리는 우주적 화해cosmic reconciliation가 바울의 생태신학의 중심 주제이며 바울서신의 내러티브는 필연적으로 종말론과 깊이 연관되어 있다고 간주한다. 마지막으로 우리는 바울의 생태신학적인 내러티브와 과거로부터 현재까지 진행되어온 다른 생태신학적인 주장들을 비교함으로써 바울의 생태신학적 서사 모델이 현대 그리스도교 생태신학에 긍정적인 가치가 있음을 알아볼 것이다.

8장에서는 바울의 윤리에 대해 다루며 그 핵심이 담긴 두 가지 도덕 규범: "타자 존중과 공동 연대"others-regard and corporate solidarity를 제안한다. 우리는 이 두 가지 주제가 바울윤리의 생태학적인 방향성을 잠재적으로 제시할 수 있다고 생각한다. 우리가 제안한 타자 존중의 윤리적 개념은 인간 외의 다른 존재를 우리의 공동체에 포함되도록 확장할 수 있는 근거로 제시되며 자기비움의 윤리ethical kenosis라는 형태로 나타난다. 공동 연대 역시 바울서신의 근거를 통해 "모든 것"을 포함하는 형태로 발전될 수 있다. 여기서 화해^{reconciliation}의 개념은 생태학적 문제에 대한 우리의 윤리적 성찰을 반영하여 과학적으로나 신학적으로 설득력이 있는 방식으로 제시된다. 우리는 또한 바울의 생태신학적 서사에 대한 우리의 초기 해석에 따라 바울의 생태학적 윤리는 종말론적이어야 한다고 주장한다. 따라서 우리는 하나님의 우주에 대한 해방과 구속에 관한 이야기를 특정한 시점에서 바라본다.

이 책의 마지막 장은 이제까지 논의된 윤리적인 관점을 환경 윤리의 특정 문제에 구체적으로 적용할 수 있는가에 대한 성찰이 포함되어 있다. 구체적으로 그리스도인의 채식주의와 멸종 위기종의 보존에 참여하는 운동을 예로 들었다. 그러나 이러한 윤리적 참여가 근본적인 윤리 또는 신학적 윤리의 행위를 제시하는 것이 아니라, 오히려 신학적 윤리에 대해 잠정적인 조언과 함께 해석적 토대를 확립하는 작업이라는 것을 강조하고 싶다. 이를 통해 이 책은 성서 연구와 신학 윤리 사이에 강한 연결 고리를 구축하고 신학적, 윤리적, 과학적으로 정통한 관점에서 성서 본문을 읽고 적용할 수 있는 방법의 예를 제시하고자 한다. 그리고 우리가 앞서 강조했듯이 해석은 건설적이고 창조적인 작업임을 밝힌다. 다른 말로 바꾸어 말하면 해석은 독자와 그 독자가 처한 상황 그리고 고대 상황 속에서 만들어진 성서 본문 사이의 상호작용에 의해 형성되며 이러한 해석 과정의 결과물이 성서 본문에 대한 의미를 만든다는 것이다.

위의 논평은 우리가 특정한 상황에 기초한 성서 읽기를 한다는 것을 알려주며 더 나아가 우리가 처한 상황이 필연적으로 우리의 해석을 형성한다는 것을 의미한다. 그렇다면 비록 우리가 부분적으로 인식하는 데 그친다 하더라도 우리가 처한 그 "삶의 자리"가 해석에 관여한다는 사실을 인정하는 것은 매우 중요하다.[4] 이 책의 저자들은 백인, 영국의 학자로서 개신교 전통을 바탕으로 형성된 문화권의 사람이며 그들 중 둘은 과학을 전공했다. 따라서 성서 본문에 대한 그들의 관점은 진화와 생태학과 같은 주제에 있어서 현대 과학의 발견에 강한 영향을 받았다. 우리는 완전히 국제적, 보편적 그리스도교적 관점을 취하려고 노력했지만 우리가 속한 문화적 상황은 창조와 진화의 논쟁이나 그리스도교 종말론의 다양한 해석에 대한 논쟁이 만연한 미국의 일부 지역보다 훨씬 관심이 덜한 사회적 분위기에서 형성되었다. 그러나 우리는 또한 우리의 해석이 단순히 특정한 상황에서의 해석 그 이상이라고 주장하려 한다. 물론 우리가 처한 상황을 벗어날 수 없는 한계점이 존재하지만 우리는 그러한 성서 읽기가 다양한 상황에 걸쳐 소통할 수 있고, 잠재적으로 우리의 상황을 공유하는 사람들뿐만 아니라 그렇지 않은 사람들에게도 설득력 있게 들릴 수 있기를 희망한다. 한편 환경 문제는, 정치 지도자들이 자주 언급하듯이, 전 세계적인 위기이며 이것의 해결책 또한 세계적이어야 한다는 이해가 따른다. 이 때문에 모든 "지역"에서 온 사람들이 말하고 듣는 글로벌한 논의를 통해 앞길을 모색해야 한다. 그리스도교 생태신학과 윤리에 있어 단초를 제공할 수 있는 바울서신의 다시 읽기가 비록 세계적인 대화에서 차지하는 비중은 극히 작겠지만 환경위기에 대한 그리스도인들의 관점을 재형성하는 데에는 크게 이바지할 것이다.

1부

생태신학적
해석학을
향하여

1장

생태신학적 접근법에 대한 연구조사

1.1   서 론

우리의 첫 번째 과제는 생태환경에 대한 신학적인 논의에 관해 적용된 성서의 예를 찾아내고, 그 다양한 본문을 조사하고 분류하는 것이다. 따라서 이 첫 장은 전체 연구의 부분으로써 중요한 의미를 지닐 뿐 아니라, 성서를 해석하는 사람들의 해석학적 방식을 비판적으로 조사하기 위한 시도인 동시에 그 자체로 설득력 있고 생산적인 생태 해석학적 입장을 분명히 하기 위한 시도로서 중요한 의미를 가진다. 그렇기에 이 책의 첫 번째 부분에서는 비판적인 조사와 방법론적인 토론을 통해 바울의 저술에 대한 생태학적 참여를 위한 틀을 개발하는 것이 우리의 광범위한 목표가 될 것이다. 바울 저작에 대한 보다 집중적인 고찰은 이 책의 후반부에서 중점적으로 다루게 된다.

해석학의 유형에 따라 성서의 용례를 분류할 때, 여성신학이 성서 본문에 어떠한 접근 방식을 취했는지와 비교하는 것은 매우 중요한데, 이때 이 비교의 가치는 단지 개념을 분명히 하기 위함만은 아니다. 이것은 부분적으로 성서 해석에 대한 이 두 접근법 사이의 광범위한 유사성이 있음을 시사하며, 그것들이 공통 의제와 관심사^{가장 명백한 것은 생태여성신학}를 공유한다는 사실을 반영한다. 여기서 중요한 점은 이두 형태의 전통신학에 대한 비판이 서로 극명히 다르다는 중요한 차이점이 있음에도 불구하고 현대의 신학적·윤리적 책무와 성서 본문 사이의 연관성을 다룸에 있어서 유사한 관계성을 가진다는 점이다.

논의에 앞서 여러가지 조건과 주의사항에 대해 짚어보려 한다. 첫째, 우리가 이후부터 사용하는 분류는 불가피하게도 지나치게 단순화된 것임에 유의해야 한다. 유형학에서 그래왔듯이 이러한 분류는 접근법의 중요한 차이점을 강조할 수 있다는 확신을 통해 단순화된 것이다. 둘째, 우리의 초기 유형학에서 대표되는 입장은 우리가 생태신학적 해석학이라고 부르는 것을 개발하기 위한 더 설득력 있는 접근법을 명확히 하기 위해 해석적 입장들에 대한 비판적 평가가 이루어지는 다음 장에서 문제화되고 있음을 미리 언급한다. 셋째, 아래에서 논의되는 접근법이 *반드시* 해당 저자가 성서를 읽는 방식을 뜻하는 것은 아님을 미리 밝혀 둔다. 다양한 입장은 오히려 종종 서로 다른 *독해 방식*을 나타내며, 저자들은 특정 접근법을 다른 접근법에 대해 일관되게 적용하거나 문제의 텍스트에 대해 상호 의존적인 다른 전략을 사용할 수도 있다. 그럼에도 불구하고 우리는 분류를 통해 성서에 대한 다양한 종류의 호소뿐만 아니라 이들을 뒷받침하고 있는 다양한 시도들을 밝히는 데 유용하다고 믿는다.

성서와 그리스도교 전통이 현대인들의 환경에 대한 태도와 관행에 미치는 영향에 대한 논의는 린 화이트Lynn White Jr.의 "생태 위기의 역사적 뿌리"라는 소논문에 의해 시작되었다.[1]

역설적이게도 화이트는 "생태신학의 논의에 있어서 가장 많이 인용된 저자"이며, 그의 짧은 글은 신학자와 성서학자들로부터 많은 반응을 이끌어냈다.[2] 화이트는 "특히 서구 그리스도교는 세계에서 가장 인간 중심적인 종교"[3]라고 주장했다. 예를 들어 시간에 대한 주기적인 관점과 자연에 대한 애니미즘적 신성화와 같은 다른 고대 신화들을 일축하고 "그리스도교는 인간과 자연의 이원론을 확립함과 동시에 더 나아가 인간이 자신의 목적을 위해 자연을 이용하는 것이 하나님의 뜻이라고 주장했다." 따라서 "그리스도교는 피조물이 느끼는 감정에 무관심한 분위기 속에서 자연을 착취할 수 있도록 조장했다."[4] 화이트는 현대 기술력 사용의 특징으로 적극적인 자연 정복과 "생태 위기"를 초래한 것이 상당 부분 이러한 그리스도교 세계관이 서구 문명을 지배하고 있었기 때문에 가능하게 되었다고 결론짓는다. 그러므로 그리스도교는 "큰 책임을 안고 있다."[5] 그러나 화이트가 그리스도교적 전통을 완전히 무시했다고 볼 수는 없다. 왜냐하면 그는 성 프란시스St. Francis를 "생태주의자의 수호성인"[6]으로서 긍정적인 모델로 제안했기 때문이다. 또한 화이트는 종교적 세계관이 우리의 행동을 형성하는 데 매우 중요한 역할을 담당한다고 주장했다. 그는 구원을 세속주의적 입장에서 보지 않는다.

사람들의 생태에 대한 태도는 자신과 주변 사물들과의 관계를 어떻게 생각하느냐에 달려있다. 인간 생태학은 우리의 본성과 운명에 대한 믿음, 즉 종교적 믿음에 의해 깊이 좌우된다 … 우리가 새로운 종교를 찾거나 우리의 오래된 종교를 재고하기 전에는 더욱 발달된 과학과 기술조차도 우리가 직면하고 있는 생태 위기에서 우리를 벗어나게 하지는 못할 것이다.[7]

화이트는 특정한 성서 구절을 명확히 인용하기보다는 성서 속에 등장하는 창조기사의 전반적인 개요만을 언급했다.[8] 하나님의 형상으로 인간이 창조되었다는 그리스도교 전통에 대해 그는 "인간은 신이 가진 자연에 대한 초월적인 지위를, 굉장히 많이, 공유한다"[9]고 결론짓는다. 그 외 대다수의 논의는 그의 전공 분야인 중세의 그리스도교의 발달 역사와 초기 과학의 발달에 초점이 맞춰져 있다. 그럼에도 불구하고 화이트의 주장에 대한 논박을 위해 성서학자들과 신학자들은 창세기의 창조기사 중 인간이 하나님의 이미지를 닮았다는 부분 외에도 자연을 다스리고 통치하는 권한^{창 1:26, 28}[10]과 같이 문제적 해석이 가능한 본문들에 대한 연구의 필요성을 느끼게 되었다.

화이트의 비판으로 인해 성서 속의 창조기사가 가지는 의미와 그 영향에 대한 논의가 진행되는 동안 성서적 종말론이 가지는 영향력에 대한 문제 제기도 시작되었다.[11] 여러 성서 본문들이 주님의 심판과 구원이 일어날 "주의 날"에 대해 우주적인 파괴의 이미지를 담고 있는 것으로 드러났다^{예, 욜 1:15; 암 5:18-20; 살전 5:2}. 어떤 본문에서는 지구의 파괴를 구원의 선행 조건으로 보았고^{막 13:8, 24-25}; 또 다른 본문은

그리스도인들이 "휴거되어" 재림 주를 공중에서 영접한다고 묘사한다
살전 4:16-17. 이러한 성서 본문들은 요한계시록의 불가사의한 본문들과
함께 현대 그리스도교 종말론의 발전을 형성하였다. 이러한 종말론적
견해는 명시적이든 묵시적이든 지구를 선택받은 자들이 구출될 인간
을 위한 일시적이고 곧 파괴될 집으로 보는 관점을 형성시킨다는 것
이다.[12] 베드로후서 3장 10-13절은 이러한 관점에서 볼 때 가장 문
제가 되는 본문으로 널리 인식되어 왔다. 왜냐하면 그것은 다가오는
우주적 대화재의 날을 묘사할 뿐만 아니라 신자들에게 재림의 도래를
"서두르게" 하는 삶의 방식으로 행동할 것을 촉구하기 때문이다.[13] 그
의미는 지구를 보존하는 것이 우선순위가 아니며 오히려 지구를 보존
하는 것은 하나님의 종말론적 목적의 진행에 대한 방해로 여겨질 수
있다는 것이다.

콘라디가 지적한 바와 같이 생태신학과 관련된 수많은 성서신
학적 논의들은 "린 화이트의 비난에 대항하여 그리스도교를 방어하는
데에 초점이 맞추어져 있었다."[14] 또한 다양한 종말론적 본문이 환경
을 보호하려는 그리스도인의 노력을 약화시키거나 모순되지 않으며,
성서의 종말론적 비전이 현재 창조된 질서의 평가절하를 의미하지도
않는다는 것을 입증하기 위해 상당한 노력이 기울여졌다. 이러한 방
어적 대응에 대한 긍정적인 반응으로 "성서는 심오한 생태학적 지혜
를 제공할 수 있지만 이것이 너무 자주 숨겨져 있거나 은유적인 형태
로 남아있음"을 입증하려는 여러 학자들의 노력을 들 수 있다.[15] 종합
하자면 이 두 반응은 프랜시스 왓슨Francis Watson의 논의를 따라 "회
복"[16]의 읽기로 지칭되는 우리의 성서 읽기의 첫 번째 카테고리를 형

성한다. 이제 이것을 더 자세히 논의해 보자.

1.2   **회복의 성서 읽기**

성서의 오역을 피하고 생태학적 지혜 회복하기

바울 전승의 창세기 1–3장의 수용과 이 본문에 대한 여성주의 성서 해석에 초점을 맞춰, 왓슨은 두 가지 해석 방법인 회복과 저항이라는 성서 읽기를 제안한다. 그는 "창조기사 본문은 역사적으로 오역된 본문을 바로잡으려는 수정 읽기^{회복의 읽기}에 적합한 본문이다"라고 주장한다.[17] 다시 말해 창세기의 창조 이야기의 패턴은 최초의 창조 후 발생한 불순종으로 인해 상실되고 잊히게 된 선하고 긍정적인 장소에 대한 새로운 접근의 출발점 중 하나이다. 이와 유사하게 회복의 성서 읽기는 성서 본문 자체는 문제가 없다는 확신을 반영한다. 따라서 성서 해석의 문제와 왜곡은 성서 본문의 긍정적인 의미를 모호하게 하고 왜곡하는 후기 해석자들에 의해 발생한 것으로 본다. 이러한 접근법은 폴 산트마이어^{Paul Santmire}에 이은 콘라디의 그리스도교 전통과 환경 문제와의 관계에 대한 변증적인 접근, 즉 성서는 환경 윤리에 대한 긍정적인 근거를 제공하는 것으로 보는 시각과 유사하다. 여성신학에서는 이러한 읽기 전략을 "회수"^{retrieval}라 칭한다.[18] 간단히 말해서 여기서의 성서 읽기 방법은 올바르게 해석된 성서 본문이 여성주의자든 환경주의자든 독자의 윤리적 관점에 공명하고 지지할 수 있다고 주장하며, 그러한 의제를 뒷받침할 긍정적인 근거가 성서 본문에서 파생될 수 있다고 보는 것이다. 문제는 성서 본문 자체에 있는 것이 아니라 인간주의 혹은 남성주의로 각각 분류되고 비판될 수 있는 해석의 전통에 있다.

따라서 회복의 여성신학적 성서 해석은 엘리자베스 피오렌자 Elisabeth Schüssler Fiorenza가 초기 그리스도교를 평등한 제자도로 재구성하거나[19] 선교와 리더십에 여성의 적극적인 참여를 드러내는 것[20]과 같이 성서 본문이 여성과 남성의 평등을 어떻게 그리고 어디에서 긍정하는지를 보여주는 데 관심을 가진다. 이러한 평등과 참여는 남성 중심적 편견과 "주류 남성"에 의한 해석malestream of interpretation의 전제 때문에 너무 오랫동안 은폐되어 왔다고 주장되며, 이들의 전형적인 예는 로마서 16장 7절여기에서 유니아[Ιουνία, 여성형]는 최근까지 유니아스[Ιουνίας, 남성형]라는 이름으로 잘못 해석되어 왔다과 고린도전서 11장 10절여성의 권위가 오랫동안 남자의 권위에 복종하는 것으로 오해되어온 곳 등에서 찾을 수 있다.[21] 여기서 여성주의적 성서학자들이 모두 "회복"과 "회수"의 읽기 방법만 사용하지 않는다는 점을 강조해야 한다.[22] 의심이나 저항 또한 여성주의적 성서학자들이 중요하게 생각하는 읽기 방법이다. 그럼에도 불구하고 회복의 성서 읽기는 성서 해석을 위한 하나의 여성신학적 해석 방법이며 그 중 특히 주목할 만한 것은 복음주의 여성주의적 접근법evangelical feminist treatments[23]으로 부를 수 있는 것으로 아래에서 더 탐구할 것이다.

환경 문제, 특히 린 화이트가 그리스도교에 대해 주장한 사안들에 관련하여 회복의 생태신학적 읽기는 특히 성서 본문이 생태학적 지혜의 중요한 원천이 될 수 있다는 — 이것이 착취적인 형태의 인간 지배를 용인하지 않으며 전체적인 창조질서의 선함과 인간뿐 아니라 "모든 것"을 포괄하는 구원의 큰 그림을 전하려 한다는 — 것과 관련이 있을 것이다. 이러한 주장은 그린 바이블The Green Bible에 구현되어 있는데, 여기서는 지구와 연관된 본문들은 녹색으로 표시되어 성서의 "명확한" 메시지 —"(우리)는 하나님께서 만드신 모든 것을 돌보도록 부르심을 받았다"— 를 드러낸다.[24] 이제 회복의 생태신학적 읽기의 구체적인 예를 살펴보자.

먼저 화이트가 신랄하게 비판한 태도와 관점의 원인이 된다고 보여지는 창세기 1장 28절에 대한 논의를 살펴보자. 노버트 로핑크 Norbert Lohfink는 놀랍게도 화이트에 대한 언급은 전혀 하지 않지만, 창세기 1장 28절의 "축복"은 각 민족이 "자신의 지역을 점유"[25]하고, 인간이 평화로운 공존의 형태를 확립하는 방식으로 동물을 길들이는 신성한 계획을 의미한다[26]고 주장하며, 따라서 "인류가 근대에 시작한 것을 합리화하기 위해 이 성서 본문을 사용하는 것은 부적절하며 … 유대교와 그리스도교에서는 인간을 매우 높이 평가하지만, 결코 인간을 우주의 절대적인 지배자로 인정하지는 않는다"[27]고 언급한다. 화이트의 주장에 명시적으로 대응하여 같은 문제에 대해 정교하게 접근한 방법론은 리처드 보쿰Richard Bauckham의 에세이, "창조에서의 인간의 권위"에 잘 나타난다. 여기서 보쿰은 다음과 같이 주장한다.

근대 이전의 지배적인 신학적 전통은 인간[의 자연] 지배에 대한 인간 중심적 관점을 강력하게 표현했는데, 이는 주로 성서적 기원이 아닌 그리스적 기원인 자연과 인간의 관계에 대한 이해를 성서 본문에 부과한 결과이다. 그러나 이러한 자연에 대한 인간의 지배 권한은 인간의 영역을 더욱 확장하기 위한 명령이 아닌 기정 사실로 이해되었고 이 세상은 대규모 기술이 요하지 않고도 인간이 사용할 수 있도록 준비되고 적응된 것으로 이해되었다. 이러한 견해는 첨단 기술을 사용하여 자연을 지배하는 현대적인 계획 사업에서 말하는 지배 개념과는 뚜렷이 구별되며 …. 따라서, 중세적 관점 그 자체에는 이러한 자연에 대한 현대적 지배 개념을 뒷받침할 근거가 충분하지 않다.[28]

따라서 보쿰은 인간 지배라는 개념이 새로운 의미를 갖게 되려면 르네상스 시대의 인본주의와 이러한 인간 중심적 사상을 신학적 세계관이라는 넓은 맥락에서 분리시켜야 한다고 결론짓는다.[29] 이 개념은 프랜시스 베이컨Francis Bacon이 "… 하나님께서 인간에게 허락하신 자연에 대한 지배창 1:28는 과학의 발전을 통해 성취된다는 비전"[30]에서 시작되었다. 인간의 자연 지배가 "역사적 사명"[31]이 된 것은 인간이 "자연 세계에 대해 하나님의 역할을 해야 한다"는 임무를 맡았기 때문이다.[32] 따라서 보쿰은 "현재의 생태학적 위기를 초래한 태도의 근원을 르네상스 시대 이후로 본다."[33] 즉, 여기서 주장하는 것은 성서 본문 그 자체에 문제가 있는 것이 아니라 지금까지 진행되어온 잘못된 해석이 문제이고, 이러한 해석은 처음에는 본질적으로 비–성서적인 그리스 사상의 렌즈를 통해서, 훨씬 후에는 인간의 가능성과 발전에 대한 르네상스적 관점의 맥락에서 이루어졌다. 실제로 보쿰은 인

간을 창조 공동체에 속하는 것으로 보거나 모든 피조물의 하나님 찬
양과 같은 성서적 주제들이 긍정적인 환경 윤리를 제공할 뿐만 아니
라 인간의 지배가 훨씬 더 긍정적으로 해석될 수 있는 신학적 틀을 제
시한다고 주장한다.[34]

　창세기 1장 28절과 같은 성서 본문에서 생태학적 의제와 양립
할 수 있고 긍정적인 가치를 지닌 메시지를 회복하려는 또 다른 영향
력 있는 시도는 청지기직 모델의 렌즈를 통해 인간의 지배 개념을 재
해석하는 것이다. 특히 복음주의적 입장에서 글을 쓰는 많은 독자들
에게 있어서 지배와 통치의 언어는 인간이 지구를 보살핀다는 청지기
직분에 대한 명령으로 이해될 수 있다. 이는 신성하고 왕 같은 통치를
묘사하는 창세기 2장 15절과도 깊게 연관된다. 실제로 이 모델은 성
서적 환경 윤리를 구성하려는 많은 시도에서 중심적인 역할을 한다.[35]
그러나 청지기직 모델은 그 모델 자체의 윤리적 가치에 대해 제기되
는 질문이 있을 뿐만 아니라, 이 모델을 지지하는 사람들이 주장하는
것과 같이 인간과 피조물의 관계에 있어서 청지기직 모델이 "성서적
인"가에 대한 의문이 제기된다.[36]

　창세기 1장 28절에 대한 화이트의 비난을 상쇄하기 위한 추가
적인 "변증"은 창세기 1장의 앞부분에서 피조물이 가치 있고 인간이
나타나기 전부터 하나님이 보시기에 "좋았다"는 반복된 선언[1:10, 12, 18,
21, 25]을 강조함으로써 인간과 나머지 피조물 사이의 관계에 대한 긍정
적인 감각을 되찾기 위한 노력에서 발견된다.[37] 따라서 이러한 성서
본문들은 인간이 아닌 피조물의 가치를 긍정하기 위해 "회복"의 관점
에서 다시 해석되고 있으며, 피조물을 폄하하고 인간과 자연을 분리

하는 이원론에 대항하고 있다. 환경에 초점을 맞춘 회복의 읽기의 두 번째 주요 예로서 신약성서의 예수의 모습이 생태신학에 긍정적인 역할 모델을 제공할 수 있다는 것을 보여주려는 시도들이 있다.[38] 아마도 "환경 또는 생태"신학자들이 가장 좋아하는 복음서 본문은 예수께서 새와 꽃을 돌보시는 하나님의 보살핌에 대해 언급한 잘 알려진 구절들일 것이다 마 6:25-34/눅 12:22-31; 또한 마 10:29. 이 구절들은 예수 편에서 인간이 아닌 창조물과의 조화와 그에 대한 민감성을 나타내는 것으로 간주된다.[39] 또한 예수의 비유가 자연 세계와 농경의 이미지를 어느 정도 사용했는지에 대한 언급들도 이러한 시도들의 예이다.[40]

    아드리안 레스케 Adrian Leske 는 마태복음 6장 25-34절의 연구를 통해 이러한 생각들을 발전시킨다. 그는 이 본문을 다가오는 창조의 갱신에 대한 예언적 비전의 전통 안에 위치시키고 예수께서는 여기에서 사람들에게 "회복된 언약의 백성으로 현재를 살도록" 일깨워주고 계신다고 제안한다.[41] 음식, 음료, 의복의 이미지는 하나님 나라의 예식과 관련이 있으며 종종 잔치로 묘사된다. 따라서 이 메시지는 "회복의 시기가 도래했다"[42]는 것을 뜻한다. 이 변화는 인간만을 위한 것이 아니라 피조물 전체를 아우른다. 생태학적 원리와 실천의 관점에서 본문은 다음과 같은 의미를 가진다고 본다.

> [모든] 존재는 가치가 있다. 공중의 새나 들판의 풀과 같은 가장 하찮은 존재도 마찬가지다. 예수님은 그의 제자들에게 주변의 자연으로부터 배우고 하나님이 창조하신 세상의 목소리에 귀를 기울이라고 요구하셨다. 이것은 … 지구 공동체의 다른 구성원들이 서로

친족관계임을 의미한다. 이것은 또한 지구 공동체^{인간, 동물 혹은 식물}는 각각 하나님이 설계한 목적을 가지고 있으며, 따라서 본질적인 가치를 가지고 있다. … 이러한 상호 연관성의 원리는 … 마태복음 6장 25-34절의 염려에 관한 예수의 말씀이 함축하고 있는 근본적인 주제이다. 이 구절에 대한 예언적 배경을 고려한다면 이는 하나님 나라의 구성원들은 모든 창조물의 새로워지는 과정을 공유하며 따라서 하늘에 계신 아버지의 뜻을 행하도록 부름받았다^{마 7:21}는 것이다. 따라서 생태정의는 창조주의 의지의 본질적인 내용을 담고 있다.[43]

예수를 최초의 생태주의자로 긍정적으로 묘사하는 학자는 션 맥도너^{Sean McDonagh}인데 그는 다음과 같이 말한다.

그리스도교의 창조신학은 예수가 자연계에 대해 보인 존중의 태도로부터 많은 것을 배울 수 있다. 예수는 다양한 하나님의 창조물과 자연의 섭리에 대해 친밀함과 친숙함을 보인다. 그는 자연 세계를 통제하고 정복하려는 충동에 의해 움직이지 않는다. 오히려 그는 피조물에 대해 감사하고 관조적인 태도를 보이며 … 자연이 예수의 삶에서 중요한 역할을 담당했음을 복음서는 잘 보여주고 있다.[44]

그는 "사막"에서 "공생애 이전 시기"를 보냈고 "정기적으로 기도하러 산에 올라갔으며" 또한 가르치실 때에는 "들의 백합화 … 공중의 새 … 그리고 여우의 굴과 같은 자연적인 소재를" 언급하였다.[45]

맥도너는 다른 많은 사람들과 마찬가지로 모든 피조물이 하나님의 구원과 화해 사역에 사로잡혀 있다는 바울서신의 특정 본문을 신약성서의 비전으로 제시한다. 그는 핵심 본문으로 그리스도 안에서 하나님의 구원 사역의 우주적 범위를 선언한 로마서 8장 18-25절과 골로새서 1장 15-20절, 그리고 에베소서 1장 10절을 꼽는다.[46] 이러한 해석 방법은 이전의 해석자들이 가졌던 인간 중심적인 편견을 잘 시사한다. 예를 들어 골로새서 찬가의 해석에서 '모든 것'으로 해석되는 헬라어 단어 $\tau\grave{\alpha}\ \pi\acute{\alpha}\nu\tau\alpha$가 명백하게 우주적인 범위의 피조물을 포함함에도 불구하고 해석의 범위를 교회 또는 인간으로 한정하려는 해석은 이전 해석자들이 가졌던 인간 중심적인 편견을 시사한다[5장 참고].

회복의 성서 읽기의 세 번째 예는 하나님이 현재 우주를 끝내고 새 창조[그리스도인들이 간절히 기대하는 약속의 성취]를 가져오겠다고 약속하셨기 때문에, 그리스도인들이 현재 세상을 돌보는 것은 무의미하다고 암시하는 종말론적인 성서 본문을 해결하려고 노력하는 시도에서 발견된다. 앞서 언급했듯이 마가복음 13장 24-31절, 히브리서 12장 25-29절, 베드로후서 3장 5-13절, 요한계시록 6장 12-17절과 같은 본문들은 이들이 갖고 있는 해석의 어려움들 때문에 "회복"의 읽기가 가장 분명하게 요구되는 본문들이다. 예를 들어 어네스트 루카스[Ernest Lucas]는 "환경에 대한 신약성서의 가르침"이라는 제목의 논문에서 베드로후서 3장을 생태친화적으로 해석할 때 발생하는 명백한 어려움들을 해결하고자 하였다.

먼저 그는 베드로후서 3장 10절은 일부 사본과 영어 번역본[NRSV, ESV 등]에서처럼 지구가 '불타버릴' 것으로 해석되는 것이 아니라

'발견'되거나 심판을 위해 드러날 것이라고 해석하는 것이 가장 타당성 있는 해석이라고 주장한다. 둘째, 베드로후서 3장 10절의 '원소'$\sigma\tau o\iota\chi\epsilon\tilde{\iota}a$라는 용어는 물리적인 우주를 가리키는 것이 아니라 영적인 능력이나 천상의 존재를 지칭한다. 셋째, 그는 베드로후서의 저자가 우주적 사건에 대해 "비유적인" 언어를 사용하고 있으며 "따라서 우리는 그것을 물리적 우주의 종말에 대한 문자 그대로의 설명으로 읽는 것을 경계해야 한다"고 주장한다. 주된 쟁점은 구약에서 불의 비유가 사용된 하나님의 심판이다. 그리고 루카스는 "베드로후서 3장은 하늘과 땅의 급진적인 변화를 말하고 있지만 이것은 변화를 통한 회복을 뜻하는 것이지 옛 것을 완전히 파괴하고 그것을 아주 다른 것으로 대체한다는 뜻이 아니다"라고 보는데 이는 성서 저자가 $\nu\acute{\epsilon}o\varsigma$ 무로부터의 창조를 뜻하는 새로움를 사용하는 대신 $\kappa\alpha\iota\nu\acute{o}\varsigma$ 질적 새로움를 사용하기 때문이다. 따라서 그는 "베드로후서 3장 10절이 생태 문제에 대한 그리스도인의 관심과 참여에 반대되는 근거를 제시하는 본문이 될 수 없다"[47]고 주장한다.

스티븐 보우마 프레디거 Steven Bouma-Prediger도 베드로후서 3장에 대해 루카스와 비슷한 견해를 보인다. 결론적으로 그는 유사한 부분을 강조하며, "본문은 다음 세계와의 불연속성보다는 기본적인 연속성을 말하고 있으며 … 성서적 종말론은 피조물의 구원과 회복을 단언한다."[48] 실제로 종말론적인 본문에 대한 대부분의 방어적 또는 "회복" 해석에서는 이 성서 본문이 [하늘과 땅의] 파괴와 교체가 아닌 변형과 연속성을 묘사한다는 데 중점을 둔다.[49] 우리가 보게 되겠지만, 비록 이러한 주장이 옳다 할지라도 아래 2장에서 언급하는 것과 같이 매우 심각한 의심에

^{노출되어 있음} 종말론적 약속을 통해 지구를 보존하려는 환경적 책무를 입증하려는 시도에 따르는 어려움을 극복하기란 쉽지 않다.

전반적으로 회복의 생태적 성서 읽기는 다양한 방식을 통해 성서 본문들이 생태적 의제에 긍정적인 자료를 제공할 수 있다는 것과 인간 중심적이고 반─생태적인 생각들이 본문 자체에서 기원했다기보다는 안타깝게도 왜곡된 해석의 역사로부터 비롯되었다는 것을 보여주는 것에 초점을 맞춘다. 여성주의 신학자들이 주석자와 번역자의 남성중심주의에 주목하고 그러한 오독^{誤讀}으로부터 본문을 회복하려고 노력한 것처럼, 생태신학자들도 인간중심주의가 성서의 해석에 얼마나 영향을 미쳤는지 확인하려고 노력했고, 성서 본문의 생태적 잠재력을 회복하려는 시도를 해왔다.

1.3   저항 유형 A

생태학적 이익을 위한 저항의 성서 읽기

회복의 성서 읽기와 근본적으로 차이가 있는 성서 읽기는 왓슨이 이름 붙인 저항의 읽기이다. 왓슨은 창세기의 창조 이야기가 아니라 출애굽기의 해방 이야기를 해석의 유형으로 본다. 즉, 왓슨은 성서 본문을 생태학적으로 긍정적인 가치를 이끌어낼 수 있는 "근원"^{origin}으로 보지 않는다. 오히려 성서 본문은 그 자체로 폭로되고 저항되어야 하는 억압의 장소이자 원인으로 간주된다.[50] 이 접근법은 잘못된 성서 해석의 역사 아래에 숨겨진 성서 본문의 긍정적인 가치를 재발견하려는 것이 아니라 본질적으로 생태적으로 부정적인 내용을 담고 있는 성서 본문을 마주하고, 저항하고, 벗어나는 것이다. 이러한 성서 읽기에서 성서 본문과 신학적 전통은 매우 문제가 많은 것으로 간주되어 기존의 그리스도교 전통과는 다른 "새로운 토대와 새로운 범주로부터 근본적으로 새로운 사고 체계가 세워져야 한다"[51]고 보며, 그리스도교 전통을 환경 문제와 관련시키는 이러한 종류의 접근 방식에 대해 여성주의 해석학의 맥락에서 피오렌자는 "의심의 읽기"[52]로 설명하는 반면 산트마이어 Santmire 는 "재건주의자" 로 이름 불렀다.

여성주의적 저항의 읽기는 성서 본문의 명시적이거나 암시적인 여성 혐오와 가부장제를 강조하고, 이러한 "테러 본문"texts of terror 이 과거와 현재 여성에게 미치는 실제적 또는 잠재적인 부정적 영향을 폭로하는 데 관심을 가진다. 저항의 읽기는 때때로 성서 본문이 여성주의적 관점들을 지지한다는 변론적 주장에 노골적으로 반대하기도 하면서, 특정 성서 본문과 그리스도교 전통이 구제 불능할 정도로 가부장적이어서 여권신장에 저항한다고 주장한다. 메리 데일리 Mary Daly 와 다프네 햄슨 Daphne Hampson 은 전반적인 그리스도교 전통과 관련해 이러한 주장을 제시한 인물로 잘 알려져 있다.[53]

그러나 많은 연구들은 그리스도교 전통에 대한 전반적인 거부나 심지어 저항에 대한 암시 없이 특정 성서 본문에 대한 저항적 입장의 필요성을 강조한다. "회복"의 입장과 마찬가지로, "저항"에 대해 우리는 많은 경우에서 일관되고 지속적인 해석적 입장이 아닌, 해석자들에 의해 채택될 수 있는 하나의 해석 방식을 이야기하고 있다. 나중에 보게 되겠지만, 오히려 우리는 특정 해석학적 열쇠에 기초하여 어떤 경우에는 저항하고 다른 경우에는 그렇지 않은, 성서 본문으로부터 참되고 자유롭게 하는 하나님의 말씀을 "회복"하려는 광범위한 시도로서의 성서 읽기에 대해 다룬다. 저항^{또는 의심}과 회복^{또는 회수}은 해석 작업의 두 가지 필수적인 측면으로 자주 목격되고 실행된다. 여기서 혹자는 일부 히브리 성서 이야기에서 여성에 대한 폭력적이고 해로운 묘사를 연구한 필리스 트리블^{Phyllis Trible}의 *Texts of Terror*^{테러 본문}[54]나 캐슬린 콜리^{Kathleen Corley}의 베드로전서 읽기를 예로 들 수 있을 것이다. 콜리는 베드로전서가 그리스도의 발자취를 따라 불평 없이 고난을 견뎌야 한다는 부르심의 내용을 담고 있다고 주장한다^{벧전 2:18-3:6 참조}.

> 다만 가정적^{家庭的}인 상황에서 희생과 폭력, 학대의 순환을 영속시킬 뿐이다. "고난받는 종"으로서의 예수의 모습은 그리스도인의 삶, 특히 그리스도교 여성들에게 본보기가 되어서는 안 된다. 그리스도교의 성서 중에서, 베드로전서의 메시지는 여성의 삶의 맥락에서 가장 해롭다. 고통받는 그리스도를 그리스도인의 삶의 모범으로 삼는 특별한 메시지는 정확히 여성주의자들이 두려워하는 종류의 학대로 이어져 … 베드로전서의 기본 메시지는 하나님의 자유케하는 말씀을 반영하지 못하고 있다.[55]

환경 문제와 관련하여 저항의 읽기는 특정 성서 본문에 대한 해석에서 그리스도교의 인간중심주의에 대한 린 화이트의 비판에 명시적 또는 암시적으로 결을 같이 한다. 데일리와 햄슨과 유사한 의견을 갖고 있는 사람들은 "지구를 인간과 다른 모든 생명체를 위한 하나의 진정한 거주지로서 인정하기 위해서는 그리스도교적 전통에서 자유로워져야 한다"[56]고 결론짓는 반면, 다른 이들은 구체적인 성서 구절에 대한 비판에 더 집중한다. 어떤 성서 본문들은 유해한 형태의 인간중심주의를 생성하거나, 자연을 인간이 착취할 자원으로서 바라보는 관점, 또는 물질 영역이 곧 사라질 것으로 간주되어 소비될 수 있다고 생각하는 관점들이 만들어진 원인으로 비난받을 수 있다. 특정 생태학적, 또는 "생태적 정의"에 대한 참여의 관점에서 이러한 본문들은 저항되고 반대되어야 한다. 이와 비슷한 논점의 여성주의적 읽기와 마찬가지로 이는 본문이 정말로 친환경적이라고 주장하는 연구에 대한 의도적인 반대를 통해 수행될 수 있다. 이러한 접근법의 일부 예는 다섯 권의 지구성서시리즈에서 찾을 수 있다. 지구성서팀이 만든 연구의 기본은 여섯 가지 생태정의 원칙으로 정리할 수 있다:

- 고유한 가치의 원칙 The principle of intrinsic worth : 우주, 지구, 그리고 그 안의 모든 구성원들은 자체로 고유한 가치를 지닌다.
- 상호연관성의 원칙 The principle of interconnectedness : 지구는 서로 연결된 생명체들의 공동체이며 모든 생명체들은 자신의 삶과 생존을 위해 다른 생명체들에 상호의존하며 산다.
- 함성의 원칙 The principle of voice : 지구는 정의를 축하하거나 불의

에 저항하는 목소리를 낼 수 있는 존재이다.

● 목적의 원칙 The principle of purpose : 우주, 지구, 그리고 그 안의 모든 구성원들은 우주섭리의 최종적인 목적에 이르는 과정에서 역동적인 우주섭리를 실현하는 한 부분이다.

● 상호관리 임무의 원칙 The principle of mutual custodianship : 지구는 조화롭고 다양한 공동체이다. 그곳에서 모든 구성원들은 조화롭고 다양한 지구 공동체를 유지하기 위해 지배자가 아닌 동반자로서의 책임 있는 관리인의 역할을 담당한다.

● 저항의 원칙 The principle of resistance : 지구와 그 구성원들은 인간에 의해 저질러진 불의 때문에 고통당하지만 정의를 위한 싸움에 적극적으로 저항하기도 한다.[57]

여성주의자들의 신념의 기능과 유사한 방식으로, 이러한 원칙들은 성서 본문을 측정하는 윤리적 기준을 효과적으로 형성한다. 이때 핵심 사항은 특정 경우에 "성서 본문이 여섯 가지 생태정의 원칙 중 어느 것과 일치 또는 상충되는지"[58]를 구별하는 것이다. 성서 본문이 생태정의 원칙과 일치하는 경우, 유익하고 긍정적으로 읽을 수 있으며, 그렇지 않은 경우 이를 드러내고 저항하는 것이 더 적절한 해석 전략일 수 있다. 예를 들어 우리는 생태신학과 관련하여 종말론적인 성서 본문이 얼마나 문제시될 수 있는지를 위에서 보아왔다. 그러므로 키스 다이어 Keith Dyer 는 "종말"에 대한 신약성서의 비전을 조사하면서 "생태계의 회복을 거부하고 종말을 옹호하는 성서 본문들이 생태신학의 큰 문제"라고 솔직하게 언급한다 벧후 3:12 참조. 다이어는 생태적 성서 읽기를 위해 중요하게 고려되어야 할 사항은 "확실한 생태적 성서 읽기를 위해 어떤 성서 본문이 생태적 회복이 가능한 본문인지, 반대로 다른 성서 본문은 생태적 성서 해석을 위해 여전히 저항되어야 하는지를" 결정하는 것이라고 주장한다.[59] 그러므로 지구성서시리즈는 본문에 따른, 그리고 또한 독자의 입장과 관점에 따른 회복과 저항의 읽기의 예를 포함한다.

예를 들어 진 맥아피 Gene McAfee 는 창세기의 아브라함 이야기 읽기를 통해 이것이 "생태정의의 원리와 자주 상충됨"[60]을 발견한다. 그는 또한 본문에 내재된 가부장제의 형태에 대해서도 지적한다. 하워드 왈레스 Howard Wallace 는 창세기 1장 28절의 긍정적인 읽기를 회복하려는 시도에 대해 의문시하며 "창세기 1장 28절과 창조세계의 인간 지배 강조를 통해 강화된 현대 생태 문제의 근원은 성서 본문 자체와 그 자체의 내부 해석 수단에 내재되어 있는 것처럼 보인다"[61]고 주장한다. 키스 칼리 Keith Carley 는 시편 8편을 "인간 지배에 대한 변호"이 성서 본문은 지구의 이익을 고려하지 않고 따라서 생태정의 원칙에 부합하지 않는다 로 읽는다.[62] 칼리는 시편 8편의 지배 모델이 "지배하는 남성 자아의 고전적 표현"이며 이는 너무 오랫동안 고통의 원인이 되어왔고 이제는 거부되어야 한다고 제안한다.[63]

지구성서시리즈의 주 편집자인 노만 하벨 Norman Habel 은 "성서가 환경친화적"[64]이라고 보는 많은 생태신학 연구에서 확연히 드러나는 순진한 가정에 직면하는 것을 우려하며 요한일서의 내용과 지구에 대한 태도에 대해 일련의 질문들을 제기한다.[65] 하벨은 요한일서의 본문이 "지구의 영역, 즉 하늘 아래 물질적 세계를 그 위에 있는 영적 세계에 비교해 평가절하하는 것처럼 보인다"고 지적한다.[66] 만일 그렇다면, 이 본문은 생태정의 원칙을 반영하지 않기에 "의심의 해석^{읽기}"의 대상이 된다.[67] 하벨은 창세기 1장 26-31절에도 이와 유사한 읽기를 제안하는데, "동사 *kabash* ^{'다스리다'}는 지구에 대한 인간의 힘을 확인하는 것일 뿐만 아니라 가혹한 통제를 가리키기도 한다. … 인간 이야기의 방향^{1:26-28}은 명백히 계층적이다: 인간은 다른 생명체를 지배하고 지구를 정복할 권한이 있다"고 주장한다.[68]

생태정의 원칙이라는 명확한 기준에 근거하여 "생태학자들간의 대화에 참여"하고 있는 지구성서프로젝트에서는 "생물학자, 생태학자, 다른 종교 전통, 그리고 과학자들과의 대화를 용이하게 하기 위해" 성서나 신학적 용어의 사용을 의도적으로 비공식화한다.[69] 성서 본문들은 이러한 원칙들을 바탕으로 읽으며, 독자들이 보기에 이러한 원칙들과 일치하는지, 어떻게 일치하는지 여부에 따라 본문을 긍정적으로 보는 회복이나 부정적으로 보는 저항의 접근법을 선택하게 된다. 사실 지구성서프로젝트는 의심/저항과 회복이 결합된 접근법을 수반한다는 것을 강조해야 한다. 어떤 글은^{물론, 텍스트와 저자의 관점에 따라 다름} 더 "회복" 지향적인 성서 읽기를 제공하는 반면 다른 글은 더 일관되게 비판적이고 저항적인 입장을 제시한다.[70] 특정 성서 본문의 문제와 위험성을 드러내는 견해는 여성신학과 생태 해석학 모두에서 잘 확립되어 있다. 다음으로 학계에는 그 영향이 덜 분명하지만, 대중적인 영향 때문에 주목할 만한 가치가 있는 다른 종류의 저항의 성서 읽기에 대해 다룰 것이다.

1.4   **저항유형 B**

성서의 이름으로 생태학자들에게 저항하기

위에서 논의한 것과 정확히 반대되는 접근법
은 현대의 생태 의제에 반대하는 저작물들에서 발견되는데, 이는 그
러한 의제가 성서에 반한다는 확신 때문이다. 이러한 성서 해석은 성
서를 협상할 수 없는 권위의 위치로 인식하는 특정 독자들의 공동체
에 의해 수행된다. 성서 비평의 전통을 따라 자유주의적 가치와 접근
법이 지배적인 경향이 있는 학계에서는 이러한 반여성주의 또는 반환
경주의적 읽기에 거의 주목하지 않는다. 그러나 이러한 성서 읽기는
특히 미국의 일부 복음주의자와 근본주의자들 사이에서 상당한 대중
적 영향력을 가지고 있기에 우리가 주의할 만한 가치가 있다.

여성주자들의 의제와 관련하여 이러한 종류의 저항은 성서가
남성의 지도력과 리더십을 옹호하며 성서에 대한 충성을 유지하고 단
순한 문화적 순응을 피하기 위해 교회가 그러한 견해와 관련 관행을
고수해야 한다고 주장하는 연구에서 대표적으로 나타난다. 이러한 입
장의 예는 복음주의 개신교와 보수적인 가톨릭계 모두에서 찾아볼 수
있다. 예를 들어 웨인 그루뎀Wayne Grudem은 널리 사용되는 그의 조직
신학에서 성서가 남성과 여성의 동등한 존엄과 가치를 지지하지만,
역할과 권위에 있어서 남녀 사이의 다름고전 11:3, 무엇보다도 창조적
구별창 2:7, 18-23과 타락 사건딤전 2:13을 반영한 차이 또한 가르치고 있다

고 주장한다. 이것은 그리스도인의 결혼에 있어서 남편에게는 세심한 배려를 기대하면서도 아내가 남편의 권위에 복종해야 한다는 분명한 기대를 낳는다엡 5:22-33; 골 3:18-19; 딛 2:5; 벧전 3:1-7 .[71] 교황 요한 바오로 2세는 결혼에 있어서 남녀의 상호성을 강조하면서도, 여성들이 그들의 "재능"에 의해 결정되는 특정한 소명을 갖고 있다고 언급하는데, 그러한 소명에는 사제직에 대한 소명이 포함될 수 없다. 왜냐하면 성체성사 제정에 관한 성서 기록에서 그리스도의 유일한 동반자는 그의 남성 사도들뿐이었기 때문이다.[72] 만프레드 하우케Manfred Hauke도 같은 주장을 펼쳤는데, 그는 성서창 3:16, 고전 11:3-10, 골로새서와 에베소서의 가정 규범 등를 이용하여 여성이 남성에게열등하지는 않으나 종속되는 것을 지지하기도 한다.[73]

환경 문제와 관련하여 생태학적 의제에 명시적으로 반대하는 주장과 덜 직접적으로 반대하는 주장들이 있다. 전자의 예로는 근본주의자들 사이에서 나온 콘스탄스 컴비Constance Cumbey와 데이브 헌트Dave Hunt의 책이 있는데, 그들은 둘 다 "환경적인 책임에 대한 어떠한 시도도 — 심지어 '생태적'이나 '전체론적인' 것과 같은 용어의 사용도 — 뉴에이지적 음모의 일부"로 본다.[74] 컴비와 헌트에게 있어서, 그리스도인들의 지구적 인식에 대한 이야기는 뉴에이지 영향력의 증거이며, 그것은 그 자체가 악마의 횡포의 발전 형태에 대한 위장mask으로 보여진다.[75] 그러나 복음주의 그리스도교의 반생태적 입장에 대한 일부 날카로운 비판에도 불구하고[76] 우리가 확인할 수 있는 한, 환경보호의 관행을 직접적으로 비판하는 학술 출판물의 예는 거의 없다는 것을 주목해야 한다.[77] 환경보호주의가 공격받는 것은 보통 1980년대의 복음주의의 비판의 중점인 뉴에이지 운동이나 신학적 또는 정치적 자유주의 같은 더 넓은 비판 대상의 한 측면으로 보여지거나, 인간 구원의 관점에서 더 중요한 복음주의라는 임무로부터 주의를 분산시키는 것으로 보여지기 때문이다. 예를 들어 일부 인터넷 논객들은 베드로후서 3장 10-13절과 같은 성서 본문을 인용해 불타는 심판이 오고 있으며 이를 피하기 위한 개인의 개종이 가장 중요한 과제라고 생각한다.[78] 따라서 환경적인 태도와 관행에 직간접적인 영향을 미칠 수 있는 교리, 특히 종말론적 교리의 영향을 평가하는 것이 더 의미가 있다.

직접적이지는 않지만 그럼에도 불구하고 생태학적 함의가 있는 "성서적" 읽기의 관점에서 우리는 컴비, 헌트, 그리고 다른 사람들에 의해 표현[79]된 견해와 세대주의 전천년설로 알려진 성서 종말론의 대중적이고 매우 영향력 있는 독서 사이의 광범위한 연관성을 고려해야 한다. 이러한 종말론적 기대의 형태는 할 린제이 Hal Lindsey 의 『지구 대종말』The Late, Great Planet Earth 과 같은 책들과 팀 라 헤이 Tim La Haye 와 제리 젠킨스 Jerry Jenkins 의 소설 시리즈 등을 통해 대중화되었다.[80] 이 관점에 따르면 역사는 다양한 단계, 즉 신적인 시대들로 나뉘며, 위대한 고난, 선과 악의 싸움아마게돈, 그리고 천년에 걸친 그리스도의 지구 지배로 절정에 이를 것이다. 그러나 고난이 오기 전에 그리스도인들은 하늘로 들려 올림을 당할 것이다. 영국과 유럽 대륙의 그리스도교에서는 이 종말론이 큰 의미가 없지만, 미국에서의 그 영향력은 매우 크다.[81] 이러한 관점이 자연 재해와 지구적 파괴의 징후를 임박한 종말의 지표, 즉 이것을 환영할 만한 것으로 받아들이게 한다면 환경 의제에 상당한 간접적 영향을 미칠 수 있다. 이는 또한 그리스도교적 희망을 모든 피조물의 해방과 갱신보다는 파멸된 지구로부터 선택받은 자들을 구원하는 데 초점을 맞추고 있다.[82] 자연 환경을 보존하기 위해 일하는 것은 무의미할 뿐만 아니라, 종말 전에 우주의 물리적 요소들의 파괴가 일어나야 하기 때문에, 생태환경을 보존하는 것은 하나님의 목적에 반하는그렇기에 사탄적인 행동인 것이다.[83] 냉전 후, 미국에서는 소수의 복음주의자들이 전천년설과 환경운동의 윤리를 조화시키려고 노력했지만, 그 일은 어려운 일이었다.[84] 지금도 지구를 돌보라는 요구가 진정한 그리스도교의 우선순위인 전도로부터 우리의 주의를 딴데로 돌리게 하는 해방꾼이라고 주장하는 일부 복음주의자들이 여전히 있다[77번 미주 참조].

앞서 주어진 경고들을 기억하면서 우리는 지나친 단순화를 조심해야 한다. 최근 몇 년 동안 복음주의자들이 감지한 소위 뉴에이지 운동의 위협은 점점 줄어들고 있는 것처럼 보였다. 또한 환경위기의 긴급성이 대중적인 인식을 얻고, 컴비와 헌트의 주장들 중 몇 가지가 힘을 잃게 되면서 인간을 제외한 피조물에 대한 그리스도교적 책임의 필요성에 대한 더 넓은 수용을 가져왔다. 이러한 과정에서 피조물을 위한 보살핌의 그리스도교 관행을 만들어 냄과 동시에 자연 숭배로 인식될 수 있는 위험을 피하려는 토니 캄폴로Tony Campolo와 같은 자칭 전천년설 학자가 나타났다. 그의 저서의 제목 — *How to Rescue the Earth without Worshipping Nature: A Christian's Call to Save Creation* 자연을 숭배하지 않고 지구를 구하는 법: 그리스도인의 소명으로서의 피조물 보호 — 은 위와 같은 목표를 잘 반영한다.[85]

그럼에도 불구하고 복음주의 진영에서 나오는 다른 목소리들은 환경보호에 대한 그리스도인들의 책임을 옹호하면서도 피조물 안에서 인류의 우위성을 경시하는 경향을 경계한다. 칼빈 베이즈너^{E.} Calvin Beisner는 복음주의 관점에서 복음주의적 환경주의에 대해 강력히 비판했다. 베이즈너는 피조물을 돌보는 것에 대한 중요성을 부인하지 않으며 인류는 청지기의 책임을 행사할 의무가 있다는 것에 동의한다. 그러나 그는 지구 온난화로 인해 발생된 환경적 위기와 같은 많은 증거들에 대해 반론을 제기한다.[86] 그는 "우리의 생태환경은 악화되고 있는 것이 아니라 점점 개선되고 있다"고 주장한다.[87] 베이즈너는 성서에서는 종종 환경 파괴가 하나님에 의해 일어난 것으로 언급되며, 시든 무화과나무 이야기의 교훈은 "자연은 정말로 인간의 필요를 충족시켜 줘야 한다"는 가르침을 우리들에게 제시한다고 주장한다. 또한 그는 광야는 더 이상 인간의 통제가 가능하지 않기에 부정적인 이미지를 내포하고 있다고 간주한다.[88] 이러한 해석은 "바울이 예언한 저주받은 피조물의 회복의 시작으로 그리스도의 탄생, 죽음, 부활을 수반하는 그리스도교적 세계관의 적용에서부터 뻗어 나온" 인간의 기술적 진보에 대한 낙관론을 수반한다.[89] 베이즈너는 하나님이 인간에게 주신 임무는 풍요와 생산성 증가를 통해 지구를 황야에서 정원으로 변화시켜 타락과 저주의 영향을 역전시키는 것이라고 주장한다. 그는 개발도상국들이 부를 증대하고 환경을 개선할 수 있는 최선의 수단으로서 자유로운 경제 개발을 해야 한다고 주장한다. 그리고 미국과 같은 가장 부유한 나라들의 국민들은 그들의 소비 수준을 줄일 필요가 없다고 주장한다. 또한 인구 규모를 위협으로 인식하는 환경론자들과는 달리 베이즈너는 "성서적인 그리스도인들"은 다음과 같이 확신한다고 주장한다.

> 지속적인 인구 증가는 자원고갈이 아닌 풍요로움으로 이어지며, 지구의 오염이 증가하지 않고 황야에서 정원으로의 청결과 전환으로 이어질 것이며, "썩어짐의 종노릇 한 데서 해방되어 하나님의 자녀들의 영광의 자유에 이르"롬 8:21게 된다.[90]

생태환경과 관련된 성서의 가르침에 대한 베이즈너의 시각은 복음주의자들과 근본주의자들 사이의 역사적·현대적 논쟁을 연구한 해리 마이어Harry Maier의 주장에서 잘 보여준다: 미국의 근본주의자들이 "환경친화적"으로 전향하는 일반적인 추세에도 불구하고, 일부 사람들은 이 움직임에 반대하면서 이들 안에 중요한 논쟁이 오가고 있다.[91]

영국의 학문적 배경에서 글을 쓰는 우리로서는 여기서 제시되는 성서 해석의 형태에 대한 견해들을 진지하게 고려할 필요가 거의 없는 종교적 소수자의 견해로 치부하는 것이 어쩌면 쉬울 것이다.[92] 그러나 이러한 관점이 종교적 우파에게 끼치는 영향을 통해 미국의 외교 및 환경 정책에 영향을 줄 수 있다는 점을 고려해 잠시 살펴볼 가치가 있다.[93] 예를 들어 할 린제이가 공산국가와 아랍국가 모두를 하나님의 의로운 자들에 대적하는 악마적 반대운동의 핵심 축으로 묘사하는지를 읽는 것은 불편한 일이다.[94] 1980년대 후반까지 정치적 지형을 지배하던 냉전이 종식되면서 이슬람 세계가 어떻게 논쟁의 여지 없는 새로운 악의 축으로 부상하게 되었는지는 충격적이다.[95] 더 구체적으로 환경 문제에 대해 말하자면, 임박한 재림에 대한 기대가 때때로 천연자원의 착취적 개발 정책을 형성했다는 일화적인 증거가 있다.[96] 로널드 레이건의 내무장관 제임스 와트는 미래 세대를 위한 환경 보존에 대한 인준 청문회에서 "주님이 돌아오시기 전에 우리가 얼마나 많은 미래 세대를 기대할 수 있을지 모르겠다"고 단도직입적으로 말했다.[97] 와트의 진술이 그가 자원의 보존을 문제삼지 않았다는 점을 보여주는 인용문으로 자주 사용되었음에도 불구하고, 그의 진술이 "미래 세대를 위해 필요한 자원을 남겨둘 수 있는 기술로 — 현재의 자원을 — 관리해야 한다"로 끝맺음 지어졌다는데 주목할 필요가 있다.[98] 최소한 주님의 — 아마도 임박한 — 재림에 대한 생각이 여기서 천연자원의 관리에 대한 고려와 연결되어 있다. 신학적 성향과 그리스도의 임박한 재림, 또는 지구로부터 신자들이 "들려 올림을 받음"과 개종에 대한 관심의 집중과 개인적 구원과 같은 이슈들에 대한 신념의 결합이 나머지 피조물들의 중요성에 대해 부차적인 것으로 여기거나, 혹은 최악의 경우, 인간 구원의 드라마를 완성하기 위한 종말의 단계에 파괴될 운명에 불과하다는 견해를 쉽게 이끌어낼 수 있다고 생각할 수 있다.

여기에는 창조론자들의 운동과 흥미로운 유사점이 있는데 이것은 또한 미국 정치에서 암묵적으로 반환경주의적 입장을 내세웠던 동일 교계에서도 강하게 나타난다. 진화론적 견해는 이 운동에서 — 그 전통 안에서 이해되는 — 성서적 가르침, 피조물의 성격과 피조세계 안의 인간의 고유한 위치에 관한 것, 그리고 어떤 경우에는 유물론적 형이상학이나 비그리스도교적 윤리와 관련된 가르침에 반하는 것으로서 저항된다.[99] 생태과학 역시 비-성서적 우주론과 인류학을 제공하고 본질적으로 반일신론적이며 반"미국적" 윤리를 장려한다는 이유로 저항받을 수 있다.[100]

1.5   **예비적 비교**

비판적 평가를 향하여

　　　　두 종류의 "저항"의 성서 읽기 사이에는 분명한 차이점이 존재하지만 한 가지 주목할 만한 유사점은 이 두 저항의 성서 읽기 모두 특정한 관점에서 성서 본문을 바라보고 이 관점을 기준으로 해당 성서 본문의 *말*과 *의미*에 *동의*한다는 것이다. 예를 들어 성서 본문이 남성에 대한 여성의 종속성을 또는 인간에 대한 피조물의 종속성을 *가르친다*고 보거나 또는 성서 본문이 남성과 여성의 역할에 대한 평등이나 피조물 전체를 보존할 책임을 가르치지 않는다라는 특정한 관점으로 성서를 본다는 것이다. 따라서 기본적인 의견의 차이는 여성신학 또는 생태학적 가치를 추구하여 성서에 저항해야 하는가 아니면 성서의 권위를 따라 그러한 ─ "세속적", "진보적" ─ 가치에 저항하는가이다. 적어도 이 정도 수준에서는 텍스트의 해석이 크게 상관이 없거나 더 나아가서 그들이 성서 해석학의 특정한 모델 안에서 성서의 권위를 해석하는 방식에 큰 이견이 없어야 하며, 차이는 당대 독자들의 입장과 윤리적 헌신, 그리고 권위의 중심을 어디에 두는지에 대한 그들의 확신에 따른 것이다. 지금까지 논의된 성서 해석의 세 가지 방식은 다음의 표로 시각화해 비교될 수 있다.

성서의 권위 강조	저항 B: 성서 권위에 대한 헌신은 생태학적 의제에 대한 거부를 암시하는 것으로 받아들여진다.	회복: 올바르게 해석된 성서는 "생태(녹색)" 의제를 지지한다.
	(이 주제에 대한 성서 해석에 관여할 강력한 동기가 없음)	저항 A: 생태학적 원리에 대한 헌신은 (일부) 성서 본문에 대한 비판적 저항을 필요로 한다.

생태적 가치의 중요성 강조

분류화를 통해 성서의 여성신학과 생태학적 읽기의 방식과 전략을 분리하듯이 도표화는 실제로 다양한 성서 해석과 읽기 방법들을 단순화한다. 하지만 더 복잡한 경험적 현실과 완전히 일치하지 않는 베버 Weber 의 사회 경제 이론에 관한 이상적인 유형처럼 이러한 범주화 역시 다른 유형의 읽기 방법에 어떠한 특성과 변화가 있는지 분석적으로 살펴보는 데 도움이 될 수 있다. 회복의 성서 읽기는, 특히 성서에 대한 전반적인 접근 방식으로 일관되게 적용된다면, 성서의 권위를론 특정한 방식으로 해석되는와 생태학적 가치 또는 여성신학적 모두를 강하게 반영할 수 있다. A와 B라고 이름 붙여진 두 종류의 저항은 한 축에 대한 강조를 반영한다. 근본주의자들의 경우 성서에 대한 헌신을 반영하

고, 지구성서프로젝트의 경우 생태정의 원칙에 대한 헌신을 반영한
다.

　　이 예비적 분석과 비교는 성서 해석이 명백하게 주석적이고 역
사적인 논쟁에 초점을 맞추고 있음에도 불구하고 성서 해석의 차이가
얼마나 크며 그 차이는 성서의 권위와 현대의 윤리적인 적용에 대한
관점의 다름에 의해 형성된다는 것을 강조한다. 때때로 현대의 특정
한 윤리적 적용과 결합된 성서 권위에 대한 특정한 관점은 내재적 일
관성을 유지하기 위해 특정한 방식의 성서 읽기를 필요로 한다. 성서
의 원칙을 최우선 교리로 여김과 동시에 환경을 돌보는 도덕적 의무
를 확신하는 복음주의자는 어떠한 형태의 회복의 읽기 방법을 발전시
켜야만 하며 그렇지 못한다면 그들의 신념을 뒷받침할 만한 무엇인가
를 찾아야 한다. 그러나 다음 장에서 보게 될 것처럼, 해석에 대한 각
각의 접근 방식에는 어려움이 따르며, 이러한 어려움을 명확히 하는
것은 우리가 성서, 특히 바울서신의 생태적 접근을 위한 보다 적절한
근거를 찾는 데 도움이 될 수 있다. 이 분류 및 분석 조사를 완료한 후,
우리는 생태신학적 해석학의 기초를 놓는 비판적 분석을 진행할 것이
다.

2장

생태신학을 위한 해석학적 렌즈의 역할

앞장에서 우리는 생태환경 문제에 있어서 성서를 활용하는 방식을 알아보고 그것을 회복의 성서 읽기 _{환경보호에 긍정적인 측면이 성서에서 발견될 수 있다는 성서 읽기}, 저항 유형 A의 성서 읽기 _{생태정의 원칙에 어긋나거나 지구를 폄하하는 것으로 간주되는 성서 본문에 저항하고 반대하는 성서 읽기} 그리고 저항 유형 B의 성서 읽기 _{성서가 가르치는 것과 배치된다는 확신 때문에 현대의 환경 의제에 저항하는 성서 읽기} 로 분류했다. 그러나 이 세 가지 성서 읽기 방법은 각각 단점을 가지고 있다. 따라서 이번 장에서는 이러한 단점을 식별하고 적절한 해석학적 모델을 제시하기 위해 각각의 읽기 방법이 가지고 있는 문제점에 초점을 맞추고자 한다.

2.1   회복의 성서 읽기

회복의 성서 읽기는 종종 성서 본문이 해석자가 주장하는 가치를 지지하고 장려한다는 것을 보여주기 위한 부자연스럽고 설득력이 떨어지는 시도와 연관된다. 예를 들어 위에서 언급한 것과 같이 예수를 최초의 여성주의자로 제시하려는 시도와 마찬가지로 예수를 환경친화적인 분으로 묘사하기 위한 수많은 시도들은 다소 납득하기 어려운 주장처럼 보인다. 알베르트 슈바이처 Albert Schweitzer 는 이러한 성서 읽기를 추구하는 해석자들은 예수의 삶을 연구함에 있어 해석자 자신의 신학과 윤리적인 신념을 예수를 묘사하는 데 투영시킨다고 비판하였다.

슈바이처가 말했듯이 "각각의 해석자는 자신의 성격에 따라 예수를 창조했다."[1] 이것이 우리가 되돌아가야 할 요점인데, 회복의 성서 읽기는 기타 다른 성서 읽기도 마찬가지로 성서 본문이 필연적으로 가지고 있는 해석의 다양성을 설명하는 데 실패할 가능성이 있다.[2] 예를 들어 창세기 1장 26-28절이 갖고 있는 성서 본문의 "실제" 의미가 인간의 자연 지배에 대한 명령인지 아니면 자연에 대한 인간의 청지기적 사명을 뜻하는 것인지에 대한 논란이 바로 그것이다. 제임스 바 James Barr 는 화이트의 주장을 비판하면서, 해당 성서 본문에 사용된 히브리어 단어는 화이트가 제시한 것과는 다르게 "강하지 않은" 의미를 갖고 있고 따라서 창조론의 성서적 기초는 "인간의 자연 착취에 대한 허가가 아니라 인간의 자연에 대한 존중과 보호 의무를 의미한다"[3]고 주장한다.

또한 리처드 보컴 Richard Bauckham 은 자연에 대한 기술 집약적이고 공격적인 인간 지배의 이데올로기가 르네상스 시대그 이상은 아니다 로부터 시작되었다고 주장했는데, 이는 성서 본문 자체가 인간의 자연 지배를 명령하지 않았다는 것을 보여주려는 좋은 시도이다.[4] 그러나 창세기 1장 28절은 다른 성서 본문들과 마찬가지로 변화하는 역사적 상황과 해석자가 처한 지형적 요건에 따라 다양한 성서 해석이 가능하다. 피터 해리슨 Peter Harrison 이 주장하듯이, 바 Barr 의 비판적이고 역사적으로 초점을 맞춘 반응들이 어떻게 그 목표를 달성하지 못하는지에 주목하면서 린 화이트의 논문은 성서 본문의 역사적이고 본래적인 의미에 대해 문제 제기한 것이 아니라 성서 본문에 대한 해석의 역사에 대해 문제 제기를 한 것이라고 주장한다.[5]

사실 회복의 성서 읽기는 유해한 "오역자"의 결과물로부터 본문의 "진정한" 의미를 재발견하는 것이며 이는 본문을 읽는 *더 나은 방법*을 찾기 위한 논의로 여기에서는 본문을 읽을 수 있는 수많은 방법들이 경쟁하게 된다. 그리고 이러한 성서 읽기의 범위는 항상 새롭고 변화하는 상황 속에서 발전한다. 이것이 의미하는 바는 해석자는 "더 나은" 해석과 "더 나쁜" 해석을 결정짓는 근거를 명확히 해야 한다는 것이다.

종말론적인 성서 본문들이 환경보호에 대한 그리스도교적 헌신을 약화시키지 않는다는 것을 보여주려는 시도에 대해서도 비슷한 지적이 나올 수 있다. 저항과 회복의 성서 읽기를 추구하는 사람들과는 달리 성서에 대한 권위를 존중하면서 환경보호를 위한 행동에 헌신하려는 사람들은 창세기 1장 26-28절과 베드로후서 3장 10-13절과 같이 문제시되는 성서 본문이 그렇지 않는다는 것을 보여주려 노력해야 한다. 그러나 이전 장에서 이미 살펴보았듯이, 이러한 노력은 석의적/역사적 및 신학적/윤리적인 질문들을 야기한다.

이 종말론적인 성서 본문들이 새 창조와 옛 창조 사이의 연속성을 암시하거나 사회정치적 차원의 극적인 변화를 묘사하기 위해 우주적 이미지를 사용한다는 주석적/역사적 주장의 관점[6]에서 에드워드 아담스Edward Adams는 최근 연구를 통해 우주적인 파괴에 대한 묘사를 나타내는 신약성서 본문들 중특히 막 13:21-27과 그 병행구 적어도 몇몇 본문들은 실질적인 파괴를 나타냄을 부정할 수 없다고 주장했다. 사실상 히브리서 12장 25-29절, 베드로후서 3장 5-13절, 그리고 요한 계시록 6장 12-17절은 실제로 우주의 파괴와 재창조를 묘사하고 있다.[7]

아담스는 당시 생각할 수 있는 우주론의 범위를 고려할 때, 완전한 소멸이 예견된 것은 아니라고 강조한다. 그러나 그는 우주의 재앙을 다루는 본문이 어떻게 우주의 진정한 해체즉 현 세계의 파괴 또는 소멸를 다루며 그 후 근본적으로 새로운 형태의 재창조 또는 재구성이 따르는지에 대해 어떠한 관점을 가지는지를 보여준다. 더 나아가 이러한 종말론적인 성서 본문들의 반생태적 의미를 극복하고자 하는 사람들이 자주 주장하는 것처럼, 이 창조세계가 변화를 통한 어떠한 연속성에 대한 희망을 가졌다 하더라도 이것이 반드시 현 세계에 대한 어떠한 보호도 의무화하지는 않는다는 것이다. 왜냐하면 오직 하나님 한 분만이 이러한 새 창조를 일으키실 유일한 분이시며, 그 과정에서 현 우주를 특징짓는 부패와 악은 무엇이든 제거되어 새 창조가 이루어지기 때문이다. 더욱이 이 새로운 창조는 아무리 옛 창조의 변형에 의해 이루어지더라도 우리의 경험과 지식의 세계와는 근본적으로 다르기 때문에 어떠한 인간의 행위도 이러한 창조의 결과를 가져올 수 없다는 것이다.

　　간략히 정리하자면 회복의 성서 읽기의 핵심 문제는, 어떤 성서 본문들도 환경보호에 대한 책임을 훼손하지 않는다는 것을 입증해야 한다는 것이다. 긍정적으로 말하자면, 성서 본문은 지구 보호를 위한 인간의 관심의 중요성을 가르칠 수 있고, 실제로도 가르친다. 그러나 이것을 성서 본문 전체가 '가르치는 것'으로 제시하면 큰 위험을 초래한다.[8] 예를 들어 청지기직이 "하나님, 인간, 그리고 창조세계의 의도된 관계에 대한 성서의 가르침"[9]이라는 주장은 이것이 교리적 구성이라는 정도를 인정하지 않고, 창조 이야기에서 인간의 역할에 대한 특정한 해석을 우선시하고 예: 창 2:15, 땅을 경작하며 지키게 하시고 …, "지배"를 청지기의 책임을 의미하는 것으로 해석하고 창 1:26-28, 일반적으로 인간과 자연의 관계에 대한 신적이고 왕적인 감독의 모델을 적용한다.

　　이와는 대조적으로 존 로만John Reumann은 성서에 청지기라는 용어가 얼마나 드물게 나오는지를 언급하며, "신약성서와 교회 교부들이 적용한 오이코노미아oikonomia라는 주제에 대한 구약성서의 뿌리는 사실상 없"기에 "오이코노미아가 신약성서의 주요 주제라고 주장할 수 없다"고 간주한다. 더욱이 이러한 이미지는 인간이 아닌 창조물에 대한 인간의 책임과는 관련이 없는 것이다.[10] 즉, 성서 어디에도 인간이 피조물의 청지기로 임명되었다고 말하지 않는다.[11] 따라서 회복의 성서 읽기는 적어도 특별히 "어렵다고 여겨지는" 성서 본문을 통해 환경 윤리적 행동이 해당 본문에서 직접적으로 예상되고 명령되어 있다고 주장하려고 할 때에 논지의 취약성을 드러내거나 석의적으로 타당하지 않게 되는 어려움에 직면한다.

2.2 저항 유형 B의 성서 읽기

근본주의자들과 복음주의적 저항의 읽기^{타입 B} 역시 단순히 "성서가 전하는 것"을 제시한다는 주장 아래 특정 성서 메시지를 선택적으로 구성했다는 사실을 은폐했다는 비판을 받을 수 있다. 여기서 핵심적인 차이점은 성서가 말하는 것이 친환경^{또는 여성친화적 등}이 아니라 그 반대로 보인다는 것이다. 성서에 나타난 신학적·이념적 관점의 다양성에 대한 현대 성서학의 강조는 성서의 "단일한" 메시지에 반하는 모든 조화로운 시도에 직접적^{혹은 의도적}으로 대립한다. 그러나 우리가 조사한 저항의 성서 읽기가 현대 성서 연구에 어떻게 관련되는지는 깊은 연구 없이도 알 수 있는데, 이는 엄선된 성서 본문의 의미에 대한 특수 해석과 읽기 규범 내에서 나머지 본문의 읽기를 결정하는 기준이 되는 특정 본문의 우선순위 부여를 통해 알 수 있다. 즉 "성서의 가르침" 또는 "성서가 나타내는 것"으로 표현되는 것은 있는 그대로가 아닌, 다른 성서 본문보다 우선시 된 특정 성서 본문의 특정한 구성이고, 독자의 시대적 상황에 대한 특정 이해가 반영된 것이다. 그러나 성서의 주석 작업만을 통해 이러한 입장이 나타내는 성

서에 대한 일종의 반생태적 해석이 거짓이거나 잘못된 것이라고 말할
수 없다는 사실도 인정해야 한다.

　　성서 구절이 우주적 재앙과 총체적이고 문자적인 우주적 붕괴
를 예견하며, 현재의 세계를 '새 하늘과 새 땅'으로 대체하는 것으로
보고^{벧후 3:13} 이와 관련된 그리스도인들의 책무를 복음화로 이해하는
성서 읽기는 그리스도교 환경주의를 장려하고 지지하며 신구 창조물
사이의 연속성을 강조하는 읽기 못지않게, 혹은 그 이상으로 설득력
이 있는 읽기이다. 이것이 의미하는 것은, 성서에 대한 다양한 접근
법과 환경 윤리에 대한 논쟁은 단순히 주석의 수준에서 논할 수 없으
며, 양측 모두 해석적·신학적·윤리적 쟁점들을 반영해야 한다는 것이
다. 사실 이러한 근본주의적 읽기가 현대의 환경 윤리에 내재된 자유
주의적 의제에 저항하여 제기하는 한 가지 문제는, 어떻게 하면 그리
스도인의 헌신이 더 넓은 ― 세속적인 ― 사회적 경향에 의해 결정되
는 것을 피하면서, 세계의 현상에 대한 비판적인 관점을 유지할 수 있
는지에 대한 문제이다.[12]

2.3　　저항 유형 A의 성서 읽기

　　저항 유형 A의 성서 읽기는 다른 종류의 비판
에 직면한다. 현대의 윤리적인 신념을 분명히 하고, 이에 대한 성서
본문의 가치를 찾으면서, 성서 전체가 이러한 의견을 지지한다는 어

떠한 주장도 회피하고 성서를 환경친화적^{또는 여성친화적}인 텍스트로 보는 고의적이고 명시적으로 느슨한 회복의 읽기를 시도하는 것도 반대한다. 예를 들어 지구성서프로젝트는 성서 본문에 명시적인 권위적 지위를 부여하지 않는다. 그들은 사실상 성서나 그리스도교 전통에서 나온 것으로 제시되지 않는 생태정의 원칙에 권위를 부여한다. 흥미롭게도 왓슨은 이러한 유형의 현대적 접근에서 성서와 그리스도교 교리에 내재된 진리가 어떻게 "이성"에 의해 독립적으로 식별될 수 있는지에 대한 설명을 칸트^{Kant}의 『이성의 한계 안에서의 종교』^{*Religion within the Limits of Reason Alone*} 로 거슬러 올라가 설명한다. 그는 이렇게 말한다:

> 칸트의 연구는 윤리적 정치적 기준에 기초하여 성서를 해석하려는 최근의 모든 시도들의 선구자이다. 성서 본문을 오직 그 기준이 무엇을 말하도록[혹은 비판과 저항을 통해 그것을 말할 수 없다면 덧붙일 수 있는 것] 허용하는 것만 말할 수 있으며 이때 허용된 것들은 모두 성서가 없어도 우리가 이미 우리 자신에게 말할 수 있는 것들이다. 성서 본문을 해석의 기준으로 삼는 것은 제한적인 유용성을 가지는데, 이는 성서 이야기의 특수성이 이성의 보편적 진리 혹은 다양한 현대의 해방적 프로젝트를 설명하는 수단으로는 불완전하고 잠재적으로 잘못된 방향성을 지시하는 수단일 수 있기 때문이다.[13]

동시대적 가치관을 명확히 함으로써 이러한 접근법 — 지구 성서의 생태정의 원칙은 의도적으로 성서와 신학적 전통과의 연관성이

나 유래를 나타내지 않는 방법으로 공식화됨 ― 은 이러한 가치들이
어떻게 (특정)전통을 읽는 것으로부터 나타날 수 있는지를 보여주려고
시도하지 않으며, 따라서 결정적으로, 그 전통 안에 있는 사람들을
설득할 수 있는 능력을 심각하게 제한한다. 이러한 접근 방식은 성서
가 불필요하게 여겨지도록 만든다. 비록 비―종교적인 방법으로 생태
정의 원칙을 공식화하는 것은 그리스도교 전통 밖의 사람들과의 대화
를 용이하게 할 수 있다고는 하지만, 그리스도교 전통과 아무런 관련
이 없는 사람이 왜 그리스도교 성서가 여섯 가지 원칙 중 하나에 부합
하는지 그리고 어디에서 다른지에 특별히 관심을 가져야 하는지 불분
명하다1.5장의 표에서 왼쪽 하단 사분면 참조.[14] 반대로 성서의 생태학적 읽기가 그
리스도교 윤리를 재구성하기 위한 시도로서 잠재적으로 설득력을 가
지려면, 이것이 그리스도교 전통의 고유한 가치를 반영한다는 것을
증명해야 할 것이다. 물론 그 주장은 일련의 추가적인 질문을 요구하
는데, 이것은 여기서 완전히 다룰 수는 없다. 그러나 우리는 보다 효
과적이고 설득력 있는 방법을 증명할 수 있는 추가 범주를 제안함으
로써 적어도 생태신학적 해석학을 공식화하는 문제를 시작할 수 있을
지도 모른다.

2.4   개정, 재형성, 재구성

생태신학적 해석학을 향하여

위에서부터 이어지는 중요한 질문은 회복과 저항 사이에 위치하는 해석학의 종류 — 즉 근거 없는 낙관론을 통해 성서로부터 생태적 지혜를 회복할 수 있다^{회복의 읽기}고 주장하지 않고, 생태정의 원칙을 우선시 여기는 헌신을 통해 그리스도교 전통으로부터 거리^{저항 유형 A}를 두지 않으며, 또한 성서의 충성에 대한 반동적 주장을 통해 현대의 윤리적 도전과 과학의 기여로부터 거리^{저항 유형 B}를 두지 않는 — 를 어떻게 명명하고 설명하느냐이다. 폴 산트마이어 ^{Paul Santmire}는 생태신학과 그리스도교 전통 사이의 관계에 대한 다양한 접근법을 정리하여 범주화함으로 그러한 해석학을 명확히 하는 한 가지 방법을 제공한다. 산트마이어는 각각 "저항^{타입 A}" 및 "회복"과 광범위하게 상관되는 두 가지 범주인 "재건주의자"^{고전적 그리스도교 전통에는 생태신학을 위한 근거를 찾을 수 없다고 거부한 사람들}와 "옹호주의자"^{전통을 올바르게 해석한다면 긍정적인 생태학적 의미를 찾을 수 있다고 보는 사람들}에 대해 논의한 후, 생태신학의 세 번째 접근 방식으로 수정주의자의 접근법[15]을 서술한다. 산트마이어를 포함한 이 수정주의자들은

> 주로 고전 그리스도교 사상의 범위 내에서 활동해 왔다. … 게다가
> 구약과 신약은 서양의 고전적 신학 전통의 정수이며, 또한 성서는

전통 그 자체에 의해 모든 선생과 가르침의 주요 규범으로 받아들여지고 있기 때문에 수정주의자들은 성서 해석에 최고의 우선순위를 부여했다. 그러나 그와 동시에 고전적 전통의 역학은 그 형식 자체가 역사적으로 시사한 바와 같이 끊임없이 전통 자체의 *재형성*을 촉구하는 것으로 이해된다.[16]

이와 유사하게 제임스 네쉬 James Nash 는 "생태적 온전성을 유지하기 위한 궁극적이고 지속적인 기초를 제공"하기 위해 "합리적이고 알맞게 개혁된 그리스도교 신학을 채택한다"고 말한다.[17]

우리가 그것을 "레위-시온주의" 또는 "개혁주의"라 부르든 아니면 다르게 말하든 간에 이 접근법의 한 가지 분명한 장점은 그것이 회복이든 저항이든 근본주의적이고 복음주의적인 읽기가 실제로 무엇인지에 대한 더 정직한 의미를 다룬다는 것이다. 위에서 언급했듯이 "성서적 관점"을 장려하고 회복하려는 시도는 특정 성서 본문을 다른 성서 본문보다 우선시할 뿐만 아니라 해당 성서 본문을 현대문제와 관심사에 비추어 해석하는 과정을 포함하며 이러한 해석의 과정은 끊임없이 지속된다. 실제로 앞서 살펴본 회복의 성서 읽기 방법에는 한 가지 문제점이 있는데, 그것은 성서 본문에 대한 주석을 현대신학과 윤리에 너무 쉽게 적용하려는 경향이 있다는 것이다. 예를 들어 새와 들꽃에 대한 예수의 태도에서 직접 생태학적 가치를 읽으려는 시도는 성서 본문과 우리가 사는 세계와 그 세계의 관심사를 분리하는 차이gap와, 고대 텍스트가 적절한 동시대의 반응에 창의적으로 기여하기 위해 수행되어야 할 작업의 필요성에 대해서도 정당화하지 못한다.[18] "성서가 말하는 바"를 전한다는 주장은 그 해석자의 영향을 고려하지 않기에 해로운 것이며, 전통을 바탕으로 현대적 요구에 비추어 그것을 재구성해야 한다는 주장은 현대 독자의 특징을 반영하며 따라서 비판적 평가와 경쟁을 불러 일으킨다.[19]

위에서 논의된 "청지기론"의 개념은 중요한 예이다. 그리스도교적 환경보호주의를 위한 "청지기론"을 성서적 "근거"로 여기기보다는 콘라디의 표현대로, 이것을 교리적 혹은 인지적 도구(열쇠)로 여기는 것이 더 도움이 된다.[20] 콘라디는 이러한 도구가 "성서 본문이나 현대 세계로부터 직접적으로 파생된 것은 아니지만, 정확히는 본문, 전통, 그리고 상황 사이의 관계를 구축하려는 이전 시도들의 산물"이라 주장한다. 따라서 교리적 또는 인지적 도구(열쇠)는 "이중기능을 가지고 있으며 … 동시대의 상황과 성서 본문의 의미를 풀 수 있는 실마리를 제공하고 동시에 해석자가 성서 본문과 동시대의 상황 사이의 연결을 확립할 수 있도록 한다."[21]

즉, 콘라디의 성서 해석 과정 모델이 강조하는 것은 성서 본문 그리고 고대의 문맥적 상황과 독자그리고 독자가 처한 시대적 상황의 만남에서 의미가 만들어진다는 것이다. 교리적 "도구(열쇠)"는 특정한 우선순위와 특정한 상황에서 본문을 읽음으로써 나타나는 어떠한 중심적인 생각이나 모티브를 뜻한다. 그래서 중세 가톨릭교회와 자신의 양심의 가책 속에서 마틴 루터Martin Luther는 바울의 저서를 통해 핵심적 교리사상 — 이신칭의以信稱義 — 을 발견했고, 그것은 성서를 읽고 해석하는 중심교리열쇠가 되었으며, 동시에 교리와 신학적 전통을 발전시킴과 동시에 성서의 특정 부분특히 로마서와 갈라디아서을 중심화시키고, 다른 부분야고보서 등을 소외시켰다. 루터교의 전통에서 이신칭의가 교리의 해석 또는 읽기의 중심 개념^{열쇠}이 되었듯이, 최근에는 "해방"과 같은 개념^{열쇠}이 해방신학과 여성신학적 성서 읽기의 중심이 되고 있다. 이와 비슷하게 청지기론도 비록 덜 포괄적이기는 하지만, 창세기 1장 26-28절과 같은 중요한 본문의 의미를 해석하는 방법으로 기능하고, 하나의 핵심 이미지를 끌어냄으로써, 현재 상황에 적절하고 창조적인 방식으로 성서 전통을 "해석"하는 역할을 담당한다.

콘라디는 어떠한 중심 개념이라 하더라도 필연적으로 지배적인 사회 집단의 이익을 이념적으로 합법화하고 은폐함을 통해 본문과 상황 모두를 왜곡시킬 수밖에 없다고 주장한다.[22] 따라서 교리적 핵심 개념들은 의심의 해석학의 대상이 되어야 한다.[23] 그러나 단순히 성서 "말씀"이 아니라 교리적이고 해석적인 개념을 정확하게 식별함으로써 이 중요한 의심이 발생한다.

콘라디의 "열쇠"라는 용어는 매우 흥미롭다. 가장 명백한 함축적 의미는 그것이 본문을 "잠금" 해제하는 해석적 장치라는 것이며, 그 의미뿐 아니라 실제적 본성을 드러나게 한다. 매혹적인 부가적 함축은 해석자가 본문을 재해석하는 과정을 "가수"가 음표를 따라 공연하는 행위에 빗댄 것이다.[24] 더 최근의 연구에서는 "교리적 준거틀"doctrinal construct이라는 용어를 사용하여 이것이 본문을 읽고 해석하는 과정에서 만들어진 것이라는 점을 강조했다.[25] 해석은 본문과 우리의 ― 다른 ― 상황 사이에서 어느 정도 유사점이나 유추점을 찾도록 한다. 콘라디는 최근의 연구에서 "그러나 그러한 유사성이 항상 명백히 드러나는 것은 아니기 때문에 우리는 종종 유사성을 만들어내

야 한다. 이것은 또한 '식별'이라는 단어의 어근 — 라틴어 *idem* `동일` 과
facere `만들기 위해` — 을 통해서도 시사된다.[26]

　　음표라는 함축적 의미에 공감하며 구성적 개념에서 강조되는
중요한 점을 발견하는 의미와 중요성을 찾는 이 과정에 대한 이해를
위해 우리는 이 아이디어의 가장 중요한 측면을 더 효과적으로 드러
내기 위한 해석학적 렌즈의 이미지 사용을 제안한다. 인위적 생성물
인 렌즈는 우리가 보는 것을 형상화하고 구성해서 — 다른 부분은 흐
리게 하거나 왜곡시킬 수 있지만 — 검사 대상의 특정 부분에 초점을
맞추게 한다. 그리고 렌즈는 양방향으로 작용할 수 있다. 안경이 착
용자의 시야에 어떠한 영향을 미치는 동시에 안경 바깥에서 착용자의
눈이 보이는 모양을 바꾸는 것을 예로 들 수 있다. 교리적 혹은 해석
학적 렌즈는 성서 본문에 대한 우리의 관점을 형성할 뿐 아니라, 우리
와 우리의 상황이 어떻게 보여지는지, 그리고 성서 본문이 우리 자신
의 환경과 어떤 측면에서 관련되는지를 결정한다.

　　콘라디는 지구성서프로젝트의 여섯 가지 생태정의 원칙이 어
떻게 교리적인 열쇠로 기능하고 실제로 "작은 교리"로 다시 해석될
수 있는지를 또한 보여준다.[27] 예를 들어 "모든 물질의 내재적 가치실용
주의적 가치 대신와 상호 연결성과 관련된 처음 두 가지 원칙은 창조세계에
대한 기본 교리를 형성한다. 지구 공동체와 모든 생물체 사이의 친족
관계에 대한 강조는 수정되고 보다 포괄적인 교회론으로 읽힐 수 있
다."[28] 콘라디는 이러한 원칙들이 재해석될 수 있다는 단점의 가능성
을 잘 알고 있지만[29] — 이러한 원칙은 식민화와 정복의 한 형태이며
또한 성서 주해의 교리적 간섭에 반대하는 반감들에 대해 간과하는

단점이 있다 ― 그의 접근 방식에는 분명한 강점이 있다. 중요한 것은 콘라디의 접근법은 생태정의 원칙들이 그리스도교 전통과 성서에 어떠한 연관성을 갖는지와 이 원칙들이 성서와 그리스도교 전통의 어떤 부분에서 나오는지 단일한 의미는 아닐 수 있지만를 알 수 있는 하나의 방식을 제공하는 동시에 그 전통을 읽는 비판적인 안내자 역할을 한다는 것이다.

이 접근법의 또 다른 이점은 위의 저항 A 섹션에서 그랬던 것처럼, 현대의 윤리적 "규범"이 전통과의 명시적인 연결 없이 외관상 새로운 규범으로서 나타나서 전통을 비판하는 역할을 하는 동시에 그 전통에 대한 윤리적 권위를 행사하는 것을 방지한다는 것이다.[30] 저항의 성서 읽기를 반대하는 사람들은 이러한 성서 읽기가 그리스도교 전통 전체를 거부하거나 전통을 전복시키려는 시도라고 주장하지만, 사실 이 읽기 방식은 전통을 전체적으로 거부하거나 이 전통이 단순히 현대 윤리 규범에 대한 "평가" 대상으로 종속되게 하지도 않는다. 이 접근 방식은 신학적이고 윤리적인 특정한 관점에서 그리스도교 전통을 (재)해석하려는 시도로서 "복음"의 말씀이 어디서 어떻게 발견되는지를 식별하는 데 유용하다. 이 접근법은 어거스틴부터 마틴 루터에 이르기까지 역사적으로 인정된 접근법이다. 어거스틴은 하나님 사랑과 이웃 사랑이라는 특정한 관점을 통해서 성서를 읽을 때에만 성서의 진정한 의미를 이해할 수 있다고 주장[31]했으며 마틴 루터는 이신칭의라는 특정한 관점[32]을 통해 성서의 핵심과 복음을 발견할 수 있었다.

일종의 승인된 순환논리는 유익한 해석학을 위해 필수불가결

한 것처럼 보인다: *해석학적 렌즈는 전통의 산물인 동시에 전통을 비* *판적으로 다시 읽고 재구성하는 수단이다.* 그러나 동등하게 중요한 것 은 특정한 우선순위를 발생시키는 적절한 현대적 상황의 영향을 고려 하는 것이다. 왜냐하면 해석학적 렌즈는 현대 상황 속에서 발생한 특 정한 우선순위를 통해 만들어지기 때문이다. 이에 대해서는 중세 가 톨릭 체제에 대해 좌절한 루터의 예, 라틴 아메리카의 가난과 억압의 맥락에서 해방신학이 출현한 것, 그리고 남녀 관계 패턴에 대한 급진 적인 사회적 재평가 속에서 여성신학이 출현한 것에 이르기까지 모든 종류의 예를 들 수 있다. 현대의 상황에서 우리가 직면하고 있는 생태 학적 도전의 중요성에 대한 인식이 증가함에 따라, 새롭게 초점을 맞 춘 성서적 해석학을 통해 전통을 재구성하는 것은 확실히 시의적절하 다 하겠다.

생태신학적 해석학을 위한 초기 요건은 여성신학과 마찬가지 로 긍정적이고 창조적이면서도 그리스도교 전통에 대한 비평적 숙고 를 가능하게 하는 특정한 해석학적 렌즈를 명확히 구성하는 것이다. 그러므로 생태신학적 해석학은 "회복"과 "저항" 또는 "회수"와 "의심" 을 모두 실천하는 해석학이 되어야 한다.

그러나 동시에 그러한 해석학은 성서 본문을 읽는 것이 현대 윤리를 형성하는 데 충분할 수 있다고 가장하지도 않을 것이며, 또한 해석학적 렌즈가 오직 성서 본문, 심지어 그리스도교 전통에서만 만 들어지는 것처럼 가장하지도 않을 것이다. 이러한 해석학의 특성은 매우 중요한데 왜냐하면 여성주의와 자유주의 해석학이 사회과학과 정치 분석 도구를 사용하는 것처럼, 적절한 생태주의 해석학은 세계에 대한 과학적 이해와 — 내부적으로 — 대화하면서 형성되어야 한다는 확신을 암시하기 때문이다. 현대과학의 조사 결과들과 대화하고 그것을 평가하는 것이 요구되는 신학적 작업 모델을 변호하는 것은 이 책의 범위를 훨씬 넘어선다.[33] 그러나 전통은 언제나 다양한 관점을 수용하는 방식으로 작용했다. 따라서 다양한 학문분야와 "자료"에 근거한 해석의 적합성을 판단하는 방법론적 기준이 있어야 한다.

　　이에 관련하여 과학적 모델을 먼저 평가한 후 신학적 모델을 평가하는 이안 바버 Ian Barbour 의 평가 기준은 고려해 볼 만하다.[34] 바버는 "일반 과학 연구에서 이론을 평가하기 위한 네 가지 기준"으로 *자료와의 일치* 이론은 항상 자료에 의해 과소결정됨을 의미 , *일관성* 다른 수용된 이론과의 일관성 및 이상적으로는 해당 이론과의 개념적 상호 연결성 , *범주* 포괄성 또는 일반성 , *생산성* 이론이 새로운 가설을 생성하고 새로운 실험을 제안하는 데 효과가 있는가? 을 든다.[35] 우리는 과학으로 간주되는 창조과학이 첫 번째, 두 번째, 그리고 네 번째 기준에서 크게 실패한다는 점에 주목한다. 따라서 창조과학은 생태신학적 해석학의 대화 상대로서 부적절한 학문의 예라 하겠다.[36]

　　흥미롭게도 바버는 위에서 제시한 네 가지 기준을 동일하게 종교의 틀 안의 "패러다임 공동체"에서 사용할 수 있다고 제안한다. 여기서 *"자료"*는 "개인의 종교적 경험과 공유된 이야기, 그리고 종교적인 예전"으로 표현된 공동체의 경험이다."[37] 바버는 그리스도교와 같이 경전에 기반을 둔 종교에서는 성서에 대한 성찰을 "공유된 이야기"와 종교적 예전 실행의 중심 요소인 "자료"이며 핵심 구성요소로 본다. 그는 *"일관성"*을 전통의 상호 주관적 연속성으로 이끄는 다른 수용된 신념과의 일관성 측면에서 본다. 여기서 *"범주"*는 신학적 방법을 "일차적 데이터를 넘어서는 다른 종류의 인간경험에 적용하는 것을 포함하는 것을 의미하며 … 과학시대의 [믿음]은 적어도 과학의 발견물들과 일치해야 한다."[38] 바버는 *"생산성"*을 개인의 변화와 우리 시대의 주요 윤리적 문제에 대한 적용이라는 두 가지 관점에서 보고 환경 파괴를 이러한 하나의 예로 지목했다. 혹자는 특정 신학의 범위에 대한 바버의 접근 방식이 거의 과학적인 논조로 이루어졌다고 트집 잡을 수 있겠지만[39] 우리는 성서-문자주의 방법론이 이 기준뿐만 아니라 다른 각각의 요소에도 실패할 것이라고 생각한다. 따라서, 성서-문자주의적 방법론은 바울서신서들을 생태적 관점으로 접근하는 만족스러운 방법이 아니라고 본다.

더 긍정적으로, 우리는 바버의 기준이 우리가 바울서신을 읽는 목적에 관한 몇 가지 유용한 지침을 제공한다고 다음 장에서 발전시켜 논의할 것이다. 바울신학과 윤리 전반에 대한 일관된 이해를 위한 건설적이고 신학적인 읽기는 바울서신과 그 주석에 기반한 "정보"에 근거해야 하며, 현대의 관련된 분야와 과학으로부터 통찰력과 지식을 얻고, 이를 통해 제안된 태도와 행동의 관점에서 현대의 환경 문제에 대한 생산적인 반응을 창출해야 한다.

스탠리 하우워스 Stanley Hauerwas 와 데이비드 버렐 David Burrell 도 신학의 내러티브적 접근에 대해 다음과 같은 의문을 제기한다: 내러티브는 어떠한 기준에 의해 가치를 가지는가?[40] 이 질문은 주요 바울 본문 4-6장 참조과 현대 생태신학7장 뒤에 숨겨진 암시적 내러티브에 대한 탐색을 포함하는 우리만의 해석적 접근 방식을 개발할 때 특히 중요하다.

하우워스와 버렐은 이야기가 그것을 읽는 독자들에게 어떠한 영향을 미치는지에 대해 다음과 같이 정리한다. 채택된 모든 이야기는 다음의 네 가지를 보여야 한다. 1) 파괴적인 대안으로부터 우리를 해방시킬 수 있는 힘, 2) 현재의 왜곡된 상황을 꿰뚫어 볼 수 있는 방법, 3) 우리가 폭력에 의지하지 않도록 할 수 있는 공간, 그리고 4) 비극적 요소에 대한 인식 어떻게 의미가 힘을 초월하는가. 이것들은 바버의 연구처럼 이론에 의해 만들어진 비판적 현실주의 주장들보다 훨씬 더 이야기의 도덕적 효과와 연관이 있는 기준들이다. 그러나 하우워스와 버렐의 두 번째 기준 ― 현재의 왜곡된 상황을 꿰뚫어 볼 수 있는 방법 ― 과 바버의 자료, 일관성, 범주에 대한 관심 사이의 연관성이 있다는 점은 흥미롭다. 그리고 또한 그들의 다른 기준과 현재 우리가 수행하고 있는 연구의 핵심인 신학적 이론화가 우리 시대의 커다란 윤리적 문제들에 대해 생산성을 보일 수 있다는 바버의 주장 사이의 연관성 또한 주목할 만하다.[41]

2.5   **결 론**

현대 환경 문제에 대한 논의의 측면에 입각한 성서 연구의 종류를 조사하고 분류한 후, 우리는 이러한 접근들에 대한 비판적인 분석을 진행했다. 우리는 "회복 또는 저항의 성서 읽기 방법"이 성서 본문과 당대의 윤리적 책임에 대한 적절한 입장을 밝히는 데 도움이 된다고 믿는다. 왜냐하면 이러한 종류의 동기와 방향은 종종 학문에 암시적으로 함축되어 있기 때문이다. 그 다음 우리는 성서 본문이 단순히 회복되거나 복구된다는 주장의 약점을 피할 수 있고, 다른 한편으로 성서 본문과 그리스도교 전통을 기반으로 해석적 입장이 어떻게 만들어지고 유지되는가를 밝히지 않고 단지 현대의 문제들에 대한 책임에 기반해 본문에 반대할 수 있는가를 다루는 접근법들에 대해 다루었다. 우리는 다음과 같은 극과 극의 반대 예시를 제시했다. 하나는 성서에 의해 가르쳐진 긍정적인 환경 메시지를 회복한다고 주장하는 복음주의자들에 의해 일반적으로 옹호되는 청지기론적 접근법이고 다른 하나는 성서에 대한 비판적 평가를 위한 규범으로서 일련의 생태정의 원칙을 사용하는 지구성서 접근법이다.

또한 우리는 "수정주의" 해석학의 형태가 위에서 설명한 두 가지 접근 방식의 함정을 피하며 적어도 그리스도교 전통과 긍정적인 연관을 유지하기를 원하는 접근법으로서 어떻게 가장 설득력이 있는지를 보여주려 노력했다. 우리는 해석학적 렌즈로 부르기를 선호하는 콘라디의 "교리적 준거틀"은, 성서 해석이 필연적으로 구성적인 과정 방식임을 이해하고 표현하기에 여기서 앞으로 나갈 수 있는 귀중한 동력을 제공한다. 고대 본문과 현대 상황 사이의 결합은 특정한 모티브, 아이디어 또는 주제를 중심으로 가져옴으로써 필연적으로 본문을 "왜곡"하고 새로운 것을 만드는 방식으로, 한 부분을 우선시하고 특정한 방식으로 해석하며 다른 측면을 무시하거나 주변화함을 통해 유사성을 만들어낸다. 이 접근법이 시사하는 과제는 우리의 현재 상황에서 성서 본문을 ― 다시 ― 읽음으로써 어떤 종류의 해석학적 렌즈

(들)가 드러날 수 있는지 명확히 하고 생태신학을 적절히 뒷받침할 수 있도록 하는 것이다. 바버와 하우워스, 그리고 버렐이 개괄한 기준은 이 과제를 성공적으로 수행하려는 시도가 어떤 모습이어야 하는지에 대한 귀중한 지침을 제공한다. 이것은 분명히 성서 전통 전체와 새로운 관계를 맺어야 하는 과제이며, 이는 현재 진행 중인 지구성서프로젝트가 시도하고 있는 일종의 포괄적인 연구이다.[42] 이 다음 부분에서는 더 제한적으로 바울 문서를 새롭게 접근하는 작업을 시작할 것이다. 이를 시작하기에 앞서 우리의 방법론에 대해 논의해야 할 또 다른 측면이 있다.

3장

내러티브 생태신학?

내러티브 분석은 콘라디의 교리적 준거틀의 개념을 바탕으로 우리가 발전시킨 해석학적 렌즈와 함께 우리의 방법론의 또 다른 핵심 요소 중의 하나이다. 우리는 이러한 종류의 분석을 통해 바울의 주요 서신에 대해 유익한 관점을 도출할 수 있으며 바울서신이 현대적인 생태 성서신학의 형성에 기여할 수 있다고 생각한다. 이 장에서는 주석적 연구를 위해 실행 가능한 내러티브 연구 유형을 설정하기 전에 수십 년 동안 진행된 내러티브적 연구에 대한 동향을 정리하고자 한다.

3.1   **내러티브 전환의 중요성**

1980년대 초, 다수의 주요 연구들이 근본적으로 중요한 신학적·철학적 범주에 속하는 내러티브 연구로 회귀했다. 계몽주의 이후, 이야기나 설화는 비평받지 않은 비-과학적인 사고방식으로 보게 되었고, 원칙이나 아이디어를 도출하는 접근법으로 대체될 수 있다고 보았다. 이러한 관점에서 내러티브 구조는 버려질 수 있는 버려야만 하는 설화적 껍질로 이해되었다. 루돌프 불트만Rudolf Bultmann 의 신약성서의 비-신화화를 위한 해석 방법은 그러한 접근법의 분명한 예이다.[1] 그러나 특히 합리적이거나 보편적인 원리에 대한 전통에 구애받지 않는 진술이 있을 수 있다는 근본주의에 대한 비판은 내러티브의 가치를 재발견하는 큰 인지적 변화의 하나였다. 예를 들어 1981년 조지 스트룹George Stroup은 신학에 대한 내러티브의 중요성을 주장한 『내러티브 신학의 가능성』The Promise of Narrative Theology을 출간했다.[2] 같은 해에, 알래스데어 매킨타이어Alasdair MacIntyre는 그의 매우 영향력 있는 저서 『덕의 상실』After Virtue을 출간했는데, 그는 다양한 난관에 대한 지속적인 불일치 이상의 것을 생산하지 못하는 현대 서구 윤리의 무능은 그것의 내러티브적 토대의 붕괴를 반영하는 것이라고 주장했다.[3] 특히 아리스토텔레스Aristotle와 어거스틴Augustine, 그리고 이 둘을 합친 토마스 아퀴나스Thomas Aquinas에 주목하여 매킨타이어는 내러티브로 구성된 특정한 전통 안에서만 도덕적 삶의 기초가 되는 종류의 미덕을 배양할 수 있다고 주장했다. 매킨타이어의 접근법은 당대 최고의 윤리신학자인 스탠리 하우워스 Stanley Hauerwas 에게 특히 큰 영향을 미쳤고 그는 정체성, 공동체, 성격, 행동 형성 측면에서 내러티브를 근본적으로 중요한 것으로 여겼다.[4]

현대 포스트모던의 상황에서 모든 사고방식은 본질적으로 내러티브이며 특정한 이야기는 종종 세계의 단면을 보여준다.[5] 예를 들어 존 밀뱅크 John Milbank 는 자본주의와 마르크스주의 등을 서로를 전복하려는 경쟁적인 내러티브로 본다. 그리스도교도 이와 같이 "문학적 취향을 이유로 — 사람들에게 더 좋은 이야기를 들려줄 수 있는 더 설득력이 있는 내러티브이다."[6] 하우워스도 이와 같이 그리스도교 내러티브를 서구의 "자유주의"와 충돌하는 것으로 보며, 서구의 자유주의는 그에 입각한 특정한 이야기를 전하는데, "자유주의는 우리에게 우리가 어떠한 이야기도 가지고 있지 않다고 가르치며, 때문에 우리는 내러티브가 얼마나 깊게 우리의 삶을 결정하는지 알아차리지 못한다"[7]고 말한다. 내러티브는 사실상 모든 형태의 지식과 존재에 대해 설명하는 데 사용할 수 있는 기본 범주이다.

3.2   바울서신 연구에 있어서 내러티브

바울서신을 연구함에 있어서 내러티브로의 전환도 1980년 초에 일어났으며, 리처드 헤이스 Richard Hays 의 매우 영향력 있는 연구인 『예수 그리스도의 믿음: 갈라디아서 3장 1절에서 4장

11절까지의 내러티브 하부구조』*The Faith of Jesus Christ: The Narrative Substructure of Galatians 3:1-4:11* 가 1983년에 출간되었다.[8] A. J. 그레마스 Greimas 의 연구에서 파생된 문학적 도구를 사용하여,[9] 헤이스는 "서술적 하부구조" ― 그리스도의 이야기 ― 가 분명히 비–서술적인 본문에 의존적이라는 것을 밝히려 했다.[10] 이러한 종류의 내러티브적 접근 방법은 신약성서 연구, 특히 N. T. 라이트 N. T. Wright , 벤 위더링턴 3세 Ben Witherington III , 제임스 던 James Dunn 등에 의해 바울서신의 연구[11]에서 더 발전되었다. 예수의 이야기와 다른 이야기와의 연관을 "바울의 구원론에서 더 이상 단순화 할 수 없는 요소"[12]라 칭한 더글라스 A. 캠벨 Douglas A. Campbell 은 내러티브를 연상시키는 다음과 같은 특징에 주목한다: 행동을 수행하고 사건이 발생하는 개인 배우의 활동과 타임 라인에서 펼쳐지는 행동과 사건에 의해 주로 전달되는 개인적인 차원은 종종 문제 해결 구조를 갖는 "줄거리"를 생성한다.[13]

　　바울서신에 대한 이러한 종류의 접근 방식의 역사와 발전이 현대 해석자들의 변화하는 상황과 인식을 어떻게 반영하고 있는지를 주목하는 것은 매우 흥미롭다. 예를 들어 헤이스는 계속되는 구원서사를 바울신학의 기반으로 보는 오스카 쿨만 Oscar Cullmann 의 바울서신의 구속사적 읽기에 호의적이다. 실제로 바울신학의 형성에 대한 현대적인 논쟁과 바울의 구속사에 관한 이전의 논쟁특히 불트만, 쿨만, 그리고 에른스트 케제만사이에는 유사점들이 있다.[14] 그러나 케제만 Käsemann 이 쿨만의 구속사적 읽기에 대해 강하게 반발한 이유 중 하나는 그것이 나치 이데올로기에 해롭게 전용되었기 때문이다. 케제만은 "세속화되고 정치적인 제3제국과 그 이데올로기의 형태로 침입한 구속사에 대한 개념"에 반대했다. 그는 "우리의 경험은 처음부터 역사신학을 의심하게 만들었다"고 기록했다.[15] 우리는 구속사의 직선적인 방향과 인간의 — 지나친 — 낙관주의라는 구속사의 특정 개념의 문제에 민감하게 반응하는 것이 좋겠지만, 내러티브 접근법의 현대적 발전은 현대 신학과 철학에서의 움직임과 잘 맞으며, 케제만이 강렬히 반대했던 문제를 피하는 방법으로 개발될 수 있다. 그러나 최근 해석자들 사이에서는 내러티브 접근법이 바울신학의 이해에 있어 가장 적합하다는 의견과 이것이 그리스도 사건의 성취 순간에 대한 수직적 "개입"에 관한 그의 종말론적 묘사를 제대로 드러내지 못한다는 의견 대립이 있어 왔다.[16]

우리의 관점에서 볼 때, 바울서신을 내러티브적 접근으로 보는 방법은 유용하다. 그리스도 사건이 나타내는 급진적 개입의 강조에 대한 우려와 인류 발전에 대한 지나친 낙관론이 안고 있는 문제를 회피하기 위해 바울이 하나님의 구원 목적의 이야기를 다루고 있다는 점이 간과되기 쉬우나 이는 꼭 다루어져야 할 부분이다.

확실히 바울은 갈라디아서에서 파괴와 갱신의 언어를 사용한다. 그러나 바울은 또한 그리스도 사건을 그가 성서와 시간에 뿌리를 둔 이야기의 정점으로 언급하며, 이 이야기는 그에게 신적인 가르침의 원천으로 남아 있다롬 15:4. 아담의 창조와 '타락'에서부터 아브라함과의 약속과 모세를 통한 율법의 도래까지 그 이야기의 모든 요소를 반복할 필요는 없다. 이것을 부인하는 사람들이 바울의 이야기에 대한 이러한 방식을 경시하기 위해 — 주석적으로 — 얼마나 큰 노력을 기울여야 하는지 주목하는 것으로 충분하다.

예를 들어 루이스 마틴J. Louis Martyn은 아브라함의 자손씨을 향한 하나님의 약속^{갈 3:16}에 대하여 바울의 해석을 다음과 같이 묘사한다. "아브라함을 향한 하나님 약속^{자손을 주시겠다는}의 일회성과 성취에 대해서는 논쟁이 있다. … 그 성취의 일회성과 선형성에 대한 구분은 … 바울 스스로에 의해 제기된 것이다. 갈라디아서 3장 16절에서 바울은 언약 백성에 대한 거짓 교사들의 선형적이고 구속사적인 역사적 인식^{아브라함의 씨를 이스라엘 백성으로 인식}을 부정하고 이 씨를 언약 백성을 위한 특별한 인물, 그리스도를 지칭하는 것으로 이해했다."[17] 심지어 마틴^{Martyn}은 갈라디아서 4장 4절에서 그리스도의 도래를 시간적인 맥락에서 명확하게 설정했음^{ὅτε δὲ ἦλθεν τὸ πλήρωμα τοῦ χρόνου}에도 불구하고 이것은 "그 언약이 끝나는 시점을 가리키는 것이 아니다"라고 주장한다. 그와는 반대로 "바울은 점진적인 성숙을 생각하지 않고, 오히려 그리스도의 도래를 일회적인 완전한 해방으로 보며, 하나님의 시간에 하나님에 의해 일어나는 것으로 이해했다."[18]

그러나 흔히 그렇다시피 마틴이 반박하고 싶은 대안은 부인하기 쉬운 용어들로 이루어져 있다. 바울은 이 이야기를 단순히 "선형적"인 것으로 생각할 필요도 없고, 그리스도의 오심을 하나님이 이스라엘과 세계의 역사적 상황 ― (그리스도 사건의 관점에서 볼 때) 아브라함의 씨앗에 대한 축복의 언약과 같이 어떤 순간, 어떤 지점, 어떤 특별한 의미가 있는 역사^{예, 창 12:3; 13:15; 17:8-9} ― 안에서 이해할 수 있는 것으로 보기 위해 "점진적 성숙"의 과정을 반영할 필요도 없다. 이 이야기는 단순히 선형적이거나 꾸준히 진행되는 것이 아니다: 그것은 그리스도가 도래하는 결정적인 순간들에 의해 중단되며, 이야기가 마지막 장에 도달했다는 것을 보여주는 절정의 순간이다. 그러나 그럼에

도 불구하고 그것은 이야기이다. 이와 유사하게 캠벨은 다음과 같이
결론짓는다.

> 바울의 복음과 그리스도인으로의 변화에 대한 주장의 핵심은 유대
> 인이든 비유대인이든 그리스인이 아니든 간에, 개인 행위자들의
> 상호작용이다: 성부, 성자와 성령 … 어느 정도의 내러티브적 설
> 명이 필수적인 것으로 보일 것이고, 따라서 이러한 점에서 바울의
> 생각을 정확하게 설명해야 한다면, 내러티브는 유용한 방법론적
> 관점 그 이상의 것이다.[19]

바울서신의 내포된 이야기 또는 이야기들가 식별될 수 있다는 것을
인정하면서, 우리는 바울서신의 핵심 구절을 강조하는 우주론적 내러
티브의 형식과 내용을 구체적으로 탐구한 후에 이것들을 현대 생태학
을 암시적으로 뒷받침하는 내러티브와 비교할 것이다. 여기서 우리가
가장 관심 갖는 바울서신은 우주론적 서술의 형태가 명백한 것들, 즉
전체 우주, "창조세계"의 과거, 현재, 미래에 대한 이야기이다. 일반
적으로 생태신학도 이와 같은 이유로 어떤 종류의 우주론적 서술을
통해 알려진다예 7. 8장 참조.

마이클 툴란Michael Toolan은 내러티브의 전형적인 특징을 다음과
같이 개략적으로 설명한다: (1) 구성의 정도, 실제로는 선先구성 비록 우
리가 지금 하고 있는 작업처럼, 생태신학을 뒷받침하는 우주론적 내러티브의 사고에는 아마도 "구성성[constructedness]"
이라는 용어가 더 도움이 될 것이다 ; (2) 시작, 중간, 그리고 끝이 있는 궤적 이러한 특징은
적어도 성서 또는 과학적 상상력에 영향을 받은 우주론에서 볼 수 있다 (3) (아마도) 공간적, (분명히)

시간적으로 행위와는 다소 거리가 있는 (숨겨진) 화자. 툴란은 "내러티브의 최소한의 정의는 무작위적이지 않게 연결된 사건들의 인식된 배열"로 결론짓는다.[20]

실제로 생태환경과 관련된 모든 신학은 내러티브적 용어로 이해될 수 있는데, 왜냐하면 창조세계에 대한 그러한 신학의 관심은 어떤 우주론 또는 다른 것에 기초해야 하기 때문이다. 그리고 모든 우주론은 먼 과거로부터 현재를 통해, 미래로 이어지는 창조의 전개에 대한 이야기로서 연대순으로 이해될 수 있다. 이것은 장구한 우주의 나이와 오랜 시간에 걸친 지구 생물권의 진화라는 과학적 우주론의 틀에서 볼 때 매우 명백한 사실이다. 바울이 인간 외의 창조물에 대해 언급한 몇 가지 내용은 이러한 구절들에 반영되어 있는 근본적인 우주론을 암시하고, 또 이것을 현대의 과학적 이해와 생태적 질문들과 연관 지으려는 노력으로 읽힌다. 또 ― 내러티브에 대한 캠벨의 해석 기준으로 돌아가면 ― 그리스도교 신학의 우주론은 펼쳐진 시간 위에서 창조와 관련된 인격적인 신의 활동에 대한 이야기이며, 그 활동에 하나님의 신성한 목적을 반영함으로써 어느 정도 "줄거리"가 구성되어야 한다.

따라서 케제만은 특정한 상황 속에서 바울의 내러티브적 읽기에 대해 반대할 필요가 있다고 여겼지만, 우리는 바울에 대한 내러티브적 접근을 통해 필연적으로 "생태환경"과 그것의 가능한 미래에 대한 해석들을 뒷받침하는 다양한 종류의 우주론적 내러티브를 얻을 수 있기에 바울의 신학을 현재의 환경 문제와 연관 짓는데 특히 도움이 된다고 본다.

3.3   **내러티브의 유형들**

그러므로, 내러티브의 특성을 잘 나타내는 다른 장르에 대해 관심을 가지는 것은 도움이 될 것이다. 바울서신 연구를 위한 내러티브 방법론의 사용을 위해 우리는 노스럽 프라이Northrop Frye가 개발하고 나중에 제임스 F. 호프웰James F. Hopewell에 의해 그리스도인 개인과 회중들의 삶의 내러티브를 연구하기 위해 적용된 범주를 사용한다.[21] 이것은 성서 본문이 ― 우리가 2부에서 초점을 맞추는 두 개의 주요 성서 본문, 즉 로마서 8장 19-23절의 경우나 골로새서 1장 15-20절은 바울서신 저자가 강조하는 대단히 중요한 내러티브가 아니다 ― 이야기의 본질을 명료화하는 데 도움이 될 것이며 또한 이것은 우리가 식별한 바울의 내러티브들에 현대 생태신학적 공식이 충실하게 적용되는지를 시험하는 방법을 제안할 것이다이 방법론에 대한 더 자세한 사항은 7장에서 확인.

흔히 모든 문학작품에는 몇 가지 "줄거리"밖에 없다고 알려져 있다. 크리스토퍼 부커Christopher Booker의 최근 연구는 일곱 가지를 제시했다.[22] 프라이의 연구의 학문적 기여는 네 가지 기본적 범주가 있다는 것을 알아낸 것인데, 그는 "더 넓거나 논리적으로 우선되는 일반적 문학의 장르로 … 낭만, 비극, 희극, 아이러니 혹은 풍자"를 제시했다.[23] 호프웰의 요약은 이것들에 대한 설명으로 유용하다.

처음은 희극의 카테고리에 대해 다룬다. 희극적 이야기들은 문제로부터 시작하여 그 문제가 해결되는 것으로 이동한다. 겉으로 드러나는 어려움은 더 깊은 지혜로 해결된다. 이것을 호프웰은 "코미디는 겉보기에는 정반대의 요소들을 궁극적으로 통합하는 세상을 그린다. 희극은 결국 세상의 신뢰할 수 있는 일을 상징하는 통합 — 약속, 포용, 결혼 — 으로 끝난다."[24]라고 정리한다. 그리스도교 문학에서 가장 유명한 희극은 단테의 것이고, 아마도 가장 오싹하고 신비로운 것은 이삭의 희생제물 이야기[창 22]일 것이다.

　　호프웰이 조사한 프라이의 카테고리 중 두 번째는 낭만적인 이야기들이다. 여기에는 바람직한 대상에 대한 탐색이 포함된다: "(여)주인공이 익숙한 환경을 떠나 이상한 일이 일어나지만 값진 보상을 받는 위험한 여정을 시작한다."[25] 이런 종류의 이야기는 희극의 명료성이 결여되어 있다. 호프웰은 이에 대해 "세계는 대신 역설적인 신호를 준다: 영혼은 그 안에서 영원히 저주받지만, 하나님은 자신을 믿는 자들을 실망시키지 않으신다"고 한다.[26] 이 세계는 "근본적으로 모호하고 위험하며, 악의 힘과 사건의 위험 속에서 신자들이 축복을 찾도록 도전한다. 하나님의 한결같은 섭리 … 하나님을 향해 나아가는 자아와 함께하는 흥미진진하고 낭만적인 모험이다."[27]프라이는 이에 대해 이렇게 설명한다.

　　따라서 성서에는 동심원을 이루는 두 가지 원정 설화가 있다. 창세기의 묵시적인 설화와 출애굽기의 천년[밀레니엄] 설화가 그것이다. 창세기의 묵시적인 이야기는 최초의 아담이 에덴에서 쫓겨나 생명수와 생명나무를 잃고 메시아에 의해 그의 원래의 상태를 회복할 때까지 그가 인류 역사의 미로를 떠돌아다니는 것이다. 출애굽기의 천년설화는 이스라엘 백성이 그의 유산을 잃고 쫓겨나 약속의 땅에서 원상태로 회복될 때까지 이집트와 바빌론 포로라는 미로에서 방황하는 이야기이다.[28]

밀턴은 전자의 원정 설화를 그의 낭만극^{프라이의 용어에 따르면} 시리즈 실낙원失樂園과 복락원復樂園에 반영했고, 근대 그리스도교 낭만물로는 C. S. 루이스^{C. S. Lewis}의 공상과학 소설 3부작 『침묵의 행성 밖에서』*Out of the Silent Planet* 와 페렐란드라^{Perelandra} 의 『그 가공할 힘』*That Hideous Strength* 을 예로 들 수 있다.

호프웰이 프라이의 범주 중 세 번째로 이야기한 것은 비극으로, "사건이 해결되기 전에 발생하는 생명의 쇠퇴와 필수불가결한 자아의 희생을 조명한다. 비극 안의 자신은 낭만극 안의 주인공과 같은 행위자이지만 낭만극의 주인공과는 달리 비극의 영웅은 거친 현실 세계에 굴복한다. … 신성은 대체로 영원한 율법이나 말씀으로 계시되며 오직 그것에 복종하는 자에게만 명료하게 드러난다."[29] 또 호프웰은 "십자가를 받아들이는 그리스도를 비극의 영웅으로 조명하면, 여기에는 낭만적인 기적도 희극적인 영적 지식도 없다. 그리스도의 길을 따르는 사람들은 십자가의 그늘에서 비극적인 삶을 살아간다. 그들은 고난을 겪으며; 그들은 자아를 죽이고 그리스도의 죽음과 자신들의 죽음을 통해서, 또는 그것을 넘어서야만 정당성을 획득한다."[30] 창세기의 아담 이야기도 비극의 일종으로 프라이가 "현존해야 하며 미래에도 존재해야만 하는 법의 출현"[31]이라 칭하는 것을 드러낸다. 비극적 영웅으로서의 그리스도는 겟세마네 동산 이야기에서 가장 잘 나타난다.

　　마지막 카테고리는 아이러니이며, 프라이는 여기에 풍자를 포함시킨다. 아이러니는 영웅적이고 목적의식이 분명한 해석에 도전한다. "기적은 일어나지 않는다; 무늬는 형태를 잃는다; 삶은 불공평하고 초월적인 힘에 의해 정당화되지 않는다. … 아이러니한 환경에서 사람은 삶의 불예측성을 받아들이고 공통의 곤경에 처한 인류에게 손을 내밀 때 비로소 자유를 얻는다."[32] 호프웰은 다음과 같이 계속한다. "영혼의 힘이 기적적으로 존재한다고 전해지는 상황을 거부함으로써 진정한 인간의 모습이 드러난다."[33] 20세기에 만들어진 아이러니의 훌륭한 예는 오웰 Orwell 의 『1984』와 카프카 Kafka 의 작품들이다. 프라이가 지적했듯이, 아이러니는 종교적 모티브 자체가 패러디될 때 가장 호소력이 있고 또한 가장 "공격적"이다.[34] 하지만 성서 또한 아이러니 방식으로 작용하는데, 가장 유명한 것은 에베소서이다. 그리고 욥의 이야기에서 가장 마지막 부분도 아이러니에 속한다. 프라이는 "자신을 신의 희생자로 정당화하면서 욥은 스스로를 비극적인 프로메테우스적인 인물로 만들려 노력하지만 성공하지 못한다"고 말한다.[35]

　　위의 분석을 따를 때, 내러티브는 희극과 비극의 형태를 동시에 가질 수 없으며, 낭만과 아이러니도 동시에 가질 수 없다. 역경은 신기루에 불과하거나 동시에 냉혹한 현실일 수 없다. 원정은 초자연적으로 진짜임이 증명됨과 동시에 거짓일 수 없다.[36] 그러나 극과 극의 대립이 존재하지 않는 "이웃" 장르들은 낭만적 희극이나 강한 아이러니적 요소를 가진 비극과 같이 혼합될 수 있다. 이 책의 후반부에서 우리는 근본적인 우주론적 내러티브의 관점에서 현대 생태신학이 매우 다른, 근본적으로 반대되는 장르들로 분류될 수 있다는 것을 알게 될 것이다[7.8장 참고]. 또한 호프웰이 보았던 것처럼, 정반대 장르의 방식으로 세상을 이해하는 사람들은 서로의 통찰력을 공유하기가 매우 어렵다는 것을 알게 될 것이다.[37]

3.4   **결 론**

해석을 위한 내러티브 구성 체계

이제까지 내러티브 접근법이 우리의 연구에 어떤 영향을 미칠지에 대해 어느 정도 암시해 줄 수 있는 내용에 대해 다루었다. 첫째, 우리는 특히 중요 바울서신 본문에 나오는 창조세계의 과거, 현재, 그리고 미래에 대한 암시적 내러티브의 하부구조를 고려하려고 노력할 것이다. 둘째, 우리는 이러한 중요 바울서신 본문들이 어떤 종류의 내러티브이며 프라이가 제시하는 카테고리의 관점에서 그것들의 특징적인 형태가 무엇인지 묻고 이 형태가 생태신학에 대해 규범적이어야 하는지를 고려할 것이다. 이 두 경우 모두 고려해야할 질문이 있는데 그것은 이 다양한 바울서신들이 일관된 하나의 창조 이야기를 제시하는지, 아니면 서로 다른, 어쩌면 양립 불가능한 내러티브에 의존하는지를 묻는 것이다. 이 질문이 특별한 이유는 골로새서가 바울의 제자들이 기록한 서신이라는 의심이 있음에도 불구하고 이 연구에 포함되어 있기 때문이다.

바울 문서들로 넘어가기 전에, 내러티브적 접근법이 이러한 연구에 적합한지에 대한 광범위한 이유에 주목할 필요가 있다. 최근의 연구들이 암시하듯 만약 세상에 대한 모든 신념이 공동체에 의해 경험되고 또 공동체의 관행에 반영된 어떠한 이야기나 전통에서 유래한다면 바울신학의 내러티브적 구조에 대한 연구는 매우 중요하다.

첫째, 어떤 이성적인 그리스도교에 반대하여 바울의 사상을 "믿어진" 일련의 명제로 전달할 수 없으며, 단지 그 이야기를 기념하는 공동체의 관행에서 "살았고", 다시 말해지고, "구체화"되는 이야기로서만 전달될 수 있음을 보여준다.[38] 이와 같이 내러티브적 접근법은 일반적으로 바울의 "신학"과 그의 "윤리" 사이의 불가분의 관계를 강조한다. 맥킨타이어 MacIntyre 와 하우워스 Hauerwas 같은 철학자와 신학자들이 주장했듯이, 내러티브들은 공동체를 형성하고 윤리적 규범을 구성하는 특정한 실천 패턴을 주입한다.

둘째로 바울의 윤리, 더 일반적으로는 그리스도교 윤리는 이야기나 공동체에서 쉽게 추상화되어 보다 광범위한 공공의 정책으로 시행되거나 권고될 수 있는 문제에 대한 원칙이나 판단의 집합이 아니다. 오히려 바울윤리는 그리스도교 공동체와 협력 생활을 본질로 하는 인격-형성 내러티브에 확고한 기반을 두고 있다.[39] 바울의 이야기/창조의 이야기 구조를 탐구하는 것은 그러한 이야기(들)가 생성하고 유지할 수 있는 관행에 대한 논의로 나아가는 중요한 단계로 생태신학과 생태윤리는 이 점에서 서로 긴밀하게 연결되어 있다.

셋째, 만일 다른 사고방식도 본질적으로 전통에 의존하는 기반을 가진 내러티브라 여겨진다면, — 비록 과학의 경우처럼 그러한 공동체들이 그들 자신을 이성적인 진리를 탐구하는 데만 관여한다고 볼 때 이것은 가려지거나 부정될 수 있으나 — 사고방식 또한 특정 공동체와 특정한 실천 방식과 연결될 것임을 암시한다. 그것은 또한 그러한 내러티브가 삶의 특정한 "부분"에만 관련된다고 주장하더라도 정체성, 가치, 그리고 실천을 형성할 수 있다는 것을 암시한다. 더 나아가 만일 모든 사고 방식이 이야기에 기반을 둔 것으로 간주된다면, 바울의 이야기는 기존에 생각되었던 것보다 더 공정한 경쟁의 장에서 경쟁하고 있는 것으로 보여진다. 우리가 밀뱅크와 다른 사람들의 논의를 따른다면, 과학이나 경제학의 합리적인 진실과 대조되는 설화적인 고대의 이야기 대신 세상에 대한 경쟁적인 내러티브들을 보게 될 것이다.

그 다음으로는 바울의 이야기와 다른 이야기들이 어떻게 정체성과 인간의 행동을 형성하는지에 대한 질문이 필요할 것이다. 자본주의를 예로 들자면, 세계화된 이 이야기는 인간을 소비자이자 생산자로 묘사하고, 그들의 관계를 점점 더 시장 용어를 이용해 서술한다. 이러한 서술은 자원, 가격, 시장 가치 측면에서 인간 세계와 인간의 상호작용을 묘사하는 경향이 있고 "자유"에 대한 매우 특별한 이해를 가지고 있다. 생태신학과 다른 환경 참여적 방식들 역시도 세계에 대한 특정한 내러티브를 반영한다. 바울 이야기에 대한 분석과 서술은 지배적인 경제 및 문화 내러티브에 대한 도전인 대항서사counter narrative를 찾는 수단이며 또한 다른 이야기가 다른 정체성과 다른 패턴의 실

천을 뒷받침하는 공동체를 구상하는 수단이 될 수 있다. 이야기의 힘
이 정체성과 가치관, 실천을 형성하는 것을 의식하는 세상에서 바울
의 복음을 이야기로 재발견하는 것은 매우 중요한 가치가 있다. 사실
우리의 전반적인 주장은 바울서신 본문과 다른 성서 본문들에 대한
이야기 중심적인 ― 필요한 부분만 약간 수정한 ― 연구를 통해 신학
적, 윤리적으로 생산적인 생태적 읽기가 개발될 수 있도록 하는 것이
다. 이 다음 장에서는 바울과 함께 생태적 관여에 있어 가장 중심이
되는 두 성서 본문, 즉 로마서 8장 19-23절과 골로새서 1장 15-20
절에 초점을 맞춰 읽기 방법을 진행해 나갈 것이다.

2부

생태신학적
"기도문"
— 바울서신

4장

피조물의 신음과 해방 (롬 8:19-23)

4.1　　서 론

　　　　우리는 이 책의 서두에서 생태신학적 논의들을 위해 바울서신을 연구할 때 그 연구에 영향을 미치는 방법론들에 대해 조사하였다. 이러한 방법론들의 핵심 요소 중 그 첫째는 일종의 "수정주의적" 접근법을 사용하여 성서 본문을 참여시키는 것에 대한 우려이다. 이러한 자세는 피조물의 돌봄에 대한 긍정적인 메시지가 성서에서 일관적으로 발견될 수 있다는 주장을 피하고 또한 성서와 그리스도교 전통과는 연관이 없는 윤리적 기준에 의해 성서를 비판적으로 바라보는 것에 주의하는 것이다. 오히려 우리는 성서에 대한 생태학적 관여가 비판적이고 건설적인 작업을 필요로 할 것임을 인정하려 한다. 그것은 우리의 시대적인 상황과 그 요구에 비추어 성서 본문의 읽기를 수행할 때 특정한 해석학적 렌즈가 만들어질 수 있고, 이것이 성서적 전통에 대해 새로운 접근 방식을 형성할 수 있음을 인정하는 것을 의미한다[2장 참조]. 둘째는, 내러티브 분석의 적용인데 우리가 제안한 바와 같이 이 방법론은 주석적인 분석과 현대적인 적용에 모두 가치가 있는 접근법으로 바울서신으로부터 "창조 이야기"를 구성할 수 있게 한다. 바울서신의 창조 이야기는 우리에게 동시대의 생태신학과 윤리학에서 고려되는 "인물상"과 규범의 형태를 제공할 수 있을 것이다[3장 참조].

바울서신을 구체적으로 다루기 위해 우리가 가장 먼저 다루어야 할 일은 생태 담론과 가장 관련성이 있다고 여겨져서 사용되고 있는 바울서신 본문을 선택하는 것이다. 바울서신 중 이에 해당하는 가장 두드러진 본문은 로마서 8장 19–23절과 골로새서 1장 15–20절로, 이 두 본문은 생태신학적 논의에 자주 인용되는 본문이다.[1] 존 볼트는 로마서 8장 19–23절이 "그리스도교 환경주의를 위한 주문에 불과한"[2]것처럼 보인다고 언급한다. 우리가 로마서와 갈라디아서에 속한 이 두 본문에 초점을 맞춘 이유는 바울서신서 중에서도 이 본문들이 좀 더 광범위한 생태적 참여를 가능하게 하는 해석학적 렌즈를 구성하는 기초를 제공하기 때문이다. 그러나 이 두 본문들이 생태신학과 연관된 저서에서 빈번히 사용됨에도 불구하고, 우리는 이 두 구절이 생태신학과 윤리에 대해 기여한 것이 일반적으로 가정된 것보다 덜 불명확하며, 문제의 소지가 있음을 6장에서 다룰 것이다. 이것은 종종 성서가 "말씀하는" 것 그 자체만으로도 충분하다는 암묵적인 입장과는 대조적으로 비평적이고 건설적인 참여의 중요성을 다시 한번 강조해야 한다는 것을 의미한다. 우선 로마서 8장에 대해 알아보자.

로마서 8장은 1장에서부터 전개된 바울의 주장 — 모든 인류가 죄 아래 감금되어 있는 상태에서롬 1:18-3:20 벗어나 그리스도인들은 세례를 통해 그리스도의 죽음에 참여함과 동시에 그리스도로 말미암아 수여된 새 생명과 칭의를 얻게 된다는롬 3:21-7:25 — 이 절정에 달하는 부분이다. 로마서 8장에서 두드러지게 나타나는 성령은 그리스도인들이 "율법의 의로운 요구"8:4를 성취할 수 있도록 이 새로운 삶에 능력을 부여한다. 그리스도 안에 있는 사람들이 직면하는 현재적이고 피할 수 없는 고난이 있음에도 불구하고8:17, 그들의 구원에 대한 희망과 확신은 흔들릴 수 없으며, 이러한 바울의 희망 선언은 로마에 있는 그리스도인들의 경험을 전체 창조물의 넓은 이야기 안에 위치시키는 맥락 안에서 이루어진다.

4.2   **롬 8:19-23의 생태학적 읽기의 출현**

고대 세계의 일부 사람들이 다양한 형태의 환경 파괴를 경험[3]하고 숙고[4]했다는 증거에도 불구하고 그러한 문제가 바울의 글에 명시적으로 나타나 있다거나 자연의 운명, 또는 인류와 지구의 생태계 사이의 관계가 현시대에서 매우 중요하게 다루어지고 있는 것처럼 바울에게도 중요한 문제였다고 주장하는 사람은 거의 없을 것이다. 그러나 우리가 인간이 아닌 다른 피조물들과 그들의 종말론적 운명에 대한 긍정적인 태도를 발견한 첫 세대라고 가정하는 것은 잘못된 생각이다. 실제로 그리스도교 역사 전반에 걸쳐 이 구절에 대한 다양한 해석이 있어 왔으며 그 중 몇 가지 사례를 제시하고자 한다.

이 구절의 주어인 κτίσις는 다양한 방식으로 이해되고 번역되었다.[5] κτίσις가 "피조물"이나 "창조물"로 번역되든 간에, 그 해석의 역사를 통틀어 볼 때 일부 주석가들은 이 단어가 인류의 유무에 관계없이 창조된 세계 전체를 지칭한다고 가정했다. 이러한 가정은 종말의 때에 자연계에 긍정적인 변화가 일어날 것이라는 기대로 이어졌다. 따라서 이레니우스 Irenaeus는 이 구절을 풍족한 생산성『이단 논박』 5.33이 특징인 "원시 상태로 복원"될 전체 "창조된 질서"『이단 논박』 5.32와 관련 있는 것으로 이해했다; 이는 예수와 연관된 구약성서의 예언들, 예를 들어 땅의 상속, 왕국의 보상 그리고 새로운 지구의 성질과 같은 예언들이 모두 성취될 것을 의미한다. 이레니우스는 심지어 이사야서 11장 7절과 65장 25절을 암시하면서 "어떤 종류의 밀짚이 사자의 밥이 될 수 있는가?"라고 질문하기도 한다『이단 논박』 5.36. 터툴리안 Tertullian, 『헤르모게네스 논박』 11과 후대의 요한 크리소스톰 John Chrysostom도 κτίσις를 비슷한 방식으로 해석하고 또한 구약성서의 예언과 연결한다; 터툴리안은 종말에 대한 논의에서 이 구절을 이사야서 11장 6절과 연결시키는 반면, 크리소스톰은 히브리어 성서에서 예언된 하늘과 땅의 "소멸"시 102:2-6; 사 51:6은 신자들이 "썩을 것이 반드시 썩지 아니할 것을 입는" 과정을 겪는 것과 평행한 과정으로 보아야 한다고 주장한다.[6] 한참 후의 인물인 루터는 κτίσις를 "사람"의 형태 안에서 허무함에 굴복된 피조물들을 가리키며, 이들은 "옛 사람이 폐지될 때"[7] 자유를 얻게 된다고 보았다. 신자들을 격려하기 위해 칼뱅은 "심지어 생명이 없는 피조물들도 — 나무와 돌 조차도 — 현존의 공허함을 의식하고, 부활의 마지막 날, 하나님의 자녀들과 함께 공허함에서 해방되기를 갈망한다"[8]고 생각했다「기독교 강요」 3.15. 존 웨슬리 John Wesley 는 그의 유명한 설교 "보편적 구원"에서 κτίσις가 모든 피조물을 분명하게 지칭하며 인류의 타락 이전, 그들의 낙원에서의 상태를 가리킨다고 말한다. 인간이 하나님의 축복의 통로로서의 역할을 못 하게 되자 축복의 흐름이 멈추고 모든 피조물은 "하나님의 지혜로운 허락에 의해" 허무함에 굴복하게 되었다고 생각했다.[9]

동시에 다른 사람들은 κτίσις를 다르게 해석했다. 오리게네스 Origen 는 영혼이 다른 존재에 존재할 수 있다고 믿었기 때문에[10] 로마서 본문이 천상의 존재들이나 천사의 힘 같은 것을 지칭할지도 모른다고 여겼다「제일원리」 3.5.4.116-22; 「로마서 주석」 7.4. 이와는 대조적으로 어거스틴 Augustine 은 creatura 불가타역의 κτίσις의 번역에 해당가 인간의 영, 혼, 육체를 가리키는 것으로 보았다「로마서 주석」 53; 「질문의 다양성에 관하여」 83.67; 「신앙과 신조에 관하여」 10[23]. 또한 암브로시우스 Ambrose 는 인간과 천상의 존재들이 허무함에 굴복되는 것으로 보았으나「서신」 34.4-9, 천사들과 모든 피조물, 심지어 썩어짐의 종노릇에서 자유로운 자들도 우리를 대신하여 신음할 수 있다고 이해했다. 그러나 이 범주에 무엇이 포함될 수 있는지는 불확실하다「서신」 34.10-11; 35.1-2. 아퀴나스 Aquinas 는 암브로시우스와 같이 κτίσις를 천상의 존재로 이해했으며「신학대전 보충」 III, q.91, a.2, ad 6 동식물이나 광물이 새로워지는 근거를 찾을 수 없다고 언급했다「신학대전 보충」 III, q.91, a.5. 비슷한 시기에 보나벤트라 Bonaventure 는 인간이 아닌 다른 피조물에 대한 언급 없이 "율법 아래에 있었던 자들"이라는 맥락에서 "하나님의 자녀들의 영광의 자유."롬 8:1에 대해 말한다.[11] 이러한 κτίσις에 대한 다양한 해석은 20세기 근대 학문까지 이어졌다. 대다수의 학자들은[12] κτίσις가 "사람에 가까운" 창조물로서[13] 부적절하게 언급된 것에 우선순위를 두거나 제한한다. 그러나 다른 학자들은 이 용어를 더 포괄적으로 이해한다. 칼 바르트 Karl Barth는 바울이 "인간이 아닌 모든 피조물들을 포함"하는 것으로 보았고, 케제만은 κτίσις를 비그리스도인과 인간이 아닌 피조물을 포함하는 것으로 이해한다.[14] 반대로 어떤 이들은 이 용어를 구원받은 인류에 제한하기도 한다. 램지 마이클스 Ramsey Michaels는 κτίσις가 19-21절에서는 "사람"을 의미하나 22절에서는 "피조물"을 의미한다고 생각하여 이전 구절의 대상이 부활을 기다리고 있는 인간의 몸을 시사하는 것으로 이해했다.[15]

몇몇 학자들은 이 본문이 인간이 아닌 피조물을 의미한다는 것을 인정하면서도 바울이 그것의 중요성에 대해 상대적으로 인식했으며, 따라서 이 구절은 보다 인간 중심적인 것에 초점을 맞추고 있다고 주장한다. 베럿 C. K. Barrett은 "피조물이 언급된 주된 목적은 그리스도인들을 위한 미래의 구원에 대한 확실성을 강조하기 위한 것이다. 따라서 바울은 피조물 그 자체에 관심을 두지 않는다."[16]라고 언급한다. 존 게거 John Gager는 이 구절에서 κτίσις라는 용어는 "우주적 차원"을 의미하는 것으로 인정하면서도 "인류학적인 범주에 한정적으로 사용되었기에 이 단어는 주로 인간 세계 안의 비신자를 지칭해왔다"고 주장한다.[17] 이와 유사하게 램프 G. W. H. Lampe는 이 구절을 비롯한 성서 전반에 대해 "인간이 그 그림의 중심에 있고, 나머지 피조물은 인간을 향한 하나님의 행동이 일어나는 드라마의 배경이며 환경은 인간의 육체가 가진 본질과 연결되어 있다"고 주장한다.[18] 여전히 확언을 피하는 학자들도 있다. 도드C. H. Dodd에 따르면 바울은 "좋은 때가 오면 물질적 우주는 순전한 빛이나 영광으로 이루어진 물질로 변형되어 하나님이 창조한 본래의 완벽함으로 돌아갈 것이라는 믿음을 동시대인들과 공유했다. 이것이 의미하는 바는 논리와 사실의 영역에서는 정확한 해석이 불가능하다"는 것이다.[19] 이 구절에 대한 가장 인간 중심적인 해석이 1950년대와 1960년대로 거슬러 올라간다는 점은 주목할 만하다. 그 때는 게르하르트 폰 라드Gerhard von Rad가 발표한 피조물의 구원에 대한 종속과 불트만Bultmann의 실존적이고 인간 중심적인 해석학이 현저한 영향[20]을 미쳤을 때였고 또한 생태 문제가 논의의 중심에 있기 전이었다.

이와는 대조적으로 1970년대 초에 등장한 생태신학과 관련된 연구들은 κτίσις에 대한 이해를 강조하면서 이 구절을 인간이 아닌 피조물을 포용하는 것으로 보았다.[21] 사실 이 본문이 피조물의 보살핌과 그리스도인의 환경보호에 대한 관심을 다루는 사람들 사이에서 가장 자주 인용되는 본문이라는 것은 의심의 여지가 없다. 로마서 8장에 대한 이러한 인용의 대부분은 피조물 전체의 긍정적인 미래를 구상하는 것을 일반적으로 지지하거나[22] 환경적인 위기 "피조물의 탄식" [23]를 요약하는 것이었다. 이와는 달리 다른 학자들은 하나님의 구속 사역에 인간이 아닌 피조물을 포함시켜야 한다는 그들의 주장을 뒷받침하기 위해 이 구절을 사용함으로써 하나님에 대한 자연의 가치를 강조한다. 예를 들어 "창조물의 보살핌에 관한 복음주의 선언" "An Evangelical

Declaration on the Care of Creation", 1994 에서는 "아직도 '하나님의 아들들이 나타
나는 것을 고대하며' 기다리고 있는 모든 피조물에 대한 완전한 복음"
이라고 선언한다.[24] 위르겐 몰트만 Jürgen Moltmann 은 로마서 8장 23절을
인용하면서 "그러므로 그리스도를 통한 우주적 구원의 비전은 추측이
아니다. 이것은 기독론과 인류학의 논리에 부합하는 해석이다. 이러
한 넓은 의미의 해석이 시도되지 않았다면 예수 그리스도의 하나님은
세상의 창조자가 아닐 것이며 구속은 육체와 세계에 적대적인 영지적
설화로 남는다"[25]고 주장했다. 션 맥도너는 "그리스도의 부활에서 실
현된 하나님의 계획 안에서 인간이 이 우주적인 구속을 가져오는 데
도움을 줄 수 있다"는 주장의 근거로 "로마서 8장 22–24절"을 인용
한다.[26] 어떤 학자들은 웨슬리의 해석을 받아들여 이 본문은 모든 생
명체가 결국 부활할 것이라는 기대를 나타낸다고 주장한다.[27] 그러나
부분적인 예외를 제외하고 이들 저자 중 어느 누구도 로마서 8장과
같은 성서 본문에 대한 상세하고 해석학적으로 발전된 논의를 제공하
지 않았으며, 대부분은 로마서 본문의 석의적 불확실성과 그 맥락을
다루는 데 실패하거나 그 본문의 생태신학적인 암시에 대해 자세한
분석을 제시하지 못했다.[28]

　　그렇다면 상세하게 주석 작업을 한 연구들은 어떠할까? 쉽게
예상할 수 있다시피, 이 구절에 대한 생태적 관심사를 명시적으로 밝
힌 연구가 시작된 지는 30~40여 년밖에 지나지 않는다. 1974년에
한 논문에서 찰스 크랜필드 Charles Cranfield 는 이 구절은 단순히 인간이
필요하기 때문에 환경을 보호해야 한다는 것을 말하는 것이 아니라
환경은 "그 자체로서의 존엄성"과 "인간으로부터의 존경과 세심한 대

접을 받을 권리"를 가지고 있다는 심오한 진리를 가르치고 있다고 강조했다.[29] 또한 1971년에 존 깁스 John Gibbs 는 창조와 구속에 대한 바울 사상의 연관성에 대한 연구해당 본문이 포함됨를 통해 전체 주제를 생태적 위기와 연결시켰다.[30] 그러나 보편적으로 생태신학자들과는 구별되는 로마서의 주석가들이 생태적 이슈와 이 본문과의 연관성에 대해 다루기 시작한 것은 비교적 최근의 일이다.[31] 예를 들어 브렌던 번 Brendan Byrne 은 아담의 죄에 대한 암시적 언급이 담긴 로마서 8장 20절을 통해 환경 파괴에 대해 생각하기 위한 신학적 틀을 찾으려 한다: 그는 이 본문은 "환경에 대한 착취적인 인간의 오염을 다른 악과 함께 '죄' 이야기의 일부로 보"며 이 구절은 "피조물도 '은혜'의 이야기가 승리할 때와 장소에서 함께 혜택을 얻을 수 있다는 희망을"[32] 제시한다고 주장했다. 로버트 주엣 Robert Jewett 의 가장 최근의 주요 주석은 이에서 더 나아간다. 그는 이 본문에서 "바울은 아담과 그 후손에 의한 환경 파괴를 염두에 두고 있는 것 같다"고 지적하며 바울은 아담과 그의 후손들이 자연 세계를 학대하는 것을 염두에 두고 있었다고 주장한다.[33] 또한 주엣은 하나님의 자녀들에 관한 계시와 관련하여 바울이 "그런 그룹의 새로워진 마음이 생태계에 대한 하나님의 뜻을 분별할 수 있을 것이라 가정한다. 그래서 새로워진 하나님의 아들들의 출현을 피조물이 고대하는 것은 때가 되면 그들이 생태 무질서의 근원을 바로잡을 것이라는 사실을 알고 있기 때문이다"라고 주장한다.[34]

물론 이 본문에 초점을 맞춘 상세하고 역사적인 비평 논문도 있으며 가장 최근에는 해리 하네 Harry Hahne 의 논문도 있다.[35] 이러한 연구들이 적어도 생태적 문제에 있어서 이 본문의 중요성을 나타내긴

하지만 이 본문의 생태학적 의미에 대한 지속적인 고려나 생태신학에 기여할 수 있는 확장된 논의를 발전시키지는 않는다. 그러나 지구성 서팀[2000-2002]의 작품[36]은 성서연구와 생태윤리 사이의 참여가 부족한 연구들과는 완전히 다른 예외적인 모습을 보인다. 바이른의 로마서 8장의 연구를 포함하는 출판물을 낸 지구성서팀은 바이른과 마리 터너[Marie Turner]의 주석들에서 얻은 통찰을 바탕으로 지혜서 1–2장에 비추어 로마서 8장 18–30절에 대한 "생태정의" 읽기를 시도한다.[37]

요약하자면, 생태적 관심사에 대한 일반적인 신학적 성찰의 출현은 지난 수십 년 동안 환경에 대한 인간의 부정적인 영향에 대한 인식의 증가를 반영했다. 로마서 8장 19–23절에 대한 해석의 변화 — 예를 들어 위에서 인용한 배럿, 크랜필드, 그리고 가장 최근의 주엣과 같은 주석자들의 작업을 통해 보여지는 — 는 현대적인 상황의 쟁점과 도전이 성서 본문에 제기되는 질문을 형성하고, 결국 해당 구절에 대한 의미의 해석을 형성하는 방식을 명확히 보여준다.

물론 이 구절의 주제에 대한 다양한 이견들이 있지만, 위의 연구들은 또한 이 구절이 반드시 생태적인 관점이 태동되는 출발점과 밀접하게 연결되어 있지만은 않다는 것을 보여준다. 예를 들어 루터와 같은 초기 주석가들은 $\kappa\tau i\sigma\iota\varsigma$가 인류보다는 피조물을 의미한다는 현재적인 합의와 일맥상통한다. 이레네우스와 칼뱅 모두 인간 이외의 피조물들이 현재의 경험을 뛰어넘는 존재의 향유를 누리는 새로운 시대를 상상할 수 있다고 보았다. 특히 칼뱅은 이것을 "비수단적"[non-in-strumental]이라는 용어를 사용하였는데, 이것은 다른 피조물들은 더 이상 인류에게 필요하지 않을지라도 그들 또한 회복될 것으로 보는 관점

이다『기독교 강요』3.25.11 .**38** 반면에 위에서 본 바와 같이 바렛과 같은 1970
년대 학자들은 그 구절의 타당성을 인간의 구원에만 국한시킨다.

　　지난 수십 년간 변화해온 것은 주석가들이 보다 광범위한 피조
물에 대한 언급 가능성에 대한 중요성의 인식과 피조물의 자유에 대
한 주제를 발전시키는 데 보여준 관심이다. 유대-그리스도교 관계의
관련성에 더 맞춘 현대적 상황의 영향으로 인해 로마서 9-11장이 중
요하지 않은 부록으로 소외된 것으로부터 벗어나듯이,**39** 생태적 위기
의 심각성을 해결하기 위한 대중적이고 정치적인 합의가 중요시되는
상황으로 인해 로마서 8장 19-23절은 — 심지어 — 로마서의 신학적
절정으로 인식될 수 있다.**40** 그러나 이 본문에 대한 많은 호소는 로마
서 8장에 대한 일시적인 언급만으로도 더 이상의 해석학적 분석과 성
찰 없이도 실질적인 그리스도인의 생태환경 윤리를 이 본문이 뒷받침
하기에 충분하다고 가정하거나**41** 또는 생태환경의 무질서의 원인과
이를 해결해야 할 필요성에 대해 바울서신은 너무 복잡하여 시대착오
적인 통찰을 야기한다는 책임을 전가**42**하는 등의 다소 빈약한 기초 위
에 많은 것을 구축한다. 결국 바울은 이 몇 구절에서 피조물의 중요성
과 미래의 운명에 대한 발전된 견해의 근거를 거의 제공하지 못한다.
6장에서 더 자세히 살펴보겠지만 단순히 이 본문을 인용하는 것만으
로는 그리스도교 생태환경 윤리를 알리고 형성하는 데 있어서 크게
도움을 주지 못한다. 그러나 우리는 이 본문에 대한 내러티브 접근법
을 통해 최근 연구들에서 발견된 생태학적으로 유의미하지만 주석적
으로 피상적이거나 타당하지 않은 논의를 피하여 로마서 8장이 생태
환경신학에 기여할 수 있다는 가능성을 알아보고자 한다.

4.3　　　　**롬 8:19-23에 대한 내러티브 읽기**

　　　　　　　　우리는 이미 바울신학에 내포된 내러티브 구조를 추구하는 이유와 접근 방식을 제시했다[3장 참조]. 일반적으로 바울 서신서에 이 방법을 적용할 수 있는지에 대해서는 약간의 논쟁이 있지만, 이 본문 자체에 내러티브 접근법이 유익한 결과를 만들어 낼 수 있는 두 가지 이유가 있다. 하나는, 이 본문이 그 자체로 짧고 매우 암시적이기는 하지만 이것이 바울서신의 다른 비-내러티브 구절들과 마찬가지로 하나님의 구원 목적에서 피조물의 과거, 현재, 미래에 대한 특정 이야기에 의존하는 본문이기 때문이다. 피조물은 "고대" ἀποκαραδοκία 하고, "허무한 데 굴복"ὑπετάγη 하고, "자유에 이르는"ἐλευθερωθήσεται 것을 희망한다[롬 8:19-21]. 우리 주제의 이야기는 시작과 중간, 그리고 결말이 있을 뿐만 아니라 변화도 수반하기에[43] 이야기 궤적의 윤곽을 구성할 수 있으며, γὰρ와 ὅτι가 요소들 간의 인과관계를 나타내기 때문에 하나의 줄거리를 구성한다.[44] 두 번째, 더 구체적인 이유는 본문이 공유된 내러티브 기반에 의존한다는 것을 직접적으로 암시하기 때문이다. 바울은 οἴδαμεν γὰρ ὅτι "우리는 ~을 알고 있다. …"[22절]를 사용하여 신음하는 피조물에 대한 자신의 견해를 드러낸다. 대부분의 주석가들은 이것이 바울이 여기에서 그의 독자들이 공유할 것이라고 합리적으로 추정할 수 있는 지식에 호소하고 있음을 나타낸다는 데 동의한다.[45] 그렇다면 "우리가 안다"는 것은 정확히 무엇을 뜻하는 것인가? 어떤 종류의 창조 이야기가 이야기의 하부구조를 형성하고 있는가?[46]

4.4 　　롬 8:19-23의 창조 이야기

　　바울이 염두에 둔 창조 이야기를 고려할 때, 먼저 "줄거리"의 요소를 개략적으로 설명하고 논쟁의 여지가 있는 논점을 확립하는 것이 도움이 될 것이다. 연대기적 구분이 줄거리의 방향에 중요하기는 하지만 여기서 바울이 사용하는 과거–현재와 현재–미래가 불가분한 관계로 연결되어 있기 때문에 종종 매우 모호하다.[47]

과거 진행중인 현재 현실과 함께

Ⅰ. 바울이 κτίσις[8:19-23]를 사용하는 것 자체가 어떤 과거의 사건이나 제작/설립/창조 행위를 암시하고 있지만, 그 언급이 그러한 사건의 전체 산물"피조물". 전부를 포함, 또는 창조된 개인 "피조물"에 대한 언급인지는 여전히 논쟁의 여지가 있다.

Ⅱ. κτίσις는 현재 그리고 아마도 이전부터 썩어짐에 종노릇 하는 상황이다[21절]. 자세한 상황은 명시되어 있지 않으며, 그 의미는 κτίσις에 명시된 내용에 부분적으로 의존한다.

Ⅲ. κτίσις는 자신의 선택에 의해서가 아닌 밝혀지지 않은 존재에 의해 허무함에 굴복하며, 이때 무엇에 종속되는지 명명되지 않았다[20절]. 이 피조물의 현존에 대한 두 측면은 과거와 현재 경험의 부정적 측면을 강조하며 이는 이야기의 해결에 따라 변형된다.

현재 과거로부터 이어지는

    IV. 모든 κτίσις가 "이제까지", "함께 탄식하며", "함께 고통을 겪고" 있는 것으로 의인화된다[22절].

    V. 이와 함께 바울과 그의 청중들의 내적 신음이 동반되거나 동반하는데, 이들은 "성령의 처음 익은 열매"로 정의된다[23절].

미래

    VI. κτίσις는 "하나님의 아들들"그의 정체성이 논의된[19절]의 나타나는 것을 보기미래를 갈망현재한다.

    VII. "성령의 처음 익은 열매"를 받은 인간 청자들은 양자 될 것, 곧 그들 몸의 속량을 기다린다[23절].

    VIII. κτίσις는 썩어짐의 종노릇 하는 데서 해방되기를 바라거나 해방될 것이다[21절]. 여기서의 전개는 썩어짐과 허무의 부정적인 상태를 해결하고 뛰어넘는 최종 변환을 기대한다.

이 복잡한 본문은 하나의 장에서 적절히 다루기에는 너무 많은 주석적 논의에 대한 논쟁을 제시한다. 그렇기에 여기서는 어떤 '창조 이야기'가 추정되고 반영되는지를 확립하기 위해 가장 중요한 점에 초점을 맞추도록 하겠다.

I. κτίσις

κτίσις라는 용어 자체가 창조적인 행위를 의미하기 때문에, 그

것은 우리 이야기의 첫 번째 사건으로 볼 수 있다. 비록 여기서는 전혀 창조 행위 자체가 묘사 되어있지 않지만 바울이 창세기 1-3장을 자주 언급하는 것을 고려하면,[48] 비록 명사 κτίσις가 70인역 창세기에는 등장하지 않는다 하더라도, 창세기 1-2장에서 묘사된 하나님의 창조 행위가 바울의 언급을 뒷받침하는 것으로 가정하는 것이 타당해 보인다(예, 롬 4:17). 위에서 논의한 바와 같이 역사적으로 많은 학자들이 이 용어의 범주(인간 혹은 천사와 같은 다른 존재가 여기에 포함되는가)에 관해 이견이 있었지만 학자들은 일반적으로 이 용어가 자연을 지칭하는 것으로 가정했다. 몇 가지 예를 제외하고, 최근 학자들 사이에서 합의된 것은 κτίσις가 인간을 제외한 피조물을 가리킨다는 것이다. 이에 뒤따르는 단어인 "썩어짐"(φθορά)이 삶과 죽음의 과정을 함축하고 있다는 점을 고려할 때, 바울은 인간이 아닌 피조물의 무생물적 요소보다 생물적 요소를 주로 염두에 두고 있음을 암시한다고 볼 수도 있다. κτίσις의 "기대"와 "신음"은 우리가 다루는 이야기의 주제에 대한 세계적 또는 우주적 범위를 배제하지 않는 것이 분명하다. 왜냐하면 바울이 자주 인용하는 히브리어 성서에서 그러한 의인화가 자주 발견되기 때문이다(70인역 중 시적으로 구조화된 구절에서 피조물들이 의인화되며 [예: 사 44:23, 49:13, 55:12-13; 시 64:13-14, 97:7-9 LXX] 이 구절은 그것에 대한 시적인 특성을 띤다).[49]

따라서 이 구절은 바울의 암묵적 정의에 정확히 포함되어 있거나 포함되어 있지 않은 것과 상관없이 — 이를 결정짓는 건 불가능하다 — 인간을 제외한 피조물에 대해 무엇인가를 말하고 있다고 결론지을 만한 충분한 근거를 제시한다.

Ⅱ. 썩어짐의 종노릇

피조물이 썩어짐의 종노릇ἡ δουλεία τῆς φθορᾶς하고 있다는 사실은 오직 피조물이 해방될 것이라는 사실에서만 언급된다[21절]. 따라서 이 이야기에서 묘사하는 "사건"이 무엇인지, 또 이것이 "허무함에 굴복"하는 것보다 앞서는지, 뒤따르는지, 혹은 동시에 일어나는지를 밝히는 것은 어려운 일이다. 내러티브의 역학적 측면에서 중요한 것은 κτίσις의 "썩어짐의 종노릇"이 현존에 닥친 위험의 상태를 묘사하고 있으며, 이것의 해결을 통해 이야기를 가장 중요하고 영광스러운 결론에 이르게 할 것이라는 점이다. 본문에 명시적으로 언급되지는 않았지만, 썩어짐의 종노릇하는 것은 종종 κτίσις가 허무함에 굴복한 데에서 유래하거나 수반되는 것으로 가정된다.

즉, 허무함에 굴복하는 것은 썩어짐의 종노릇 하는 것이 무엇을 의미하는지를 명시한다.[50] 그러나 이 가정은 이 구절의 기본 논리에 다소 이상한 해석을 거치기에 이에 대한 의문 제기가 필요하다: 만약 "허무함"이 피조물의 "썩어짐의 종노릇"하는 것에 의해 구성된다면, 하나님은[51] 피조물이 썩어짐에서 자유로워지는 것을 희망하면서 피조물을 썩어짐에 종속시킨 것이 된다. 특히 "소망"에 의해 종속이 이루어졌다는 묘사는 피조물의 "허무함"이 하나님의 구원 경륜divine economy, 經綸 안에서 썩어짐의 종노릇에서 — 썩어짐의 종노릇 그 자체가 목적이 아닌 — *해방되기 위한 전주곡*이었음을 암시한다. 다시 말해서 "썩어짐의 종노릇"은 문제의 일부 — 또는 단순한 증상 — 가 아니라 해결책의 일부 ─ 어떤 신비로운 방법을 통한 ─ 였다는 것이다.

이러한 내용은 로마서 1장 18-32절에 나오는 인간의 반역에 대한 묘사와 부분적으로 유사점이 있기에 흥미롭다.[52] 로마서 1장 18-32절은 인간이 하나님을 알고 경배하는 것을 거부함으로 하나님이 그들을 죄악된 정욕에 내어 주셨다고 묘사한다. 하나님에 대한 지식을 거부함이 정욕의 죄에 대한 노예화와 동일시되지는 않지만, 이러한 인간의 거부는 구원 경륜의 일부 ─ 어렵고 수수께끼 같은 ─ 를 형성하는 하나님의 ─ 결과적인 ─ 행위보다 앞선다: 하나님이 모든 사람을 순종하지 아니하는 가운데 가두어 두심은 모든 사람에게 긍휼을 베풀려 하심이로다롬 11:32. 또한 롬 5:20, 갈 3:19-24 참조. 이와 유사하게 피조물이 썩어짐에 종속되고, 그때(?) ─ 결과적으로? ─ 희망을 바라며 하나님에 의해 허무함에 굴복된 것으로 볼 수 있다. 그러나 이는 우리의 논의를 넘어선다.

19절의 언급이 부분적으로든 전체적으로든 유한한 피조물에 대한 언급이라면, 이 썩어짐의 종노릇은 아마도, 혹은 적어도 신체적 죽음의 불가피성에 대해 언급하는 것이다. 따라서 이 구절은 바울이 창세기에 나오는 인간의 타락 이야기를 염두에 두고 이야기하고 있다는 생각을 뒷받침한다. 왜냐하면 이 이야기에서 아담과 하와는 금지된 나무의 열매를 먹음으로써 죽음에 이를 것이라는 경고를 받았기 때문이다창 2:17, 3:19.[53] 바울은 로마서 5장 12-14절의 인간의 죽음에서 이 사건을 암시하므로, 여기서 φθορά에 대한 언급은 그가 자연계의 죽음을 인간 불복종의 원죄가 낳은 또 다른 결과로 본다는 것을 의미한다;[54] 이와 관련하여 φθορά는 때때로 일종의 도덕적인 타락을 나타낼 뿐 아니라 물리적인 쇠퇴의 의미를 함축하기도 한다.[55]

그러나 창세기에 나오는 아담의 원죄를 바울이 여기에서 인용했다는 것은 대부분의 학자가 그렇게 생각하는 것만큼 명백하지 않다. 아담이 로마서 8장 19-23절 어디에도 언급되지 않는다는 명백한 사실을 제외하더라도 여기서 사용된 바울의 언어는 70인역에 나오는 아담과 하와의 타락 이야기를 상기시키지 않는다. 창세기 3장의 저주는 "땅"히브리어: אֲדָמָה; 70인역: γῆ [창 3:17]의 비옥함에 달려있는데, 그 저주의 대상은 살아있는 — 인간을 제외한 — 피조물 전체를 나타내는 것으로 보이지 않으며, 3장의 후속 구절에서 가시, 엉겅퀴, 식물에 대한 언급이 보여주듯이 특정 부분인 흙이나 땅만을 나타내는 것으로 보인다. 그러나 로마서 8장 19-23절에서 γῆ가 κτίσις로 바뀌어 사용된 가장 큰 이유는 그 시대 유대 문학의 언어적 발전을 반영한 것이지만,[56] 여기에서는 "지구"에 대한 언급의 우주적 차원을 확장하고 강조하는 측면도 있다.[57] 그럼에도 불구하고, 아담의 행동이 타락과 죽음이 창조된 질서에 들어가는 근본적인 지점이라는 것을 바울이 이 본문에서 인정한다 하더라도, 그리고 바울이 여기서 단지 전체 피조물κτίσις의 부패φθορά에 대한 노예 상태에 대해 간략하고 암시적으로만 언급하는 것을 고려한다면, 그가 여기서 생각하는 것은 타락이 모든 육체כל בָּשָׂר; πᾶρα σάρξ; 창 6:12에서는 καταφθείρω가 반복되어 사용됨에 영향을 미치는 창세기 1장부터 시작되어 11장까지 전개되는 이야기 전체에 대한 광범위한 암시를 염두에 둔 것처럼 보인다.[58] 이것은 바울의 부패φθορά에 대한 암시가 단순히 피할

수 없는 죽음을 언급한다기보다는 무엇인가 더 광범위한 현상임을 시
사하는 것이다.

Ⅲ. 허무한 데 굴복하는 것

이 이야기의 다음 부분은 κτίσις가 "허무함에 굴복"[20절] 되었다
는 것이지만 이것이 썩어짐의 노예가 되기 전에 일어났는지, 아니면
함께 혹은 나중에 일어났는지에 대한 부분은 논의를 해야 한다. 이 구
절은 "썩어짐에 종노릇"[21절]과 마찬가지로 일반적으로 아담과 하와의
불순종 이후 땅에 대한 저주[3장 17절][59]를 가리키는 것으로 받아들여진
다. 따라서 비록 피조물이 굴복하게 된 원인을 아담으로 거슬러 올라
갈 수도 있으나,[60] 우리의 견해로는 이 원인을 신적 수동태 즉, "피조
물을 종속되게 한 이"까지 거슬러 올라가야 한다는 것이다. 그래서
루터는 "인간을 통해 모든 생명체가 그 의지에 반해 헛되게 되고 …
피조물은 그 자체로 선한 것이다"라고 말한다.[61] 또한 칼뱅은 피조물
들이 "그들은 창조된 섭리에 따라 인간이 받아야 할 형벌의 일부를
나누어 받고 있다"고 보았다[『기독교 강요』 2.1.5].[62] 이와 유사한 더 후대의 논
의로 하네[Hahne]는 로마서 8장 19-22절이 "세상의 부패에 대한 인간
의 책임을 강조하는 유대 묵시론적인 저서의 한 가닥과 일치한다"고
주장하며, 이 구절이 아담의 죄를 계속되는 죄의 시작점으로 보는 데
초점을 맞추고 있다고 본다.[63] 대부분의 유대 묵시문학에서 피조물은
그 자체로 죄악시되거나 타락한 것으로 묘사되지는 않지만, 그 기능
이나 오작동이 때로 문제의 지표가 된다.[64] 또한 하네는 로마서 8장

19-22절에서는 설명하지 않는 허무와 썩어짐을 통해 바울이 무엇을 뜻하는지에 대해 유대 묵시문학을 근거로 고난, 질병, 죽음 등으로 해석했다.[65]

그러나 로마서 8장 19-23절에서 피조물이 허무한 것에 굴복하는 이유가 무엇이든 간에, 그러한 이유에 대해 바울이 여기서 명시적으로 언급하지 않았다는 점은 다시 한번 진지하게 고려할 가치가 있다. 바울은 아담을 언급하지 않으며 — 천사[66]도 언급하지 않고, 창세기 1-11장의 원시 역사의 어떤 특별한 사건에 대해서도 명시하지 않는다 — 창세기 3장의 타락/저주 이야기와 밀접한 관련성을 드러내지도 않는다. 바울이 κτίσις의 이야기에 대해 압축적으로 암시하는 다소 독특한 내용을 고려했을 때, 다른 구절롬 5:12에서 바울이 언급한 것과 같이 '한 사람'을 통해 세상에 죄가 들어오게 되고 그 죄로 말미암아 죽음이 있게 되었다는 특정한 사건을 로마서 8장 19-23절의 배경으로서 동등하게 작용한다고 보아서는 안 될 것이다. 특히 중요한 단어 ματαιότης공허함는 창세기 이야기에 대한 구체적인 암시를 불러 일으키지 않는다. 여기서 다시 로마서 1장 18-32절과 비교해야 할 것이 있다.[67] 학자들은 아담의 이야기가 이 본문의 기초가 된다고 주장하지만,[68] 이에 대한 구체적인 암시는 분명하지 않다. 여기서 중요한 주제로써 드러나는 것은 주로 하나님을 숭배하다가 우상 숭배와 성적 부도덕에 빠지는 인간의 활동이다.[69] 즉, 로마서 8장 19-23절이 κτίσις의 허무에 대해 일반적으로 — 아주 간략하게 — 묘사했다면, 로마서 1장 18-32절은 인간의 타락과 허무에 대해 일반적인 — 그리고 더 확장된 — 묘사를 한다. 한 가지 다른 점은 인간의 행동은 알면서도 의도적으로 행해진 것으로 묘사되는 반면[1:19-21], 피조물이 하나님 알기를 거부하거나 숭배를 거부한다는 의미가 없음을 통해 굴복이 κτίσις의 의지에 의해 일어나지 않았다는 것을 보여준다. 그러나 결정적으로 두 본문에서 동일한 어근[ματαιο-] 이 사용된다[롬 1:21, 8:20].

크랜필드[Cranfield]가 지적했듯이, ματαιότη라는 용어의 내용은 다양한 해석이 가능하다;[70] 그것은 단순히 모든 생명체가 경험하는 죽음과 관련되어 있을 수도 있고,[71] 또는 하나님이 만든 창조물을 우상숭배의 대상으로 오용하는 것을 가리킬 수도 있다[로마서 1장, 특히 21절에서 바울의 주제와 연결됨].[72] 특히 이 ματαιότη가 독특한 유대-그리스도교 단어이며, 70인역에서 시편, 잠언 22장 8절 그리고 — 가장 많이 — 전도서에서만 사용된다는 점에 유의해야 한다[특히 전도서 3장 19절에서는 인간과 동물이 죽음이라는 같은 운명을 공유한다는 의미로 사용됨 τὰ πάντα ματαιότης]. 바울이 로마서 1장 18-32절에서 솔로몬의 지혜서를 인용하고 고린도전서 3장 20절에서 시편 93편 11절[70인역]을 인용한 것과 같이 이것은 로마서 8장 20절에 지혜서가 영향을 미쳤을 것임을 시사한다. 여기서 바울은 전도서[73]의 주제를 계속 상기시키면서 피조물 — 과 인간 — 은 그 목적을 달성할 수 없기에 존재적 허무와 절망에서 빠져나올 수 없으며, 끊임없는 노동, 고통, 죽음의 순환에서 벗어날 수 없다고 말한다.[74]

바울이 피조물이 허무에 굴복하는 원인을 무엇으로 보든 간에, 그의 초점은 허무함에 굴복한 사실과 줄거리상 그 앞에 놓여있는 것에 맞춰져 있다. 굴복하게 하는 주체는 신적 수동태 υπετάγη로서 암시된 하나님이며, 여기에 κτίσις의 의지는 전혀 포함되어 있지 않다. 바울에 따르면 허무함에 굴복하는 것은 처음부터 소망 안에서 — 하나님에 의한 — 굴복이었다.

Ⅳ & Ⅴ. 피조물의 산고와 바울과 그리스도인의 신음

현재 피조물이 겪고 있는 신음과 고통은 다양하게 해석되어 왔
다: 그들이 겪는 타락과 죽음의 고통 또는 인간이 하나님과 바른 관
계에 있는 것과 비교하여 하나님의 계획 안에서 그 목적을 성취하지
못하여 좌절한 것 등으로 여겨졌다.[75] 산통출산의 고통과 관련된 언어의
사용은 연구가들로 하여금 소위 "메시아적 비애"messianic woes에 대한
언급으로 이 부분을 보게 했으며, 메시아의 탄생은 자연계의 격변과
함께 종종 인간의 고난에 대한 예상과 연결되며, 새로운 시대의 "탄
생" 전의 절정에 해당한다.[76]

본문은 이제까지ἄχρι τοῦ νῦν, 롬 8:22 의 산고 안에서 종말론적인 절정
에 대한 어떤 의미를 제시하고 있으며, 유대 문학에는 이 현시대가 끝
나기 전에 어떤 형태로든 간에 세상의 격변의 시기를 예상한 분명한
선례가 있다예: 사 24:1, 3-7, 19-20; 에녹 1서 80.2-8; 희년서 23.18; 쿰란 동굴에서 발견된 첫 번째 두루마리
(1QH) 11.29-36; 시빌린 신탁 3.673-81.[77] 그러나 바울은 신음 그 자체를 "세상
끝"예: 고전 10:11에 나타날 유일한 특징으로 보지는 않는다. 오히려 피조
물의 고통은구원에 대한 간절한 기대가 극에 달하고 있는 현재까지도 계속된다. 그러므
로 κτίσις가 "고통을 당하"는 것은 존재의 지속적이고 현재적인 특징
으로 묘사되는 것으로 보이며, 바울이 φθορά부패의 원시적인 확산과
허무함에 대한 피조물κτίσις의 신성한 복종을 생각하고 있다고 가정할
수 있을 것이다.

또한 예언서와 신구약 중간기 시대의 글들에 유사점이 있는데, 예를 들면 땅이 슬퍼하거나 사 24:4; 렘 4:28, 말하거나 호 2:22 혹은 울부짖는 에녹 1서 9:2 것으로 묘사된다.[78] 진통산통의 구체적인 이미지는 지구를 자궁으로 묘사한 유대적 글들 욥 1:21; 에즈라 4서 10:6-14; 필로 『세상의 창조에 관하여』 13.43; 아래 VII 참조을 생각나게 한다.[79] 여기서 바울은 다시 한번 γῆ 대신 κτίσις를 사용하는데, 이는 이 용어의 발전적 중요성을 반영함과 동시에 내러티브 드라마의 우주적 범위를 강조하는 역할도 한다.[80] 동사 στενάζω 는 또한 고통받는 이스라엘의 외침을 묘사하기 위해 다른 곳에서도 사용된다.[81]

바울에 따르면 피조물을 향한 종말론적 기대의 결정적인 순간이 도달했음에도 불구하고 피조물의 탄식은 존재의 지속적인 특징을 나타낸다. 이것은 분명히 미래 지향적인 고통이다. 또한 놀라운 것은 바울이 피조물을 함께 탄식하고 함께 고통당하는 συστενάζει καὶ συνωδίνει 존재로 묘사한 것이다. 피조물은 누구와 함께 신음하는가? 대다수의 주석가들은 πᾶσα 모든의 사용과 이 다음 구절의 내용을 고려해 볼 때 그리스도인과 전 인류를 피조물과 함께 신음하는 대상에서 제외시킨다고 본다.[82] 그들이 제안하는 의미는 모든 피조물이 함께, 서로, 또는 "한 마음으로" 신음하고 있다는 것이다.[83] 그러나 피조물이 여기에서 단수로 묘사되고 ἡ κτίσις 바울이 συν어근이 들어가는 단어를 특징적으로 사용하는 것은 일반적으로 하나의 동반자나 그룹의 명확한 결합을 의미하기 때문에 이러한 주장은 의문시 될 수 있다.[84] 그리스도인들의 신음은 정확히 같은 용어 στενάζομεν 탄식, 신음으로 묘사되며, 성령은 후에 그리스도인들의 신음에 자신의 탄원의 신음 στεναγμοῖς으로 동참하는 것으로 묘사된다. 23절의 문법은 원문의 변형을 통해 어색한 문법이 나타나지만, 그 의미는 특히 "우리 자신까지도"ἡμεῖς καὶ αὐτοὶ 85 "우리 자신 안에서"ἐν ἑαυτοῖς 신음한다는 구절을 통해 피조물이 종말론적 신음에 동참할 뿐 아니라, 특히 피조물의 신음을 그치게 할 특정한 희망인 양자 될 것을 기대하며 신음하고 있다는 것이다. 비록 희망의 어떤 측면은 "성령의 첫 열매"를 가진 "하나님의 아들들"과 구별되지만[86] 피조물은 바울을 비롯한 그리스도인들과 성령과 함께 신음하고, 같은 고통을 겪으며 희망을 공유한다롬 8:23; 참조 고후 1:22, 5:5 여기서 성령은 첫 열매 또는 ἀρραβών[보증]으로 설명된다. 피조물, 인류, 성령을 묘사하는 데 사용되는 일반적인 어휘는 이들이 어떻게든 같은 과정에 사로잡혀 있으며, 미래에 대한 이야기가 묘사하게 될 결과를 같이 갈망함을 드러낸다.

VI. 피조물의 간절한 갈망

κτίσις가 현재 목을 길게 빼며 기다리고 있다[고대한다]는 것을 제시하는 우리의 세 번째 현재 사건은 앞서 논의된 것과 같이 피조물의 의인화를 강화한다. 피조물이 갈망하는 즉각적인 초점은 "하나님의 아들들"19절의 나타남이다. 19절의 υἱοὶ τοῦ θεοῦ의 지시 대상이 누구인지에 대한 논쟁이 있으며, 21절에서는 υἱοὶ τοῦ θεοῦ 대신 τέκνων τοῦ θεοῦ를 사용한 차이점도 주목할 만하다. 크리스토퍼슨Christoffersson은 19절의 υἱοὶ τοῦ θεοῦ사용의 배경을 창세기의 홍수 전승으로 거슬러올라가는 것으로 추정하며, 창세기 6장 2절의 υἱοὶ τοῦ θεοῦ는 에녹 전승에서 "감시자들"the Watchers 로도 불렸던 존재를 가리키며 로마서 8

장 19절의 "하나님의 아들들"$^{υἱοὶ τοῦ θεοῦ}$은 예수께서 $παρουσία$재림 하실 때 동행할 천사들을 의미한다고 제안한다.[87] 그는 Υἱοὶ는 $τέκνα$로 언급되는 그리스도인과는 대조적으로 천사를 나타내는 데 사용된다고 제안한다. 그러나 바울은 이미 이 서신서의 앞부분롬 8:14에서 수신자들을 언급하기 위해 υἱοὶ를 사용했기 때문에, $υἱοθεσία$양자됨의 사용은 그리스도인이 갈망하는 것이 무엇인지를 나타내기 위해 사용된 것으로 보이며, 이 단어는 로마서 9장 26절에서 하나님의 아들을 지칭하는 데 다시 사용되기 때문에 $υἱοὶ τοῦ θεοῦ$가 천사를 가리킨다는 주장은 설득력이 없는 것으로 보인다.[88] 그래서 우리는 여기에서 $κτίσις$는 그리스도인의 계시나타남를 간절히 기다리고 있으며 이 계시가 벗겨지는 것은 23절에서 말한 하나님의 아들로 입양되는 것과 관련이 있는 것으로 이해한다.

Ⅶ. 하나님의 아들$^{υἱοὶ θεοῦ}$로의 입양

바울이 로마서 8장에서 양자됨에 대해 말하는 방식은 때때로 그의 많은 가르침에서 "이미 그러나 아직"이라는 긴장의 예로 인용된다. 바울은 로마서 8장의 앞부분에서 신자들이 그 영을 가지고 있고9절, 그 영이 그들 안에 거하며11절 그들을 인도한다14절고 말한다. 그들은 하나님의 자녀υἱοὶ로서14절 양자의 영15절을 받아 그들이 하나님의 자녀임을 확증한다16절. 따라서 23절에서 바울이 서신서의 수신자들이 성령을 첫 열매로 가졌다고 말하는 것은 놀랄만한 일이 아니지만 바울 자신과 신자들이 양자됨을 기다리면서 탄식신음하고 있다고 가정한 것은 다소 놀랍다. 그러나 여기서 양자됨은 신자들의 몸의 구원을 언급하는 것으로 명시되어 있어, 부활에 대한 언급을 암시하고 있는 것으로 보인다참조 고전 15:35-54; 고후 5:1-5 .[89] 이것은 위에서 언급한 해산의 언어와 연결된다IV 참고. 히브리어 성서에서 지구는 자궁으로 묘사될 수 있는데, 땅이 부활한 죽은 사람들을 낳는다는 맥락에서 더 구체적으로 묘사될 수 있다사 26:19, 땅이 죽은 자들을 내놓으리로다; 또한 에스라 4서 7:32.[90]

　　로마서 8장은 피조물의 산고가 부활한 신자들의 몸이 "태어남"을 기대하는 것과 관련되어 있다는 반향을 담고 있는 것으로 볼 수 있다. 바울은 그의 가장 유명하고 광범위한 부활에 대한 논의를 통해 반드시 일어나야 하는 사건의 "순서"에 대해 다음과 같이 말했다. 첫 번째는 ἀπαρχή첫 열매인 그리스도요, 그 다음은 그의 παρουσία강림, 고전 15:23에 참여하는 자들이다. 그리고 흥미롭게도 바울은 그리스도가 하나님과 대립하는 모든 힘을 파괴하면서 왕국을 아버지께 넘겨드리는 "끝"τὸ τέλος으로 건너뛴다24절. 그는 이 싸움의 마지막 사건을 "최후의 적"인 죽음의 패배로 본다25-26절. 이러한 묘사 중에 κτίσις는 빠져 있지만27-28절에 τὰ πάντα는 나옴, 이 본문은 신자들과 피조물이 해방될 허무에의 굴복이 죽음 그 자체라는 생각에 대한 추가적인 이해를 제공한다.

　　앞에서 살펴본 바와 같이 ματαιότη허무함의 함축적 의미에 이러한 생각이 포함될 수 있지만전 3:19절과 비교 무의미함/목적 없음의 의미도 포함될 수 있다. 고린도전서 15장 또한 로마서 8장에서 제시한 순서를 뒷받침하는 것처럼 보이는데, 여기서 하나님의 아들들의 부활은 결국 모든 것, 전체 κτίσις을 포함하는 일련의 부활 순서 중 첫 번째 사건이다.

VIII. κτίσις의 해방

κτίσις의 해방은 이 이야기의 절정에 해당한다. 하나님의 아들들의 드러남은 피조물이 기대하는 것에 즉각적인 초점을 형성하지만, 그 자체로 중요할 뿐만 아니라 종말론적 변화의 더 광범위한 과정을 알리는 중요성을 갖고 있다. 피조물의 허무에 굴복함에는 피조물 자체가 해방될 것이라는 희망이 수반된다. 피조물은 하나님의 아들들의 계시와 그들의 해방 그리고 그들의 영광 보기를 갈망하는 것에 전적인 관심이 있는데 주엣의 보충 설명을 덧붙이자면, 피조물은 τῆς δόξης그영광, 즉 신자들의 "영광으로 이루어진 해방"에 관심을 가진다.[91]

바울은 여기서 피조물κτίσις이 신자들과 마찬가지로 죽음과 썩어짐으로부터 자유를 누리게 될 상황을 상상한다고 생각한다. 이러한 과정은 아담을 통해서 "들어와" 전체 창조질서에 영향을 미치게 되었다. 그리하여 전체 피조물들은 ─ 하나님에 의해 ─ 허무함에 굴복하게 되었지만 이 과정은 그리스도 안에서 폐지될 것이다롬 5:12; 고전 15:22. 하네는 유대 묵시적 전통의 특정한 요소와의 유사점 즉, 인간만이 아니라 피조물 전체가 파괴와 재창조에 의해서가 아니라 갱신의 과정에 의해서 구원받게 될 것이라는 점을 발견한다.[92]

4.5   **서사 분석과 요약**

그렇다면 우리는 바울의 짧고 암시적인 논의에 반영된 것처럼 보이는 피조물의 이야기의 형태에 대해 어떤 결론을 내릴 수 있는가? 이는 다음과 같이 요약될 수 있다.

인간을 제외한 피조물정확히 그 개념의 범위가 무엇이든 간에은 도덕적이고 물리적으로 육체적 죽음, 혹은 더 넓은 의미에서 파괴와 부패를 의미하는 것으로 보이는 개념인 "썩어짐에 종노릇" 하는 상황에 처해 있다. 다른 곳에서 드러난 바울의 사상을 비추어 볼 때, 아담의 죄를 통해 죄와 죽음이 세상에 들어와 썩어짐에 종노릇하게 되는 최초의 근원적 이유가 되었지만 여기서 바울은 더 넓은 이야기를 암시하는 것으로 보이는데, 즉 *창조질서 전체에 퍼진 사악함과 부패*를 언급할 가능성을 주석가들은 심각하게 고려해야 한다. 이 썩어짐에 종노릇 하게 된 피조물은 *하나님에 의해* 허무한 데 굴복하게 되었다. 그러나 여기에서 주목해야 할 사실은 바울이 그가 묘사한 창조 이야기에서, 허무한 데 굴복함이 피조물이 의도했던 것이 아니라고 말하는 것 외에 굴복의 선행 사건이나 원인에 관심을 두지 않는다는 것이다. 오히려 바울이 강조하고 싶은 이 장의 더 넓은 주제는 피조물이 희망을 품고 ─ 그 안에서 ─ 굴복되었다는 점이다. 내러티브 용어로 설명하자면, 이것은 피조물의 굴복 이후의 모든 초점이 완전히 미래 지향적이라는 것을 의미한다; 여기서는 피조물의 행위에 대한 묘사도 없고, 피조물이 허무한 데 굴복하기 전의 상태에 대한 어떠한 암시도 없다.

4장 피조물의 신음과 해방 (롬 8:19-23) / **117**

현재와 미래지향적인 존재로서의 *κτίσις*는 함께 신음하고 함께 고통받는다는 특징을 가지고 있다. 비록 이것이 결정적인 종말론적 순간에 이르렀지만, 이는 피조물이 허무한 데 굴복한 이후, 피조물의 현존 상태를 묘사하는 것으로 보인다. 여기서 바울이 신자들의 탄식 23절과 성령이 신자들과 함께 탄식26절하고 있다고 묘사한 방식을 감안할 때, 그는 여기서 피조물을 인류와 성령과 함께 탄식하고 같은 희망을 공유하는 매우 밀접한 관계로 결속되어 있는 것으로 묘사하고 있는 것 같다.

이 피조물을 위한 희망은 하나님의 아들들이 계시되는 순간에 초점이 맞춰져 있다. 이 양자된 아들들, 즉 바울의 희망의 메시지를 공유하는 신자들이 이 구원 과정의 중심에 서 있다는 것이다. 그들은 아마도 그들의 부활에 대한 언급으로 보이는 육신의 부활을 기다리며, 피조물은 바울이 로마 신자들에게 요구하는 확신에 필적하는 확신으로 이 구원이 가져올 자유와 영광을 공유하기를 희망한다.

이야기의 줄거리를 분석해 볼 때 19-22절의 중심 인물은 *κτίσις*로, 이 "이름"이 4번 등장하며, 그 중심 이야기는 *κτίσις*가 속박과 부패로부터 자유와 영광으로의 변화에 참여하는 이야기이다물론 바울이 이 이야기를 여기서 소개하는 이유가 로마에 있는 그리스도인들의 고통과 희망을 더 넓은 맥락으로 설정해, 그들의 신음과 희망이 단지 지엽적인 것이 아닌 우주적인 사건의 일부로 묘사하기 위함임을 부정하는 것은 아니다. 그러나 다른 의미에서 피조물의 해방과 희망은 하나님의 아들들/자녀들의 해방에 달려 있으므로, 하나님의 아들들과 자녀들이 주인공이다. 구성적 측면에서 보면 이 하나님의 자녀들은 피조물의 이야기가 신음에서 자유로 진행되는 데 결정적인 역할을 한다. 그러나 줄거리의 진행에 가장 중요한 인물은 본문에서 명시적으로 표현되지 않은 인물인 하나님이다. 이 본문에서 우리가 하나님에 대해 알 수 있는 것은 단지 그 아들들과 자녀들이 하나님에게 속해 있다는 점이다*υἱοί/τέκνα τοῦ θεοῦ, 19절 과 21절*. 그러나 소위 신적 수동태 안에 숨겨진 하나님의 행위는 분명 전체 줄거리의 중요한 원동력이며, 두 (수동태)동사 ─ **피조물이 굴복 되었다 … 해방될 것이다** ─ 안에 간결하게 요약되어 있다.

그렇다면 피조물의 이야기는 많은 고통과 투쟁을 겪은 비극적 인 피조물의 상태가 해방의 상태로 변화하는 미래지향적인 이야기이 다.[93] 이 이야기는 비극적인 상태를 초래한 이유를 제시하지도 않았 고 그 원인도 분석하지 않는다. 오히려 이 이야기의 초점은 인간과 인 간을 제외한 피조물 모두를 자유와 영광으로 이끄는 하나님의 행동에 있다.

이후의 장에서 더 자세히 살펴보겠지만, 그리스도 안에서 정체 성의 변화에 관한 바울의 진술 중 일부는 전형적인 바울의 피조물의 종말론적인 상태의 표현인 "지금과 아직"예: 고후 5:17을 강조하지만, 일 반적으로 이것은 이미 시작되었지만 여전히 고통과 투쟁예: 빌 3:10-14; 또한 골 1:24 참조을 통해 해결되어야 하는 과정임이 분명하다. 로마서 8장의 이야기는 신자가 그리스도의 영광과 유업을 상속받기 위해서는 오직 그리스도의 고난에 참여해야만 가능하다는 주장과 함께롬 8:17, 19-23 절의 이야기에서는 모든 피조물들이 신자들과 함께 신음하는 이야기 를 담고 있다.

앞서 3장에서 설명한 프라이의 내러티브의 유형적 측면으로 볼 때, 영광으로 이어지는 투쟁과 고통에 대한 바울의 이야기에는 낭만주의 장르적 암시 이상의 것 — 호프웰은 이것을 "카리스마적"이라 한다[94] — 이 있다고 볼 수 있다. 하나님의 위대한 구원의 드라마에서 이 하부 드라마의 "주인공"들은 한 단계의 영광에서 다른 단계의 영광으로 변모되기를 갈망하는 그들의 "원정"을 수행하는 "하나님의 자녀들"이며, 이것은 피조물 전체가 고대하는 완전한 자유의 상태로 들어가는 것이다. 이를 위해 그들은 영웅적 인물인 그리스도를 따른다. 이 그리스도는 고난과 죽음의 길을 충실히 받아들이고, 형제자매 가운데 첫째가 되며[8:29] 죽은 자들 가운데서 첫 열매가 되신 분이다. 주엣은 이 바울서신의 이야기는 아우구스투스 시대의 "희극적" 이야기 — 프라이의 용어에 의하면 — 와 대조를 이루는 반문화를 나타낼 수 있다고 주장했다. 이 희극적 이야기에서는 로마 공화정의 분열 위기를 황제를 모신 로마와 모든 속국들의 조화로운 결합 — 궁극적으로 허상에 불과하지만 — 으로 대체한다.[95] 바울 이야기에서의 중심 인물들은 "제국적인 버전"과는 매우 다르다. 제국의 이야기는 아우구스투스 베르길리우스 『목가집』 4.11-41 에 의한 황금시대의 확립이나 "아직 어머니의 품에 안겨 있는 동안" 평화를 이룬 네로의 승리 이야기이다. 그러나 우리가 살펴보았듯이 바울의 이야기의 중심은 하나님 — 신적 수동태를 통해 — 과 함께 고통을 당하지만 그들의 영광에 들어가는 "하나님의 자녀들"의 이야기이다.[96] 이 두 이야기의 차이를 극렬히 대조시키는 요소는 내러티브 장르의 차이이다: 바울 내러티브의 원정과 분투의 모습은 — 이는 이야기를 비극적 장르와 연결시킨다 — 제국적 이야기의 코믹한 낙관주의와 대조를 이룬다.[97]

그렇다면, 이 구절의 바탕이 되는 내러티브 범주에 대한 추론이 — 따라서 인간이 아닌 피조물의 구속과 인간의 구속 사이의 관계에 대한 바울의 이해 — 중요한 이유는 무엇인가? 이후의 논의를 너무 많이 예상하고 싶지는 않지만 여기에는 서로 맞물리는 세 가지 이유가 있다.

첫째, 우리는 주엣이 로마서 8장의 이야기를 "대항 이야기"로서 강력히 주장했다는 것에 주목한다. 이는 다른 장르에 완전히 혹은 부분적으로 속한 또 다른 강력하고 영향력 있는 다른 주인공들의 이야기와 대립되는 피조물^{인간 포함}의 상황에 대한 이야기를 정립하고자 하는 것이다.

둘째, 이번 장의 초점이 되는 로마서 8장과 골로새서 1장의 본문이 우리가 전체 피조물에 대한 하나님의 관심에 대해 배우는 바울의 주요 본문이라는 것을 인정한다면, 그들이 이야기를 풀어나가는 내러티브 형식은 규범적인 성격을 가지고 있는 것으로 받아들여질 수 있다. 우리는 7장과 8장에서 바울의 생태신학과 바울의 생태환경 보호 윤리에 대해 다루고 신약성서로부터 — 또한 현대과학으로부터 — 배우는 생태신학적 윤리의 윤곽을 드러내고자 한다. 따라서 그 윤리의 근간을 이루는 우주적인 이야기의 성격은 신약성서의 이야기 장르에 의해 많은 영향을 받을 것이다.

셋째, 이번 장의 주요 본문인 로마서 8장 19-23절로 돌아가, 이 답답할 정도로 짧은 구절이 그 자체로 어떠한 암묵적인 윤리적 명령을 담고 있는지에 대한 중요한 질문이 있다. 이후에 논의하겠지만 ^{6.3장 참조} 생태신학적으로 자주 인용되는 이 본문에 대한 더 신중한 접근이 필요한 이유들이 있다. 그러나 우리는 또한 이 본문을 현대적 상황 속에서 읽을 때 쉽게 추론할 수 있는 윤리적 함의가 있으며, 이러한 함의는 내러티브 장르가 고려될 때[6.4장 참조], 그리고 바울신학과 윤리의 더 넓은 범주와 관련지을 때[7, 8장] 가장 명확해진다고 결론짓는다.

우리는 7장에서 해방과 영광의 주제와 화해의 모티브에 대한 그들의 관계를 다룰 것이다. 이제 생태신학 논의에 자주 인용되는 다른 바울 문헌인 골로새서 1장 15-20절에 대한 상세한 분석으로 눈을 돌린다.

5장

만물의 화해 (골 1:15-20)

5.1 서 론

골로새서를 다룸에 있어서 우리는 저자에 대한 논쟁의 여지가 있는 바울 문서의 부분에 주목한다. 바울서신 중 골로새서는 바울의 저작에 대한 찬반 주장이 가장 잘 균형을 이루고 있는 서신일 것이다. 현대 학자 중 상당수는 골로새서의 특징 ─ 고등 기독론과 우주적·종말론적 관점, 다소 독특한 스타일의 윤리적인 가르침[1] ─ 을 근거로 이를 익명의 저자의 기록으로 보며, 이와 비슷한 수의 학자들은 이것이 바울의 친서라고 주장한다.[2] 그러나 바울서신 사이에는 상당한 약식과 신학적인 강조의 다양성이 존재한다는 점은 간과할 수 없을 것이다. 저자에 대한 논쟁의 여지가 있는 바울서신 중에서 골로새서는 그 내용과 문체 면에서 저자 논쟁의 여지가 없는 바울 문서와 가장 가까운 것으로 보인다. 예를 들어 제임스 던 James Dunn

은 골로새서를 "저자 논쟁의 여지가 없는 바울 문서와 바울 학파가 기록한 것으로 보이는 바울 문서들 사이의 다리"로 본다.[3] 던은 바울 이 직접 서신을 작성한 것이 아니라, 서신을 작성한 비서 — 아마도 디모데 — 에게 자신의 주요 관심사를 설명했을 것이라 생각한다. 이 러한 의미에서 던은 "우리는 단어의 전체 양식을 통해 바울서신을 판 별해야 하며, 따라서 골로새서가 바울의 친서인지 아닌지에 대한 문 제는 상대적으로 중요하지 않다"고 주장한다.[4]

우리는 앞서 바울의 친서로 이미 인정받고 있는 문서뿐 아니라 광범위한 바울서신을 연구 대상으로 한다는 점을 분명히 했다. 그리 고 이 연구에서 시도하는 분석과 해석의 종류에 있어서, 저자 문제는 상대적으로 중요성이 낮다. 골로새서는 그것이 바울의 친서인지의 여 부와 관계없이, 그 규범적 지위와 신학적 영향을 가지고 있다. 그리 고 바울 저작 여부를 떠나 우리는 그것의 독특한 자료가 — 로마서 8 장과 유사할 수도, 유사하지 않을 수도 있는 — 피조물에 관한 특정한 이야기를 어디까지 함축하고 있는지를 신중하게 고려할 필요가 있다.

우리는 특별히 가장 많이 논의된 부분인 골로새서 1장 15-20 절[5]에 초점이 맞춰져 있다. 이 부분은 오랫동안 "그리스도 찬가"라는 특정 본문으로 알려졌고, 기독론에 초점을 맞춘 이전의 교의나 찬가 들을 포함하는 것으로 여겨졌다.[6] 다양한 구조적 분석과 함께 초기 형 태의 "찬가"의 재구성이 제안되었고, 후에 편집을 통해 문자로 통합 되었다. 경쟁적인 복원연구에도 불구하고, 주석가들은 대부분 찬가를 중간 이행적 각운시의 유무와 관계없이 두 개의 연ᄀᆯ 1:15-17, 18-20 으로 나누고 그 주제를 각각 피조물[15-17]과 구원[18-20]으로 보는 데 동의한다. 찬가의 초기 형태에 대한 제안들은 또한 이 가정적인 초기 형태를 수정하는 데 있어 찬가 자체의 사조와 서신서 저자의 세계관과 동기 사이의 구별에 대한 성찰로 이어졌다. 사실 이전의 이론들은 골로새서 1장 15-20절의 중심적 형태가 이전에 존재했을 뿐 아니라 영지적 설화에 기반을 둔 그리스도교 이전의 찬가로 그 초점이 영지적 천상의 구원자의 개념에 맞춰져 있다고 보았다.[7] 비록 증거 부족으로 인해 지금은 설득력을 잃었지만 이는 찬가의 초기 형태와 그것에 대한 종교-역사적 유사성을 찾는 것의 잠재적인 중요성을 강조하였다. 그럼에도 불구하고 일부 학자들은 이 찬가는 서신서 저자에 의해 당대 가장 그럴듯한 형태로 제작되었다고 주장하며 이전의 편집 단계나 초기 저자를 가정할 필요가 없다고 본다.[8]

로마서 8장 19-23절과 함께 골로새서 1장 15-20절은 아마도 바울서신 중에 피조물 돌봄의 성서적 지지를 구하는 생태신학자들 사이에서 가장 자주 인용되는 구절일 것이다. 그것은 사람을 제외한 환경적 요소에 대한 태도에 관한 그리스도교 저술에서 그리스도의 역할과 사역에 대한 찬가의 선언을 우주적인 범주의 선언으로 보여준다. 실제 알렉산더 베더번Alexander Wedderburn은 피조물 돌봄에 관한 주제에 대해 "골로새서는 아마도 모든 신약성서 문서들 중에서 이 주제에 대해 가장 강력한 주장을 담고 있다"라고 기술한다.[9] 스티븐 보우마 프레디거Steven Bouma-Prediger의 표현으로 정리하자면 이 본문의 주요한 공헌은 "그리스도의 사역은 창조 그 자체만큼이나 넓다"는 것을 확언하는 것으로 보인다.[10] 찬가의 우주적 범위cosmic scope는 아래의 여러 가지 방법으로 표현된다.

5.2　　　**골로새서 1:15-20의 생태신학적 읽기의 출현**

　　　　　그리스도 찬가에 대한 해석은 역사적으로 첫 번째 열에서 묘사된 것 같이 그리스도가 피조물 전체와 포괄적으로 관련되었다는 데에는 의심의 여지가 없었다. 그러나 인간을 제외한 피조물의 물리적 요소들에 대해서는 이 구절에 관련된 논쟁에서 일반적으로 다루어지지 않는다. 구속에 초점을 맞춘 두 번째 열과 관련하여 20절의 "화해"에 수반되는 것을 고려할 때 언급된 중재자의 성격과 그 범위에 영적 실체가 포함될 수 있는 가능성에 대한 추측이 있어 왔다. 오리게네스는 여기에 분명히 초자연적 실체가 포함된다고 언급한다『제일원리』4.4.3.[11]그는 다른 곳『누가복음 설교』10.3에서 "하늘에 속한 것"을 그리스도 안에서 죽은 신실한 자들 즉, 아브라함, 이삭, 야곱을 의미하는 것으로 해석하고 있으며 인간 이외의 어떤 중재자에 대해서도 언급하지 않고 있다. 크리소스톰Chrysostom은 그 구절이 단지 그리스도를 교회의 머리로 묘사하고 있지만 그는 그리스도가 온 우주의 머리임을 가리키는 것으로 이해해야 한다고 지적한다『골로새서 설교』3. 그러나 이것이 인간이 아닌 물리적 피조물과 어떠한 연관성이 있는지는 연구되지 않았다. 크리소스톰은 "만물"의 화해를 다룰 때, 하늘은 이미 하나님과 평화를 이루었기에 "하늘에 있는 것들"은 그때까지 서로 적이었던 인간과 하늘의 천사 사이의 화해를 의미한다고 본다『골로새서 설교』3. 아퀴나스『신학대전』3.22.1와 칼뱅『기독교 강요』3.4.27은 다른 중재자나 창조물에 대한 언급 없이 오직 신자들의 관점에서 만물의 화해를 이야기한다.[12]

이 구절과 "자연" 사이의 연관 가능성에 대한 명확한 성찰의 부족은 20세기와 21세기까지 이어진다; 생태신학자들[아래 참조]과는 달리 지난 세기의 극소수의 주석가나 성서학자들을 제외하고는 찬가와 인간이 아닌 생명체 사이의 연관성을 이끌어내지 못했다.[13] 모든 학자들은 $τὰ\ πάντα$[16, 17, 29절]가 정확히 모든 — 창조된 — 것들을 가리킨다는 데 동의하는 것 같다. 이와 연관된 단어들 $πάσας\ τίσεως$[15절], $ἐν\ τοῖς\ οὐρανοῖς\ καὶ\ ἐπὶ\ τῆς\ γῆς$[16절; 20절 참조],[14] $πρὸ\ πάντων$[17절]과 $ἐν\ πᾶσιν$[18절]을 고려해 보았을 때 이러한 주장은 설득력이 있어 보인다. 하지만 대부분의 주석가들은 이 구절에 대한 논의에서 인간이 아닌 피조물을 구체적으로 언급하지 않는다. 또한 "자연"은 명시적으로 제외되지도 않지만 논의되지도 않는다. 게다가 많은 견해들이 — 일부 경우에 따라서는 뒤의 행에 대한 보편구원주의자적 해석의 가능성을 경계하려는 욕구에 의해 촉발되기도 한 — 이에서 더 나아가 찬가의 상황을 지적하여 그 찬가의 범위를 제한한다. 겉으로 보이는 우주적 화해의 범위는 교회에 대한 언급[18절]과 이 다음 절에서 편지의 수신자인 신자[21-23절]에 제한되어 있는 것으로 여겨진다.[15] 많은 주석가에 따르면, 찬가의 원래 형태가 우주적인 언급을 암시했을 수도 있지만, 골로새서의 저자는 인류학적이고 교회학적인 면에 초점을 맞춘다.[16]

다른 이들은 20절에서 $ἀποκαταλλάσσω$[화목하게 하다]의 인격적 함축을 근거로 하여, 비록 $τὰ\ πάντα$가 인간이 아닌 창조물을 포함할 수 있는 가능성을 인정하면서도, 저자의 주된 초점은 인간, 즉 그 본질이 인간적이든 영적이든, 이성적인 존재에 대한 것으로 본다. 로이 예이츠[Roy Yate]는 21-23절에서 "독자들에게 그리스도의 우주적 업적을 해석하고 적용하는 찬가에 대한 일종의 해설"[17]로 보고 다음과 같은 질문을 던진다: "화해라는 개념이 사람에게만 적용되는데 어떻게 우주에 적용할 수 있겠는가?" 이에 앞서 모울[C. F. D. Moule]도 모든 생물과 무생물이 어떻게 화해할 수 있을지 상상하기 힘들다는 유사한 언급을 했다. 그는 "사도 바울은 $\tau\grave{\alpha}$ $\pi\acute{\alpha}\nu\tau\alpha$를 이미 인간으로 결정지었다"고 지적하며 이와 같은 해석은 해당 찬가[골 1:16]와 통치자들을 무력화시키는 부분[골 2:15]과 천사의 경배[골 2:18]에 근거한다고 보았다.[18] 고린도전서 5장 18-20절에서 바울이 인간 중심적인 화해의 언어를 사용하는 것에 기초하여 하워드 마셜[Howard Marshall]은 골로새서 1장도 이와 유사하게 "무생물적 자연의 화해에 대해서는 의문의 여지가 없으나, 바울은 16절에서 통치자와 권세들에 대해 생각하고 있다"고 주장한다.[19] 라스 하트먼[Lars Hartman]은 저자가 스스로를 "모든 종류의 살아있는 힘에 의해 채워지고 흔들리는 살아있는 우주"의 일부로 이해했을 것이며, "행성은 인간과 같은 세계에 속하는 살아있는 생명체"라는 것을 상기시키나, 나머지 피조물에 대해서는 언급하지 않는다.[20] 잔 스미스[Jan Smith]는 찬가의 초점에 대한 해석이 저자가 다루려 했던 오류나 "이단"의 이해와 어떻게 연관되어 있는지를 설명한다.[21] 그는 이 오류를 금욕주의[골 2:16-23]와 세상의 초등 학문[철학과 헛된 속임수, 사람의 전통, 골 2:8]에 대한 복종을 우월한 수준의 영성을 얻기 위한 수단으로 본 유대인의 신비주의의 한 형태로 파악한 결과, 찬가의 기독론이 "특히 우주의 힘에 적용된다"는 결과를 얻었다.[22] 웨더번[Wedderburn]은 물리적 피조물이 포함될 가능성을 인정하면서도 "'모든 것'에 포함되는 동물과 식물 등이 문제가 되는 것이 아니라, 오히려 그들을 두려워하고 숭배하는 천상의 힘과 사람들"이라고 지적한다.[23] 사실 골로새 교회에 있을 수 있는 "이단"의 유형을 고려하면, 저자와 수신자 모두에게 지상과 천상의 모든 권위에 대한 그리스도의 최고 지위의 의미는 찬가의 가장 중요하고 관련성 있는 특징들 중 하나였을 것이다.[24]

특히 근래 몇 년 동안 다른 주석과 논문들은 비록 그 함의에 대한 분석의 정도는 다르나, 이 구절에서 피조물과 구원의 우주적 범위와 그것이 "자연"과 연관됨에 무게를 두고 있다.[25] 마르쿠스 바르트 Markus Barth는 1982년의 그의 논문 "예수와 모든 것"Christ and All Things에서 해당 본문과 다른 곳에서 예수의 구원 사역의 범우주적 영향을 경시하여 인간 중심적인 구원론을 강조하려 한다는 시도는 신약 연구에 의해 입증되지 않으며, 더 나아가 창조, 왕권, 지혜, 종말론이라는 구약성서의 주제들을 배경으로 한 해석은 만물에 대한 그리스도의 전능이라는 주제를 명확하게 할 수 있다고 주장했다. 그는 "자연에 대한 무자비한 착취"에 대한 경고를 언급하며, "기독론적 연구와 선포에서 자연에 관한 모든 것을 뭉뚱그려 제외하는 것은 신약성서의 본질에 어긋날 뿐 아니라 현대인의 어떠한 필요도 충족시키지 못한다"고 주장했다.[26] 더 최근에 던Dunn은 찬가의 비전에 대해 다음과 같이 시적 언급을 남겼다:

> 이 비전은 광대하다. 그 주장은 충격적이다. 이 비전은 그리스도의 죽음과 부활을 문자 그대로 자연의 부조화와 비인간화를 해결할 열쇠로 봤었을 이 최초의 그리스도인들의 신앙에 대해 많은 것을 말해주고 있다. … 어떤 면에서 더 놀라운 것은 교회의 함축적 비

전을 이 우주적 화해를 향한 초점과 수단으로서 사용했다는 점 —
이미 화해가 자리잡은 곳이며 (혹은 자리잡기 시작한 곳) 이를 책임감
있게 삶으로서 실천하는 … 또한 그 비밀을 공표하는 곳이다.[27]

그러나 던은 이 비전에 대한 생태학적 중요성을 명시적으로 언
급하지도 않으며, "자연의 부조화"가 무엇으로 인식되었을지에 대해
어떠한 언급도 하지 않았다. 일부 학자들은 이에서 좀 더 나아간다.
루이스 도넬슨Lewis Donelson은 "이 찬가의 기본 방향은 현대 그리스도교
환경운동과 일치한다"고 지적한다.[28] 마르쿠스 바르트와 헬무트 블랑
케Helmut Blanke는 찬가의 관계적 보편성을 강조하며 "그것은 자신 외에
우월한 존재를 인정하지 않는 인간의 위협, 착취, 창조물 파괴에 직
면하여 사려 깊은 성찰의 기초가 된다"고 말했다.[29] N. T. 라이트N. T.
Wright는 "모든 피조물은 부활의 우주적 결과로 인해 변화될 것이다"라
고 언급하면서, 만일 그리스도의 주재권이 삶의 모든 측면을 포괄한
다면, 그리스도인들은 "피조물의 생태적 질서"를 증진해야 한다는 결
론을 도출한다.[30] 존 바클레이John Barclay는 이와 유사하게 "그리스도가
'모든 것의 모든 것'이라는 주장의 범위는 피조물의 온전함에 대한 관
심뿐만 아니라 그리스도인들이 세상과 관계를 맺도록 하는 강력한 동
기가 된다"고 주장한다.[31] 앤드류 링컨Andrew Lincoln은 이에 동의하며,
"동물 복지에 관심을 갖는 것, 공기, 토양, 물의 오염을 통한 생태계
의 붕괴를 막기 위해 고군분투하는 것은 이 구절이 우주 화해를 축하
하는 것과 모두 관련되어 있다"고 주장한다.[32] 가장 최근에 더글라스
무Douglas Moo는 이 구절을 인류에게만 제한하여 적용하는 것은 실수라

고 보며, 하나님이 추구하는 '평화'는 인간과 하나님과의 관계뿐 아니라 인간 사이 — 따라서 사회정의의 명령 — 와 인간과 자연 세계와의 관계 — 따라서 성서적인 환경보호주의의 명령 — 에 적용되는 평화라고 제안한다.[33]

요약하자면, 생태학적 관심이 등장한 이후에도 여전히 많은 학자들이 이 서신의 저자가 개인주의적 영성, 즉 골로새 교회의 거짓 가르침에 관련된 주제를 포함한 인류에 초점을 맞추고 있다고 이해하고 있는 것으로 보인다. 그러나 어떤 이들은 이 구절을 인간을 제외한 피조물과 인간 사이의 관계와 책임과 연관시킨다. 넓게 말하면 이들은 골로새서의 찬가와 생태학적 감수성이 높은 행동에 대한 필요 사이의 연관성이 시간이 지남에 따라 늘어나는 환경위기의 심각성과 점차적으로 높아진 대중적 인지도와 함께 증가한 것으로 본다.

이 구절의 초점에 대한 다른 접근은, 적어도 부분적으로, 찬가의 우주적 범주가 가지는 상대적인 무게와 서신 작성자가 골로새 신자들에게 이 자료를 결부시키는 것을 통해 결정되는 것으로 보일 것이다. 이 찬가는 일반적으로 우주적 차원의 만물을 아우르는 것으로 인식되고 있는 반면, 저자는 서신의 관심사 대부분을 신자들의 삶과 잘못된 가르침골로새 교회에 침투한 이단이 그들의 윤리적 행동에 미칠 수 있는 영향에 초점을 맞춘다. 골로새서 1장 15-20절에 이어 바로 청자들에게 그들이 화해했다는 것을 상기시키는 내용이 따른다[21-22절]. 일부 주석가들은 이러한 저자의 초점을 찬가에서만 도출될 수 있는 의미를 검증하는 것으로 여긴다.[34] 범우주적 찬가와 서신의 다른 곳에 있는 인간 중심적 적용 — 과 영적 존재에 대한 언급 — 을 고려할 때, 몇

몇 사람들은 골로새서의 찬가 그 자체가 서신의 배경에 대한 고려가 허용하는 것보다 더 생태적으로 유용한 더 많은 구실을 제공하는 것으로 보았다.[35]

예상할 수 있듯이, 생태신학자들이 이 구절을 사용하는 것은 그 의미를 주석적 논의에서 다루는 간략한 언급을 넘어 훨씬 더 발전시킨다. 생태신학적 해석은 일반적으로 창조와 구원에 있어서 그리스도의 업적에 대한 범우주성을 암시하는 찬가의 특징 중 하나 또는 그 이상의 특징을 더 강조한다. 첫째, "$τὰ\ πάντα$"만물의 반복적 사용, 둘째, 만물의 목표나 목적이 그리스도 안에서 발견된다는 신념είς αὐτὸν, 16, 20절, 셋째, 모든 것을 포괄하는 것으로 보여지는 화해에 대한 언급20절이 그것이다.

이 본문에 대한 생태신학적 성찰은 1961년 조셉 시틀러Joseph Sittler의 세계교회협의회World Council of Churches의 연설에서도 볼 수 있다. 비록 그의 기조 연설 "단결로의 부르심"Called to Unity은 주로 에큐메니컬 협력에 초점을 맞췄지만, 골로새서의 우주론적 기독론의 생태적 중요성을 처음으로 제안했다. "그리스도 안에 있는 하나님의 회복시키는 사역의 범위는 이 구절에서 여섯 번이나 반복되는 $τὰ\ πάντα$만물보다 작지 않으며 … 그의 우주적 구원이 만물에게 닿음은 이 만물이 그 안에서 존속되기 때문이다."[36] 그는 "구원의 교리는 더 큰 창조의 교리라는 궤도 안에서만 의미가 있다"고 주장하며 지구를 보호하는 일이 "그리스도교적 순종"이라고 묘사했다. 자연이 당면한 위협의 크기를 본 시틀러는 아직 논의되지 않은 이 우주적 기독론의 연구를 통해 교리를 윤리적 참여로 이을 수 있는 잠재력을 탐구해야 할 때라고 주장했다. "앞으로 나아갈 길은, 이 위협받는 지구에 대한 연민으로 열정적이고 하나님의 진노와 사랑을 통해 윤리적인 기독론을 우주적 차원으로 확장하는 것이다."[37] 사실 이미 1950년대에 시틀러는 선견지명을 가지고 "지구를 위한 신학" 즉, 지구를 하나님의 구원 작업에 묶여 있는 것으로 인식해 지구에 대한 긍정적인 시각을 다시 불러 일으킬 수 있는 신학의 필요성에 대해 언급했다.[38]

이후 다른 학자들은 이 본문에 대해 더 발전된 생태 관련 결론들을 도출했다. 맥도너는 골로새서 1장 15-18절에서 예수의 사역이 "치유와 화해, 그리고 모든 피조물과 인류를 하나님과 화해시키는 것에 국한되지 않는다"는 사실을 암시하며, 오히려 "그리스도는 모든 피조물의 중심이다"에 가까운 의미를 지닌다고 주장한다.[39] 그러므로 "모든 피조물은 그리스도 안에서 연합되며, 따라서 모든 것은 그리스도를 통해 하나님 안에서 미래를 보장받는다."[40] 마이클 노스코트 Michael Northcott 는 그의 골로새서 1장 19-20절을 인용한 환경과 그리스도교 윤리에 대한 연구에서 "그리스도의 죽음과 부활로 시작되는 화해와 회복의 사건을 통해 피조물의 종말론적 변화의 지향이 실현에 가까워지고 기대된다. 그리스도가 죽음을 이기신 사건은 전 우주에 중요한 의미를 지닌다"고 지적한다.[41] 브레넌 힐 Brennan Hill 은 여기서 그리스도교의 제자도에 대한 함축성을 찾는다:

이 바울신학[골로새서 1장 15-20절에 있는]의 적용점은 명백하다. 하나님은 만물의 근원이시며 … 하나님은 피조물의 성취를 위한 계획을 가지고 계시며, 예수 그리스도는 이 계획의 결실을 맺게

하는 중심적인 역할을 담당한다. 그래서 그리스도의 제자들은 만
물을 향한 하나님의 계획을 분별하고, 이 땅에 파멸을 가져올 자들
에게 저항하기 위해 부르심을 받는다. 환경을 무책임하게 파괴하는
것은 하나님의 계획에 대한 도덕적 죄악이며, 모든 것을 성취하게
하시는 그리스도의 사역에 장애물로 작용한다는 것은 명백하다.[42]

　　데이비드 러셀David Russell은 골로새서 1장의 우주적 관점이 구원
을 주로 인류와 관련된 것으로 보는 성서 읽기에 반대되는 명확한 근
거를 제공하는 것으로 보았다. "피조물은 그리스도를 위해 지음 받았
고, 그와의 관계를 통해서만 성취에 이른다고 하는 것은 구원에 관련
된 본문들에 대한 모든 기본적인 인간 중심적 해석을 거부하는 것이
다."[43] 비키 발라반스키Vicky Balabanski는 근본적으로 저자의 스토아 학파
적 사고가 "인간중심주의를 넘어" 서도록 돕는 "침투 우주론"permeation
cosmology을 암시하며 이는 이 구절이 하나님의 화해의 범주에 $\tau\grave{\alpha}$ $\pi\acute{\alpha}\nu\tau\alpha$
즉, "모든 생물권"을 포함하는 것으로 보기 때문이다.[44] 그러므로 그
리스도인에게 "십자가에 못박힌 예수의 보혈로 화평하게 하는 것은
역동적인 과정이다. … 이는 우리가 모든 피조물의 생명을 향한 의지
를 배우고 재학습하게 하여 생물 중심적 우주론으로 나아가도록 한
다."[45] 아마도 보우마 프레디거는 그 생각을 가장 분명하게 "지구화"
할 것이다. 던의 지적위 인용을 인용하여, 보우마 프레디거는 골로새서
1장 15-20절에서 그리스도를 통한 하나님의 화해의 우주적 범위에
대한 중요한 묘사를 발견한다.[46] 그는 후에 "그리스도의 사역은 창조
그 자체만큼이나 광범위하다. 그것은 모든 피조물의 회복과 완성에

다름없다. 만약 예수님이 흰꼬리사슴, 붉은머리딱따구리, 푸른 고래, 푸른 벨리즈, 열대우림을 위해 죽지 않았다면, 그는 당신과 나를 위해 죽지 않았을 것이다. … 따라서 우리의 일은 우주의 주님으로서 화목케 하시는 그리스도의 통치를 본받아야 한다"고 말했다.[47]

주석가들의 다소 제한적인 생태신학적 가치의 반영과는 대조적으로, 생태신학자들은 이 본문에서 큰 의미를 발견했다. 골로새서 1장 15-20절에 대한 우리 자신의 건설적인 주석 작업으로 돌아가기 전에, 로마서 8장에서와 같이 본문의 내러티브 구조를 연구하기 위해 우리는 먼저 찬가의 배경, 특히 생태적 읽기와 관련된 배경과 영향에 대해 간단히 살펴볼 것이다.

5.3   골로새서 찬가의 배경과 서신의 세계관

이 구절은 피조물과 화해 모두와 관련하여 사용되는 $\tau\grave{\alpha}$ $\pi\acute{\alpha}\nu\tau\alpha$의 범위를 중점으로 생태신학적 본문으로 논의될 수 있다. 로빈 윌슨Robin McL. Wilson은 관사와 중성 복수의 조합인 $\tau\grave{\alpha}$ $\pi\acute{\alpha}\nu\tau\alpha$가 "신약 시대에는 창조된 우주에 대한 정규 표현식이었다"[48]고 지적한다. 그러나 앞서 논의한 주석과 연구에서 드러난 것처럼 서신의 초점에 대한 이해가 서로 다르다는 점을 감안할 때, 저자의 용어를 더 넓은 사회-역사적 상황에서 보는 것은 여기서 어떠한 범위가 의도되었는지, 또 어느 정도 이 서신의 독자들이 이 찬가를 우주 전체에 관한 것으로 이해할 수 있었는지를 나타내는 데 도움이 될 수 있다.

그리스-로마 철학과의 유사점

골로새서 1장 15-20절을 우주적 범주로 이해하는 것은 헬레니즘 철학의 넓은 세계에 대한 언급을 통해 뒷받침된다. 이 서신서의 "명백히 그리스적인 관점"[49]과 피조물에 대한 그리스도의 역할에 관한 신학이 "당대 중세 플라톤 사상의 맥락을 통해서만 충분히 이해될 수 있는 것으로 보인다"[50]는 주장은 골로새서 찬가와 공통된 용어를 가진 현대 저작들을 비교하게 만들었다.

이러한 공통점 중 하나는 현대 담론에서 정치와 종교적 맥락 모두에서 사용되었던 육체 비유^{골 1:18}의 사용_{실제로 그러한 구분이 1세기에 어떤 의미를 갖는다고 할 때}이다. 그리스-로마 문학에서는 개인, 가족, 조직, 국가, 우주 사이의 유사점이 자주 등장했다.[51] 그러나 여기서 우리가 주로 관심을 갖는 것은 우주를 소우주로 여겨졌던 인간 몸의 확장판으로 본 당대의 널리 퍼졌던 인식이다. 당대의 사상가들은 때때로 우주가 살아있는 존재의 몸,[52] 신성을 드러내는 신의 εἰκῶν으로^{예 골 1:15},[53] 또는 신의 머리로 표현했다.[54] 이러한 형상화가 로마 황제의 역할을 묘사하기 위해 전용되었다는 것은 중요하며, 따라서 찬가에서의 사용은 제국의 선전에 사용된 것과 어떠한 유사점과 대조점을 나타낸다.[55]

저자가 바울인 것으로 확정된 서신들^{롬 12:5; 고전 6:15, 10:17, 12:12-27} 뿐 아니라 저자 문제에 있어서 논쟁이 있는 서신에서도 교회를 그리스도의 몸으로 표현하는 비유가 사용되었는데 이는 골로새서와 에베소서에서 뚜렷하게 발달^{골 1:18, 24; 2:19; 3:15; 엡 1:22-23; 2:16; 4:4, 12-16; 5:23, 30}되어 있다. 에베소서에는 몸이 자라고 성숙됨을 언급하지만^{엡 4:12-16}, 더 중요한 것은 에베소서^{5:23}와 골로새서^{1:18}에서 그리스도는 그의 몸인 교회의 머리로 묘사된다.[56] 각 절 사이의 균형과 유사성에 대한 고려는 많은 사람들이 "교회"가 우주를 그의 몸으로 말한 이전의 찬가에 덧붙여진 부분이라는 것을 받아들이게 했다.[57] 그러나 이 찬가에서도 머리에 초점을 맞추고 τὰ πάντα를 반복적으로 사용하는 것은 다른 바울의 저서에서 "몸"에 관한 언어의 사용보다도 신의 몸을 구성하는 우주라는 널리 통용되는 이미지를 더 강하게 불러일으켰을 것이다.[58]

　　다른 개념과 어휘들은 골로새서 찬가와 통합된 유기체로서의 우주에 대한 널리 퍼진 철학적 개념 사이의 연관성을 제시한다. 하나는 스토아 사상에서 사용하는 πνεῦμα의 작용에 의해 우주가 "존속하고 있었다"^{συνέστηκεν, v. 17}는 이미지이다.[59] 스토아 학파와의 또 다른 유사점은 그리스도와 관련된 전치사 집합 ἐν, διά와 εἰς^{골 1:16; 또한 19-20}의 사용이다. 스토아 사상에서 가장 흔히 인용되는 예는 마르쿠스 아우렐리우스의 자연에 대한 명상「명상록」: ἐκ σοῦ πάντα, ἐν σοὶ πάντα, εἰς σὲ πάντα이다.[60] 다시 말하지만, 이 철학적 용어가 황제에 의해 표현되어 통합체로서의 우주라는 개념에 정치적 가치를 부여한다는 것에 주목하는 것은 중요하다. "소위 스토아적 전능 공식"[61]에 사용되는 전치사가 바울 문서에서 발견된다는 것은 논쟁의 여지가 없으며^{롬 11:36과 고전 8:6}, 이것은 그리스 철학과의 인과관계에 대한 다른 형태를 반영하는 것으로 간주된다.[62]

끝으로, 디오 크리소스톰^{Dio Chrysostom}이 설명했듯이 우주적 화해와 화평의 개념20절은 우주가 긴장상태에 있으며 상반되는 원칙을 조화로운 전체 안에서 함께 유지한다는 철학적 개념과 평행을 이루는 것으로 볼 수 있다.[63] 무생물에서 인간에 이르기까지 모든 것에 있어서 비록 다른 형태이긴 하지만 πνεῦμα의 존재가 함께한다는 것과 함께,[64] 그리스 사상에서 창조된 요소들의 연속성을 골로새서 찬가의 철학적 배경으로 이해한다면 인간 중심적인 관심보다는 자연을 포함한 만물이 통합된 운명의 비전을 해석하는 데 도움이 될 것이며, 이 비전은 황제의 지도 아래 만물의 통합을 이루는 제국주의적 비전과 비교 혹은 의식적인 대조선상에 있다.[65]

구약성서와 헬라 유대교와의 유사점

이 구절은 분명히 그리스-로마 철학과 몇 가지 주목할 만한 유사점이 있지만, 종종 지적되었듯이 그것은 직접적인 영향을 받았다기보다는 헬레니즘이 유대 사상에 끼친 영향에 의한 것으로 여겨진다. 어떤 이들은 찬가를 유대 영향과 그리스-로마의 영향을 모두 반영한 증거로 보는 반면,[66] 다른 이들은 그리스 철학보다 헬레니즘 유대교의 영향이 훨씬 더 강했다고 본다. 예를 들어 프레데릭 브루스^{Frederick F. Bruce}는 "바울의 언어와 스토아 학파의 용어의 유사성은 쉽게 찾아볼 수 있지만, 바울의 사상은 스토아 학파에서 파생된 것이 아니라 창세기와 구약 지혜문헌에서 파생된 것이며, 여기서 지혜는 창조주의 보좌역이자 '주인의 일꾼'으로 의인화된다.[67] 빈센트 피주토 Vincent Pizzuto 는 골로새서 1장 16절의 전치사들이 마르쿠스 아우렐리우스의 스토아 학파적 공식과 동일하지 않다그리스도의 ἐξ αὐτοῦ가 없음고 언급하면서, 그것들은 아마도 "제2성전 시대의 유대교의 일신론적 필터를 거쳐" 이 본문에 들어왔을 것이고, 바울서신서의 영향을 받아 사용되었을 것이라고 결론지었다.[68]

이러한 주장을 뒷받침하는 사례들은 특히 우리의 본문과 유대 지혜문서와의 유사점, 그리고 유대 저자들이 지혜 Wisdom 와 말씀 Logos 에 대해 말하는 방식들에서 찾을 수 있다.[69] 때때로 하나님의 형상이라고도 불리는 지혜지혜 7:26, 골 1:15 는 창조와 연관되어 있으며잠 3:19, 8:27-30; 지혜 8:4-6; 9:2, 9, 만물의 구석구석에 퍼져있고시락 1:9; 지혜 7:22-24 만물을 하나로 묶고 있으며지혜 1:6-7; 골 1:17, συνέχω 사용[70] 질서를 가져온다지혜 8:1. 말씀은 또한 만물을 존속시키는 것으로시락 43:26 언급된다.[71]

골로새서 찬가의 사상을 헬라 유대적 배경에서 찾기를 지지하는 다른 접근은 바울과 동시대의 헬레니즘 유대 저자인 필로 Philo 와의 비교를 통해 발견된 유사점들을 그 근거로 든다.[72] 필로는 지혜를 시작과 하나님의 형상『우의적 해석』1.43; 『술취함』31으로 보고 말씀을 하나님의 맏아들로 본다『혀의 혼돈』146; 『농사』51. 또한 그가 우주가 하나님『누가 상속자인가?』23, συνέχω 사용[73] 혹은 신적 언어『누가 상속자인가?』23; 『비행과 발견』112; 『모세의 생애』2.133; 『출애굽기 문답』2.118; cf. also 『씨뿌리기』8-10에 의해 묶여진 별개의 요소들로 구성되어 있다고 보는 것도 주목할 만하다. 골로새서 1장 20절의 신적 평화 조성의 언어에서 또한 필로를 상기시키는데, 그는 하나님을 중재자εἰρηνοποιός[74]와 화평케 하는 자εἰρηνοφύλαξ; Spec. 2.31 [§192]로 말하며, 하나님의 말씀을 화평하게 하는 자와 인간 사이의 매개자로 묘사한다[Her. 205-6]. 결과적으로 λόγος와 σοφία가 비록 골로새서 본문에서 그리스도의 동의어로 등장하지 않고[그러나 골 3:16 참조], 사용된 용어도 종종 다르지만, 골로새서에서 그리스도를 나타내는 데 사용된 개념과 헬라 유대 문헌에서 신성에 대한 이 두 용례 사이의 유사성은 이 찬가가 전적으로 동시대 유대인의 지혜 사상을 반영하고 발전시켰다는 결론에 이르게 했다 [물론 이 전통이 그리스 철학의 영향을 받았다는 사실은 인정하지 않을 수 없다.] [75]

찬가의 다른 특징들은 유대인의 축제와 희생 제사 전통에 대한 배경을 가지고 있다는 것으로 제시되었다.[76] 그러나 이 두 제안 모두 그다지 큰 지지를 얻지는 못했다.[77] 70인역에서 희생 제사의 설명은 ἀλλάσσω나 그 관련어들을 사용하지 않고 대신 신약성서에는 사용되지 않는 ἐξιλάσκομαι[예: 레 4:20]를 사용한다. 실리어스 브라이텐바흐[Cilliers Breytenbach]는 화해의 언어가 종교적 배경에서보다 정치적 환경에서 더 자주 사용된다는 것을 보여주었다.[78] 개괄적으로 말하자면, 브레이텐바흐는 화해 언어[καταλλάσσειν κτλ.]가 속죄 언어[ἱλάσεσθαι κτλ]와 밀접한 관계가 없다고 강하게 주장한다.

그리고 골로새서 찬가의 핵심 주제 중 일부는 유대 문서와 유사한 방식으로 표현되어 있으며, 이러한 사실은 몇몇 연구가들로 하여금 그것의 출처와 세계관을 찾기 위해 다른 곳을 볼 필요가 없다는 결론을 내리게 했다.[79] 그러나 이러한 사상과 개념은 헬레니즘 유대교의 저술 대부분에서 발견된다. 게다가 유대 지혜문학과 골로새서 찬가의 세계관 사이에 어떠한 유사점도 찾을 수 없는 한 영역은 *telos*에 관한 것으로, 이에 대해서는 이후 더 자세히 살펴볼 것이다.[80] 그러나 전반적으로 골로새서 찬가가 그리스-로마의 철학적 사상과 유대교에서 도출된 개념을 도입한다는 매튜 고들리 ^{Matthew E. Gordley} 의 주장은 찬가의 배경과 세계관에 대한 그럴듯한 요약으로 보인다.[81]

찬가의 독특한 특징

찬가의 유대 문학과 그리스-로마 문학과의 두드러진 유사성에도 불구하고 독특한 초기 그리스도교, 특히 바울 문서의 성격을 반영하는 측면이 있다. 그것들이 후에 찬가의 초기 형태에 추가된 것이든 단순히 저자의 구성의 일부이든 간에 "교회"^{18절 후반절}와 "그의 십자가의 피로"^{20절 후반절}라는 문구는 이 구절을 십자가 사건과 부활^{18절에 언급}로 전환점^{아래 참조}이 되는 그리스도 사건의 내러티브와 관련이 있다는 것을 분명히 드러낸다.

또 이 구절의 두드러진 특징은 화해의 개념을 표현하기 위해 특정 단어 ἀποκαταλλάσσω를 사용했다는 것이다. 이 그리스어 단어는 오직 골로새서 1장 20절과 22절 그리고 에베소서 2장 16절에서만 나타난다. 그리스 문학이나 70인역에 이 용어가 사용되었다는 증거는 없으며, 이는 이 단어가 골로새서 저자에 의해 만들어졌을 수 있음을 암시한다^{대다수의 관점에 따라 골로새서가 에베소서 보다 먼저 기록되었다고 가정한다}.[82] 저자에 대한 논쟁의 여지가 없는 서신들에서 바울이 화해에 대해 말할 때, 그는 접두사가 없는 단어 καταλλάσσω를 사용^{롬 5:10, 11:15; 고전 7:11; 고후 5:18}한다.[83] 접두사의 추가는 의미를 강화하는 역할을 할 수 있다.[84] 이 경우 프레데릭 브루스$^{F. F. Bruce}$와 스탠리 포터$^{Stanley E. Porter}$ 모두 접두사 $\dot{\alpha}\pi o-$가 아마도 그리스도의 십자가 사건을 통해 온 우주가 창조주와 화해할 것이라는 주장의 중대성과 관련하여 "화해"의 의미를 강화하기 위해 사용되었다고 제안한다.[85]

결론

신약성서 연구에서 흔히 볼 수 있듯이, 전반적인 골로새서의 내용과 특히 골로새서 찬가에 무엇이 영향을 미쳤는지에 대해 경쟁적인 제안들이 제시된다. 어떤 "배경"이 주된 영향으로 간주되든, 아니면 혼합된 영향이 배경으로 간주되든, 저자가 그 뚜렷한 영향의 흐름을 깔끔하게 분리할 수 없는 문화 세계에 위치해 있었다는 것을 고려한다면, 찬가, 특히 "$\tau\grave{\alpha}\ \pi\acute{\alpha}\nu\tau\alpha$"가 우주 전체 ─ "자연" 또는 "피조물" ─ 을 가리키고, 따라서 이 물리적^{그리고} ^{영적}인 우주를 하나님의 창조적인 화해 사역의 범위 안에 포함한다고 결론지을 수 있다. 더욱이 찬가는 그리스도가 창조와 구원의 중심임을 분명히 한다. 우주를 육체에 비유한 이미지 ─ 여기서는 그리스도의 육체 ─ 는 저자가 몸의 은유를 교회에 초점을 맞춤으로 약화되었다는 것은 의심할 여지가 없다. 그러나 그리스도 안에, 그리스도를 통해 그리고 그리스도를 위해 모든 것이 존재하는 것은 ─ "그 안에 함께"[17절] ─ 모든 것이 그리스도에 포함되고, 통합되어 그의 죽음으로 이루어진 화해에 참여하게 된다는 것을 암시한다.

5.4 골로새서 1:15-20의 내러티브적 접근

이 구절을 생태신학적 성찰에 어떻게 효과적
으로 참여시킬 것인가를 고려할 때, 한 가지 결정해야 할 문제는 이
찬가를 초기 형태로 재구성해 문학적 맥락으로부터 분리시켜서 취급
할 것인지 아니면 골로새서에 내재된 현재의 형태를 그대로 사용할
것인지이다. 전자의 접근 방법은 우주를 예수의 몸으로 보는 강한 견
해 등을 비롯해 잠재적으로 흥미로운 통찰력을 제공하나, 우리는 그
리스도교의 신학적 맥락과 관련된 어떠한 전용轉用, appropriation도 찬가의
문학적, 정경적, 역사적인 맥락 안에서 이루어져야 한다고 생각한다.
찬가의 배경이 무엇이든 간에, 만약 우리가 그리스도교 전통의 연속
된 재구성2장 참조 안에서 본문의 신학적, 윤리적 전용을 시도한다면,
초기 형태로 복원된 찬가가 생태적 읽기에 대한 우리들의 요구사항을
더 잘 충족시킬 수 있을지라도, 우리는 서신의 맥락 안에 있는 현재의
본문을 다루어야 한다. 내러티브 용어를 통한 본문 분석에 있어서,
우리는 찬가 자체에 계속 초점을 맞추면서도 그것을 골로새서의 맥락
안에서 해석할 것이다그러나 찬가의 초점은 주변 자료와 다른 부분도 있다는 점을 언급해 둔다.

로마서 8장과는 달리, 골로새서 찬가는 명시적인 이야기의 내
용이나 암시적인 하부 구조가 거의 드러나지 않는다. 실제로 에두아
르트 슈바이쳐Eduard Schweizer는 "전혀 내러티브가 없다"[86]라고 주장한
다. 그러나 명시적인 내러티브 지표들이 없음에도 불구하고, 구절에
내포된 내러티브를 분석하는 것은 가능할 뿐 아니라 의미가 있다. 스

티븐 포울^Stephen Fowl 은 골로새서 찬가를 그리스도의 이야기를 요약한
본문으로, 서신의 나머지 부분은 수신자를 그리스도의 이야기로 이끄
는 부분으로 본다.[87] 이와 유사하게 루이스 도넬슨은 찬가가 "예수와
우주의 이야기를 전하"고 골로새서 1장 15–16절은 "예수의 렌즈를
통해 전해진 창조 이야기"라고 제안한다.[88] 찬가에서 실체화된 종말
론의 정도 — 부분적으로 시적인 찬가의 성격을 반영하는 것으로 보
인다 — 는 특히 찬가가 과거, 현재, 미래 중 어느 시점을 가리키는지
식별하기 어렵게 만든다^아래 참조. 실제로 이곳의 시간적 차이는 로마서
8장보다 훨씬 모호하다. 그러나 이것은 어떤 시간적 서술 구조도 구
별할 수 없다는 것을 의미하지 않으며, 단지 구별이 명확하지 않다는
것을 의미한다. 경우에 따라서는 내러티브 사건들을 일정한 순서로
배치하는 것이 가능하지만, 어떠한 "사건들"이 완료되었고 아직 진행
중인지는 완전히 명확하지 않다.

5.5　골로새서 1:15–20의 창조 이야기

로마서 8장에서와 같이 골로새서 1장 15–20
절에 암시되는 내러티브의 간략한 개요를 정리한다. 이 개요를 따라
우리가 찾아낸 다양한 점들을 확장하고 정당화할 것이다.

과거 현재 진행중인 현실과 함께

I. 하늘과 땅에서 보이는 것들과 보이지 않는 모든 것$τὰ πάντα$, 즉 모든 $κτίσις$는 하나님의 형상이며 "피조물 중 첫째로 태어난 자[$πρωτότοκος$]"되신 예수 그리스도를 통해, 예수 그리스도 안에서 만들어졌다[1:15-16].

II. "만물" 사이의 화해와 평화가 필요해지는 어떠한 일이 생겼다. 이 문제의 원인은 밝혀지지 않은 상태이다.

III. 최초의 창조와 이 창조에서 암시된 문제 이후에 일어난 그리스도의 십자가 상에서의 죽음은[20절] 화해와 평화를 위한 수단이며, 그의 부활은 그를 "죽은 자들 중에 첫째로 태어난 자[$πρωτότοκος$]"가 되게 한다.

현재 과거 사건의 연속 혹은 그 결과

IV. 그리스도는 그에 의해 함께 유지되고, 그 안에 존재하는 "만물"$πρό πάντων$에 우선권을 가진다[17절].

V. 그리스도는 그의 몸 되신 교회의 머리이다$ἐστιν$[18절, 2:9-10 참조].

VI. 그리스도 사건을 통해 하나님이 만물을 그리스도와 화해하고 화평케 했다[20절]. 이 화해는 "통치자들과 권세들"의 화해/무장해제와 관련되어 있다[2장 15절].

VII. 신자들은 화목하게[1:21-22] 되어 현재 그리스도와 함께 살고 있으며[1:13] 흑암의 권세에서 건져내사 빛의 나라로 옮겨져[1:13] 그리스도와 함께 장사되고 부활했다[2:12; 3:9-10 참조]. 서신의 다른 곳을 통해 이 갱신과 화해가 미래적 차원 역시 가지고 있음을 알 수 있다 1:5, 24, 27-28; 3:4, 10-11 참조.

미래

Ⅷ. 그리스도는 새로워진 피조물 암시됨 중에서 으뜸 πρωτεύων 이 되려 ἵνα γένηται 하신다 18절.

Ⅸ. 모든 피조물은 그리스도 안에서 그것의 목표와 목적 telos 을 찾으며 εἰς αὐτόν, 16절; 20절 참조, 이는 갱신과 화해의 과정에 미래 지향적인 측면이 남아 있음을 암시한다.

Ⅰ. 만물(τὰ πάντα)의 창조

로마서 8장 19-23절에서와 같이 창조 행위는 명백히 근본적 내러티브의 시작점이다. 다른 신약성서 본문들과 마찬가지로 골로새서도 창세기 1장의 창조기사와 비슷한 것을 반영하거나 적어도 가정하지만, 지혜서 Wisdom 에서 사용된 용어를 사용하거나 우주론과 관련된 그리스 철학 용어 5.3장 참조를 사용하여 그리스도를 "하늘과 땅"을 창조하신 하나님 안에 함께하시는 존재로 묘사한다 골 1:16. 이 선언은 신약성서의 다른 곳 요 1:1-3; 고전 8:6; 히 1:2과 함께 창조에 대한 그리스도의 역할에 대한 일관적인 묘사를 이루며, 하나님의 천지창조 기사에 그리스도가 융합되어 있음을 반영한다 창 1:1-2:25 참조. 89 우리가 보아왔듯이 τὰ πάντα는 만물을 가리키며, 찬가가 보편적이고 우주적인 범위에 관한 것임을 나타낸다. 그리스도 안에서, 혹은 그리스도를 통해서 한 — 선한 — 창조자의 행위로서 만물을 바라보는 이러한 견해는 인간을 제외한 요소를 포함한 모든 피조물의 실체가 본질적으로 선함을 암시하며, 이는 창세기 1장^{창 1:10, 12, 18, 21, 25, 31}의 첫 창조기사에서 반복적으로 강조되었다. 여기에는 이원론도 없고, 물질세계를 폄하하여 악의 산물로 보거나 덜 신성한 것으로 보지도 않는다.

16절의 ἐν αὐτῷ는 일반적으로 수단으로서 해석되며, 그리스도를 창조에 있어서 하나님의 — 인격적인 — 대리인으로 나타낸다^{A Greek Grammar of the New Testament and Other Early Christian Literature(BDF) 219 참조}.⁹⁰ 이 절에서 ἐν αὐτῷ ἐκτίσθη는 후반절의 δι' αὐτοῦ … ἔκτισται와 필연적으로 대응된다. 그러나 더글라스 무^{Moo}는 이 구절에서 ἐν의 가능한 의미는 문법적으로 처소격 "안"ⁱⁿ이라고 주장한다.⁹¹ 우리는 만일 그리스도의 몸으로서의 우주라는 개념이 이 찬가에 구석구석 스며들어 있다고 본다면 이러한 장소적 개념을 더할 수 있다고 생각한다. 특히 17-19절의 ἐν^{특별히τὰ πάντα ἐν αὐτῷ συνέστηκεν}과 3장 11절^{[τὰ] πάντα καὶ ἐν πᾶσιν Χριστός}의 용례가 16절의 ἐν의 해석을 지지한다고 볼 수 있다.

주석가들은 일반적으로 그리스도를 πρωτότοκος πάσης κτίσεως^{15절}와 πρὸ πάντων^{17절}으로 묘사하는 것은 그리스도가 피조물, 즉 첫 번째 피조물이라는 것을 암시한다기보다는 피조물에 대한 그리스도의 우월적 지위와 관련되어 있다는 것에 동의한다.⁹² 확실히 여기서 강조되고 있는 것은 "창조질서 속에서 그리스도의 우월한 위치"⁹³ — 18절의 의미와 일치하는 πρωτότοκος의 사용 — 와 16절은 "모든 것"^{ta panta}이 그를 통해, 그 안에서, 그를 위해 창조되었다고 함으로 그리스도는 피조물과는 전혀 다른 범주에 속해 있음을 나타낸다."⁹⁴ τὰ πάντα의 반복적 사용은 이 주장의 모든 것을 포괄하는 성격을 강조한다. 골로새서 1장 16절도 그리스도를 창조된[$\epsilon i \varsigma \ \alpha \dot{\upsilon} \tau \acute{o} \nu$] 모든 것의 목표이며, 비록 이 사건을 과거의 시점으로 보았지만 사실 그리스도 안에서 미래의 성취를 암시하고 가정하는 이야기의 시작으로 볼 수 있다[아래 참조].

Ⅱ. 문제

하나님이 그리스도 안에서 만물을 화해시키기 위해 ― 그 뒤에서 ― 행동한다는 사실은 화해와 화평의 필요성을 내포하고 있다. 그러나 썩어짐에 종노릇하고 허무함에 굴복하는 원인이 명시되어 있지 않은 로마서 8장과 같이 여기에서도 무엇이 "$\tau \grave{\alpha} \ \pi \acute{\alpha} \nu \tau \alpha$"와의 화해를 필요로 하게 만드는지에 대한 명시적 이유도, 이것이 필요하게 된 사건의 성격도 드러나지 않는다. 실제로 골로새서 1장은 로마서 8장과 비교했을 때, "문제"의 원인에 대해 훨씬 더 적은 단서를 제공한다.[95] 그러나 인간 중심적인 초점을 가정하는 해석자들은 이 문제에 대한 명백한 해답을 갖고 있다: 인류가 타락하여 죄악에 빠진 것이다.[96] 만약 로마서 8장에서처럼 더 넓은 관점을 대입한다면, 우리는 저자가 인간과 하나님 사이의 관계의 붕괴에서 비롯되었거나 그에 수반되는 자연 세계와 인간 세계의 적대와 타락[97]에 대해 더 광범위한 내러티브를 구상했을 수 있다는 것을 고려할 필요가 있다. 예를 들어 콜린 건튼[Colin Gunton]은 골로새서 1장 20절에서 피조물에 대한 암시가 궤도에서 벗어났다가 그리스도 사건을 통해 그 운명으로 되돌아온 불완전한 "프로젝트"로 본다.[98]

또한 여기서 $\dot{\alpha}\pi o\kappa \alpha \tau \alpha \lambda \lambda \dot{\alpha} \sigma \sigma \omega$의 접두어 $\dot{\alpha}\pi o-$의 사용도 관련이 있다. 포터 Porter 는 이 전치사의 두 가지 의미 중 하나는 "뒤로"이며, $\kappa \alpha \tau \alpha \lambda \lambda \dot{\alpha} \sigma \sigma \omega$와 함께 이것은 이 전에 붕괴된 관계의 회복을 의미할 수 있다고 언급한다.[99] 그럼에도 불구하고 포터는 이 구절에서는 이전에 존재하던 상태로 되돌리거나 재정립에 대한 다른 증거가 없으며, 또한 골로새서 1장 20절에서 발견되는 "화평케 하는 것이" 반드시 평화 회복을 필연적으로 수반하는 것은 아니라고 판단하여 이것이 $\dot{\alpha}\pi o$ "이전에 붕괴되었던 관계의 회복"을 의미하는 것이 아니라고 결론짓는다. 실례로, 바울이 남편과 아내 사이의 관계 회복의 의미를 전달하기 위해 $\kappa \alpha \tau \alpha \lambda \lambda \dot{\alpha} \sigma \sigma \omega$를 사용한 것 고전 7:11 을 볼 때, 접두어 $\dot{\alpha}\pi o-$는 이 사건 이전의 "화해"의 상태로 되돌린다는 의미를 가질 필요가 없는 것으로 보인다. 앞서 제안했듯이, 이것은 아마도 여기서 말하는 화해의 넓은 범위를 강조하기 위한 의미로 사용되었을 가능성이 더 높아 보일 것이다. 그러나 포터의 의견에 반박하는 것은 아니지만, $\dot{\alpha}\pi o-$의 유무와 관계없이 저자는 화해를 지금은 깨어진 상태가 된 어떤 이전의 조화 상태를 의미하는 것으로 보는 견해를 가졌을 가능성이 더 커 보인다. 화해에 대한 바로 이러한 이해는 이전의 상태로 돌아가는 것을 암시하는 것으로 터툴리안[100]을 비롯해 많은 현대 주석가들에 의해 이해되고 있다. 예를 들어 마샬은 이 동사가 "이전에 존재했던 관계의 회복에 대한 생각을 더 강조한다"고 제안한다.[101]

화평케 하는 것은 소원한 관계를 올바른 것으로 바꾸는 움직임이며, 만물이 예수 안에서, 그를 통해, 그를 위해 창조되었다는 사실을 고려할 때, 틀어진 관계를 바로잡아 원래 그래야 했던 모습으로 되돌린다는 의미에서 화해를 읽는 것은 주석적으로 받아들여질 만해 보인다. 비록 로마서 8장 19-23절보다 올바른 관계의 붕괴에 대한 정확한 본질, 특히 인간을 제외한 창조물에 관한 것에 대해 더 확신할 수 없지만[덜 확신적이지만] 이것은 결국 어느 시점에서 잘못된 방향으로 틀어졌음을 의미한다. 게다가 그리스도 찬가는 "문제 이전" 상태로 추정되는 상황에 대해 거의 아무런 암시도 주지 않으며 앞으로의 일에 초점이 맞추어져 있다는 점과, 또한 그리스도 안에서 성취된 화해가 일종의 보상 그 이상[앞으로의 논의에서 보다시피 만물의 목표 혹은 궁극적 성취]이라는 점을 강조하는 것이 중요하다.[102] 우리가 다음 장에서 보게 될 것이지만 이것은 과학적 정보에 입각하여 이 내러티브를 현대적으로 적용할 때 발생하는 어렵고 중요한 점과 연관이 있다[6.4장].

Ⅲ. 그리스도 사건을 통한 화해

"그의 십자가의 피로"[20절]라는 문구가 이전 버전의 찬가에 나타나든 아니든 간에, 이 문구는 저자가 제시하는 구절에서 매우 중요한 역할을 한다. 하나님의 화해와 화평의 역사는[103] 그리스도의 십자가에 못 박힘을 통해 이루어졌지만, 저자는 이 수단을 통해 그것이 어떻게 성취되었는지에 대해 구체적인 "이론"을 제시하지 않는다[아래 Ⅵ 참조].

찬가의 첫 줄이 그리스도를 모든 피조물의 장자πρωτότοκος로 묘사하고 있는 것처럼[15절; 위 참조], 그의 부활[구체적으로 언급되지 않았다면 명백히 내재적으로]은 그를 죽은 자들 가운데서 먼저 나신 이[πρωτότοκος, 18절]로 표시한다. 앞서 언급했듯이 대부분의 주석가들은 15절의 *πρωτότοκος*를 그리스도가 피조물의 일부라는 정체성으로 보기보다는 우월성에 관한 것으로 받아들인다. 여기서도 새로워진 피조물 속에서 그리스도의 탁월하고 독특한 위치에 대한 강조를 보는 것은 이치에 맞지만 ― 그는 ἀρχή일 뿐 아니라 πρωτότοκος ἐκ τῶν νεκρῶν이다 ― 부활 또한 그리스도를 새로운 삶에 가장 먼저 참여한 것으로 나타내어 다른 자들을 이끄는 것으로 보인다롬 8:29-30. 부활은 새로운 시작이 이루어졌다는 사실을 보여주며, 그리스도는 새로운 인류의 창시자이자 선구자이다.[104] 그러나 그보다도 그리스도의 부활은 피조물의 다시 새로워짐/갱생renewal의 시작을 알린다. 실제로 더글라스 무Moo는 찬가의 첫 연이 피조물에 관한 것이고 두 번째 연은 "새로운 피조물"에 관한 것이라고 제안한다.[105] 골로새서 전체, 특히 그리스도 찬가의 주된 관심사는 인간 중심적이고 교회 중심적일 수 있지만 이보다 훨씬 넓은 관점이 존재한다. 물론 이 "새로운 피조물"이라는 언어는 여기에 명시적으로 드러나지는 않지만고후 5:17; 갈 6:15; 아래 7.5장 참조, 찬가의 "이야기"가 만물의 창조에서부터 그리스도 안에서 만물의 화해로 이동하므로 우주적 갱생의 어떠한 개념이 담겨 있음은 분명히 적절해 보인다. 그럼에도 불구하고, 우리는 아마도 "새로운 피조물"을 구체적으로 사용하는 것에 대해 무를 비롯한 다른 학자들보다 더 신중해야 할 것이다. "τὰ πάντα"가 그리스도 안에서 창조되고, 화해되고 그 목적을 찾았다는 골로새서 찬가의 창조와 갱신의 이야기는 동일한 "피조물"을 계속적으로 의미하는 것을 암시한다로마서 8장이 옛 피조물과 새로운 피조물 중 하나가 아닌 ἡ κτίσις에 대해 말하듯이. 여기에는 이전 것을 대체할 수 있는 "새로운" 피조물에 대한 단서가 없다. 대신 이것은 창조와 문제, 그리고 해결의 "사건들"을 담은

"그 모든^{τὰ πάντα} 피조물"에 관한 이야기이다.

Ⅳ-Ⅴ. 교회의 머리, 그리스도 안에 모든 것의 존재함

창조와 구원을 각각 다루는 찬가의 두 부분을 이어주는 다리 또는 이음매로 종종 이해되는 17-18절과 함께, 우리는 그리스도 사건의 함축적인 의미의 주제로 나아간다.[106] 주석가들은 πρὸ πάντων 17절도 15절의 πρωτότοκο와 함께 그리스도가 피조물임을 암시하기보다는 피조물에 대한 우월적 지위를 기술하고 있다는 데 동의한다.[107] τὰ πάντα ἐν αὐτῷ συνέστηκεν 구절에서 온 우주가 실제로 그리스도 안에 존재한다는 관념의 가장 강력한 표현을 발견하는데,[108] 이는 발라반스키가 스토아 학파의 "침투 우주론"permeation cosmology이라 부르는 것과 중요한 면에서 평행한 우주론이다5.3장 참조. 실제로 유대인의 지혜와 스토아적 πνεῦμα개념의 반향은 창조된 전체 질서의 온전성을 강조하는 역할을 하는 것으로 보이며, 이는 전체적으로 그리스도 안에서 그 존재를 발견한다. 만일 이전 버전의 찬가가 18절에서 τῆς ἐκκλησίας를 제외했다면, 여기에서도 온 우주를 그리스도의 몸으로 보는 일종의 기독론적 우주론에 대한 추가 설명이 있었을 것이다. 그러나 우리가 가지고 있는 본문이 보다 교회론적으로 초점을 맞추었음에도 불구하고, 17절은 그리스도 안에 있는 만물의 현존을 분명히 확인한다.

VI -VII. 그리스도 안에서 만물, 특히 신자들의 화해

우리가 보아온 것과 같이 화해와 화평의 선포는 만물이 그리스도 안에서 창조되고 존재한다는 선언과 함께 이 구절의 생태학적 해석에 매우 중요하다. 이 이야기의 요소를 해석할 때, 우리는 두 가지 중요한 문제에 직면한다. 하나는 화해의 범위에 관한 것이고, 다른 하나는 시간적 위치^{과거, 현재, 미래}에 관한 것이다. 앞서 이 구절에 대한 이전 논평에서 보았듯이, 많은 주석가들은 화해가 인간^{또는 적어도 개인}에 초점을 맞춘 것으로 이해되어야 한다고 주장해왔다. 물론 골로새서 저자의 화해의 주 초점은 교회 구성원들^{1:21-22} 사이의 화해와 그리스도의 주권에 속하게 된 적대적인 권력과 권위와의 화평이다^{2:10, 15}.[109] 그러나 τὰ πάντα의 범위는 의심할 여지없이 우주적이고 보편적이다^{위의 I과 IV 참조}. 실제로 20절의 τὰ πάντα에 대한 윤리^{τὰ πάντα의 화해, 명시적으로 τὰ ἐπὶ τῆς γῆς와 τὰ ἐν τοῖς οὐρανοῖς를 포함하는 십자가 사건[1:23 참조]을 통해 얻어진 화평}는 어떤 배타적인 인간 중심적 해석에 의도적으로 대항하는 것처럼 보인다. 위의 II에서 언급한 바와 같이 저자는 화해가 필요하게 된 문제와 적대감의 본질에 대해 정확히 언급하지 않는다. 또한 자연 세계에서 "화해"가 무엇을 의미할 수 있는지에 대한 어떠한 암시도 제공하지 않는다.[110]

주석가들은 종종 골로새서의 종말론이 바울의 종말론보다 얼마나 더 실현되었는지를 언급하며, 찬가로 표현된 것이 서신의 나머지 부분보다 더 실현되었다고 언급한다. 이 후자의 차이는 찬가의 특정 성격에 의해 잘 설명될 수 있다. 이미 언급되었듯이, 예배와 신앙

고백의 언어는 다른 곳에서 오직 부분적으로만 실현된 미래의 희망의 영역에 남아 있다고 인식되는 것을 확실한 현재적 현실로 표현하기 쉽다.[111]

　　일부 주석가들은 20절의 만물의 화해가 이미 이루어진 것으로 해석한다.[112] 확실히 서신의 수신자들은 이미 화해를 이루었고[1:21-22] 그들의 영광은 미래에 그리스도가 나타나실 때에 실현될 것이지만[3:4] 이미 그리스도와 함께 들려진 것[2:12]으로 묘사된다. 이와는 대조적으로 바울은 그리스도인들이 미래에 있을 부활을 기다리며 그리스도와 함께 죽었다고 말하고[롬 6:4-5; 행 15:22] 다가올 해방을 기대하면서 모든 창조물과 함께 신음하고 희망한다고 말한다[롬 8:18-25]. 그럼에도 불구하고 골로새서와 바울의 친서에 대한 차이는 과장될 수 있으며, 골로새서의 종말론이 실현되는 정도도 지나치게 중요시된 것으로 인식될 수 있다.[113] 바울의 친서에서는 변환 과정이 "이미" 일어났다는 측면을 강조하는 진술이 있고[예: 고후 5:17-18], 골로새서에서는 "아직"에 대한 분명한 암시가 있다. 현재는 고난과 희망, 고통의 목표를 향해 전진하는 시간[1:23-29]으로 남아 있는데, 이는 신자들이 미래의 영광을 기대하며 하나님의 부름심에 따라 삶의 방향을 정해야 하는 도전에 직면하는 시기이다[3:1-17; 3:24, 4:12 참조]. 저자는 수신자들이 그리스도와 함께 살리심을 받았다고 쓰지만[3:1], 그럼에도 불구하고 땅에 있는 지체를 죽이라고 지시한다[3:5]. 그들은 이미 새 옷을 입었다고 하지만 그럼에도 불구하고 사랑과 같은 하나님의 백성에게 어울리는 덕목으로 옷을 입으라고 재촉당한다[3:12, 14]. 다시 말해 찬가의 실현된 종말론적 선언과 마찬가지로 골로새서의 다른 곳에서도 실현된 진술에도 불구하고, 저자는 확실한 바울 저작에서 이 역학에 관해 광범위하게 일치하는 방식으로 이 과정에 미래적 차원 — "아직"뿐 아니라 "이미"도 — 이 있다고 가정하는 것이 분명하다. 우리가 "만물"의 화해에 내포되어 있다고 생각하는 것이 무엇이든, 이 과정이 과거, 현재, 그리고 미래의 차원을 가지고 있다는 것은 명백하다. 그리스도의 십자가 죽음을 통해 화해가 이루어졌으며, 따라서 이것은 신자들의 현재적 경험이지만, 신자들의 영광의 여정처럼 완전하고 최종적인 결실을 맺을 것으로 기대되어야 한다.

실제로 이미 하나님과 화해를 이루었지만 아직 미래의 영광을 바라며 기다리고 있는 이 서신의 수신자들은 자신의 "이야기"가 "만물"의 창조로부터 시작되어 그리스도가 모든 것이 되심으로 끝날 그리스도의 내러티브에 연관된 방식 때문에 희망을 가진다[3:11]. 바울은 이것을 "그들은 그리스도의 삶과 죽음, 부활의 이야기들 속에 세워진 공동체이다"[114]라고 말했지만, 골로새서 찬가에서는 그들의 이야기가 우주의 창조에서부터 그리스도 안에서 그 완성에 이르는 더 크고 긴 내러티브 속에 내재되어 있다. 다른 말로 말하자면, 그들의 이야기는 모든 것$^{τὰ\ πάντα}$에 대한 이야기의 일부이며, 비록 다르게 표현되었지만 로마서 8장에서와 같이 그들의 고통과 희망은 전체 피조물의 더 넓은 이야기 안에 위치해 있다.

VIII-IX. 그리스도 안에서 만물의 완성

우리는 골로새서에 있는 화해의 비전이 현재 차원뿐 아니라 미래적 차원을 암시하는 범위에 대해 바로 위에서 언급했다. 골로새서의 어느 정도 실현된 종말론, 특히 찬가의 종말론은 지나치게 강조되어서는 안 될 것이다. 서신의 미래지향적인 기대와 완성에의 고대는 동등하게 보여진다. 일반적으로 실현된 표현의 형태에도 불구하고 찬가에는 그러한 미래적 지향을 가리키는 것으로 보이는 두 가지 구체적인 부분이 있다.

 이 부분 중 하나는 18절의 그리스도는 ἀρχή이며 죽음에서부터 첫 번째로 태어난 맏아들 ἵνα γένηται ἐν πᾶσιν αὐτὸς πρωτεύων이다. 더글라스 무Moo가 언급했듯이 비록 대부분의 주석가들이 그리스도의 탁월함이 "확정된 사실"이라고 가정하지만, 18절의 우회적인 구도는 "모든 창조물을 궁극적으로 그리스도 안에서 그의 지배하에 두려는 하나님의 의도… 그리스도는 궁극적으로 만물을 그의 통치 아래 두려는 목적[ἵνα γένηται]으로 교회를 다스린다"는 의미일 수 있다고 지적한다.[115] 무의 논평은 골로새서가 그리스도를 이미 모든 통치자들과 권세로 제시하는 것과 같이 그의 범위에 대해서 너무 경시한 것일 수 있지만[2:10, 15], 찬가에서 적어도 '이미 그러나 아직'의 긴장감이 있다는 것은, 이것이 단순히 '이미'가 아니라는 것을 알 수 있다. 실제로 ἵνα γένηται는 그리스도 안에서 이미 성취된 것에 대한 숭고한 선언이 예배와 찬가의 언어에 적합함에도 불구하고, 저자는 화해와 화평의 과정이 진행 중이지만, 완성과는 거리가 멀다는 것을 알고 있음을 암시할 수 있다.

 이와 유사한 미래 성취에 대한 언급은 만물을 εἰς αὐτὸν ἔκτισται로 묘사한 16절의 εἰς의 사용에서도 볼 수 있다. 그리스도를 우주적 화해의 중심으로 가리키는 구절 — 이때 언급되는 대상은 하나님이 아니라 그리스도라 가정한다[20절][116] — 에서도 같은 전치사가 사용되었다. 고린도전서 8장 6절에서도 비슷한 표현이 발견되나 $τὰ$ $πάντα$가 예수 그리스도[δι' οὗ]를 통해 아버지 하나님[ἐξ οὗ]으로부터 오지만 그 목적론[teleology]은 오직 "우리[ἡμεῖς]"를 포함하고 있으며 성부 하나님을 목표[εἰς αὐτὸν]로 삼고 그리스도를 수단[δι' αὐτοῦ]으로 삼는다. 그러므로 찬가의 공식화는 바울의 친서보다 더 넓은 범주에 속한다[엡 1:10 참조].[117] 골로새서에서 "만물"과 관련된 위상이나 목적은 그리스도와 관련이 있으며, 창조와 구원의 활동 사이에도 분명한 유사점이 있다. 만약 "만물"의 화해가 찬가의 마지막에 예고된다면, 21절의 수신자들의 화해를 종말론적 사건의 첫 결실로 볼 수 있다. 교회는 "지상에 모습을 갖추기 시작한 새로운 피조물의 증거이자 보증"이다.[118] 앞서 언급했듯이[위의 III 참조], 골로새서 찬가를 피조물의 갱신에 대해 이야기하는 것으로 볼 만한 충분한 이유가 있지만, 찬가의 해석에 새 피조물[new creation]의 언어를 도입하기 전에 몇 가지 주의가 필요하다. 크리스찬 스테틀러[Christian Stettler]의 논평은 그리스도 안에서 자신의 궁극적 성취를 달성하는 전체 피조물, $τὰ$ $πάντα$에 대한 이야기라는 것을 더 적절하게 강조한다. "모든 피조물이 메시아를 위하여 있게 된 것은[16절] 예수와 만물의 화해를 통해 첫 성취를 이룬다[20절].[119]

5.6   **내러티브 분석과 요약**

그렇다면 우리는 골로새서, 특별히 그리스도의 찬가에 묘사된 창조 이야기에 대해 어떻게 결론지을 수 있는가? 간단히 요약하자면 다음과 같다.

모든 피조물은 창조 사역에서 하나님의 협력자이자 어떤 의미에서는 피조물이 그 "안"에 존재함으로 창조의 "현장"이 되는 그리스도 안에서, 그를 통하여 지음 받았다. 어떠한 적대감이 이 창조질서 내의 관계를 교란시켜 화해와 화평이 필요하게 된 것으로 보인다. 이들은 그리스도 사건에 의해 성취된다. 그리스도의 죽음은 화해를 가져왔으며, 그의 부활은 피조물의 갱신의 시작을 나타낸다. 이러한 성취는 어떤 의미에서 이미 성취된 것으로 묘사되고 이해된다. 그러나 또한 그 과정이 진행 중이며, 신자들과 — 암묵적으로 — 더 넓은 범위의 피조물 모두를 위해 미래의 완성을 기다리고 있다는 것은 분명하다. 현재는 고된 일, 고통, 희망의 시간으로 남아있다. 그리스도는 만물의 창조자이며, 만물은 그 안에서 *telos[목적]*를 성취한다.

내러티브와 구성의 측면에서 볼 때, 골로새서 1장 15-20절의 중심은 네 번 사용된 τὰ πάντα — 또한 17-18절에서는 πρὸ πάντων과 ἐν πᾶσιν으로 사용됨 — 이다. τὰ πάντα의 창조로 시작되어 τὰ πάντα의 화해로 끝나는 이것은 만물에 대한 이야기이다. 찬가의 서신적 맥락이 보여주듯이, 저자의 주된 초점은 골로새 교회 구성원들에게 이 만물의 이야기가 미치는 영향에 있다. 그들은 어둠의 권세로부터 구원 받았고[1:13] 그리스도와 연합됨으로 적대적인 상태에서 화해하게 되었다[1:21-22]. 그리고 그들은 그리스도의 평안을 그들의 일상과 상호 작용에서 구현해 내는 그들의 여정을 계속하도록 촉구받는다[3:1-17]. 그러나 만일 이것이 모든 것의 이야기이고, 특히 골로새 교회의 신자들의 이야기라면, 더 근본적으로 이 이야기는 그리스도에 관한 이야기이다: 만물이 그리스도 안에서, 그리고 그리스도를 위하여 존재하며 그의 육신 안에서 신자들은 화해를 이룬다[1:22]. 그리스도 찬가의 업적은 모든 것에 대한 이야기를 그리스도의 이야기로 전하는 것이며, 이를 다르게 표현하면, 모든 것을 그리스도 안에 통합시키는 것이다[3:11 참조].[120] 그러나 로마서 8장에서와 같이 찬가의 요약된 이야기의 중심 인물은 적어도 명시적인 측면에서는 보이지 않는다. 하나님은 그리스도를 εἰκὼν τοῦ θεοῦ[15절]로 묘사할 때 명시적으로 한 번만 언급되며, 암시적으로는 그리스도의 충만함에 거함으로 언급된다[19절, 2:9]. 그러나 하나님은 만물을 창조하는 창조주이며, 그리스도 안에서 만물을 화해시키는 일을 담당하는 것으로 추정된다. 그럼에도 불구하고 특히 고린도후서 5장 19절[θεὸς ἦν ἐν καταλλάσσων ...]과 고린도전서 8장 6절과 15장 28절[아래 7장 참조]에서 볼 때, 골로새서의 언어는 바울의 다른 서신보다 훨씬 덜 신 중심적이라는 점이 눈에 띈다. 여기 골로새서에서 하나님의 존재는 그리스도의 존재와 완전히 동일시되어 하나님을 인격과 행위자로서 명시적으로 식별하지 않는다.

사실 찬가의 실현된 언어에서 거의 드러나지 않는 이야기의 줄거리는 그리스도와 만물의 관계를 설명하는 전치사: ἐν, δία, εἰς에서 가장 명백히 드러난다. 이들 전치사, 특히 δία와 εἰς는 비록 고도로 압

축된 형태이긴 하지만 내러티브의 방향과 목적을 나타낸다. 그리스도를 통해 만물이 생겨났다. 그러나 만물의 목적과 목표는 처음부터 그리스도였다. 화해와 화평을 이루는 과정의 결과는 [τὰ] πάντα καὶ ἐν πᾶσιν Χριστός[3:11]이다.

　　찬가의 세계관 뒤에는 우주가 "진화하는" 어느 순간에 대화재를 통해 원시의 상태로 되돌아가는 순환적 내러티브에 기초한 스토아적 우주론이 있을 수 있다는 것을 보았다.[121] 내러티브 장르에 대한 프라이의 분석에 따르면, 이러한 스토아적 견지는 완성의 경지도 없으며, 신과의 통합도, 악한 역경을 헤쳐내고 얻는 승리도 없기에 인간적 관점에서 역설적이거나 비극적 내러티브로 보인다. 기껏해야 피할 수 없는 것을 받아들이는 데서 비롯된 정화 정도가 최선이다.[122] 발라반스키는 다음과 같이 지적한다.

> 만물이 존재하게 하는 자에게서 구원이 온다는 종교적 확언은 스토아주의의 우주적 틀을 받아들인 사람들에게 호소력이 있었을 것이나, 스토아주의의 윤리적 이상주의는 달성하기 너무 어려웠거나 또는 외부 상황을 기꺼이 받아들임으로 자유를 얻는다는 스토아적 가르침에서 어떤 구원도 느끼지 못했다.[123]

　　이 구절을 통해 "왕과 황제는 물론 노예와 노동자 등 모든 계급을 끌어들여" 호소함으로 "스토아 학파는 서구 세계에서 가장 널리 받아들여진 세계관일 가능성이 높다"는 그녀의 확신을 잘 알 수 있다.[124] 그녀는 "스토아적 우주론의 틀이 기독론에 반영되었다"는 것을 그럴

듯하게 보여준다.[125] 그러나 그녀는 아마도 서신이 궁극적으로 스토아적 우주론의 내러티브 장르를 전복시킴과 동시에 제국적인 서사에 대항한다는 측면을 과소평가한 듯하다.

　골로새서가 회람된 지역의 지배적인 ― 만연한 ― 우주론이 스토아적인지 아니면 스토아 및 중세 플라톤식 모티브의 영향을 받은 헬레니즘 유대교의 우주론인지, 그리고 마지막 구인 "그의 십자가의 피로 화평을 이루다[1:20]"가 원래 찬가의 일부였는지 아닌지에 상관없이 찬가의 최종본의 수사학이 변화의 수사학임에는 의심의 여지가 없다. 그것은 "스토아적 가르침에서 어떠한 구원도 느낄 수 없었던 사람들"에게 매우 강력한 주장으로 받아들여졌다. 그리스도의 구원이 이루어지기 전에 인간이 무질서의 권력에 지배당하든, 죄로 인한 단절에서 더 직접적인 영향을 받든, 어떠한 상태였든지 간에, 그 상태는 변화되었다. 화해는 이미 이루어졌고, 화평이 도래했다. 바울 저작이 의심되지 않는 서신보다 훨씬 더 두드러지게 그리스도와의 연합이 부활 상태, 즉 하나님 안에 그리스도와 함께 숨겨진 삶[3:3; 1:13, 2:9-13, 특히 12절 참조]으로 이루어졌다. 이 화해와 부활된 상태는 이미 성취된 것으로 주장되나 그리스도와[의] 만물의 궁극적 화해가 그러하듯 분명히 미래의 희망으로 남아 있다. 그리고 찬가의 더 넓은 문학적 맥락은 이러한 화해가 전제된 공동체인 ἐκκλησία의 구성원들이 이 목표를 향해 희망적인 싸움을 계속하고 있음을 분명히 한다[1:5-11, 23-29, 3:1-10].

　언뜻 보기에 이러한 우주론은 신성과의 "희극"적 연합이라는 장르로 보여질 것이며, 신자들은 세례를 통해 그리스도와 함께 하나님 안에 숨겨진 삶, 하나님의 충만함 속에 있는 삶[체코의 성서신학자 페트르 포코르]

니[Petr Pokorný]는 이것을 성령이 내재하는 삶으로 본다을 얻게 될 것이다.[126] 이 내러티브에서 화평은 이루어졌지만 로마식의 평화는 아니다. 실비아 키이즈마트 Sylvia Keesmaat가 분명히 밝혔듯이 그리스도의 평화는 제국의 평화와는 다르다. 십자가형을 억압의 무기로 사용하는 것이 아니라 이를 통해 고통받음으로 속죄의 수단이 된다.[127] 따라서 우리가 4.5장의 로마서 본문에 대한 분석에서 보았듯이, 우리는 스토아주의의 우주론뿐 아니라 제국의 패권에 대한 거부를 담은 저항 내러티브를 다시 한번 보고 있는지도 모른다.

지금까지의 결론적 성찰을 통해 지적했듯이, 골로새서 1장 15-20절과 로마서 8장 19-23절 사이에는 유사점과 차이점이 존재한다. 다음 장에서는 이들의 두 "창조 이야기"를 더 자세히 비교하고, 그들의 내러티브 범주의 문제를 더 알아볼 것이다. 이를 통해 이 두 본문이 바울의 생태신학을 구성하기 위한 일종의 해석학적 렌즈 형성에 기여할 수 있는 사항을 비판적으로 고려할 수 있게 될 것이다.

6장

바울서신의 해석학적 렌즈 형성

6.1   서 론

지금까지 생태신학적 논의에서 가장 자주 인용되는 두 바울 본문을 자세히 살펴보았다. 다음 단계는 이 두 본문과 이들의 창조 이야기를 비교하는 것이다. 이 작업은 이번 장의 첫 번째 부분을 차지할 것이다. 그러나 이번 장의 두 번째 부분에서 시도하는 작업도 중요하다. 이것은 이 본문들이 생태친화적인 신학에 대해 직접적으로 시사할 수도, 그렇지 않을 수도 있는 점들을 반영하거나 환경 윤리에 대한 특정 접근법을 의무화하는 작업이다. 이들 본문은 종종 그 내용의 올바른 이해를 통해 지구를 보호하고 보존하기 위한 그리스도교적 신앙실천의 중요성을 나타내기에 충분하다고 생각되어 빈번히 인용됨에도 불구하고, 우리는 해당 본문의 그러한 기여가 인식되는 것보다 더 양가적이고 복잡하다고 생각한다. 이것은 이들 본문이 생태신학적 윤리에 긍정적으로 기여할 수 없다는 것을 뜻하지는 않지만, 이를 위해서는 2장에서 방법론적 용어로 설명된 것과 같은 비판적이고 구조적인 접근이 필요하다는 것을 의미한다.

따라서 이번 장의 세 번째 부분에서 우리는 이들 본문의 생태 신학적이고 생태윤리적인 중요성이 무엇인지를 고려하여 해당 본문들과 여기에 반영된 창조의 내러티브에 대해 구조적으로 접근할 것이다. 생태적 관심과 진화론적 과학의 통찰에 기반한 맥락에서 그것들이 바울의 신학과 윤리에 대한 생태학적 해석을 형성하는 데 도움이 될 수 있는 해석학적 렌즈 형성에 어떻게 기여할 수 있는지 탐구하려 한다.

6.2   창조에 대한 두 이야기:
로마서 8:19-23와 골로새서 1:15-20

로마서 8장 19-23절과 골로새서 1장 15-20절의 창조 이야기의 비교를 통해 바울신학에 대한 더 넓은 생태학적 해석을 제공하기 위해서는 두 극단 사이에서 나아갈 방향을 조정해야 한다. 성서학자들이 주로 사용하는 하나는 다양한 본문 간의 차이점을 강조하고 — 신학적으로 주도되는 — 조화를 경계하는 접근 방법이다. 성서에 대한 신학적 또는 변증적 접근으로 특징지어지는 다른 하나는 충분한 주의 없이 자료를 체계화하고, 너무 성급하게 혹은 무비판적으로 다양한 본문에서 하나의 교리 또는 메시지를 끌어내는 것이다.

넓은 차원에서 이 두 본문에 반영된 혹은 반영되었다고 가정되는 내러티브는 비슷한 형태의 창조, 문제 그리고 해결의 이야기를 들려준다. 이러한 기본 형태는 또한 다른 바울 문서에서 그리스도 이야기의 근본적인 요소로 제시된 것과도 일치한다. 그리스도가 타락한 시대의 영역에 들어가 그 타락의 원인에 의해 고통받고 승리하여 주로서 왕좌에 앉는 하강과 상승의 이야기가 그것이다고후 8:9; 빌 2:5-11. 예를 들어 스티븐 포울Stephen Fowl은 빌립보서 2장 5-11절에서 "여기에서 8절과 9절 사이의 전환 사이에서 발생하는 방향 변화를 포함한 하향/상향 패턴을 볼 수 있다"라고 지적한다.[1] 그리스도 이야기와 창조 이야기가 서로 긴밀성을 지니는 것은 우연이 아니라 서로 영향을 미치기 때문이다롬 5:12-21. 그리고 골로새서 찬가는 이 둘을 명확하게 결합하는데, 어떠한 문제가 있는 상태의 피조물을 명시적으로 화해와 화평의 결정적 순간을 만들어 낸 예수의 십자가 죽음을 통해 화해의 상태로 이동시킨다.[2]

조금 더 구체적인 단계로 넘어가면, 로마서 8장과 골로새서 1장이 이 기본적인 창조의 내러티브를 어떻게 다르게 말하거나 말하지 않는지를 비교하는 것은 흥미롭다. 이는 표를 통해 가장 명확하게 설명될 수 있다:

기본 내러티브	롬 8:19–23	골 1:15–20
창조	명시적으로 언급되지 않고 κτίσις 에 함축됨	명시적으로 예수를 통해 그리고 그 안에서 (하나님에 의해) 된 것으로 묘사된다.
문제	썩어짐에 종노릇이라는 표현으로 명시화됨 — 하나님에 의한 피조물 의 허무에의 종속은 문제의 한 측 면이며 어떤 면에서는 해결의 전조 이기도 하다.	(명시적으로 언급되지 않고 화해와 화평의 필요를 통해 암시된다.)
해결	자유와 영광 속에서 공유하는 해방 의 희망으로 명시적으로 묘사된다.	명시적으로 화해와 화평으로 묘사된 다.

각 본문은 내러티브의 한 단계에 대한 명시적인 설명을 생략하 는데, 로마서 8장에서는 본래의 창조 행위가, 골로새서 1장에서는 창 조질서의 모든 문제점이 오직 암시적으로만 드러난다. 그러나 앞서 살펴보았듯 창조 이야기의 이러한 측면들은 충분히 함축되어 있다.

물론 창조 이야기를 묘사하는 데 사용되는 언어에는 상당한 차 이가 있다. 로마서 8장은 창조 이야기를 로마의 그리스도인들의 구체 적인 상황과 연관 짓는 피조물의 신음과 고통의 현재 상태에 더 중점 을 두고 있으며, 피조물의 문제적 상태의 결과에 대해 나타내고 해방 과 영광에 대한 희망을 묘사한다. 로마서는 권력자와 권위자와의 화 평과 적개심의 종식에 초점을 맞춘 반면 골로새서는 대신 화해와 화 평을 말한다.

또한 눈에 띄게 독특한 것은 골로새서 찬가는 기독론에 초점을 맞추고 있다는 것이다. 우리가 본 바와 같이 여기에서의 창조 이야기 는 그리스도 안에서, 그리스도를 통해, 그리고 그리스도를 위해 모든 것이 존재하게 되었고 그의 십자가와 부활을 통해 모든 것이 화해를 이루고 새로운 삶이 시작되었다는 그리스도의 창조 이야기이다. 이러한 차이는 골로새서 1장과 로마서 8장에서 분명하게 나타나며, 보다 일반적인 차이는 바울 저작으로 인정된 바울서신은 하나님 중심으로 이야기를 전개해 나가는 반면 골로새서와 에베소서는 고등 기독론에 초점을 맞추어 이야기를 전개해 나가는 차이에서도 볼 수 있다. 더 나아가 이러한 차이는 고린도전서 15장 28절과 골로새서 3장 11절 사이의 대조에서 가장 뚜렷하게 보여진다[7.4장 참조].**3**

　　비록 다른 방식으로 표현되었지만 이 두 구절에서 분명하게 드러나는 한 가지 중요한 유사점은 두 구절 모두 다 인간 중심에 초점을 맞추고 있다는 것이다. 로마서 8장에서는 하나님의 자녀들이 이야기의 중심에 서 있다. 피조물이 그들의 나타남을 고대하고 있으며 그들의 자유와 영광을 피조물이 나누기를 갈망한다는 것이다. 골로새서 1장이 우주적인 기독론에 관심을 갖고 이야기를 전개하고 있음에도 불구하고, 그리스도 찬가를 서신적 맥락에 위치시킬 때, 그 구체적인 초점은 서신의 수신자들에게 끼치는 그리스도의 화해의 행위의 영향에 맞춰져 있으며[1:13-14, 21-22 참조], 그 수신자들은 이제는 머리 되신 그리스도의 몸을 이루는 교회를 구성하는 사람들이다[1:18, 22]. 물론 이러한 서신서의 특징은 생태환경을 고려하여 성서를 해석하려고 하는 많은 해석자들에게 있어서 중요한 문제이며, 비판적이고 신중한 반영이 필요한 문제이다[6.3장 참조]. 이 책의 후반부에서 논의를 더 전개해 나가겠지만, 우리의 결론은 지구성서프로젝트에서 채택한 접근 방식에서와 같이 인간중심주의를 거부해서는 안된다는 것이다[1장 참조]. 오히려 성서 본문, 특히 바울서신에서 제시된 생태신학은 인간중심주의를 유지하되, 특정한 방식으로 자격을 부여하고 이해해야 할 필요가 있을 것이다. 우리는 이러한 접근 방식이 모든 형태의 인간중심주의에 대한 전면적인 거부보다 그리스도교 신학 전통을 재구성하고 생태신학적 윤리를 창출하는 데 더 많은 결실을 맺을 수 있는 가능성을 제공한다고 주장한다. 인간중심주의의 거부는 그리스도교 신학 전통과의 너무 큰 ― 그리고 문제의 소지가 있는 ― 단절을 의미한다.

골로새서와 로마서는 창조, 문제 및 해결에 대한 공유된 이야기를 반영하여 광범위하게 호환되는 우주 이야기를 제시한다. 더욱이 두 경우 모두 성서 본문이 그리스-로마 환경에서 지배적인 내러티브와 긴장 상태에 있는 우주론을 지지하는 것으로 볼 수 있다[4.5장과 5.6장 참조]. 바울은 로마서 8장에서 그리스도인들이 피조물과 함께 신음하는 낭만적인 원정 이야기인 투쟁의 이야기에 호소하는 것처럼 보이며, 로마황제 치하에서 피조물이 풍요롭게 된다는 희극적 이야기를 거부한다[4장]. 골로새서 찬가는 황실 숭배[5장]의 허황된 평화 형성 eirenopoiesis 을 거부하면서 그리스도 안에서 하나님과 우주가 화해에 이르는 광범위한 우주적 희극의 이야기를[4] 주장하는 것으로 보인다. 그 외에도, 이 찬가는 우주의 힘과 성장과 파괴의 불가피한 순환을 아이러니하게 받아들이는 스토아적 우주론을 변형시켜 이야기를 재구성한 것으로 보인다.

로마서와 골로새서에서 묘사된 피조물의 이야기는 여러가지 다른 점이 있다. 가장 중요한 것은 두 본문은 피조물의 회복 또는 갱신에 대해 서로 다른 이미지를 사용한다는 것이다. 즉, 한편에서는 자유와 영광을, 다른 한편에서는 화해와 평화를 적용한다는 점이다. 이러한 이미지들이 서로 공존할 수 없다고 보이지는 않으며, 사실 이러한 이미지들은 회복의 과정이 어떠한 모습을 띠고 있는지를 드러내는 여러 방식 중의 하나로 볼 수 있다. 그러나 두 본문이 제시하는 피조물의 이미지는 서로 다르며, 생태윤리를 형성하기 위해 서로 다른 가능성과 질문들을 야기한다. 따라서 우리가 이 성서 본문들에 대한 보다 건설적인 생태신학적 참여를 발전시키기 전에, 본문에서 생태신학 및 생태윤리로의 전환이 종종 생각되는 것보다 간단하지 않은 문제임을 몇 가지 예시를 통해 강조하고자 한다.

6.3 경고의 이유

하나님/그리스도중심주의, 인간중심주의, 그리고 종말론

로마서 8장 19-23절과 골로새서 1장 15-20절에 대한 우리의 내러티브 분석이 여러 면에서 생태신학의 관심사에 대한 관련성을 뒷받침하고 있지만, 우리는 이러한 본문을 그리스도인의 환경보호와 너무 쉽고 빠르게 연결점을 만드는 데에는 몇 가지 중요한 어려움이 있음을 직시해야만 한다는 것을 말하고 싶다. 로마서 8장 19-23절과 골로새서 1장 15-20절에 대해 신중하게 분석해 보면 생태신학과 윤리에 대한 두 본문의 기여가 생태환경과 연관되어 이들 본문들이 자주 사용되는 것과는 다르게 그리 간단하지는 않다는 것을 보여준다. 이와 관련하여 주목해야 할 여러 가지 구체적인 측면들이 있다.

우선 두 본문 모두 근본적으로 하나님^{로마서 8장} 또는 그리스도^{골로새서 1장}를 초점으로 이야기를 전개하고 있다는 것이다. 로마서 8장 20절에서 바울은 만물을 허무에 굴복하게 한 행위 주체가 하나님임을 암시한다. 하나님이 이 모든 과정의 동기라는 것은 고통 속에서 신음하는 피조물이라는 개념에서 생태적으로 의미있는 해석을 도출하려고 했던 많은 생태신학자들이 염려하면서 생략한 모티브이지만, 이러한 사항은 단순히 또는 문제없이 이 본문이 "친환경적"인 이야기를 구성하고 있다고 보기 어렵게 만든다. 여기에 더하여 피조물이 고대하는 해방은 하나님의 행위에 달려있다. 로마서 8장에는 인간이 "κτίσις"의 "해방"에 실질적인 역할을 할 것으로 기대된다는 명시적인 진술이 없다. 전체적으로 보면, 로마서 8장은 하나님의 최종 구원의 확실성 때문에 피조물 전체가 공유하는 신음과 그들의 고통을 감내하도록 격려한다. 따라서 "피조물의 궁극적인 변화라는 목표를 향해 일하는 것" 또는 심지어 "하나님이 자신의 주권적 개입을 통해 최종적으로 확보하실 피조물을 향한 사역에 인간이 관여하는 것"⁵과 같은 어떠한 윤리적 명령은 해당 본문과 바울신학 ― 그리고 더 넓게는 그리스도교 신학 ― 을 담고 있는 광범위한 자료들에 대해 창조적이고 상상력있는 연구를 통해서 가능하다.

골로새서 1장 15-20절의 찬가에서 그리스도 안에서 행하신

분은 ― 암시적으로 ― 하나님이시며, 창조뿐만 아니라 만물을 화목하게 하시는 분이시다. 또한 이 찬가는 이러한 하나님의 사역이 이미 성취된 것으로 묘사한다. 이전 장에서 언급했듯이 에두아르트 슈바이쳐는 골로새서 1장 15-20절은 경배의 찬가적 언어로 기록되어 있기에 완전한 화해를 묘사하는 것과 같은 교리적인 차원의 언어와는 다르다고 보았다.[6] 따라서 슈바이쳐는 "우주의 구속에 관한 교리는 골로새서에 기초할 수 없다"고 주장한다.[7] 더욱이 1장 16절[또한 2:15]에서 밝히듯이 저자의 화해에 대한 개념은 하늘과 땅에서 보이는 것들과 보이지 않는 것들과 혹은 왕권들이나 주권들이나 통치자들이나 권세들이나 만물이 화해하는 것에 초점을 맞추고 있다. 이러한 초점은 저자의 우주론과 우선순위가 대부분의 현대 서구인들의 것과는 매우 다르다는 것과 저자가 의도한 화해의 개념이 ― 물리적인 ― 행성 지구에 대한 ― 현대적인 ― 생태학적 관심과는 직접적으로 동일시할 수 없다는 점을 상기시켜준다. 우리는 이전 장에서 골로새서의 찬가에서 묘사된 실현된 종말론적 언어에도 불구하고, 골로새서 전체의 모습은 화해의 과정과 관련된 미래적 차원과 일련의 윤리적 책임이 있음을 분명히 했다. 그러나 그리스도 안에서의 화해에 대한 묘사가 전 세계적이고 우주적인 범위임에도 불구하고 이 본문에서는 화해에 의해 야기된 생태환경과 관련된 직접적인 윤리적 함의는 찾아볼 수 없다. 로마서 8장에서와 같이 이 우주적 화해의 사역은 본래 인간의 일이 아니라 그리스도 안에서 행하시는 하나님의 사역이며, 골로새서에서 묘사된 윤리적인 지침은 그리스도인들 간의 관계[3:8-17] 또는 가정[3:18-4:1]에 관한 것이다. 고대 서신의 저자가 골로새서 찬가와 같은 구절에서 생태윤리적 함의를 이야기했을 것으로 기대하는 것은 참으로 시대착오적인 것이다. 이것은 우리가 "선호하는" 성서 본문에서조차도 생태신학과 생태윤리를 직접 또는 명시적으로 찾을 수 없다는 점을 강조하는 역할을 할 뿐이다.

두 번째 핵심 쟁점은 이 본문들은 인간을 초점에 두고 이야기를 전개해 나간다는 것이다. 로마서 8장 19-21절에서 하나님의 자녀들의 구속은 피조물의 소망에 대한 초점으로서 이야기의 중심에 서 있으며, 로마서 8장 전체의 더 넓은 맥락에서 이 본문을 바라볼 때 인간중심주의는 더욱 뚜렷이 드러난다. 우리가 다루는 다른 핵심 본문에 대해 마리안느 톰슨Marianne Thompson은 "골로새서가 '만물'의 화해를 이야기하고 있지만, 하나님의 형상을 간직한 인간의 구속이 피조물에 대한 하나님의 새로운 사역의 초점이며 중심에 서 있다. 성육신 자체가 증거하듯이 하나님의 창조적이고 구속적인 목적에는 피할 수 없는 인간중심주의가 있다"는 의견을 밝혔다.[8]

일부 생태신학 저술가들에게 이것은 적절한 현대 생태신학에서 제거되어야 하는 유감스러운 경향이다. 예를 들어 지구성서팀의 저자들은 만물의 "내재적 가치"와 "상호 연결성" 그리고 "지구에 대한 공동 관리 임무와 책임 있는 지구 거주자들"을 포함하는 "생태정의 원칙"의 렌즈를 통해 성서를 읽는데 이들은 성서 본문에 등장하는 어떤 인간중심주의에도 의심을 품는 경향이 있다. 실제로 생태정의 원칙 자체는 성서 본문이든 성서를 해석하는 해석자에게서든 어떠한 인간중심주의에 대한 반대를 분명히 암시한다. 이러한 인간 중심적인 초점은 '지구의 시각에서 읽기'[9]를 통해 성서에 대한 새로운 생태적 참여를 촉구하는 사람들의 저항을 받는다. 그렇다면 이것은 결국 이러한 본문들이 생태신학에 긍정적인 자료가 되지 못함으로써 비판적 의심을 받고 거부되어야 한다는 것을 의미하는가?

　　루카스 비셔 Lukas Vischer 가 제안한 배타적 인간구원론 anthropomonism 과 인간중심주의 anthropocentrism 사이의 구분은 이 시점에서 의미 있을 것이다. 비셔는 전자는 하나님의 구속 목적에 관심이 있는 것은 오직 인간뿐이며, 인간의 이익은 "인간이 … 모든 것을 … 자신의 목적을 위해…처분할 수 있다"는 점에서 독점적으로 중요시된다. 대조적으로 후자는, 하나님의 구원 경륜에서 인간은 중심적인 중요성을 가지며, "세계 안에서 특별하고 특정한 역할을 수행하기 위해 소명을 받았"다는 것을 인정하지만, 그렇다고 해서 나머지 피조물이 가치가 없다거나 그들을 향한 하나님의 종말론적 목적이 없다는 것을 암시하지는 않는다는 견해이다.[10]

　　인간 중심주의에 대한 또 다른 중요한 구별로 데이비드 클로프 David Clough 의 더 최근 논의[11]를 들 수 있다. 클로프는 로마서 8장 19-23절과 같은 본문이 일종의 도구적 인간중심주의 instrumental anthropocentrism — 즉, 인간은 하나님이 모든 피조물의 해방을 가져오는 과정에서 어떤 식으로든 중심적인 존재라는 것 — 를 내포하고 있다는 것을 인정한다. 그러나 클로프는 성서 본문이 어떤 종류의 "목적론적 인간중심주의" teleological anthropocentrism 를 암시하거나 요구한다는 것을 부인한다. 즉, 인간이 — 구원받은 — 피조물에서 어떤 궁극적인 가치나 중심적 위치를 가지고 있다는 견해, 또는 만물은 피조물의 궁극적인 가치의 원천인 인류를 위해 창조되었다는 견해를 부정한다. 우리는 클로프와 마찬가지로 이러한 종류의 목적론적 인간중심주의 신학과 모든 배타적인간구원론자anthropomonist가 주장하는 신학과 윤리에 대한 저항을 공유한다. 그러나 우리는 도구적 인간중심주의는 배타적 인간구원론에 강하게 저항하는 절제된 수단으로서 생태신학의 핵심 요소로 남아있을 수 있다고 생각한다. 이는 보컴이 지적한 것처럼 인간은 사실상 "이 행성의 나머지 대부분의 피조물에 영향을 미치는 독특한 힘"[12]을 가지고 있을 뿐만 아니라, 또한 우리가 언급하는 피조물의 미래와 관련하여 책임 있는 행동을 기대하는 것은 인간이기 때문이다.

로마서 8장을 그러한 생태적 인간중심주의를 논할 수 있는 근거로 제시할 수 있는데, 이는 피조물, 인간, 그리고 성령이 희망에 찬 탄식의 합창으로 결합된 것으로 묘사하고 피조물의 희망을 인류의 희망, 특히 "하나님의 아들들"의 희망과 연결시키기 때문이다.[13] 여기서 그리스도인들은 매우 중요한데, 이는 그들이 인류론적이고 배타적인 구원 교리를 통해 구원받을 소수를 대표하기 때문이 아니라 그들을 통해 갱신과 변화의 약속이 이미 결실을 맺기 때문이다. 그들이 성령의 첫 열매가 되었듯이, 어떠한 의미에서 그들은 구원받은 피조물의 첫 열매, 즉 나머지 피조물의 구원을 보증하는 자들이다예.고후 1:22, 5:5.

마찬가지로 교회에 대한 골로새서의 초점은 이와 비슷한 방식으로 해석될 수 있는데, 그리스도교 공동체는 "새 창조가 지구에서 이루어진다는 증명"[14] 이자 "우주의 구원"이 교회를 통해 "예시"됨[15]을 보여주는 존재이다. 동시에 모든 생태적 인간중심주의는 인류의 힘에 대한 과장을 피하면서 신중하고 주의 깊게 진술될 필요가 있다.[16]

세 번째 문제는 로마서 8장의 미래지향적 형식이든 골로새서 1장 15-20절의 보다 실현된 형식이든 본문의 종말론적 초점에 관한 것이다. 로마서 8장 19-23절의 경우 내포된 내러티브는 완전히 종말론적이며, 고통과 사망을 피할 수 없는 현시대 너머에 있는 어떤 것으로 인간의 구원과 같은, 피조물의 최종적인 해방을 묘사한다. 골로새서의 종말론은 보다 현실화된 형태로 제시되나 여전히 미래의 영광을 기대하고 있다[1:27]. 저자는 신자들에게 "위의 것을 찾으라"[3:1]고 촉구하며 "우리 생명이신 그리스도께서 나타나실 그 때에 너희도 그와 함께 영광 중에 나타나리라"[3:4]고 확언한다. 성서적 종말론이 지구의 — 임박한 — *파괴*나 전멸을 예견하는 것이 아니라, 지구의 *변화*transformation[17]를 예견한다는 것 — 적어도 일부 문헌[18]에서는 그럴 것 같지 않은 것처럼 보인다 하더라도 — 을 보여주기 위한 많은 노력과 시도가 있었지만, 그 성과는 일반적으로 인식되는 것보다 훨씬 적다. 더 이상 육체적 고통과 죽음의 대상이 아닌 변화된 피조물조차도 우리가 살고 있는 세계와 너무 근본적으로 달라서 고전적인 친환경 캠페인재활용과 같은이 그 목적에 도달하는 데 어떻게 "도움"을 줄 수 있는지는 명확하지 않고, 이는 특히 피조물의 갱신의 성취가 그리스도인들의 행위가 아닌 그리스도를 통한 하나님의 행위로서 제시될 때 그러하다.[19] 앞서 언급했듯이 실제로 이러한 본문에서 그리스도교 환경주의로의 전환에 따르는 핵심적 어려움은 이들 본문이 해방을 위해 신음하거나 그리스도 안에서 완전한 화해에 이르는 피조물에 대한 묘사들로부터 특정한 환경 윤리적 함의나 명시적 명령을 끌어내지 않는다는 것이다.

이 모든 것은 바울의 내러티브가 현대 과학의 전제와는 근본적으로 다른 고대의 우주론적, 신화적 전제를 반영하고 있다는 사실을 고려함과 함께 그리스도인의 환경보호에 대한 근거로 로마서 8장과 골로새서 1장을 사용하는 데 있어서 매우 신중해야 할 필요성을 보여준다. 실제로 우리는 닐 메서 Neil Messer 가 로마서 8장과 관련해 "이 허무함의 본질과 해방의 방식에 대해 상당히 과묵하게 표현되어 있다"[20]고 지적한 것에 동의한다. 생태신학적인 저술들이 이 본문에 대해 많이 언급함에도 불구하고 실제로 로마서 8장 19-23절과 골로새서 1장 15-20절 또는 다른 성서 본문에서 특정한 현대의 윤리적 책임이나 정책을 "읽어낼" 수 있는 쉬운 수단은 없다. 위에서 다룬 문제와 쟁점들은 생태신학을 발전시키거나 우리의 환경적 도전에 대한 윤리적 대응을 개략적으로 설명하기 위해 이러한 본문들을 인용하는 것은 바울과 그의 동시대인들이 예상 가능한 범주를 훨씬 뛰어넘는 창의적이고 신학적이고 과학적인 정보를 바탕으로 한 본문 해석이 필요하다는 점을 함께 나타내야 한다. 이제 우리는 그러한 시도를 시작하려 한다.

6.4   바울서신의 해석학적 렌즈

2장에서 언급했듯이 콘라디의 연구를 바탕으로 한 성서 해석의 전통은 믿음에 의한 칭의, 해방, 청지기 직분 등과 같은 특정한 렌즈를 중심으로 작용한다. 콘라디가 "교리적 열쇠"doctrinal keys[21] 라고 부르는 이 렌즈는 성서 본문과 독자의 현대적인 상황에서 파생되며, 이 두 지평의 만남에 의해 구성된다. 일단 만들어지면, 이러한 렌즈는 성서 본문을 의미 있게 읽게 할 뿐만 아니라 신학과 윤리를 창출할 수 있는 더 풍부한 잠재력을 제공한다. 이후 우리는 "해석학적 렌즈"라는 용어를 사용할 것이다[2.4 참조]. 이 렌즈는 우리가 처한 현대 상황에 대한 이해와 우리의 핵심 성서 본문의 병치를 포함하는 해석적 과정을 기반으로 구성된다. 우리는 먼저 이 렌즈를 사용하여 해석적 나선구조 안에서[아래참조] 동일한 본문을 읽은 다음 바울이 기록한 문서들을 포괄적으로 다시 읽는다. 그러므로 강조점은 교리보다는 해석학에 있다.

생태신학자들이 로마서 8장 19-23절과 골로새서 1장 15-20절을 가장 좋아하는 본문으로 꼽는 이유는 이들 본문에 인간을 제외한 피조물과 그 구원에 대한 명시적인 언급이 있기 때문이다. 위에서 요약된 접근 방식의 관점을 통해 우리는 그 본문들이 현대적 상황의 우선순위를 고려해 바울 저서에 대한 새로운 읽기의 중심이 될 가치가 있는 특정한 해석학적 렌즈를 만들어 낼 수 있는 잠재력을 제공한다고 말할 수 있을 것이다. 동시에 우리는 생태신학과 윤리에 대한 이 성서 본문의 기여가 흔히 생각하는 것보다 덜 직설적이고 덜 명백하다는 것을 보여주었다. 따라서 이러한 기여를 위해서는 비판적이고 건설적인 참여가 필요하다. 해석학적 렌즈에 대한 명시적인 논의는 정확히 이러한 미묘한 차이에 대한 비판적인 접근을 통해 가능하다.

우리는 다른 구절들도 핵심 구절로 선택될 수 있다는 것을 잘 알고 있으며, 이를 통한 생태적 논의는 7장에서 간략히 다룰 것이나,

여기서 우리는 신약성서에서 가장 중심이 되는 교리적이고 윤리적인 성서 본문들을 선택한 다음, 인간을 제외한 피조물에 대한 명시적인 언급에 해당된다고 대부분의 주석가들이 동의한 두 구절에 초점을 맞추는 것이 적어도 그리스도교적 해석가들에게는 그럴듯한 선택이라는 것을 반복하여 제시하려고 한다^{위의 도입부 참조}. 우리가 콘라디의 방법론에 추가하고 있는 것은 주요 성서 본문의 면밀한 읽기와 내러티브 분석이 더 넓게 바울서신 전체를 읽을 수 있는 렌즈를 형성하는 데 중요한 부분을 제공할 수 있다는 가능성이다. 콘라디는 생태학적 해석과 같은 특정한 해석의 실행에서 청지기론과 같은 교리적 준거틀이 성서 이야기를 읽고 해석하는 중요한 열쇠라고 제안한다. 우리의 접근 방식에서, 대부분의 렌즈 형성 ― 전체적 특성이나 렌즈로서의 선택은 아니지만 ― 은 외부에서가 아니라 성서 본문 자체 ― 전제 없이는 그러한 결합이 오지 않음을 인지함 ― 에서 비롯된다. 이러한 접근 방법은 성서의 전통과 원칙의 내용 사이의 명시적인 연관을 피하고 대신 현대 생태학 분야와의 대화 등을 통해 원칙을 도출한 지구성서 프로젝트가 주장하는 "생태정의 원칙"과는 대조적인 위치에 서있다^{1.3장, 2.3장 참조}.

2.4장에서 언급했듯이 해석학적 렌즈는 전통의 산물인 동시에 전통을 비판적으로 다시 읽고 재구성하는 수단이기 때문에 해석학적 과정에는 불가피한 순환성이 존재한다. 어떤 형태의 순환성은 부분을 전체와 연결시키는 과정 등에 내제되어 있다. 마찬가지로 읽기는, 우리가 인식하든 그렇지 않든 상관없이 항상 처음부터 현대적인 상황에 의해 형성되지만 동시에 우리는 새로운 통찰력과 제안을 찾기 위해

본문을 읽는다: 읽기는 객관적이거나 "중립적"이지 않으며, 해석자의
전제에 의해 미리 결정되는 것도 아니다. 많은 사람들이 지적한 바와
같이 "관심사"에 의해 나선형 순환 해석^{지속적인 해석의 소용돌이}이 형성되는
데, 여기서 상황에 의해 형성된 관점은 단순히 기존 입장을 확인하는
것 이상의 성서 읽기를 생성함과 동시에, 해석자가 신학과 윤리를 형
성하는 데 기여함으로써 성서에 대해 더 발전된 해석을 가능하게 한
다.[22] 두 핵심 본문으로부터 시작한 우리의 해석학적 렌즈는 세 단계
를 거쳐 개발되고 제시될 것이다. 첫째, 우리는 생태적 관점에 기여
할 수 있는 제안을 위해 내러티브 비평을 포함한 현대 성서 주석 방법
과 해당 본문의 상황에 대한 인식을 통해 주요 본문에 대해 몇 가지
일반적인 의견을 제시한다. 둘째, 우리는 본문과 우리의 현대적 배경
의 부분을 이루고 — 앞으로 제시할 것과 같이 — 우리의 해석적 렌즈
를 형성하는데 필수적인 현대의 과학적 관점의 대화를 통해 피조세계
와, 그것의 과거, 현재, 미래에 대해 신학적으로 생각할 수 있는 한계
를 정한다. 그런 다음 우리는 이러한 렌즈 — 물론, 신학 및 윤리적
결실성을 지속적으로 주시하면서 잠정적이고 발견을 돕게끔 구성된
— 가 어떻게 생태윤리의 윤곽을 형성하기 시작할 수 있는지 보기 위
해 과학적 정보에 입각한 시각에서 본문과의 대화를 진행한다.

로마서 8장과 골로새서 1장의 생태신학적 기여

로마서 8장과 골로새서 1장이 각기 다른 방식으로 제시하는 한 가지 공통된 초점은 그리스도 안에서 하나님의 구원의 범위가 피조세계 전체를 포함한다는 분명한 선언이다. 바울의 다른 서신들에서도 — 그리스도를 통한 — 하나님의 만물 창조특히 고전 8:6를 확증하지만, 미래를 내다보는 구속 과정 안에서 모든 피조물을 동등하게 포함한다는 면에서 이렇게 명확하게 발전된 본문은 없다. 이런 관점에서 보면 우주는 단순히 인간 구원의 드라마가 일어나는 무대가 아니라 그 자체가, 바울의 비전에 따르면, 이 구원의 희망을 구체화하고 기대하는 그리스도인들의 작은 공동체를 중심으로 한 갱신과 해방의 이야기에 완전히 얽혀 있다.

이처럼 로마서 8장과 골로새서 1장은 오랫동안 이어져 온 구원에 대한 집착과 선입견, 즉 인간의 구원과 하나님과의 관계에 중점을 둔 구원관에서 벗어나서 바울신학 전통을 새롭게 다시 읽을 수 있도록 하는 근거를 제공한다. 브렌던 번Brendan Byrne은 이렇게 주장했다.

> 5세기 어거스틴 때부터 믿음으로 말미암은 칭의의 문제이신득의는 서구 신학 전통에서 바울에 대한 해석을 지배해 왔다. 이것은 바울의 해석자들이 인간과 하나님 사이의 관계에 대해 사실상 배타적인 선입견을 가지도록 했다. 바울이 인간을 제외한 창조 세계와 인간 관계에 대해 생각하거나 쓴 것은 거의 조명되지 않았다.[23]

그러나 이미 앞서 언급했고 아래에서 더 자세히 탐구하는 것과 같이 이러한 인간 중심적인 초점은 바울 자신과 바울서신의 주석가들이 갖고 있는 특성이라 할 수 있다. 우리는 바울의 주요 초점이 인류, 특히 바울이 형성하고 유지하고자 원하는 공동생활을 하는 신자들의 공동체에 있지 않다고 말할 수 없다. 바울서신서들은 적어도 명시적인 용어로 "인간[그리고 만일 더한다면 하나님]과 인간을 제외한 피조세계와의 관계"에 대해 거의 언급한 것이 없다. 그러나 이것은 우리 자신의 우선순위와 선입견이 작용하는 곳이다. 이전의 바울서신 읽기 — 좀더 일반적으로 성서 읽기 — 가 중세 수도원주의, 나치 독일, 남아프리카의 인종 차별주의, 라틴 아메리카의 빈곤 등의 상황에 의해 결정적인 영향을 받아 형성되었듯이, 우리 자신의 바울서신 읽기는 지구의 상태와 인간 활동이 지구에 미치는 영향이라는 시급한 문제에 의해 형성되어야 한다.

우리가 선택한 두 성서 본문을 바울 전통에 대한 우리의 해석 중심에 두는 것은 또한 이 서신서에 대한 우리의 해석에 어떤 결과를 가져온다. 하나의 영향은 구원에 대한 바울의 관점에 있어서 "전 우주적"이라고 불리는 방향으로 초점이 변화하는 것이다. 스벤 힐러트 Sven Hillert 는 "전 우주적" 구원과 "제한적" 구원이라는 이름으로 불리는 바울신학의 구원에 대한 두 가지 흐름에 대해 주의를 기울였다.[24] 일부 바울서신 본문은 구원이 우주적인 범위를 갖는 것으로 묘사하는 반면예: 롬 5:18, 다른 바울서신 본문은 구원받은 소수의 신자와 잃어버린 자 사이의 대조를 강조한다예: 고전 1:18. 힐러트는 이 두 흐름의 조화를 거부하고 두 가지 경향 모두 다 신학적 성찰에 있어서 중요하고 가치있는 것으로 여긴다.[25] 바울에 대한 생태학적인 접근과 로마서 8장과 골로새서 1장과 같은 본문에 대해 중점을 두는 것은 필연적으로 하나님의 구원 사역의 우주적인 범위를 강조할 것이다. 로마서 8장의 언어로 말하자면, 모든 피조물^{πᾶσα ἡ κτίσις}이 하나님의 아들들의 해방과 영광을 함께 나누기를 갈망하는 것^{21-22절}이고, 골로새서 1장의 언어로는 그리스도에 사로잡혀 화해에 이르는 모든 것^{τά πάντα}이다^{20절}. 바울의 다른 서신서에서도 그리스도인의 소망의 전 우주적인 측면^{롬 5:18,} ^{11:32-36; 고전 15:22}을 강조하며 모든 것이 하나님과 그리스도 안에서 궁극적으로 통합^{고전 15:28; 골 3:11}되는 것을 예상한다.

일부 주석가들은 바울서신에 대한 어떠한 우주적인 구원의 해석도 저항하며, — 오직 — 선택받은 자의 구원만을 — 종종 신학적인 이유로 — 중요하게 강조하려 한다.[26] 이러한 경향은 바울신학의 긍정적인 생태적 함의를 강조하는 일부 사람들에게도 적용된다. 예를 들어 더글라스 무^{Moo}는 골로새서 1장 20절이 그리스도 안에서 화해의 우주적 범위를 예상하고 있으며, 이 구절을 "성서적 환경보호주의의 명령"을 규정하는 것으로 간주한다. 그러나 그는 비신자들과 더 넓은 범위의 피조물을 구별하는 전 우주적인 구원을 거부한다: "골로새서 1장 20절은 '우주적인 구원'이나 '우주적인 구속'이 아니라 '우주적인 회복'이나 '갱신'을 가르친다"고 주장한다.[27] 그러나 그러한 구별이 도출될 수 있는지에 대해서는 의문이 제기될 수 있다. 골로새서 1장 20절의 *우주적* 갱신이 만물이 포함되지 않은 상태에서 가능한가? 그리고 모든 것이 포함되었다면 그들이 "구원"받지 않을 수 있는가?

그리고 실제로 하나님의 구원이 일부에게만 포함된다면 그리스도 안에 있는 모든 것이 다시 새로워진다는 비전에 기초해 그리스도교 환경 행동을 의무화할 수 있을까? 아마도 생태신학이 전 우주적인 구원에 있어 위험할 정도로 자유주의적인 개념을 암시하고 있다는 일부 복음주의자들의 의심은 본질적으로 옳다![28] 만약 하나님이 피조물을 갱신하는 것이 식물, 바위, 강은 말할 것도 없고 펠리컨과 참새[29]뿐만 아니라 도도새와 매머드까지 모든 것을 포함하는 것이라면, 이 모든 것을 포괄하는 범위에 모든 인류가 포함되지 않기는 어려우며, 아마도 신적 화해를 거부하기 위한 인간의 궁극적인 선택의 자유를 존중해야만 가능할 것이다. 적어도 우리는 바울신학이 우리에게 모든 피조물의 구원에 대한 희망을 강하게 촉구하고 있으며 이러한 소망을 위한 행동의 근거를 우리에게 제시하고 있다고 간주한다.

그리고 바울서신의 핵심 본문에 대한 우리의 해석은 하나님의 구원 사역의 범위는 피조물 전체를 포함하고 있다는 주장으로 이어진다. 내러티브 용어로 표현하자면, 이 본문들은 인간의 타락과 구원에 대한 이야기뿐 아니라 피조물 전체가 허무에 굴복하고 그 후에 구원에 이르는 이야기를 말한다. 이러한 방식으로 피조물을 묘사함에 있어서 이 본문들은 그것의 가치와 선함, 그리고 그것의 *궁극적인 목적* (telos)을 암시한다. 그 안에는 피조물의 본질적 가치, 그것의 소중함과 선함이 내포되어 있다. 피조세계는 단지 인간 구원의 드라마가 일어나는 ― 일회용 ― 무대가 아니다. 이 본문은 피조물의 운명이 하나님의 아들들의 영광과 해방로마서 8장에 참여하거나 그리스도 안에서 만물이 화목케 되는 것골로새서 1장에 피조물의 "목적"이 있다고 보는 피조물 자체의 종말론에 대한 입장도 강하게 드러난다. 이러한 가치들은 — 우리가 의도적으로 표현했듯이 — 지구성서팀이 채택한 생태정의 원칙의 일부와 유사하며 1.3장 참조 매우 인간 중심적인 전통에도 불구하고 피조물 전체와 하나님의 사랑과 구원 관계에 대한 이야기를 발전시키고 심화시키려는 생태신학의 중요한 토대이다.

피조물 전체가 하나님의 사역에 함께 한다는 것에 대한 이러한 초점과 함께, 우리의 중심 본문에 대한 숙고로부터 얻을 수 있는 또 다른 특징은 하나님의 구원받은 사람들의 참여와 책임에 대한 고려이다. 앞서 언급했듯이 4장-5장, 두 구절 모두 생태학적 문제와 관련된 명시적인 윤리적 지침을 포함하고 있지 않으며, 이는 이 본문의 일차적인 강조와 집착이 그리스도인에게 향해 있다는 것을 고려할 때 놀라운 것은 아니다. 그럼에도 불구하고 '하나님의 아들들롬 8:19'과 그리스도의 몸인 '교회'에 대한 언급골 1:18, 22은 믿는 자들을 만물이 속박에서 해방되고 화해를 이루는 드라마의 중심 인물로 인정한다는 것을 의미한다.

즉 간결하게 요약하자면, 우리의 해석학적 렌즈는 이 이야기의 시작, 문제, 그리고 그리스도안에서 그리고 그리스도를 통한 영광스러운 해결의 내러티브에서, 그리고 그리스도인이 연루되고 주축을 이루는 이 이야기에서 중심인물로 등장하는 피조물 전체에 초점을 맞추도록 하는 도구로서 작용한다. 우리는 본문비평을 통해 희극적인 요소 — 프라이의 용어를 빌리자면 — 를 가진 이 구원 이야기에 대한 특징적인 형태를 추론하지만, 로마서 본문의 경우는 특히 끝나지 않은 원정의 낭만적인 모티브에 의해 강한 영향을 받은 것으로 보인다.[30]

우리는 또한 이 성서 본문이 거짓된 황금시대의 출현^{로마서 8장}이나 냉혹한 역설의 순환^{골로새서 1장} 등과 같은 다른 유형의 내러티브 형태를 거부하는 것으로 보이는 방식에 주목했다. 이들 본문의 기저에 깔린 내러티브 형태는 바울의 생태신학이 미래지향적이고, 하나님의 위대한 업적에 의존할 뿐 아니라 인간 투쟁의 본질적인 요소를 받아들이며 환상에 불과한 해결책을 거부할 뿐 아니라 피조물을 향한 해결책과 목적 또는 변화된 미래도 없을 것이라 암시하는 견해도 거부한다.

과학과의 대화: 현대의 해석적 통찰

2장에서 지적했듯이, 해석학적 렌즈는 또한 신학과 성서연구 분야를 넘어서는 학문들과의 연구 교류를 통해 구성될 수 — 꼭 그렇게 해야 한다 — 있다. 기후 변화, 환경오염, 서식지 파괴 등의 지구 생태 위기가 발생하는 우리의 전 지구적 상황은 필연적으로 자연과학과 지구과학의 결과물을 통해 알 수 있게 된 것이다. 이들의 의견이 없다면 우리는 이 연구를 통해 얻으려는 답의 질문들을 제기할 수 없었을 것이다. 우리의 해석학적 렌즈를 구성할 때, 가장 중요한 과학 분야는 진화, 생태 과학이다. 현대 해석학에서 "피조물의 신음"과 같은 용어를 적용하기 위해서는 생물이 실제로 어떻게 번성하고 고통받는지에 대한 과학의 지속적이고 훌륭한 통찰력이 필요하다. 윌리스 젠킨스^{Willis Jenkins}는 이를 "지구와 그것의 번영에 대한 하나님의 열정에 따르기 위해, 우리는 지구가 어떻게 번영을 이루는

지 알아야 한다"[31]고 명쾌하고 분명하게 지적했다. 생태학은 다양한 생물이 번성할 수 있는 조건의 범위를 우리가 이해할 수 있도록 돕기에 매우 중요하다. 특히, 인간의 활동이 생태계의 번영을 위협하는 이 시기에는 더욱 그렇다. 생물권의 역사에 대한 진화적 재구성은 어떻게 다양성을 얻게 되었는지 ― 그리고 또한 어떤 조건에서 그것이 파괴되는 경향이 있는지 ― 를 보여준다.[32]

이러한 과학들, 특히 현재적 연구를 통해 얻은 중요한 결론 중 하나는 존 폴킹혼John Polkinghorne이 "완벽한 창조세계는 아담의 타락이나 최초의 천사들의 반란으로 손상되었다는 고대 그리스도교적 이해"라 칭한 것을 거부할 수 있는 충분한 이유들이 있다는 것이다.[33]이러한 이유들은 다음과 같이 간략하게 요약될 수 있다.

(1) 인간의 죄로 인한 피조세계의 타락은 도덕적 행위자로서의 인간이 존재하기 이전의 광대한 진화 시대를 제대로 평가할 수 없으며, 이는 피조물의 고통과 소멸이 자연적 질서의 본질적인 것임을 보여주는 좋은 증거이다. 예를 들어 동물의 포식이나 죽음이 없이 지구상의 생명체들 사이의 평화로운 관계가 특징지어졌던 시절이 존재했었다는 과학적인 증거는 없다.

(2) 태초에 있었던 천사들의 반란[34]이나 다른 불가사의한 원인[35]으로 인한 피조물의 타락은 신학적으로도 그리고 과학적으로도 중요한 문제를 야기한다. 신학적으로, 그것은 창

조 과정의 매 순간마다 창조자의 목적을 좌절시킬 수 있는
하나님과 비슷한 수준의 힘이 작용하고 있음을 전제한다.
간단히 말해서 피조물 안에 있는 폭력과 고통이 그러한 반
대되는 힘에서 비롯된다는 창조 이야기는 하나님이 풀 먹
는 사자^{사 11:7}를 창조하길 바랐으나, 이 힘이 그것을 못하게
할 수 있었다는 것을 의미한다. 이것은 하나님의 주권과 무
에서 유를 창조했음을 고백하기 원했던 모든 그리스도교
전통과 모순된다. 과학적으로는, 원시타락 그 자체에 문제
가 있는 것으로 보이는데, 왜냐하면 원시타락은 생물의 정
교함과 복잡성 그리고 기능의 다양성을 만들어내는 생물의
고통의 과정을 무시하기 때문이다. 크리스토퍼 사우스게이
트 Christopher Southgate 가 홈즈 롤스턴 Holmes Rolston 의 연구를 바탕
으로 지적했듯이, 진화론적으로 창조를 이해한다는 것은
본질적으로 모호하다. 그것은 "매우 좋았더라"와 "고통에
신음하는" 둘 다로 이해되어야 하며, 바로 그 고통이 그것
이 드러내는 비범한 가치를 생산적으로 만들어내게 한다.³⁶

고통을 암시하는 질병과 포식에 대한 과학적 증거, 수백만 년
동안 계속된 진화론적 내러티브, 그리고 "타락"에 의해 원래 완벽했
던 창조가 손상되었다는 개념의 거부는 사우스게이트를 비롯한 많은
저술가들로 하여금 로마서 8장 19-23절을 진화론적인 이야기를 고
려하여 읽도록 하였다.³⁷ 그리하여 그들은 하나님에 의해^{신적 수동태} 허무
함에 굴복하는 피조물에 대한 바울의 언어와 생명체에 대한 진화론적

묘사 사이에는 어떤 놀라운 일치가 있는 것으로 여긴다. 이러한 성찰은 우리들에게 생태적으로 중요한 바울서신의 본문들을 어떻게 읽어야 될지를 알려주며, 이 본문에 대한 해석의 감각을 증진시킨다.

우리는 이 학제간 연구가 우리를 어디로 이끌고 가는지를 주목해야 한다. 이들 본문에 대한 우리의 해석과 관련해 다윈 이후의 과학적인 정보로부터 통찰력을 가져오게 되면, 우리는 필연적으로 바울이 피조물의 허무함과 신음에 대해 썼을 때 의미했을 수도 있는 역사적 관심을 넘어서게 된다. 바울은 다윈의 진화론에 대해 알 수 없었을 것이며, 우리는 그가 사용한 언어 뒤에 어떤 암묵적인 인식이 깔려 있다고 생각하지 않는다. 그렇다고 해서 우리는 이제 과학이 생물의 번영에 대해 우리에게 알려주는 바를 인식하지 않고 그러한 언어를 읽거나 그것을 기반으로 생태윤리를 형성할 수는 없을 것이다. 신학적·윤리적 성찰의 근거로 과학과 성서 본문이 대화하려면, 우리는 저자의 사고 세계 밖에서 오는 역학관계가 우리의 읽기 렌즈에 상당한 영향을 미치도록 허용하는 논쟁적인 단계를 밟아야 한다.[38](성서 해석자들은 그들의 읽기가 그 시대의 우주론적 서술, 과학적이고 철학적 추측에 의해 때로는 무의식적으로, 때로는 논쟁적으로 형성되면서 항상 이것을 해왔다고 주장할 수 있다.)

이러한 접근 방식을 추구하면서 우리는 하나님이 피조물을 "허무함"에 굴복하게 하셨다는 것을 진화 과정의 허무함으로 읽을 수 있는지에 대한 가능성을 탐구하고자 한다. 이러한 진화 과정에 대한 암시는 "천하에 범사가 기한이 있고 … 날 때가 있고 죽을 때가 있으며"라는 구절에서 발견된다 전도서 3장의 도입부로 이는 70인역 로마서 8장 20절의 $\mu\alpha\tau\alpha\iota\acute{o}\tau\eta\varsigma$[공허]의 출처로 여겨진다. 4.4장 참조. 앞서 지적한 바와 같이 탄생과 죽음의 "허무한" 순환 속에서 큰 가치가 창출된다.[39] 그러나 진화 과정은 매우 모호하고 고통과 비극이 가득하나 계획의 아름다움과 독창성 또한 풍부하다. 종은 때때로 자신의 본성을 초월하여 새로운 가능성을 만들어내고, 이는 다시 탄생과 죽음의 리듬에 속하게 된다. 이에 대한 사우스게이트의 신학적 진술은 그가 말하는 "자기됨"과 "자기 초월"[40]의 과정이 어느 정도 복잡성에 도달했을 때, 하나님은 인간 사이에 있는 성자聖子의 현현을 통해 구원의 과정을 시작할 수 있었다. 진화 과정의 "허무함"과 지금까지 살아온 생명 종의 98% 이상의 멸종은 결국 "소망"으로 다가왔다. 우리가 보아온 모든 생명체들의 고통이 필연적으로 수반되는 자연의 탄생과 죽음의 리듬은 죽음과 부활을 통해 새로운 가능성의 시대를 연 성육신 하신 인간 그리스도의 궁극적인 자기 초월을 기다렸다. 이 시대의 인간은 자유를 찾을 수 있고, 그렇게 함으로써 한 영광에서 다른 영광으로 변모할 수 있으며고후 3:18, 피조물 자체도 자유하게 될 것이다.[41]

과학적인 정보를 반영한 우리의 연구는 자기 희생적 사랑이 가능한 생물의 "허무"한 진화 과정 내에서 발생함으로써 가능해진 성육신 자체가 결국 인간 존재의 새로운 방식을 가능하게 했다는 것을 시사한다고후 5:16, $\dot{\alpha}\pi\grave{o}$ $\tau o\tilde{v}$ $v\tilde{v}v$... 참조. 이것은 또한 진화된 인류가 어떻게 생태계에 대한 이해를 얻을 수 있는지, 그리고 다른 생물들에게 불가능할 정도로 그것들을 수정할 수 있는지를 고려하도록 한다. 새로운 존재가 된 그리스도인들이 특정한 방식으로 행동해야 한다는 바울서신의 소명과 인류의 이러한 잠재력은 우리가 주요 본문에서 하나님의 아들들

— 그리고 그리스도의 몸으로서 교회가 기능하는 것 — 의 계시를 이해하는 방법에 영향을 미칠 수 있다. 이에 대한 논의는 8장에서 더 다뤄질 것이다.

우리는 "썩어짐에 종노릇"이라는 바울서신의 구절을 과학적 정보에 입각하여 재전유하여 읽는 것에 대해 조심스럽게 회의론적 태도를 유지하고 있다. 종노릇에 대한 언급은 열역학적 관점에서 분석하기 쉽지만,[42] 이는 "종노릇"을 피조세계가 당면한 "문제"로 해석하므로 바울이 강조한 외견적 표현에서 너무 벗어나는 감이 있다. 또한 4장에서 논의한 바와 같이 로마서 8장 19-23절은 창세기 3장에 기록된 특정한 "타락 사건"을 직접적으로 지칭하지 않는다는 점에 주목할 필요가 있다. 바울의 이해에 따르면 창세기 3-11장의 원시 역사를 통해 다른 방식으로 분류되었듯이, 인간의 죄악과 "모든 육체"의 타락에 대한 언급은 더 광범위한 것일 수 있다. 사우스게이트가 사용한 진화적 용어를 사용하자면 "모든 육체"는 "정체성의 수정과 형성"을 통해 독자성을 찾으며,[43] 따라서 다른 개체의 이익과 경쟁하는 자기주장을 한다. 따라서 살아있는 개체는 실제로 필수적이고 놀라울 것 없는 일련의 과정에 일종의 "종노릇"하고 있다. 그러므로 "썩어짐에 종노릇"δουλεία τῆς φθορᾶς은 모든 부패한 반란의 행위에 대한 구체적인 결과가 아니라 피조물의 행동 문제의 일부와 연결된다.[44]

따라서 "썩어짐에 종노릇"과 "희망 안에서 … 허무한 데 굴복"한다는 바울서신의 두 핵심 용어와 "타락 없는" 읽기와 진화에 대한 현대 과학적 이해 사이에는 일치점이 존재한다.[45] 우리가 아래에서 보여주길 희망하는 이 일치점은 인간이 아닌 피조물과 관련하여 인간의 소명을 이해하는 우리의 접근 방식에 원동력이 될 수 있다.

이 장의 첫머리에서 언급했듯이 골로새서 찬가는 피조물을 둘러싸고 있는 "문제"에 대한 설명을 제공하지 않고 단지 화해 — 대가가 따르는 — 가 필요하다는 점만 강조한다. 과학적인 관점에서 찬가를 읽으면 "화해"라는 용어를 인류와 다른 피조물 사이의 평화로운 관계, 심지어 인간 이외의 피조물 공동체 자체 내에서 특징지어지는 이전의 이상적인 상태로의 회귀를 의미하는 것으로 적절하게 사용할 수 없다. 그러나 골로새서에 나오는 화해의 개념이 왜곡되고 깨어진 관계들을 고치는 회복의 의미를 반영한다고 하더라도, 그것은 말하자면 하나님이 그리스도 안에서 이루신 화해에 초점을 맞추고 있으며, 이러한 화해는 온전한 성취를 가져올 것이다. 골로새서의 종말론은 우리가 지적한 바와 같이 로마서 8장의 것보다 더 많이 실현되었지만, 이 서신 전체는 찬가의 실현된 관점이 여전히 미래에 초점을 맞춘 이야기의 궤적 안에 설정되어 있음을 분명히 한다.

우리의 해석학적 렌즈를 향한 그런 과학적인 정보가 기여하는 결과들은 무엇인가? 그것들은 내러티브 용어로 가장 잘 설명될 수 있다. 피조물의 화합의 황금시기에는 타락이 없었으므로, 우리는 그러한 시대의 회복에 근거하여 바울신학이나 바울의 윤리를 해석하려고 시도하지 않을 것이다.[46] 그러나 우리의 핵심 본문들은 우리로 하여금 그리스도 안에서 하나님의 구속 행위에 의해 시작된 현재의 변화에 대해 말하도록 강요하고 있으며, 만물의 화해와 영광과도 관련된 자유의 관점에서 표현될 수 있는 진정으로 새로운 상태가 된 현재의 변화에 집중하게 한다. 더 나아가 이러한 읽기는 이 내러티브 안에서 인류가 구원받은 생명체로서 다른 종들은 불가능한 현명하고 치유적인 방식으로 행동할 수 있는 잠재력을 가지고 있다는 점에서 특별한 역할을 시사한다. 이러한 주제는 7장에서 더 전개되고 이를 통한 윤리를 8장에서 다룰 것이다. 과학적 정보에 바탕을 둔 이 렌즈를 기반으로 만들어진 우리의 생태윤리가 진정으로 미래지향적이고 종말론적일 것이라는 점은 주목할 만하다. 그것은 우리가 과거에 가졌던 것으로 추정되는 원시적 지혜로의 회귀나 단순히 기존 질서의 유지가 아닌 신과 피조물 사이의 새롭고 변형된 관계를 찾는 것이다.

생태신학적 윤리의 윤곽 잡기

이는 6.3장에서 제기된 문제에 반하여 이 핵심 성서 본문을 읽는 것에 대한 윤리적 함의가 무엇인지에 대해 질문을 던진다. 우리의 해석학적 렌즈의 중심에 있는 로마서 8장 19-23절과 골로새서 1장 15-20절의 본문들은 해로운 행동을 자제하거나 우주의 변혁에 있어서 하나님과 협력하는 사명에 대해 어떠한 윤리적 명령을 내포하고 있는가? 이미 지적했듯이, 이러한 의무를 본문에서 직접적으로 찾을 수 있다는 주장은 신중해야 한다. 그러나 우리는 과학적인 성찰이 더해진 해석 렌즈를 통해 로마서와 골로새서의 본문을 읽는다면 이 둘 다에서 쉽게 추론될 수 있는 중요한 윤리적 함의가 실제로 있다고 주장하려 한다. 본문의 기초가 되는 이야기의 내러티브 장르에 대한 고찰과 더 나아가 "타락에서 자유로운" 읽기의 의미에 대한 신학적 성찰은 이러한 의미를 식별하고 발전시키는 데 도움이 된다.

　　로마서 8장과 관련된 질문을 다듬어 보면 다음과 같다: 이 성서 본문은 인간과 인간을 제외한 피조물이 단순히 그리스도 안에서 그리고 성령을 통하여 우리가 피조물에 대한 인간의 보살핌과는 아무런 연관이 없는 방식으로 하나님의 위대한 변혁의 사역에 사로잡혀 있다고 제안하는가? 구원의 이야기에 대한 순전히 희극적인 이해는 이것을 암시할 수 있다. 인식되지 않았던 것이 불현듯 분명해진다. 불안정한 관계는 영광스러운 결합으로 해결된다. 그러나 우리는 4장에서 이야기의 원정적인 성격도 규명했다. 그리스도 안에 있는 사람들은 어떤 과정 ― 피조물이 함께 신음하는 것을 포함, 출산 과정과 다소 비슷함 ― 에 관여하고 있으며, 인간을 제외한 피조물의 해방은 어떠한 면에서 그 과정에서 하나님의 아들들이 영광의 특성을 가진 그들의 자유를 발견하는 것을 암시한다. 영광의 자유를 향한 투쟁을 통한 원정 이야기는 로마서 8장의 생태윤리적 전용^{轉用}의 토대가 된다.

　　"하나님의 아들들"은 피조물이 갈망하고롬 8:19 나누기를 기대하는롬 8:21 **47** 영광의 "자유"를 가지고 있다.**48** 4장에서 언급한 바와 같이 이 하나님의 아들들은 그들의 영광스러운 계시의 순간이 피조물의 해방을 위한 본질적인 전조이기 때문에 이야기에서 중요하고 중심적인 인물들이다롬 8:19. 일반적으로 바울의 종말론은 이미와 아직의 특징을 가지고 있기에 하나님의 아들의 자유 또한 이러한 방식을 따른다. 즉, 이 자유는 하나님의 아들들이 이미 소유하고는 있지만 현재 진행

중인 이야기 안에서 소망을 품고 쟁취하기 위해 투쟁하고 신음하는 자유이다.

또 다른 질문은 다음과 같다: 왜 피조물은 하나님의 자녀들의 계시를 초조하게 기다려야 하며, 왜 피조물의 해방은 그들의 영광의 자유를 기다리고 있는 것인가? 우리는 전통적인 타락에 기반한 읽기를 통해 단지 피조물이 인간의 반역에 의한 부패의 영향에서 해방될 필요가 있다고 답함으로써 이 질문에 대한 해답을 제시할 수 있을 것이다. 이 해방은 하나님의 계획이기 때문에 — 하나님이 죄를 알지도 못하신 이를 믿는 자들을 대신하여 죄로 삼으신 것은 그들로 하여금 그리스도 안에서 하나님의 의가 되게 하려 하심이다[고후 5:21] — 구원받은 인간에 대한 윤리적 함의는 오직 부정적인 것으로 간주될 수 있다: 왜냐하면 그들에게는 "더 이상 죄가 없기 때문이다." 그러나 진화에 대한 우리의 성찰이 반영된 일종의 "타락 없는" 읽기는 그리스도 안에 참여함으로 자유하게 된 인간 안에 잠재되어 있던 하나님의 아들들의 영광의 자유가 실현된다는 해석이 가능하도록 한다. 피조물이 허무에 굴복한 것은 그 잠재력의 해방을 가능하게 하기 위해서였다. 피조물의 마지막 해방은 그리스도의 모범을 따르고 그와 함께 교제함을 통해, 단지 피조물의 자아가 아니라 자기초월적 자아가 됨으로써 오는 자유의 영향,[49] 즉 인간이 가진 그 잠재력의 중요성이 발견되기를 기다리게 된다. 우리는 내러티브 읽기를 통해 이것이 그리스도인들이 그들의 완전한 정체성을 추구하기 위해 "영웅적인 모습을 따르는 과정"으로 가장 잘 이해될 수 있음을 제안했다. 바울 공동체에서 경험한 모든 장애물과 "산고"에도 불구하고 성령에 응답하고 그럼으로써 영광의 경험을 심화시키는 그 모험의 과정에[50] 윤리적인 측면이 없다고 본다면 매우 의문시될 것이다. 다시 말해서 만일 나머지 피조물의 해방을 위해 필요한 자유의 "착용"골로새서의 표현을 빌리자면이 해방을 기다리는 피조물과의 변화된 관계와 일치하는 행동 양식의 수행에 대해 아무것도 암시하지 않는지는 매우 의문시된다. 그리고 여기에서 그리스도 안에서 성취되었지만 아직 해결되지 않은 화해에 대한 골로새서의 비전은 또한 그 행동 패턴이 어떤 모습이어야 하는지에 대한 실마리를 우리들에게 제공해줄 수 있다아래 참조.

그것은 피조물에 대한 인간의 보살핌의 힘을 과장하려고 하는 것은 아니다. 로마서 8장에 따르면 우리는 우주를 치유하는 것은 고사하고 어떻게 기도해야 하는지조차 알지 못한다. 그러나 주의깊게 읽었음에도 이 구절에 생태윤리적 함의가 있다는 것은 우리가 보기에 현대 해석학적 유용에의 중요한 요소이다. 앞서 지적했듯이, 이러한 생태신학자들에 의해 지나치게 가볍게 다루어져 온 함의성에 대해 우리는 본문의 면밀한 읽기를 통해 이것이 주석가들에 의해 너무 적게 고려되어왔을 수도 있다고 주장하려 한다. 앞서 언급했듯이 주엣Jew-ett은 바울이 너무 많은 생태학적 관심을 가졌다고 간주함으로써 시대착오적인 잘못을 저질렀을 지도 모른다. 그러나 우리의 해석학적 렌즈로 명시적이고 의식적으로 바울서신을 읽으면 우리는 하나님의 아들들의 해방된 삶과 인간을 제외한 피조물의 해방 사이에 유추되어야 할 핵심적 연관성이 있다고 주엣이 가정한 것이 옳다는 결론을 내린다. 주엣은 다음과 같이 말했다.

비록 바울이 선택한 동사의 미래시제인 ἐλευθερωθήσεται '그것이 해방되리라'가 19절에 있는 "하나님의 아들들의 나타남"과 분명히 관련되어 있지만, 하나님이 자연 세계를 회복하려는 수단에 관한 추론은 거의 도출되지 않는다. 쉴러 Schlier 는 "그리스도인들이 그들 자신에 대한 책임뿐 아니라 순수한 피조물의 영역에 대한 책임"[51]을 언급하는 데 있어서 예외적이다.

그러나 주엣은 쉴러가 "윤리적 책임에 대한 어떠한 논의도 삼가며, 자연에 대한 적절한 실존적 태도의 장에 이 의무를 제한"[52]함에 유감을 표한다. 주엣은 다른 곳에서 "[하나님의 아들들의] 변화된 생활 방식과 수정된 윤리는 잘못과 죄로 인해 균형을 잃은 생태 체계를 회복하기 시작한다."[53]라고 썼다. 그는 "생태적 무질서의 극복은 하나님이 의도한 영광을 반영하여 인류를 정당한 지배의 위치로 회복시킨 하나님의 선물로 묘사된다"[54]고 결론짓는다. 시그베 톤스타드 Sigve Tonstad 는 이를 인용하여 "자연을 '파괴하기보다는 치유하는 종류의 지배권을 행사함으로써' 그들이 하나님의 자녀임을 '증명'하는 사람들을 하나님의 자녀로 받아들일 것이다"[55]라고 언급했다.

이러한 모티브는 또한 신자들의 종말론적 상태가 "새로운 피조물 안에서 새로운 책임"을 수반하게 될 것이라고 보는 N. T. 라이트 N. T. Wright 에 의해 채택된다.[56] 흥미롭게도 라이트는 피조물이 — 신자들의 — 영광을 공유할 것이라고 생각하지 않고, 오히려 "피조물은 하나님의 아들들이 영광을 얻을 때 자유, 즉 모든 사람들에게 새로운 부활의 생명을 부여하는 성령의 주권적인 통치에서 비롯될 해방을 누릴 것"[57]으로 본다. 우리는 이미 로마서 8장과 골로새서 1장 모두 생태신학에서 유행하는 것보다 "인간중심주의"의 한 형태인 인류에의 소명에 대해 보다 확고한 초점을 암시하고 있다는 우리의 감각을 지적했지만, 우리는 라이트의 해석으로부터 어느 정도 물러날 것이다. 더욱이 "영광"에 대한 우리의 다소 다른 이해[7장 참조]는 "자유"의 완성된 상태에서도 인간이 아닌 피조물은 그 영광을 알지 못할 것이라는 라이트의 주장에 의문을 제기한다. "만물"이 하나님과 화해한다는 우리의 해석학적 렌즈에 비추어 이 구절을 읽으면 우리는 로마서 구절이 오직 인간이 죄에서 해방될 때만 가능한 핵심 통찰력을 전달한다고 제안한다. 그리스도의 사역과 성령의 능력으로 가능해진 하나님의 영광에 대한 더 깊은 경험을 통해 나머지 피조물도 해방되어 "모든 것 안에서 모든 것"이 되실 하나님의 생명에 최종적으로 합체될 것이다[고전 15:28].

그렇다면 골로새서 1장 15-20절과 로마서 8장 본문의 내러티브 장르가 갖고 있는 내포된 뜻은 무엇인가? 4.5장에서 우리는 로마서 본문에서 변화는 여전히 불완전하며, 하나님의 아들들은 여전히 나머지 피조물의 신음을 가시게 할 원정 중에 있다는 것을 보았다. 그렇다면 이것은 골로새서 ― 또는 아래 7장의 바울 친서 ― 에서 발견되는 것과 매우 다른 종말론, 즉 다른 범주의 내러티브를 나타내는 것을 뜻하는가?

골로새서 찬가의 보다 실현된 종말론에서 피조물의 "허무함"의 순환은 ― 과학적 정보에 영향을 받은 로마서 8장의 읽기 개념을 차용하자면 ― 성육신하신 그리스도의 값비싼 희생에 의해 영원히 깨어진다. 그렇다면 골로새서의 종말론에는 우리가 로마서 8장에서 추론한 종말론적 책임과 관련될 수 있는 인간 신자를 위한 역할을 묘사하고 있는가? 특히 찬가의 실현된 언어에도 불구하고, 우리는 이미 골로새서가 현재 그리스도인의 삶에 미래의 희망, 투쟁, 그리고 윤리적 요구들이 남아있다는 것을 언급했다. 특히 주석가들에게 상당한 신학적 어려움을 야기한 1장 24절의 "그리스도의 남은 고난을 채운다"ἀνταναπληρῶ τὰ ὑστερήματα τῶν θλίψεων τοῦ Χριστοῦ는 바울의 수수께끼 같은 언급은 흥미롭다.[58] 비록 화해가 십자가골 1:20를 통해 완성된 것처럼 보였지만, 저자는 여전히 그리스도를 따르고 그리스도 안에서 발견되는 인간의 투쟁과 고통에 대한 의미를 찾고 있다.[59] 다시 말하지만 우리는 골로새서 1장 24절과 같은 본문은 골로새서 1장 20절과 함께 생태신학적으로 읽을 수 있다고 확신한다그리고 7장에서 우리는 고린도후서 5장 17절의 적절한 읽기에 대해 제안할 것이다.

이러한 이해는 우리가 골로새서 전체를 받아들이고 온 우주에 대한 하나님의 계속되는 구속의 이야기에 신자들이 합류한다는 것을 고려할 때 더욱 강화된다. 로마서 8장에 있는 하나님의 자녀들의 "드러남"이 갖는 해방의 잠재력과 성령과 피조물, 그리고 신자들이 함께 신음하고 있다는 것을 고려한다면 골로새서 1장 24절의 ὑστερήματα부족한 것들는 심오한 논리를 가지게 된다.[60] 그리스도의 희생은 새로운 시대를 연다; 이는 창조의 완성에 인간이 하나님에게 협력하는 것을 방해하는 영적인 저항을 극복하며; 이는 그런 의미에서 이미 실현된 화해이다. 그러나 그리스도 안에서의 공동체의 후속 투쟁은, 비록 이것이 그리스도의 희생에 의한 해방으로써 가능해진 것이지만 그 자체로 효과적이고 필요한 것이다.

그러므로 우리는 골로새서 1장 20절과 24절을 생물권의 치유와 관련된 인간 투쟁의 중요성에 대한 힌트를 제공하는 본문으로 본다. 발라반스키 역시 — 피조물의 "문제"에 대한 직접적인 희극적 해결보다는 — 과정의 개념을 채택한다. 그녀는 골로새서 찬가가 신적 범재신론Divine Panimmanence의 스토아적 우주론에 기초한 그리스도교적 성찰을 형성했다는 주장을 전개하면서 "예수의 십자가 상에서의 피를 통하여 평화를 이루는 것은 역동적인 과정이다. 이것은 일회적 사건이 아니다. 이를 통해 우리는 모든 피조물의 생명 지향성에 대한 존중을 배우고 재학습하며, 생물 중심적 우주론으로 나아갈 수 있다."[61]

우리는 위에서[6.2장] 주요 본문이 우주의 운명을 묘사하며 사용되는 이미지가 서로 다르다는 점에 주목했다. 로마서 8장 19-23절은 자유와 영광에 대해 이야기하고 있으며, 골로새서 찬가는 화평과 화해의 언어를 사용한다. 이는 일부 사람들에 의해 인간을 제외한 피조물과의 관련성을 무시하기 위해 사용되는 이러한 관계를 나타내는 언어[5.2장]이나, 우리는 여기서 골로새서 찬가가 비록 암묵적일지라도 생태신학적 윤리를 위한 몇 가지 자원을 제공하는 징후를 발견한다. 화평케 하는 것 또는 화해를 이루는 것은 관계와 태도의 변화를 말하는 언어이며, 이는 상대방에 대한 행동이라고 할 수 있다. 하나님이 그리스도 안에서 만물의 화해를 이루었다면, 그 '그리스도 안에서'의 임무는 그들의 관계와 행위 속에서 화해를 표현하고 제정하는 것이다. 골로새서가 이것을 인간 사이 — 그리고 주로 교회 사이 — 관계의 관점에서 보는 한편, 화해의 과정에 "만물"이 포함되어 있다는 분명한 징후를 바탕으로 본문에 대한 구조적인 접근을 통해 이를 더 발전시킬 수 있다.

물론 과학적이고 생태학적인 정보에 기반한 맥락에서 볼 때 "화해"가 무엇을 의미하는지에 대한 어려운 질문이 남아 있다. 5장에서 상술되었듯이 저자는 해리 마이어가 보여준 제국의 업적을 묘사한 것과, 비견되는 모티브인 권력과 권위와의 화해에 초점을 맞춘다.[62] 다시 말하지만 이 본문의 화해라는 개념을 생태신학적으로 유용해왔음에도 불구하고 "화해"가 생태신학적, 윤리적 비전으로 무엇을 의미할 수 있을지는 명확하지 않다. 이사야 11장의 비전에 대해 시블리 타우너 Sibley Towner 는 "만약 평화가 새로운 시대의 특징이라면[사 11:1-9], 이 시련의 시기에 우리의 할 일은 전쟁을 폐지하고 사람들 사이의 화해뿐 아니라 늑대와 뱀까지도 화해하는 것이다."라고 언급했다.[63] 그러나 늑대와 뱀 사이의 화해를 위한 요구가 "이 시련의 시기" 동안의 윤리적 명령과 실질적 행위의 측면에서 무엇을 의미하는지는 덜 명확하다.

하나님의 화평과 화해의 비전에 대해 가능한 한 가지 함축적 의미는 인간이 동물을 죽이고 먹는 것을 중단함으로써 이 비전에 맞춰야 한다는 것인데, 이는 8장에서 탐구할 윤리적 과제이다. 그러나 늑대들 — 아시시의 성 프란치스코 Saint Francis of Assisi 에게는 죄송한 일이지만 — 은 사자가 지푸라기로 자양분을 삼는 것[사 11:6-9 참조]보다 더 평화롭고 비폭력적인 양과의 공존에 대한 강령을 따르려 하지는 않을 것이다. 어쨌든, 진화 과학은 우리에게 포식 이전의 천국은 결코 존재하지 않았을 뿐 아니라, 살아있는 생물의 형태는 먹이를 사냥하거

나 포식자로부터 도망치는 것을 포함한 그들의 삶의 패턴을 반영한다
는 것을 가르쳐 주었다. 홈즈 롤스턴 Holmes Rolston 은 "쿠거의 송곳니는
사슴의 재빠른 다리를 조각냈고, 그 반대도 마찬가지이다"[64]라고 이
를 정리한다.

생태학적 개념을 적용할 수 있는 또 다른 가능성은 적어도 우
주적 화해의 현 세계적 관점을 모두에게 살아갈 수 있는 적절한 공간
이 주어지는 과정으로 보는 것이다. 이 관점에서 화해는 사자가 초식
성 식단으로 전환한다는 의미도, 심지어 인간이 채식주의자가 된다는
의미도 아니지만, 지구의 모든 다양한 종들이 번성할 수 있는 여지를
찾는다는 것은 의미할 수 있다. 화해에 대한 이러한 해석은 모든 것을
그리스도의 통치 아래로 가져오는 것과 이 새로워진 삶이 암시하는
관계의 적절한 질서에 초점을 맞춘 골로새서의 설명에서 근거들을 찾
을 것이다. 물론 가계 규범의 도덕적 비전 골 3:18-4:1 은 윤리적인 의문점
들이 남아 있으나 이를 화해의 공동체의 삶 속에 권위가 평등하지 않
다고 보기보다는 이를 자신의 지위에 따라 질서 정연하고 사랑과 정
의와 함께 행해지는 관계 속에서 표현되고 있음을 시사한다 골 3:19, 4:1
고 본다. 우리도 여러 이유로 가정 내의 인간관계에 대한 이 부분에
의문점이 있을 수 있으나, 화해가 무엇을 의미할 수 있는지에 대한 더
넓은 이해는 생태신학적 관련성을 의미할 수 있다.

화해에 대한 이러한 해석은 즉시 골로새서 비전에 내재된 윤리
적 의무에 대한 인간의 책임의 문제를 제기한다. 그렇다면 인류가 모
든 생물의 "터전"이 되는 생태계를 유지 — 이제까지 설명한 바와 같
이 파괴하지 않는 — 하고 아무도 이를 멸종으로 몰고 갈 정도의 경쟁

에 시달리지 않는 화해의 비전을 상상할 수 있을 것이다. 인간의 기술과 독창성에 의해 지구 환경에 가해진 거대한 변화에 비추어 볼 때, 미래의 변화와 인류가 현재의 "신음"에 반응하는 데 중요한 역할을 담당할 가능성이 있다^{이러한 점은 8장에서 다룰 것이다}.

로마서 8장이 생태윤리 지침에 대해 명시적으로 드러내고 있지 않으나, 과학적이고 생태적인 정보에 입각한 읽기를 통해 인간을 제외한 피조물이 어떻게든 기다리고 있는 영광의 자유로 특징지어지는 하나님의 아들들에 대한 묘사를 통해 강력하고 암묵적인 명령을 전달하는 것처럼, 서신적 맥락에서 읽는 골로새서 찬가 역시 만물의 화해에 대한 비전을 통해 윤리적인 사명을 내포한다. 여기에는 그리스도인들이 자연계의 화해를 위해 일하라는 어떠한 명시적인 요구도, 심지어 인간들 사이의 화해를 위해 일하라는 요구도 없다. 그러나 찬가를 통해 장엄하게 묘사된 화해의 비전은 분명한 목표이자, 모든 피조물의 *telos[궁극적인 목표]*이며, 이를 구체화하기 위해서는 관계와 행동의 정형화가 필요하다. 이것은 이 서신의 수신자들에게 반복적으로 주어지는 인간을 향한 거룩한 소명이다^{골 1:9-12, 23; 3:1-4:2}. 화해의 이러한 주제와 관련된 바울의 다른 본문에 대한 이해에 관해서는 7장에서 다룰 것이다.

인간을 제외한 피조물의 운명을 논하는 바울의 이 짧지만 중요한 본문들은 어려움들의 중재와 신적 결합이라는 "희극" 모티브에 의해 부분적으로 형성된 내러티브 안에서 읽힐 수 있지만, 또한 더 넓은 범주의 피조물에 영향을 미치는 변화된 상태를 향한 믿음 공동체의 "낭만극"적 투쟁으로도 읽힐 수 있다. 이는 로마 제국의 거짓된 "희극"과 스토아적 우주론의 끊임없는 아이러니의 순환이라는 헬레니즘 세계의 두 내러티브와 대항하는 대안적 내러티브의 형태로 볼 수 있다. 또한 이러한 고난과 변화의 원정이라는 내러티브는 자유하나 유한하다그리스도교적인 내러티브는 의미가 무엇인지 끊임없이 탐구하는 폴 피데스Paul Fiddes 의 "긴장의 끈"line of tension 공식과도 관련이 있다. [65]

우리는 주엣 등 다양한 연구자들의 논의를 통해 로마서 8장 19-23절에서 아직 완전히 실현되지 않은 신자들의 구원, 즉 그들 자신의 변화와 자유에 대한 원정은 성령이 인간을 자유하게 하는 과정에서 인간이 인간을 제외한 피조물들을 그들이 처한 "속박"으로부터 해방시키기 위해 인간과 피조세계의 관계 회복에 일종의 능동적인 헌신을 암시한다. 그렇다고 해서 이 본문이 환경 윤리에 대한 손쉬운 해결책이 되는 것은 아니다. 그러나 현대 과학에 기반한 정보를 통해 의식적이고 명시적으로 생태적 관심사에 초점을 맞춘 읽기를 통해 하나님의 아들들의 자유와 영광의 경험을 고대하고 있는 피조물의 해방 과정에 이 윤리적 의무가 결정적이라는 것을 볼 수 있다.

골로새서를 통한 우리의 생태윤리적 추론은 또한 구원 과정의 관점으로 바울서신을 읽는 렌즈의 형성에 기여한다. 이 과정 속에서 인간은 그리스도의 현현을 삶의 중점 요소로 놓고 피조세계와 어울려 살아가려 투쟁하며, 때문에 생태윤리의 중요성을 부각시킨다. 우리의 해석 렌즈는 특히 골로새서 찬가의 화해라는 주제를 반영하며, 이 주제는 다음 장에서 바울 문서를 더욱 폭 넓게 읽는 과정에서 주요 초점이 될 것이다.

6.5   **결 론**

우리는 이 장에서 구조적이고 비판적인 목적
을 수행했다. 로마서 8장 19–23절과 골로새서 1장 15–20절의 내러
티브 비교를 통해 우리는 이 두 본문이 상당한 차이점을 가지고 있지
만, 특히 현재적이고 미래적인 피조물의 새로워짐을 묘사하는 이미지
의 측면에서 대체적으로 유사한 관점을 발견했다. 또한 우리는 비판
적인 점도 강조했다. 이들 본문의 빈번한 사용에도 불구하고, 그리스
도교의 환경적 의무에 대해 이들 본문을 통해 단순히 정의할 수 없다.
이들 본문이 중요한 기여를 한다는 것은 분명하지만, 신학적 또는 윤
리적 유용은 본문의 의미를 원래의 맥락에서 설명하는 것 이상의 많
은 작업이 필요하다.

이 두 본문과 여기서 암시하는 피조세계의 과거, 현재 그리고
미래에 대한 이야기는 바울 전통에 대한 우리의 초점을 다시 맞추기
위한 생태학적 해석 렌즈 형성의 구심점이 된다. 여기서 피조물 전체
는 이야기의 중심으로 들어와 그리스도 안에서 하나님의 구원, 화해,
해방의 목적에 온전히 참여하게 된다. 두 핵심 본문의 요지로 인식한
것과 과학적 정보에 기반한 생태적 관심을 바탕으로, 과거의 낙원의
복원보다는 미래에 있을 피조물의 변화에 초점을 맞추게 된다. 그리
고 이러한 변화에서 하나님의 아들들인 교회는 중요한 주체로 보여진
다. 두 주요 본문은 우주를 치유하고 해방시키고 화해시키는 하나님
의 사역에 대한 신자들의 참여를 촉구하는 이야기를 내포한다. 그러

므로 우리는 하나님의 아들들이 자유와 영광과 교회와 우주가 화해를
이루는 — 희망적 투쟁이 남아있는 — 과정이 피조물들에게 중요하다
는 묘사를 통해 우리가 찾아야 할 중대한 윤리적 함의가 있을 것으로
예상한다. 그럼에도 불구하고 이러한 예상은 더 폭넓은 바울 문서에
비추어 신중하게 설명되어야 할 것이다.

　　우리는 다음 장에서 로마서 8장 19-23절과 골로새서 1장
15-20절의 창조 이야기에서 파생된 일종의 해석학적 렌즈를 통해 초
점을 맞춘 바울서신에 대한 더 넓은 접근을 시도할 것이다. 만약 우리
가 모든 창조물이 현재 신음하고 고통받고 있지만 이미 해방과 완전
한 화해를 기대하고 있다는 확신에 중점을 둔다면, 그리고 이 과정에
서 미래적 변화의 본질과 구원받은 인류의 역할에 초점을 맞춘다면,
우리는 어떻게 다른 바울 문헌을 다시 읽고 바울신학과 윤리의 중심
주제를 재적용할 수 있을까? 이 책의 다음 장에서 우리는 이 질문에
대해 다룰 것이다.

3부

바울의
생태신학과
생태윤리

7장

바울서신의 생태적 읽기

7.1   서 론

앞에서 우리는 생태신학적 논의에 가장 자주 인용되는 바울서신의 두 본문인 로마서 8장 19-23절과 골로새서 1장 15-20절에 대해 중점적으로 다루었다. 이 본문들이 바울서신의 생태신학적 참여를 가능하게 하는 출발점을 제시하는 본문임은 어느 정도 인정하지만 지적한 바와 같이, 그리고 우리가 일반적으로 가정하는 것과 같이 이 두 본문이 쉽고 분명하게 생태환경 윤리를 위한 지침을 제공하는 것은 아니다. 그럼에도 불구하고, 이 두 본문은 그리스도 안에 계신 하나님을 통해 가능하게 된 자유와 평화를 반영하는 방식으로 살아가는 소명을 가진 구원받은 인류를 중심으로 한 하나님의 해방과 화해 사역의 비전에 전체 피조세계를 참여하게 함으로 바울의 생태신학과 윤리의 중요한 토대가 된다.

6장에서 우리는 로마서 8장 19-23절과 골로새서 1장 15-20
절에서 다양하게 제시되고 있는 바울의 창조 내러티브를 모아서, 그
것이 현대 과학을 통해 어떻게 해석될 수 있는지, 그리고 과학적인 정
보에 근거한 읽기가 인간의 책임과 관련하여 어떠한 신학적·윤리적
함의를 띄는지를 개략적으로 설명했다. 우리는 로마서 8장과 골로새
서 1장 모두 하나님이 온 우주를 구원하는 과정에 참여하는 신자들에
게 생태환경과 관련된 윤리적 함의를 전하는 것으로 볼 수 있다고 주
장했다.

두 부분으로 나누어진 이번 장의 과제는 선행분석, 특히 우리
가 개발한 해석 렌즈의 종류를 더 광범위하게 전체 바울서신을 해석
하는 기초로 사용하는 것이다. 부분적으로, 이것은 성서에 대한 생태
적 접근이 뚜렷하고 선호되는 본문들을 넘어서 성서 전통_{부분 및 전체}에
대한 새로운 읽기를 만들어야 한다는 확신을 반영한다.[1] 이것은 또한
콘라디의 연구에서 파생된 방법론을 반영하는데, 콘라디는 해석의 렌
즈를 성서 해석의 과정을 이해하는 생산적인 방법으로 이해한다. 생
태적 우려와 피조물 중심적인 핵심 본문을 중심에 배치하는 것은 이
러한 초점을 중심으로 형성된 바울서신 전체의 다시 읽기로 이어질
수 있고, 이어져야 한다. 그러한 읽기를 진행하면서, 이 방법론의 두
가지 요점은 계속해서 우리의 접근 방식을 결정할 것이다.

첫째, 우리는 우리가 시도하는 것이 바울이 "정말로" 말하고자
했던 의미를 결정하려는 것이 아니라 구조적이고 생태적인 정보에 입
각한 읽기 — 마치 그러한 목표가 우리의 현대적 맥락이 우리의 질문,

우선순위 및 인식을 형성하는 방식에서 분리될 수 있는 것처럼 ― 라는 것을 분명히 한다. 2장에서 다루었듯이, 성서가 말하는 것을 제시 ― 더 명확히 말하자면 원래의 의미를 찾는다는 ― 한다고 주장하는 접근 방식은 독자의 능동적 참여 및 해석적 기여를 배제한다. 이것은 바울신학의 핵심을 분별하려는 다양한 시도를 검토함으로써 더욱 강화된다. 이와는 대조적으로 우리의 접근 방식은 우리의 특정한 현대적인 상황 속에서 발생된 어떤 관심과 질문이 성서의 유용성을 형성한다는 것이다. 둘째, 우리는 바울신학의 내러티브적 형태에 계속해서 초점을 맞추고 있으며, 여기서 이 본문들이 현대 생태신학과 윤리를 형성할 수 있도록 영향을 미치는 생산적인 방법을 찾으려 한다.

우리는 바울신학에 대한 전반적인 관찰과 이를 이해할 수 있는 "실마리"를 찾는 것으로부터 이 장을 시작하려 한다. 이 오래도록 지속되어온 학술적 탐구는 역사적인 이유뿐 아니라 다양한 제안들이 서로 다른 상황과 관련된 우선순위와 관심을 반영하고 암시하기 때문에 흥미롭다. 따라서 바울신학의 핵심에 대한 다양한 주장과 ― 생태적 질문에 대한 관심에서 형성된 ― 우리의 초점은 특정한 해석 순위를 반영한다. 우리는 이미 바울신학의 서사 구조와 하나님의 화해와 해방의 목적에 전체 창조물을 포함시키는 것에 초점을 맞추고 있으며, 피조물의 화해를 거쳐 새로운 피조물이 됨과 종말론으로 이어지는 바울신학의 새로운 읽기의 윤곽을 제시한다. 우리의 "렌즈"가 골로새서 찬가에서 도출한 중요 주제는 화해였다. 이것은 하나님이 그리스도 안에서 시작하고 행하신 피조세계 전체와 관련된 과정으로서 이해되지만, 우리는 여기에 그리스도가 영광의 희망임을 믿는 공동체의 투쟁도 수반된다고 추론했다. 이 장에서는 바울신학의 생태신학적 구조의 중심이 될 화해의 주제에 대한 잠재력을 다룬다. 예를 들어 고린도후서 5장의 화해에 대한 핵심 본문이 우리의 본문에서처럼 우주적 범위로서 읽힐 수 있는지, 그리고 그러한 읽기가 "새로운 피조물", καινή κτίσις라는 구절에 대해 무엇을 의미할 수 있는지를 논한다. 우리는 로마서나 골로새서의 본문들과 마찬가지로 그리스도 안에서 하나님의 구원을 믿는 신자와 더 넓은 범주의 피조물이 참여하는 과정으로 읽는 것이 가능하다는 것을 보일 것이다.

여기서부터 우리는 로마서 본문의 해방과 영광의 모티브와 화해를 어떻게 연결할 수 있는지 비추어 볼 것이다. 이는 차례로 윤리에 큰 영향을 끼치는 주요 논의, 특히 "타자 배려"라는 주제에 대한 논의에 대해 다룰 것이다. 우리는 이 논의를 로마서 8장의 영광과 이 과정을 가능하게 할 자기비움kenosis과 연결시킨다. 즉, 우리의 해석적인 관점은 전체 피조물을 아우르는 화해와 구원의 이야기를 식별하는 바울신학의 재구성으로 이어지는데, 그 이야기는 신학적·윤리적 함의를 모두 담고 있다.

마지막으로 우리는 최근의 생태신학적 저술에서 대표되는 다양한 암시적 이야기들 ― 그리고 그들의 성서 출처 ― 을 비교, 대조함으로 현대 생태신학에 대한 바울서신의 잠재적 기여도를 평가하고 바울의 생태신학의 모양에 대한 대체적인 윤곽을 제공한다.

7.2   **바울신학의 핵심에 관한 탐구**

바울복음의 핵심, 즉 사상의 본질을 포착하고 표현하고자 하는 방식으로 바울서신을 해석하고자 하는 시도는 오래도록 이루어져 왔다.[2] 사실 이 해석의 역사는 바울신학의 중심 주제에 대한 권위적인 요약인 에베소서로 거슬러 올라갈 수 있다.[3] 이러한 해석은 "바울신학을 일관되고, 모순되지 않고, 스스로를 뒷받침할 수 있는 전체로서 재정립하려는" 시도를 나타낸다.[4] 이것은 필연적으로 우리가 "바울신학"이라 부르기로 선택한 실체의 구성을 포함하는데, 비록 우리의 지식은 매우 제한된 외부 증거를 바탕으로 한 역사적·사회학적 재구성에 제한되지만, 다양한 환경과 상황을 다루기 위해 수년간 작성된 불완전한 서신 모음을 체계화하고 일관성 있게 해석하는 과정을 거친다.[5] 다양한 학술적 제안들이 밝혀낸 것들 중 하나는 해석의 과정이 콘라디가 요약한 것과 어느 정도 유사하다는 점이다. 말하자면, 단순히 중립적으로 바울신학의 부분들을 관찰한 후 가장 두드러지는 점을 발견하려는 시도들은, 본문뿐 아니라 독자의 현재적 상황과 우선순위에 의해 형성되는 방식으로 일관성과 의미를 구성하려 한다는 것이다.

이러한 이유로 어떤 이들은 바울 문서들은 일관성이 떨어지기 때문에 "바울신학"의 체계화가 설득력이 없다고 주장하는 한편[6] 다른 사람들은 논의를 통합하기 전에 각 개별 서신서의 신학에 초점을 맞춘 접근 방식을 취한다.[7] 크리스티안 베커 J. Christiaan Beker 는 간헐적인 서신과 체계적 사고 사이의 난해한 간극을 아우르기 위한 시도로써 바울신학은 우연성 안에 일관성을 가지고 있다고 주장한다.[8] 즉 바울 사상의 핵심에는 일관된 신념이 있지만, 이것들은 서로 다른 상황에서 작성된 서신들에서 다양하고 우발적인 방식으로 받아들여진다.

앞에서 설명한 방법론적 입장을 바탕으로 한 우리만의 접근 방식은 베커의 접근 방식처럼 일관성과 우연성 사이의 중재를 시도한다. 바울서신 ─ 저자 논쟁의 여지가 없는 서신과 그렇지 않은 서신 ─ 모두는 다양한 경향을 갖고 있는 서신들이다. 언어, 주제, 그리고 신학적 강조는 폭넓은 다양성을 가지고 있다.[9] 해석자는 이러한 차이를 고려하여 특정 구절의 서신적 맥락에 정당성을 부여하려고 노력해야 한다. 동시에 이 서신 모음에 일관되게 나타나는 상당히 일관된 신학적 신념이 있다. 더욱이 우리는 바울신학에 신학적 "중심"을 명시함에 있어서 단순히 거기에서 무언가를 발견하는 척하는 것이 아니라 일관되게 무언가를 만드는 구성적인 활동에 참여하고 있다는 것을 완전히 인식한다. 이는 우리가 2장에서 밝힌 입장과 같다. 바울신학에 대한 모든 시도는 특정 본문의 우선순위를 정하고 다른 본문을 소외시키며, 독자의 ─ 이를 인정하지 않더라도 ─ 우선순위와 원칙에 의해 형성된 특정 방식으로 본문을 읽는 것이 포함될 것이다.

어거스틴과 루터로부터 유래한 오랜 그리스도교 전통은 바울 복음의 핵심을 이신칭의^{以信稱義}로 본다. 스테판 웨스터홀름^{Stephen Wester-holm}은 어거스틴의 초기 가르침에 이어 루터의 "예수 그리스도를 믿음으로 값없이 의롭게 된다는 바울의 복음"에 대한 주요 설명[10]을 통해 소위 "루터교적" 바울이 등장했다고 본다.[11] 이 루터교적 읽기는 바울

복음의 핵심을 표현하는 데 중점적으로 여겨지는 특정 본문에 초점을 맞춘다. 웨스터홀름은 갈라디아서 2장 16절을 이렇게 언급했다. "루터에게 있어서 바울을 이해하는 데 있어 이보다 더 중요한 본문은 없었다."[12] 루터는 이신칭의를 그리스도교의 "주요 교리"이자 "참된 의미"라고 묘사한다.[13]

이러한 관점에 대한 빌헬름 브레데Wilhelm Wrede와 알베르트 슈바이처Albert Schweitzer의 비판은 잘 알려져 있다. 브레데는 주로 이신칭의를 하나님의 백성 안에 이방인의 자리를 지키기 위한 "논쟁적인 교리"로 보았고, 슈바이처는 이를 진정한 중심 교리가 아닌 "보조적인 교리"에 불과한 것으로 여겼다.[14] 이들과 다른 학자들이 이신칭의가 바울 전체 신학의 핵심 교리가 아니라고 주장하는 이유 중 하나는 바울서신서들, 특히 데살로니가전서에 그러한 언어가 사실상 부재하기 때문이다.[15] 브레데는 바울신학의 중심에 속하는 구속에 대한 더 넓은 이해를 제안했다.[16] 이는 그 범위를 단지 개인의 죄뿐만 아니라 영적인 세력과 힘, 율법으로부터의 구원으로 보고 개인보다는 인류 전체에 초점을 맞추었다.[17] 슈바이처는 바울신학의 핵심이 그리스도와의 연합에 대한 신비적 개념이라고 주장했다. "그리스도 안에 존재한다는 개념은 바울의 가르침 중 가장 큰 수수께끼이다. 일단 이에 대해 이해하게 되면 전체에 대한 실마리가 된다. … 그러므로 이신칭의의 교리는 주요 교리의 테두리 안에 형성된 보조 교리로서 그리스도 안에 있음을 통한 구속의 신비로운 교리이다."[18] 우리의 목적을 위해 동등하게 중요한 것은 바울신학의 핵심으로서 "이신칭의" 교리의 과도한 중시는 필연적으로 인간 중심적인 초점을 반영한다는 것이다.[19]

이것은 인간 활동의 지구적 차원과 환경적 결과를 인식하지 못하던 배경에서는 충분히 이해할 수 있었지만, 생태환경을 중요시 여기는 현시대의 도전과 관심에는 부적합한 신학을 도출하게 된다.

바울신학의 핵심에 그리스도 안에서의 참여 사상이 놓여 있다는 슈바이처의 확신은 특히 영향력이 있었다. 보다 최근의 학자들은 바울에 대한 어떤 형태의 참여주의적 이해를 계속 주장하고 있다. E. P. 샌더스E. P. Sanders는 그의 영향력 있는 저작 『바울과 팔레스타인 유대교』Paul and Palestinian Judaism에서 그리스도교는 유대교를 "율법의 행위를 통한 의"의 종교로 서투르게 묘사했다고 폭로했다. 이러한 유대교에 대한 이해는 이미 루터교 전통을 강조하는 학자들에 의해 주장되었다. 샌더스는 "바울신학의 핵심이 있는 곳"에 "참여의 범주"가 있음은 의심의 여지가 없다고 주장한다.[20] 바울은 그리스도의 대속적 죽음에 대한 초기 그리스도교 전통을 받아들이고 반복하지만, 그 자신의 강조점과 공헌은 그리스도에 참여한다는 개념에 초점을 맞추는 것이다.

> 그리스도의 죽음이 바울에게 갖는 가장 중요한 의미는 그것이 과거의 죄에 대한 속죄를 제공한다는 것이 아니라비록 그는 속죄를 제공한다는 일반적인 그리스도교적인 견해를 가지고 있지만, 그리스도의 죽음에 참여함으로써 죄의 권세와 과거의 세대에 대해 죽고 그 결과, 하나님께 속하게 된다. … 이러한 환승은 그리스도의 죽음에 참여함으로써 이루어진다.[21]

더 최근에는 더글러스 캠벨Douglas Campbell이 바울의 복음에 대한 참여적 이해를 "이신칭의"모델에 대한 단호하고 신학적인 공격의 맥락에서 주장했다.[22] 캠벨은 바울신학의 중심을 찾는 데 있어 세 가지 주요 선택사항이 있음을 주장한다 캠벨은 바울신학은 일관성이 결여되어 있다고 주장하기도 한다. 이것을 그는 AT[anti-theological]라고 불렀다.[23] 이 세 가지는 불트만Rudolf Bultmann 과 같은 루터적 해석자들이 옹호하는 이신칭의JF: justification by faith 와 데이비스W. D. Davies, 쿨만Oscar Cullmann, 그리고 라이트N. T. Wright 의 연구를 통해 다양하게 대표되는 구원사SH: salvation history, 그리고 마지막으로는 슈바이처Albert Schweitzer, 브레데Wilhelm Wrede, 데이즈만Adolf Deissmann, 그리고 최근의 샌더스E. P. Sanders 의 연구에서 어느 정도 보여지고 캠벨이 선호하는 모델인 성령론적으로 참여하는 순교적 종말론PPME: pneumatologically participatory martyrological eschatology 이다.

　　캠벨의 연구는 특히 신학적 의제를 명확하고 근본적으로 중요하게 만드는 데 특히 중요하다. 그는 그가 주로 공격하는 JF 모델이 주석적으로 불만족스럽고, PPME 모델은 바울 문서에 대한 설득력 있는 해석을 제공할 수 있다는 것을 보여주지만, 그의 주장은 역사—주석적 관심사에 의해서만 제기되지는 않았다는 점 역시 분명하다. 오히려 캠벨은 JF 모델에 처참한 신학적 결함이 있어서 PPME 모델이 피하는 유감스러운 신학적·윤리적 함의를 많이 담고 있다고 본다.[24] 사실 그러한 관심과 약속이 종종 학술적 해석 아래 숨겨져 있음에도 불구하고, 바울신학의 해석은 해석자의 맥락에서 발생하는 신학적 관심에 의해 형성되고 있으며,[25] 항상 그래왔다는 점은 어렵지 않게 볼 수 있다. 바울신학에 대한 참여적 읽기를 선호하는 다른 이유들과는 상당히 별개로, 우리가 처한 생태환경적 상황에 대한 고려는 이신칭의에 대한 초점보다는 참여에 초점을 맞춤으로 생태적인 바울신학을 발전시키는 데 더 큰 기여를 제공할 수 있다.

화해와 같이 때때로 확인된 다른 주요 주제들에 대해 우리는 아래에서 논의하고 발전시킬 것이다. 실제로 우리는 앞선 제안들을 바탕으로 화해, 특히 우주적 화해가 바울의 생태신학의 중심 주제임이 틀림없다는 주장을 펼칠 것이다. 우리는 또한 윤리와 밀접하게 연관되는 해석을 가능하게 하는 참여적이고 종말론적인 바울의 읽기를 다음 장에서 더 자세히 다루고자 한다. 또한 우리가 이미 3장에서 지적한 바와 같이 바울신학에 대한 내러티브적 접근 방식의 최근 발전도 영향력이 있다3.2장 참조. 4-6장에서 다룬 내용에서 분명히 알 수 있듯이, 내러티브 구조에 대한 이러한 초점은 바울 문서에 대한 우리의 이해의 기초가 된다.

일부 학자들은 바울신학의 핵심은 단일주제로 구성되어 있는 것이 아니라 단일주제의 하부 개념으로 여겨서는 안되는 주제나 상징의 군집이 있다고 강조했다. 예를 들어 베커는 바울 사상의 신 중심성을 강조하는데, 그 초점은 "구원역사의 흐름에서 하나님의 영원한 목적과 계획은 그리스도로부터 하나님의 묵시론적 승리에 이르는 것"에 맞춰져 있다고 주장했다.[26] 그러나 베커는 바울 사상을 "아우르는 중심"을 "정의, 칭의, 화해, 자유, 양자됨, 그리스도안에 있음, 그리스도와 함께함, 영광 등"[27]과 같은 다양한 상징을 가진 상징적 구조로 보고 있다. 이들은 다루어진 각 상황에 따라 다르게 적용된다. 유사하게 던Dunn은 "이신칭의와 그리스도에 대한 참여 또는 성령의 은사를 서로 대립시키거나 하나의 주제를 다른 하나의 주제에 예속시키는 것은 각각의 주제가 담고 있는 풍성함과 한계를 인식하지 못하게 한다" 라고 경고한다.[28] 바울신학의 "중심"을 단일 주제로 한정하는 것은 실제로 위험이 따르며, 따라서 우리는 다른 자료의 범위를 무시하는 특정한 해석학적 렌즈나 기준들을 이용한다. 주엣 바슬러Jouette Bassler 는 "바울신학의 해석의 길은 신학적 일관성을 향한 열심에 의한 본문의 파편들로 어지럽혀져 있다"며 바울신학의 체계화 시도에 반대한다.[29]

이 문제를 고려하는 또 다른 방법은 이안 바보어Ian Barbour 가 과학과 신학 모두에서 이론의 성공을 측정하기 위해 설정한 기준을 상기하는 것인데, 그 기준에는 데이터, 일관성, 그리고 범위와의 일치 2.4장 참조가 있다. 신학적으로 주도되고 의식적으로 구성적이라 해도, 바울 연구는 바울 자료 전체 범위를 다룰수록 타당성과 설득력이 커질 것이다. 앞서 논의되었듯이 바울서신을 이해하고, 그 내용을 현대 신학과 윤리에 적용하려는 시도는 특정 읽기를 촉진하도록 하기 위해 필연적으로 특정 본문이나 주제가 중심에 놓이도록 자료의 우선순위와 배열을 위치시킨다. 우리는 바울의 생태적 읽기의 시작과 중심에 두 개의 본문을 배치했는데, 이는 사람들이 생태적인 글에서 이들 본문을 암시적이든 명시적이든 이미 인정했기 때문이다. 바보어의 기준은 이러한 문헌들을 중심에 배치함으로써 — 불가피하게 — 형성된 관점을 폭넓은 바울신학 안에서 다룸에 있어 매우 적절하다. 따라서 우리는 단순히 생태적으로 재해석된 바울신학의 중심점으로 우주적 화해를 제안하는 것이 아니라, 우리의 렌즈가 제안하는 초점을 중심으로 다양한 이미지와 모티브를 모을 것이다. 즉, 우리는 생태신학과 윤리에 도움이 될 수 있는 하나의 바울 모티브나 주제를 분리하는 것이 아니라, *생태적 관심사에 비추어 볼 때 다양한 바울 문서들이 어떻게 일관된 목소리를 낼 수 있는지 살펴보려 한다.*

하지만 바보어의 마지막 기준인 생산성도 마찬가지로 중요하다. 즉 현재 우리의 시대적 상황의 요구와 우선순위를 고려할 때, '바울에 대한 우리의 해석이 신학적으로나 윤리적으로 유익하고 시사적이며, 적절하고 의미있는 통찰과 행동을 낳는가?'에 대한 고려가 필요하다. 분명한 이유들로 인해 바울의 중심 사상을 구체화하려는 이전의 시도들은 대부분의 경우 인류와 하나님과 인류 사이의 관계에 대한 질문에 초점을 맞추고 있다[6.4장 참조]. 인간을 제외한 피조물이 그 그림 속에 명시적으로 그려지는 경우는 거의 없었다. 그러나 현시대의 우선순위는 이 초점을 재평가하고 바울신학이 어떻게 다르게 해석되고 유용될 수 있는지 묻도록 한다.

6장에서 우리는 생태신학적 관심과 가장 명백하게 관련된 두 개의 바울서신 본문에 초점을 맞췄다. 우리는 두 본문의 창조 내러티브에 대한 분석을 개발하고 주요 생태신학적, 생태윤리적 주제[화해와 자유의 이야기의 중심에 서 있는 피조물의 문제 해결, 하나님의 구원 목적에 모든 것이 포함되는 것, 그리고 인류와 관련된 책임 등]에 초점을 맞추는 렌즈를 만들었다. 이제 우리의 과제는 우리가 개발한 렌즈를 통해 바울신학의 생태적 읽기의 윤곽을 그리는 것이다. 이것은 결국 우리가 바울서신에 포함된 내용을 보는 방식을 형성하고 해당 본문과 우리 자신의 상황 사이의 연결 감각을 형성하는 역할을 하는 해석적 렌즈를 심화하고 풍부하게 할 것이다. 우리는 로마서 8장과 골로새서 1장의 창조 내러티브에 초점을 두었고, 여기서 우리는 창조에서 시작하여 화해와 새 창조를 거쳐 종말을 향해 나아가는 이 기본적인 내러티브의 방식에 따라 바울신학에 접근할 것이다.

7.3   하나님의 창조와 그 선하심

바울서신들은 우리가 창조의 교리라고 부를 수 있는 것에 크게 초점을 맞추지 않는다. 사실 이것이 바울의 생태적 읽기에 있어서 로마서 8장과 골로새서 1장이 중요한 이유 중의 하나였다. 그러나 — 그리스도를 통하여 — 하나님은 만물의 창조주라는 바울의 확신을 나타내는 다른 문헌들도 있으며, 이러한 근거로 바울서신은 만물의 선함에 대해 어느 정도 암시하고 있다고 할 수 있다. 이는 우리가 이전 장에서 개략적으로 설명했듯이 로마서 8장과 골로새서 1장을 읽음으로써 형성되는 우리의 해석학적 렌즈는 바울서신에 대한 우리의 폭넓은 참여를 용이하게 한다.

이들 창조에 관한 본문들 중 가장 중요한 본문은 고린도전서 8장 6절로, 이는 라이트의 표현으로는 기독론적 유일신론이라고 부르는 것에 대한 신조적인 고백이다. 여기서 그리스도는 유대인의 쉐마^신 6:4에서 파생된 선언의 틀에 짜여져 있다.[30]

> ἀλλ' ἡμῖν εἷς θεὸς ὁ πατὴρ ἐξ οὗ τὰ πάντα καὶ ἡμεῖς εἰς αὐτόν, καὶ εἷς κύριος Ἰησοῦς Χριστὸς δι' οὗ τὰ πάντα καὶ ἡμεῖς δι' αὐτοῦ.

yet for us there is one God, the Father, from whom are
all things and for whom we exist, and one Lord, Jesus
Christ, through whom are all things and through whom
we exist. (NRSV)

그러나 우리에게는 한 하나님 곧 아버지가 계시니 만물이 그에
게서 났고 우리도 그를 위하여 있고 또한 한 주 예수 그리스도
께서 계시니 만물이 그로 말미암고 우리도 그로 말미암아 있느
니라 (개정개역)

이 본문은 골로새서 1장과 마찬가지로, 그리고 같은 문구특히 τὰ
πάντα와 전치사 διά와 εἰς를 사용하여 모든 것이 그리스도를 통해 하나님으로부
터 왔다는 것을 강조한다.[31] 여기서의 초점은 골로새서에 비해 덜 기
독론적이며, 만물이 하나님으로부터 왔으며, 그리스도를 통해 만물이
났음에 대해 명시적으로 언급한 것이다골 1:16 참조. 그러나 골로새서와
는 다르게 미래지향적 초점인 목적론에 있어서 단호히 인간 중심적이
다: ἡμεῖς εἰς αὐτόν ... ἡμεῖς δι' αὐτοῦ. 골로새서 1장이 이러한 생각들
과 문구들이 어떻게 우주론적으로 더 초점이 맞추어진 비전으로 받아
들여질 수 있는지를 보여주듯이, 디모데전서 2장 5절은 저자의 주장
과 상황에 의해 교의적 언어가 어떻게 인간 중심적으로 동등하게 발
전될 수 있는지에 대한 예를 제공한다.[32] 다른 바울 문서들은 하나님
이 만물의 창조주라는 확신을 더 간략히 암시한다롬 4:17: "하나님은…없는 것을
있는 것으로 부르시는 이".

온 세상을 하나님이 만드신 것으로 동일시하는 것의 중요한 함의 중 하나는 모든 것이 본질적인 선함을 가지고 있다는 것이다. 바울은 모든 피조물이 "좋다"는 창세기의 창조기사의 반복된 선언을 명시적으로 인용하거나 반영하지 않는다. 그러나 하나님이 만물의 창조자라는 그의 확신은 이와 같은 의미를 전달함과 같다. 바울의 우상의 재물^{εἰδωλόθυτα}과 관련된 윤리적 지시$^{고전 8:1-11:1}$의 확장된 부분 말미에 우리가 분석한 교의적 고백이 시작되는데, 이 부분에서 바울은 시편 24편 1절, "땅과 거기 충만한 것과 … 다 여호와의 것이로다"^{개역개정}를 인용한다.[33] 중요한 점은 바울이 이 구절을 고린도 지역의 그리스도인들이 시장에서 파는 *모든 것*을 자유롭게 먹을 수 있다는 놀라운 주장의 근거로 삼는다는 것이다.[34] 바울은 고린도 교회의 성도들이 이방인의 우상숭배와 희생제사에 참여하는 것을 피해야 한다는 주장을 굽히지 않지만$^{고전 10:14-22}$, 또한 동등하게 음식 자체는 하나님이 만드신—선한—세계의 일부이기 때문에 오염이나 악의 근원이 아니라고 주장한다. 바울은 로마서 14-15장에서도 이와 유사한 주장을 펴면서 "스스로 속된 것^{κοινὸν}이 없다름 $^{14:14}$", "만물이 다 정하[다]$^{πάντα\ μὲν\ καθαρά,\ 롬\ 14:20}$"라고 명시하고 있다. 확실히 바울은 고린도전서 8-10장과 로마서 14-15장에서 특정 음식을 피해야 하는 이유 — 그리스도 안에 있는 자신의 형제^{ἀδελφοί}에 대한 관심 때문에 — 를 설명하지만 하나님이 만드신 세상의 물질적인 것에는 도덕적 부패의 본래적이고도 내재적인 근원이 없다고 강조한다.[35] 그리고 이것이 전반적으로 "세상"에 대해 다소 부정적인 용어를 사용하는 서신서^{고린도전서}에서도 표현된다는 데 의의가 있는데, 에드워드 아담스$^{Edward\ Adams}$에 따르면 이는 '바울이 교

회와 사회 사이의 구별 의식을 강화할 필요가 있음을 인식했음을 나타내기 때문'이다.[36]

이러한 확신은 또한 디모데전서 4장 4절에서 명시적으로 금욕적인 맥락에서도 표현되는데, 아마도 고린도전서 10장 25-30절과 직접적인 상호 연관성이 있거나 음식을 먹을 때 감사를 표하는 측면에서 적어도 유대인의 영향을 공유한다.[37] 실제로 디모데전서 4장 4절은 고린도전서 10장 25-26절보다 피조물의 선함을 더 분명하게 선언한다(어구 시작 부분에 πᾶν을 강조하여) : 하나님께서 창조하신 모든 것이 선하다: πᾶν κτίσμα θεοῦ καλόν. 사실 목회서신은 저자 논쟁의 여지가 없는 바울서신보다 더 "세상을 긍정하는" 것으로 오랫동안 여겨져 왔고, 이로 인해 그리스도교 윤리의 "물질만능주의적인" 양태를 장려한다는 이유로 비판받았다.[38] 우리의 관심이 부당한 사회 구조와 억압적인 제도에 집중될 때 교회가 받아들이기보다는 도전해야 할 사회에 목회자들이 순응하고 이를 긍정하는 것은 매우 위험하다고 볼 수 있다. 하지만 물질세계에 대한 우리의 태도를 재고해야 할 때, 우리 인간들은 전체 피조물의 연결된 일부인가? 아니면 멸망할 악한 지구로부터 선택받은 누군가가 구원받기를 바라는 특별한 "영적" 존재인가? 그렇다면 아마도 세계를 긍정하는 이 본문의 입장에 긍정적인 기여점이 있다고 볼 수 있을 것이다. 그리스도인의 소명을 사악한 물질세계에서 벗어나는 것으로 간주하는 금욕주의와 대조적으로 목회자들이 세상을 긍정하는 성향은 생태적 측면에 초점이 맞춰진 맥락에서 매우 중요한 역할을 담당할 수 있다.[39] 이것은 변화하는 시대와 이슈에 따라 텍스트의 가치와 위험이 어떻게 변화하는지, 그리고 서로 다른 해석 렌즈가 어떻게 우리의 읽기를 형성하고 구성하는지에 대한 하나의 예시를 제공한다.

전반적으로, 바울서신에서 우리는 모든 창조물이 하나님에 의해, 그리스도를 통해 만들어졌으므로 본질적인 선함과 가치가 있다는 것을 창조 이야기의 시작 부분에 대한 진술을 통해 볼 수 있다.

7.4   **우주적 화해**

그러나 바울서신의 주된 관심사는 하나님의 창조 사역이 아니라 하나님이 창조된 질서 내의 문제를 해결하기 위해 그리스도 안에서 행하신 일, 즉 우리가 6장에서 요약한 내러티브 구조의 두 번째 단계이다. 그러므로 당연하게도 바울신학의 핵심에 관한 대부분의 학술적 논쟁은 여기서 보이는 변화의 종류, 구원의 방식을 파악하는 최선의 방법에 초점을 맞추고 있다. 가장 영향력이 있는 두 가지 대안은 이러한 변화가 믿음에 의한 칭의 과정 이신칭의이나 그리스도에 대한 참여를 통해 이루어지는 것으로 보는 것이다.

현재 연구의 맥락에서, 이신칭의 모델의 초점은 거의 불가피하게 하나님과 죄인된 인간의 관계 그리고 그들이 가질 것으로 기대되는 신앙의 결정적 중요성에 집중된다는 것에 주목할 필요가 있다. 인간의 믿음에 대해 강조 어떻게 인간이 하나님과 예수 그리스도를 믿는다는 것이 "행위"가 되지 않는다거나 ― 더 미묘하게는 ― 하나님의 구원을 받기 위한 약속의 근거가 되지 않는가? 하는 인식의 신학적 위험은 오랫동안 논의되어 왔으며, 여전히 이신칭의 모델에 대한 신학적인 반대의 중요한 근거를 형성하고 있다.[40] 현대의 바울 연구 논쟁의 또 다른 영역을 간단히 언급하자면, πίστις χριστοῦ를 주격 소유격 — 그리스도의 신실함 — 으로 이해하려는 신학적 경향이며, 이는 초점을 인간의 반응에서 신적 주도로 옮겨, 사람이 의롭게 되는 것은 율법이나 개인 신앙이 아니라 예수 그리스도의 신실함을 통해 하나님과의 관계를 회복한다는 데 맞춘다.[41]

보다 참여 중심적인 모델에서의 강조점은 인간이 그리스도 안에 통합되는 것이다. 이는 인간이 "그리스도 안에" 있음으로 그와 동일시되며, 이것은 변화의 본질을 가장 완벽하게 요약하고 죽음에서 새로운 삶으로의 전환에 영향을 미친다. 바울서신이 인간뿐 아니라 모든 것τὰ πάντα을 그리스도 안에 있음을 묘사하는 한, 이 모델은 분명히 생태적 읽기에 더 개방적이다.[42] 실제로 우리는 참여적 초점이 바울서신의 생태신학적이고 윤리적인 해석을 위해 주석적으로 설득력 있고 생산적임을 주장한다. 앞서 살펴보았듯이 골로새서는 1장 15-20절의 찬가뿐만 아니라 웨인 믹스가 세례를 통한 재결합 공식이라 칭하는 3장 11절 "그리스도는 만유 안에 만유에 계신다[τὰ] πάντα καὶ ἐν πᾶσιν Χριστός"는 문구를 통해 그리스도와 연합하는 비전을 특히 명시적이고 두드러지게 보여주었다.[43] 이러한 만물이 그리스도 안에 속하며, 그리스도는 만물에 내재하는 동시에 만유에 초월하여 존재한다는 만유재그리스도적인 비전panenchristic vision의 맥락은 갈라디아서 3장 28절과 고린도전서 12장 13절에서 유사한 공식이 등장하는 것처럼 인간 공동체 사이의 분열을 극복하는 데 초점을 맞추고 있다.[44] 그러나 τὰ πάντα의 사용은 만물이 그리스도 안에 최종적으로 속하게 되는 것에 대한 더 넓은 시야를 암시하며 허용한다. 이것은 확실히 에베소서의 저자가 하나님의 구원 계획엡 1:10의 목적을 간결하고 요약된 형태로 묘사하는 방식이다.

실제로 그러한 우주적인 구원의 비전은 고린도전서 15장 28절에서 찾을 수 있다. 바울은 부활의 약속을 의심하는 고린도교회의 성도들에게 장황하고도 유명한 그의 답변을 통해 그리스도의 부활12-19절로부터 시작하여 앞으로 다가올 더 넓은 부활에 대한 믿음의 근거를 이것첫 열매, 20절에서 찾으면서 이 희망을 확증하는 이유를 제시한다. 여기서 주목할 만한 것은 바울이 명확하게 참여적인그리고 우주적인 구원적 진술을 언급하고 있다는 것이다. 즉, "아담 안에서 만물이πάντες 죽은 것 같이 그리스도 안에서 모두가 삶을 얻으리라πάντες ζωοποιηθήσονται"이다22절; 롬 5:12-21 참조, 한글성서에는 모든 사람으로 번역됨. 바울은 종말 전에 세상 끝에 일어날 사건의 순서를 정하고23절, 이 "종말τὸ τέλος"을 하나님이 먼저 그리스도 아래 모든 것τὰ πάντα, 27-28절에 자주 등장하는 모티브을 복종하게 하시고 그리스도가 하나님께 왕국βασιλεία을 넘기는 시기로 묘사한다. 이 과정에서 유일한 예외는 아들이 복종하게 될ὑποταγήσεται 복종하게 하시는 이ὁ ὑποτάξας, 27절; 롬 8:20 참조인 하나님 자신이다: 이는 하나님이 만유의 주로서 만유 안에 계시려 하심이라: ἵνα ᾖ ὁ θεὸς [τὰ] πάντα ἐν πᾶσιν [28절].[45]

이는 여러모로 매우 충격적인 발언이다. 물론, 그것은 사실 골로새서 3장 11절과 동일하다. 골로새서의 초점은 아주 많이 그리스도 중심적이지만 고린도전서는 확고하게 신 중심적이어서, 후기 삼위일체 교리와 잘 맞아 떨어지지 않는 종속주의적 기독론subordinationist

Christology을 암시한다.[46] 그러나 우리의 목적은 이 중요한 차이와 관련된 교리적인 질문과 큰 연결점이 없다고 보아도 무방하다. 바울 비전이 그리스도 중심적[범재그리스도적]이건 신 중심적이건[범재신론적] 간에 그것은 예외 없이 모든 것을 신성한 삶 안에 포함시킨다. 이것이 만물이[τὰ πάντα] 목적을 이루는 것이다. 샌더스는 바울신학에서 우주적 구원이 고려된다는 주장을 지지하면서 다음과 같이 언급한다.

> 고린도전서 15장 27절 이후는 피조물의 궁극적인 구속의 관점을 지지하는 것으로 보이며, 이에 반대되는 진술은 없다. 일단 골로새서를 고려 대상에서 제외한다면 바울의 사상에서 우주가 차지하는 비중은 골로새서를 바울의 친서로 여기는 학자들이 설명한 것보다 더 적은 것으로 보인다. 그러나 우리는 여기서 골로새서가 우주가 구원을 얻을 것이라는 진정한 바울의 시각을 구성하고 있다는 점을 인정해야 한다. 그럼에도 불구하고 바울의 일반적인 초점은 인간 세계에 있다.[47]

여기서 샌더스가 유용하고 적절하게 강조하는 것은 한편으로 골로새서가 명시적으로 전 우주를 대상으로 한다는 점에서 특히 중요한 본문이라는 것이고 다른 한편으로는 그럼에도 불구하고 우주적 구원에 대한 이 비전이 "진정한 바울적 관점"을 나타낸다는 것이다. 샌더스의 논평의 마지막 부분인 "바울의 일반적인 초점은 인간 세계에 있다"는 말도 의심할 여지가 없는 사실이다. 우리는 이미 바울의 인간중심주의와 이것이 서신서의 생태신학적 참여에 있어 미치는 영향에 대해 살펴보았지만[6.3장 참조] 아래에서 다시 이 주제로 돌아가야 할 필요가 있다.

물론 골로새서 찬가의 중심에는 그리스도 안에서 하나님의 성취를 화해로 묘사한다. 골로새서 찬가의 맥락에서 볼 때, 이것은 분명히 인간뿐 아니라 우주 전체를 아우르는 과정이다. 그렇다면 우주적 화해의 주제가 바울의 다른 서신서에도 있는지, 더 나아가 그의 신학을 생태적으로 읽을 수 있는 핵심 열쇠로 볼 수 있는지를 물어야 할 것이다.

바울신학의 핵심을 규정하기 위한 다양한 시도들 중 랄프 마틴 Ralph Martin 은 "바울의 사상과 사역의 중심을 표현하는 것으로 제시되는 화해의 주제"라는 책 분량의 연구를 제안했다.[48] 이 주제는 분명히 생태적 관점에서 신중한 고려를 요구한다.

신약성서에서 화해의 언어는 뚜렷한 바울서신의 주제이다. 명사 $\kappa\alpha\tau\alpha\lambda\lambda\alpha\gamma\acute{\eta}$화목와 동사 $\kappa\alpha\tau\alpha\lambda\lambda\acute{\alpha}\sigma\sigma\omega$화목하게 하다는 신약성서 중 바울서신서에서만 나타나며, 그 대부분이 고린도후서 5장 18-20절에 집중되어 있다.[49] 골로새서와 에베소서에서는 드물게 접두사가 붙은 동사 $\acute{\alpha}\pi o\kappa\alpha\tau\alpha\lambda\lambda\acute{\alpha}\sigma\sigma\omega$가 나타난다.[50] 그러나 바울서신에서 화해 언어는 칭의/의롭다 함특히 $\delta\iota\kappa\alpha\iota\acute{o}\omega$의 수동적 사용의 언어만큼 — 이것 역시 로마서 2-8장특히 로마서 3장과 갈라디아서 2-3장 같은 특정 문헌에 집중되어 있고, 가장 요약적인 선언이 두드러진 곳은 갈라디아서 2장 16절이다롬 3:28 참조 — 두드러지지 않는다. 화해가 바울신학의 중심이라는 주장은 사용 빈도 때문만은 아니다. 바울신학의 핵심을 분별하는 것은 결코 낱말의 빈도수를 계산하는 문제가 아니었다.

방법론적 논의에서 지적했듯이특히 2장에서, 특정 주제나 모티브를 바울서신을 해석함에 있어서 중심에 두려는 시도는 선택된 모티브와 본문을 명백히 우선시하고 특별하게 여기는 과정을 수반한다. 더 나아가 그러한 우선순위의 부여는 적어도 부분적으로 해석자가 처한 현대적 상황에서 도출되는 우선순위, 즉 해석자의 인식된 — 또는 인식되지 않은 — 우선순위와 확신을 반영할 가능성이 높다. 따라서 우리의 연구에 동기를 부여하는 생태적 관심을 반영하여 우리는 두 핵심 본문을 연구의 중심에 놓고 이러한 본문들을 우리의 해석 렌즈 구성에 참여시켰다. 이것은 바울신학의 핵심에 대한 제안이 주석을 통해 가볍게 받아들여질 수 없으며, 본문의 내용에 대해 납득 가능하고 일관성 있는 해석을 하기 위한 정확하고 신중한 시도가 요구된다는 것을 의미한다. 그러나 콘라디의 연구를 바탕으로 개발된 접근법에 따르면 바울 읽기를 형성하는 렌즈는 본문과 해석자의 상황 모두에게서 기인하며, 이 둘의 만남에 의해 형성된다. 바보어의 기준으로 보면, 바울신학의 핵심에 관한 어떠한 주장도 가능한 한 광범위한 자료들을 설득력 있고 일관성이 있으며 결정적으로는 신학적으로나 윤리적으로도 유익한 방식으로 다루어야 한다는 것이다.

그렇기는 하지만, 앞서 언급한 바와 같이, 우리는 특정 주제가 일부 서신서에서는 두드러지고 다른 서신서에서는 사실상 존재하지 않는, 이미지와 모티브의 다양성이 있기에 하나의 주제를 중심에 두는 데 내재된 어려움을 인정해야 한다. 만약 우리가 화해의 개념을 바울신학의 중심 주제로 삼는다면, 우리는 바울의 구원과 관련된 다양한 표현을 나타내는, 중심 주제 주변에 모여있는 다른 주제와 모티브에 주의를 기울이는 방식으로 해야 한다.

바울의 친서로서 논란의 여지가 없는 바울서신에서 가장 중요한 화해의 본문은 고린도후서 5장 18-20절이다.[51] 바울은 그리스도 안에서 "새로운 피조물"이 있으며 우리가 되돌아가야 할 지점이 있다고 선언한 후, 바울은 다음과 같이 단언한다.

Τὰ δὲ πάντα ἐκ τοῦ θεοῦ τοῦ καταλλάξαντος ἡμᾶς ἑαυτῷ διὰ Χριστοῦ καὶ δόντος ἡμῖν τὴν διακονίαν τῆς καταλλαγῆς, ὡς ὅτι θεὸς ἦν ἐν Χριστῷ κόσμον καταλλάσσων ἑαυτῷ, μὴ λογιζόμενος αὐτοῖς τὰ παραπτώματα αὐτῶν καὶ θέμενος ἐν ἡμῖν τὸν λόγον τῆς καταλλαγῆς. Ὑπὲρ Χριστοῦ οὖν πρεσβεύομεν ὡς τοῦ θεοῦ παρακαλοῦντος δι᾽ ἡμῶν· δεόμεθα ὑπὲρ Χριστοῦ, καταλλάγητε τῷ θεῷ.

All this is from God, who reconciled us to himself through Christ, and has given us the ministry of reconciliation; that is, in Christ God was reconciling the world to himself, not counting their trespasses against them, and entrusting the message of reconciliation to us. So we are ambassadors for Christ, since God is making his appeal through us; we entreat you on behalf of Christ, be reconciled to God. (NRSV)

모든 것이 하나님께로서 났으며 그가 그리스도로 말미암아 우
리를 자기와 화목하게 하시고 또 우리에게 화목하게 하는 직분
을 주셨으니 곧 하나님께서 그리스도 안에 계시사 세상을 자기
와 화목하게 하시며 그들의 죄를 그들에게 돌리지 아니하시고
화목하게 하는 말씀을 우리에게 부탁하셨느니라 그러므로 우
리가 그리스도를 대신하여 사신이 되어 하나님이 우리를 통하
여 너희를 권면하시는 것 같이 그리스도를 대신하여 간청하노
니 너희는 하나님과 화목하라 (개역개정)

18절의 도입구 τὰ δὲ πάντα ἐκ τοῦ θεοῦ는 앞서 우리가 탐구한
창조신학을 다시 상기시키고, "새로운 피조물"아래 참조에 대한 우리의
읽기에 따라 여기에 제시된 바울의 비전에 대한 우주적 범위의 가능
성을 열어준다. 사실상 이것은 19절에서도 암시되어 있는데, 여기서
바울은 하나님이 그리스도 안에서 자기와 화해를 이룬 것은 진정으로
온 우주였다고 선언한다.[52] 그러나 19절에서 더 자세히 진술하는 평
행을 이루는 18절의 "우리"ὑμᾶς[53]에 초점을 맞추고 우주 화해의 선언
을 "그들의 죄를 그들에게 돌리지 아니"한다는 문구로 얼버무리는 것
을 고려하면, 바울의 일차적인 초점은 인간 중심적인 것, 즉 라이문
드 바이어링거Reimund Bieringer의 말을 빌리자면 κόσμος가 원래 지칭하고
있는 것은 die Menschenwelt, 즉 인간 세계이다.[54] 그러나 우리는 여
기서 묘사된 바와 같이 하나님의 화해 행동의 범위는 만물, 즉 온 우
주를 포괄한다고 주장할 것이다.

　　분열을 극복하고 통합을 창조한다는 더 넓은 의미에서의 화해
는 바울에게 있어 하나님께서 그리스도 안에서 행하신 일의 핵심 업
적 중 하나임이 분명하다.[55] 바울이 통합 혹은 하나됨에 대한 비전을
구상하고 표현하는 방식은 그가 당면하고 있는 특정한 상황과 논의를
반영한다. 갈라디아서와 로마서에 두드러진 관심사로 에베소서 저자
에 의해 중심 주제로 채택된 것은 유대인과 이방인의 연합과 평등이
다. 고린도전서에서 바울은 교회파벌끼리 분쟁하지 말고 연합하라고
호소한다고전 1:10 .[56] 다소 분명한 이유 때문에바울 당시의 상황은 인류가 지구를 착취함으
로 지구의 생태환경위기에 대응할 필요성에 직면해 있지 않았다는 분명한 이유로, 바울은 이러한 연합
을 우주적인 성취로 간주하지는 않았지만 골로새서 저자는 이러한 아
이디어에 대한 실마리를 제공한다. 앞서 언급한 바와 같이 고대 세계
와 현대 세계의 우주론적 전제에 큰 차이가 있어서, 골로새서의 우주
적인 비전에서도 현대의 생태적 우려와 관련된 전체 생물권보다는 영
적인 힘과 권위에 초점을 맞춘다. 이곳 고린도후서에서 바울의 화해
에 대한 비전은 인간과 하나님 그리고 서로의 관계에 초점을 맞추고
있으나, 골로새서 찬가와 마찬가지로, 이것을 넘어서는 새롭고 긴급
한 문제들에 대한 건설적인 고려를 불가능하게 하지는 않는다. 사실
우리는 모든 것을 그리스도 또는 하나님과 함께하는 것으로 해석될
수 있는 우주적인 화해가 바울신학을 읽는 중심과 바울의 피조물에
대한 이야기를 풀이하는 중심으로서 이전 장6장에서 설명한 기본 구
조를 강화할 수 있다고 주장한다.

7.5   새로운 피조물

비록 바울이 드물게 언급하지만 우리가 중요하게 고려해야 할 사항은 "새로운 피조물"^{καινὴ κτίσις}에 대한 바울의 언급이다. 이 문구가 그리스도 안에서의 화해와 갱신에 대한 이야기가 지향하는 목표의 의미를 요약하는 한, 그것은 잠재적으로 바울의 생태적 참여와 상당한 관련성을 나타낸다. 이러한 바울의 생태적 참여 본문은 고린도후서 5장에서 우리에게 잘 알려진 생략된 문구로 나타난다: "누구든지 그리스도 안에 있으면 새로운 피조물^{εἴ τις ἐν Χριστῷ, καινὴ κτίσις}." 이 헬라어 문구를 번역할 때에는 분명히 동사를 첨가해야 하며, 이 동사의 선택은 종종 개인에게 "새로운 피조물"이라는 정체성을 부여한다: "누구든지 그리스도 안에 있으면, 새로운 피조물이라."[57] 그러나 문장 요소의 누락은 해석의 역사를 볼 때 다양한 해석의 범위를 가능하게 만들었다.[58] 그 외에 바울서신서 중 새로운 피조물과 관련된 문구가 나오는 곳은 갈라디아서 6장 15절이 유일하다: οὔτε γὰρ περιτομή τί ἐστιν οὔτε ἀκροβυστία, ἀλλὰ καινὴ κτίσις, "할례나 무할례가 아무 것도 아니로되 오직 새로 지으심을 받은 자뿐이니라."

성서 전체에서 "새로운 피조물"이라는 표현은 단 두 차례 나타나지만, 이 구절은 일반적으로 신구약 중간기 유대 문서^{예: 희년서 4.26, 에녹서 72.1}에서 사용되며, 제2이사야^{특히 사 43:18-19 참조}의 종말론적 희망의 모티브에서 기원한 것으로 보인다. 이 모티브는 제3이사야의 피조물의 종말론적 갱신, 특히 "새 하늘과 새 땅"의 개념^{예: 사 65:17-25, 66:22}을 묘사

하는 것으로 발전되었다.[59]

　　핵심 질문은 "새로운 피조물"이라는 구체적인 구절이 주로 우주 전체의 변화를 의미하는 것으로 받아들여지는지, 아니면 개별 인간의 변화와 갱신에 대한 언급으로 여겨지는지에 대한 것이다. 이 두 가지 견해는 모두 최근 학계에서 주장되어왔다. 예를 들어 울리히 멜 Ulrich Mell 은 고린도후서 5장 17절을 ― ein neues Geschöpf, "새로운 피조물"로 해석하여 ― 인간 중심적인 "개종"의 본문으로 보는 시각에 반대하며 그리스도 사건으로 인한 우주적인 종말론적인 변화를 가리키는 것으로 이해한다.[60] 갈라디아서 6장 16절에 관하여 그는 "신성한 회복의 사건으로서의 십자가 사건은 역사의 '중간'에서 그리스도 이전의 과거 세계와 그리스도 이후의 새로운 세계를 분리한다는 점에서 세계를 변화시키는 우주적인 사건이다. … '새로운 피조물'이라 불리는 것은 인간이 아니라, 구원론적인 관점에서 볼 때 세계를 의미한다!"[61]라 주장하며, 고린도후서 5장 17절에 대해서도 "그리스도는 생명의 새로운 질서 ― 그리고 새로운 창조질서 ― 의 창시자로서 인간이 근본적으로 묶여 있는 우주적 구원 사건을 대표한다"고 본다.[62] 따라서 바울의 "새로운 피조물"은 "새로운 사람"과 동등한 의미가 아니며, 오히려 우주적 범주로서 그리스도 사건을 통해 시작된 새로운 세계를 가리킨다.[63] 멜Mell은 이것을 생태적인 연관성을 가진 모티브로 보지 않고 "바울신학에서 나타나는 인간주의의 선도적인 개념"으로 보나, 바울의 논점을 개종자의 존재론적 변화가 아니라 신자가 자신의 경험을 통해 "확인"하는 그리스도 안에서 하나님이 세계를 변화시키는 행위에 초점을 맞춘 것으로 해석한다.[64]

이와는 대조적으로 모이어 허바드^{Moyer Hubbard}의 2002년 논문은 바울의 두 본문에 대해 철저한 인간 중심적 해석을 주장하며, 각각의 경우에 바울 사상의 초점은 개별 신자의 성령에 의한 변화, 즉 죽음에서 생명으로의 전환에 있다고 제안한다. 허바드의 주장에서 특히 두드러지는 것은 두 본문을 바울서신과 사상의 맥락에 맞추려는 시도이다. 따라서 로마서 6장과 7장에 있는 죽음에서 생명으로의 이미지와 새 생명을 가져오는 자로서의 성령에 대한 바울의 초점을 검토한 후, 허바드는 "고린도후서 5장 17절에서 바울이 언급한 καινὴ κτίσις의 주요 목적은 개종을 자신의 이전 생활 방식과의 완전하고 돌이킬 수 없는 단절로 묘사하는 것이다"라는 제안으로 고린도후서 5장 17절의 주석을 결론짓는다.[65] 혹은 더 단호히 "고린도후서 5장 17절의 καινὴ κτίσις는 그리스도 안에 있는 개인의 새로운 상황과 관련된 인간 중심적 모티브이다"라고 주장한다.[66] 비슷한 결론이 갈라디아서 6장 15절에 대해서도 적용되는데, 두 본문 모두 "바울의 새로운 피조물은 우리 밖의 현실이 아닌 우리 사이의 현실을 표현하고 있으며, 성령은 생명을 창조한다라는 그의 중심적인 성령 확증의 대안적 공식으로 기능한다."[67]

우리는 이 논의들에 대한 철저한 비교와 비평 대신 현 과제와 관련된 몇 가지 논평을 하려 한다. 간단히 말해, 비록 허바드가 바울의 초점을 주로 인간 중심적인 것으로 보는 중요한 사례를 제공하지만, 멜의 우주적 차원의 해석이 더 설득력이 있는 것으로 보인다.[68] 실제로 토니 잭슨^{Tony Jackson}의 최근 주장은 "새로운 피조물"을 언급하는 바울서신 본문이 "그리스도의 죽음과 부활로부터 시작된 개인, 공

동체, 우주를 포함하는 종말론이 반영된 구원론"을 표현한다는 견해를 강력하게 지지했다.[69]

　　이들 본문과 다른 바울 본문들의 주된 관심사가 — 특히 죽음에서 생명으로 옮겨간 바울 자신의 발견과 같은 인간의 경험에 초점을 맞춘 — 인간 중심적이라는 허바드의 주장에도 불구하고, 만약 이러한 초점이 개인의 변화에 대한 바울의 관점이자 바울 사상의 초점이 인간 중심적이라는 것을 암시하는 것으로 받아들여진다면 바울을 잘못 해석할 위험성이 있다. 우선 케제만 이후의 "묵시론적" 해석자들이 그래 왔던 것처럼 바울신학은 그리스도 안에서 하나님의 시대를 만드는 데 초점이 맞춰져 있으며 그것은 인간 중심적이라기보다는 신 중심적 또는 그리스도 중심적으로 보는 것이 더 적절하다. 멜이 적확的確하게 지적했듯이 바울이 그리스도 사건의 성과로 보는 것은 새로운 세계의 시작인 종말론적 변혁Umbruch[70]이며, 고린도후서 5장 16절의 ἀπὸ τοῦ νῦν지금부터는 변화의 용어가 아니라 종말론적인 용어이다.[71] 불트만이 이미 오래 전에 강조했듯이, 이러한 변화는 개인과 세상 모두를 위한 믿음의 관점에서만 명백하게 보이며, 죽음의 한계를 가진 바울의 몸과 물질세계의 "경험적인 방법"을 통해서는 관찰될 수 없다.[72]

　　더욱이 바울의 주 관심사는 의심의 여지없이 인류에 있지만, 전체 피조물의 갱신에 대한 예언적이고 묵시론적인 묘사에서의 "새로운 피조물"이라는 문구의 배경은 그리스도 사건이 진정한 우주적 변혁의 시작점이 되었다는 관념 또한 있었음을 강하게 시사한다. 멜은 바울이 이 모티브를 사용하는 두 본문에서 이것이 해석적으로 그럴듯하다는 것을 보여주었다. 고린도후서 5장 2절에서 우리가 $\varkappa\alpha\iota\nu\grave{\eta}$ $\varkappa\tau\acute{\iota}\sigma\iota\varsigma$을 개인적이라기보다는 우주적인 의미로 받아들여야 한다는 암시가 있다. 바울은 여기서 이 새로운 피조물이 의미하는 바에 대한 설명에서 옛 사람이 세상을 떠났고 새 사람으로 대체된다고 말하지 않았다는 점이 주목할 만하다. 그는 "겉사람"ὁ ἔξω ἄνθρωπος과 "속사람"고후 4:16 또는 "새 사람"ὁ καινὸς ἄνθρωπος; 엡 4:24 참조에 대해 말하지 않는다. 또한 그는 이전에 유대인과 이방인으로 나누어져 있음을 넘어 한 새로운 인간을 만드는 것에 대해서도 말하지 않는다엡 2:15. 에베소서 저자는 골로새서 저자와는 달리 하나님께서 그리스도 안에서 성취하신 화해의 우주적 범위가 아닌 인간적 차원, 즉 유대인과 이방인의 화해에 초점을 맞춘다.[73] 대신 바울은 $\tau\acute{\alpha}$ $\grave{\alpha}\rho\chi\alpha\tilde{\iota}\alpha$옛것들은 지나갔고 $\varkappa\alpha\iota\nu\acute{\alpha}$새롭게 로 대체또는 광범위하게 입증된 텍스트 변형에 따르면 καινά τά πάντα로 우주적이고 보편적인 갱신이 여기에서 이해되었음을 확실히 암시하는 읽기되었다고 말한다.[74] 그리고 이는 앞서 언급한 바와 같이 바울의 다른 서신에서 하나님의 창조 사역이 드러난 곳고전 8:6, 11:12과 더욱 기독론적인 골로새서 진술부인 1장 15-20절에서 유사한 공식을 상기시키는 문구인 $\tau\grave{\alpha}$ $\delta\grave{\epsilon}$ $\pi\acute{\alpha}\nu\tau\alpha$ $\grave{\epsilon}\varkappa$ $\tau\upsilon\tilde{\upsilon}$ $\theta\epsilon\upsilon\tilde{\upsilon}$에서 찾아볼 수 있다. 바울이 보기에 그리스도 사건은 개인 신도들의 변화를 가능하게 할 뿐 아니라, 더 근본적으로 구시대의 종말과 새로운 시작을 알리는고전 10:11 τά τέλη τῶν αἰώνων 참조 결정적인 종말론적 개입을 나타낸다.

그렇다면 오래 전 크리스터 스텐달Krister Stendahl이 주장했듯이,[75] 두 곳의 "새로운 피조물" 본문에서의 바울의 생각은 개인의 새로운 정체성에 초점을 두었다기보다는 서구 개인주의에 더 많은 영향을 받았을 수 있으며, 그리스도를 통한 하나님의 성취혹은 그 과정 중에 있는 것로서의 우주적인 "새로운 피조물"의 의미에 대해 더 강조하는 것으로 볼 수 있다. 그리스도 안에 있는 사람은 누구든지, 이 새로운 피조물에 속하고 참여하는데, 이 피조물에서는 이전의 구별유대인과 이방인 등이 더 이상 중요하지 않다.[76] 그리스도를 통한 하나님의 역사는 우주의 갱신이며, 약속된 종말론적인 새로운 피조물의 시작이지 단순히 개별 신자의 변화가 아니다.[77] 이런 의미에서 적어도 여기에서 이들 본문의 바울신학은 배럿 Barrett 이 "우리 안의 하나님의 역사, 즉 믿음으로 그리스도 안에 있게 된 사람 안에서 그리고 그를 위해 효력을 발휘하는 새로운 피조물"[78]이라고 부르는 것에 초점을 맞추는 그런 해석자들의 신학보다 확실히 덜 인간 중심적이다.

7.6   그리스도에 참여

바울의 창조 이야기의 중심에는 인간과 인간을 제외한 피조물 모두를 괴롭히는 문제에 대한 해결책을 제시하는 하나님의 회복시키는 행위가 있다. 이러한 회복의 행위는 화해라는 용어로 가장 잘 요약된다. 전체 바울서신에 대해 골로새서 1장과 로마서 8장을 중심으로 생태적인 초점을 맞춘 우리의 해석 렌즈의 관점에서 읽으면, 이는 모든 것을 포함하고 통합하는 우주적 화해의 비전으로 볼 수 있다.

그러나 앞서 언급한 바와 같이 하나의 주제에만 초점을 맞추어 바울신학의 핵심을 파악하려는 시도는 단순히 관련된 자료들을 너무 많이 누락시킴으로 바보어의 "범위" 검증을 통과하지 못할 수 있다. 따라서 여기서 제안된 핵심 개념을 중심으로 다양한 모티브와 주제를 얼마나 일관성 있게 구성할 수 있는지를 확인하는 것이 더 유의미하다.

이미 우리는 슈바이처, 샌더스, 후커, 캠벨 등의 제안들을 고려하여 7.2장 참조 고린도후서 5장 14-21절에 대해 바울의 참여 범주의 중요성을 논의했다. 오래 전 아돌프 데이즈만 Adolf Deissmann 은 바울의 자주 그리고 독특하게 사용한 참여적 언어 — 신자를 "그리스도 안에", "그 안에", "주님 안에" 등으로 묘사 — 의 탁월함과 중요성을 확인했다.[79] 실제로 그리스도인은 바울의 용어로 "그리스도 안에 있는 사람", 즉 ἄνθρωπον ἐν Χριστῷ 고후 12:2 로 효과적으로 묘사될 수 있다.[80] 이 결합적인 언어는 그리스도에 초점을 맞춘 골로새서와 하나님에 초점을 맞춘 고린도전서 15장 28절에서 보았던 것처럼 바울이 그리스도에 대한 신자들의 참여를 묘사할 뿐 아니라 우주에 대한 바울의 비전에도 중심적 역할을 담당한다. 또한 바울의 다른 서신서에서 두드러지는 또 다른 주제는 위에서 언급한 바와 같이 그리스도 안에서 많은 것을 하나로 만들고 구별과 분열을 극복하는 하나님의 성취에 대한 비전이다. 세례 의식은 하나가 되는 이 과정을 제정하고 대표하는 반면 갈 3:26-28; 고전 12:12-13 , 성찬식은 이를 확인하고 증명한다 고전 10:16-17 .[81]

바울이 이 과정이 일어남에 대해 어떻게 예상하는지에 대해서는 두 핵심 용어를 통해 접근할 수 있다. 하나는 의롭게 됨이고 다른 하나는 화해됨이다. 앞서 보았듯이, 이 두 이미지는 로마서 5장 9-11절과 고린도후서 5장 14-21절에서 거의 긴밀하게 병행되어 있다. 의와 칭의의 언어는 우주적 "정당성"에 관한 것이라기보다는 분노에서 벗어나는 죄와 심판과 특히 관련이 있다 롬 5:8-9 참조. 반면 화해의 언어는 골로새서 1장 20절에서와 같이 모든 것을 포함하며 우주적인 방향으로 확장되고, 평화를 가져오는 과정으로서 소외 한글성서 번역은 원수. 롬 5:10 참조의 원인이 되는 증오와 적개심과 관련이 있다.

윌러드 스와틀리 Willard Swartley는 그의 최근 연구에서 평화라는 주제를 특히 관심 있게 다루며 이것이 핵심 주제가 되어야 한다고 주장했다: "바울은 신약성서의 다른 어떤 저자보다 평화, 화평, 중재를 그의 신학적 성찰과 도덕적 훈계의 중심으로 삼고 있다."[82] 마틴 Martin의 화해에 대한 연구와 상호 교류하며, 스와틀리는 바울이 하나님을 "평화의 하나님"으로 묘사한 것은 하나님의 존재와 행동에 있어서 가장 중요한 것을 나타내기 위해 취한 특성화[83]로 "화해"보다는 "평화"를 강조해야 한다고 주장한다. 그러나 여기서 구별해야 할 점은 화해가 하나님께서 적대감과 원수됨으로 인해 이전에 파열된 우주에서 **평화를 확립**하는 **과정**이라는 것이다 결국 화평[εἰρηνοποιέω]은 바울서신에서 단 한 번만 발견됨, 골 1:20.[84] 스와틀리는 이 점을 인정하며 다음과 같이 말한다.

> 인간과 하나님 사이, 그리고 이전에 소외되었던 인간 사이에 화평을 이룬다는 개념은 바울의 교리와 윤리적 사상의 핵심에 있기에 화평이나 화해의 개념을 중심에 두지 않고는 바울 사상을 충실히 해석할 수 없다.[85]

스와틀리는 또한 인간과 하나님의 관계에 초점을 맞추는데, 놀랍게도 이 우주적인 평화 비전의 생태적 함의와 관련성에 대해 어떠한 반영도 하지 않는다. 바울의 중점적 관심사를 반영한다면, 이는 정확하다고 볼 수 있다.[86] 그러나 로마서 8장 19-23절, 골로새서 1장 15-20절, 고린도전서 15장 28절과 고린도후서 5장 14-21절 그리고 엡 1:10을 통해 보았듯이, 바울의 초점은 더 광범위하며, 인간 중심적이라기 보다는 하나님 혹은 그리스도 중심적이다. 베커와 샌더스 같은 학자들이 강조했듯이, 바울의 메시지는 "사람에 관한 것이 아니며 그를 묘사하지 않는" 것이라기보다는 "하나님이 그리스도 안에서 행하신 일"에 관한 것이며, 이는 *"우주적인 의의를 가지며 '모든 것'에 영향을 미치는 행위"*이다.[87] 이는 바울의 생태적 다시 읽기에 적합성을 부여한다. 바울의 주요 관심사는 사람의 개종과 그가 추구하는 공동체의 삶을 영위하려는 신자 공동체에 있었으나, 그의 신학은 *온 우주에 영향을 미치는 그리스도를 통한 하나님의 역사, 즉 바울이 새로운 피조물로 묘사하는 우주의 다시 새로워짐*, 갱신에 중심을 두고 있다. 이 다시 새로워짐은 적대감과 원수됨을 극복하고 화평하게 함, 그리스도/하나님 안으로 모든 것이 하나됨을 수반하며, 근본적으로 그리스도를 통한 하나님의 화해 역사에 의존한다. 화해에 대한 우주적 초점은 바울신학을 생태적으로 읽을 수 있는 근거를 제공하나 그 자체는 명백한 생태신학적 함의를 직접적으로 전달하지는 않는다 이에 대한 논의는 8장에서 더 다룰 것이다.

그러나 우리가 다음 장에서 보게 되겠지만, 바울의 윤리와 생태적 함의에 대해 심오하고 중심적인 기여를 하는 것은 신자가 그리스도 안에서 참여한다는 개념이다. 이 참여의 개념은 우리가 본 바와 같이 만물$\tau\grave{\alpha}\ \pi\acute{\alpha}\nu\tau\alpha$을 포함하고 따라서 전체 피조물의 **목적**$telos$이 되지만, 그리스도교 신자들에게 특별히 초점을 맞추고 있으며 그들에게 윤리적인 반향을 일으키는데, 이는 신자들이 타인을 위한 자기 희생이라는 모범적인 이야기 패턴에 자기 자신을 참여시키기 때문이다. 창조 이야기의 중심에는 그 기원으로부터 문제 해결에 이르기까지 6장참조 그리스도의 이야기로 구성되어 있는데, 이 그리스도는 이 세상을 구속하기 위해 세상에 오셨고 새로운 피조물의 첫 열매로써 영광의 부활에 이르신 분이시다.

바울은 빌립보 찬가에서 이 이야기를 가장 유명하고 분명하게 요약한다빌 2:5-11.[88] 골로새서 1장과 마찬가지로, 이 기독론적인 본문은 결정적이고 영향력 있는 교리적 선언을 포함하고 있어서 "어떤 신약성서 본문보다 훨씬 더 많은 학술적 논쟁의 걷잡을 수 없는 쇄도"의 대상이 되어 왔다.[89] 이 본문이 윤리적 초점을 나타내고 있다는 것을 부정하려는 이전의 시도에도 불구하고, 성육신과 십자가를 통해 나타난 그리스도의 겸손과 겸허謙虛는 자신의 권리, 이익, 소유나 안락함보다 타인의 행복을 앞세우는 윤리적인 예로 제시된다예: 빌 2:4, 21.[90] 여기 빌립보서 2장과 다른 본문들에서 찾을 수 있는 패러다임은 자신이 마땅히 받아야 할 방식으로 행동하지 않고 다른 사람의 유익을 위해 자기 부인을 선택한 사람들에게서 볼 수 있다롬 15:1-3; 고전 10:32-11:1; 빌 2:5-8. 그리고 "주님 안에" 참여한다는 것은 그리스도께서 몸소 실천하신 그 이야기를 공유하고 따르는 것을 의미하며, 타자를 위한 값진 자기 희생을 통해 종말론적인 영광에 이름을 뜻한다. 이 값진 자기 희생은 다음 장에서 바울윤리와 관련된 핵심 주제 중 하나로 빌립보 찬가의 언어 비웠다[ἐκένωσεν], 7절를 이용하자면 자기비움kenosis 의 한 형태로서, 특히 8장에서 다루게 될 "자기비움의 윤리"ethical kenosis 로 서술할 수 있다.[91] 그리고 빌립보 찬가에서 분명히 보여주듯이, 이러한 그리스도 안에 참여하는 과정을 통한 종말론적 완성은 영광에의 참여이다고후 4:17.

7.7   종 말

자유, 영광, 그리고 완성

1장에서 이미 살펴본 바와 같이 성서적 종말론은 성서와 생태학적 관계를 맺는 데 있어서 어려운 질문을 제기한다. 하나님의 미래와 최종적 변화에 대한 약속이 현 물질세계의 가치를 효과적으로 — 또는 적어도 잠재적으로 — 평가절하하고 그것을 돌봐야 할 인간의 책임을 부정하는가?6.3장의 윤리 참조 이러한 어려움 때문에 일부 사람들은 환경 윤리가 이웃을 사랑하라는 명령이나 "자연" 법칙과 같은 비종말론적인 성서적 자료에서 파생되어야 한다고 주장한다. 그러나 바울신학 — 그리고 결과적으로 바울의 윤리, 8장 참조 — 은 매우 깊고 철저하게 종말론적이어서 이러한 주장은 바울서신에 대한 생태적 접근 방법으로 선택될 수 없다. 빅터 퍼니쉬Victor Furnish 는 바울에 대해 "종말론은 수없이 많은 주제들 중 하나일 뿐만 아니라 다른 모든 것을 볼 수 있는 근본적인 관점을 제공하는 데 도움이 된다"고 주장했다.[92] 사실 그리스도교 신학과 윤리는 하나님이 세상을 구원하기 위해 그리스도 안에서 역사하셨다는 중심적 확신을 바탕으로 구축되어 있으며, 이는 근본적으로 종말론적이다. 헬무트 틸리케 Helmut Thielicke 가 말한 것처럼 "신학적 윤리는 종말론적이거나 또는 아무것도 아니다."[93] 게다가 우리의 해석학적 렌즈의 중심에 놓은 본문과 우리가 그 중심에서 식별한 내러티브의 형태를 고려할 때, 바울의 생태신학적 접근은 철저하게 종말론적이어야 한다.

바울의 종말론은 분명히 이미 시작된 특성을 가지고 있다. 많은 학자들이 오랫동안 언급했듯이 그것은 "이미"라는 유명한 문구로 요약될 수 있다.[94] 골로새서 1장 15–20절과 고린도후서 5장 17절과 같은 본문들은 보다 현실적인 관점을 전달하는 데 반해 다른 문헌들롬 8:19-23 은 약속된 미래를 향한 현재 존재를 정의하는 고통과 투쟁의 "아직"에 더 중점을 둔다. 특히 로마서 8장과 관련해 이미 살펴본 바와 같이 바울의 이야기는 암시적으로 그러한 고통과 투쟁이 하나님의 자녀들이 희망의 소명을 추구할 때 경험하는 것이라 특정 짓는다. 그러나 이미 시작된 종말론적 변화는 그 소명의 성격과 소명에 반응하는 사람들의 정체성과 실천을 형성하고 정의한다.

실제로 바울의 종말론 ─ 및 다른 신약 종말론 ─ 의 개시開始 적 성격은 위에서 언급한 잠재적인 문제에 굴복하지 않는 환경 윤리에 대한 신학적 기초를 제공한다6.3장, 1.2장, 1.4장, 2.1장 참조. 최종 완성은 전적으로 미래적인 경험의 문제로 기다려지는 것도 아니고, 하나님이 모

든 사건의 중심이자 결정적인 주체인 하나님의 역사만을 암시하는 것
도 아니다. 오히려 종말의 때라는 성격은 화해, 연합, 자유, 평화가
발견되는 현재 그리스도교 공동체의 성격과 경험을 이미 형성한다.
그리고 새로워지고 화해된 하나님의 백성들은 죄에 대해 죽고 그리스
도 안에서 사는 새로운 피조물의 구성원으로서 정체성을 나타내기 위
해 행동하는데, 이는 그리스도/하나님 안에서 만물의 통합과 화합에
대한 비전을 추구하면서 미래의 희망과 일치하는 방식으로 행동해야
한다는 것을 암시한다. 이것은 인간이 종말을 맞이할 수 있는 능력이
나 소명을 가지고 있다는 것을 의미하는 것은 아니다. 최종적인 종말
은 여전히 하나님의 승리와 사역을 통해 완성된다. 그러나 그리스도
인들은 구원의 이야기에 참여를 반영하는 방식으로 행동해야 할 책임
이 있고, 그 이야기에는 완성 전의 어느 시점에 있으나 목표에 대한
비전에 의해 힘을 얻는 그들의 위치가 반영되어 있다.[95]

물론 로마서 8장에서는 피조물의 미래에 대한 희망이 썩어짐
에 종노릇하는 데서 "해방"되는 것으로 묘사되는데, 이는 ― 이미 부
분적으로나마 ― 하나님의 자녀들을 특징짓는 자유를 공유하는 것이
다. 실제 자유는 바울이 여러 곳에서 언급하는 그리스도 안의 새로운
피조물의 특징 중 하나로, 그 현저함으로 인해 알렌 베르헤이[Allen Ver-
hey]는 자유를 바울윤리의 근본적인 가치로 본다.[96] 이것은 그 현저성
과 중요성을 다소 과장하는 것일 수도 있지만, 그럼에도 불구하고 특
히 로마서 8장 19-23절이 중심적 위치를 차지하고 있는 생태적 읽기
에서 가장 중요한 의미를 가진다. 놀라운 것은 바울 자신이 타자에게
승리하기 위해 자기 스스로 종이 되었다고 묘사하는 것과 같이 자유

는 비록 타인에 대한 사랑과 관심의 명령에 근거한 것이지만^{고전 10:23;} ^{6:12 참조}, 신자들이 이미 가지고 있는 것으로 묘사할 수 있는 자질로 보인다는 점^{갈 2:4, 5:1, 13}이다. 그러나 적어도 로마서 8장의 묘사^{롬 8:21}에 따르면 피조물의 자유는 하나님의 자녀들의 자유와 밀접한 관련이 있지만 미래적인 희망이다. 이는 바울이 그리스도인의 변화된 삶의 성격과 미래적인 희망을 묘사하기 위해 자주 사용하는 또 다른 용어인 영광도 마찬가지일 수 있다^{고후 3:17-18}. — 아래에서 영광의 주제에 대해 더 자세히 살필 것이다. — 바울은 현재도 자유와 영광이 약하고 죽어가는 몸이 겪는 고통과 투쟁의 상황에 완전히 얽혀 있다는 점을 분명히 알고 있으나^{고후 4:7-11, 6:4-10}, 하나님의 자녀들의 자유와 영광을 미래의 희망뿐 아니라 현재적 경험의 문제로 보는 것은 바울서신에서 비롯된 것으로 보이며, 모든 피조물의 자유와 영광을 기다리며 하나님의 아들들의 나타남의 비전과 결부되어 있다.

이것이 의미하는 바는 적어도 부분적으로는 하나님의 자녀들의 윤리적인 책임, 즉 우리가 다음 장에서 더 깊게 살펴볼 주제인 그들의 새로운 정체성, 자유와 영광, 그리고 화해와 평화의 근본적인 목표와 일치하는 생활 방식으로 그들의 삶이 구성된다는 것이다. 그리고 우주에 대한 하나님의 구속에 대한 바울의 종말론적인 이야기의 완성은 만물이 그리스도/하나님 안에서 통합되는 궁극적인 만유내재신론적^{panentheistic} 합일 상태에서 달성된다.

바울서신의 창의적인 생태신학적 유용을 향하여

이 책의 앞부분에서 이미 언급했듯이 로마서 8장과 골로새서 1장 이야기의 비교를 통해 이 두 본문이 종말론적 비전을 묘사하는 이미지는 다르다는 점-하나는 자유와 영광, 허무함에서의 해방과 다른 하나는 화해와 평화-을 언급했다. 이들 모티브를 연결하는 것은 개별 본문을 면밀하게 읽는 것을 넘어서는 매우 창의적인 신학적 작업이면서 생태윤리와 영성을 위해 잠재적으로 매우 중요하다.

본 연구의 범위는 이 과정의 자세한 도표화를 거의 포함하지 않으며, 우리는 이 모든 작업에서 본문을 세부사항들로 분리시키는 과도한 체계화에 대해 신중해 왔다. 그러나 여기서 우리는 추가 연구가 이루어질 수 있다고 여겨지는 방향에 대해 제안하려 한다. 그리스도 사건을 가능하게 하는 것은 자유와 화해의 종말론적인 상태이다. 바울의 자유는 성령의 사역과 밀접한 관련이 있다^{고후 3:17, 갈 5:1-27}. 성령의 열매를 맺는 것은 하나님, 다른 사람들 그리고 피조물과의 화해를 나타낼 뿐 아니라 그 자체로 다른 사람들과의 깊은 교감을 쌓는 과정이며, 타자 그리고 주님과 교통하는 과정이다. 그렇기에 자유의 조건은 그리스도를 통해 화해한 신자에게 성령이 부여한 것이며, 성령의 결실을 맺는 삶을 가능하게 하는 조건이다. 그렇다면 그 자유 속에서 살아가는 과정에 대해 더 언급할 수 있는가? 우리는 이 과정이 두 가지 방식으로 이해될 수 있는 것으로 보며 여기서는 이 두 방식에 대해 개별적으로 다루지만, 반드시 함께 이해되어야 한다. 하나의 방식은 다른 하나의 발전과 분리될 수 없는 상호 보완적인 관계이며, 여기서는 이들을 연결하는 핵심 개념에 대해 알아볼 것이다.

　화해가 확장되고 깊어질 수 있는 첫 번째 방법은 구원받은 신자의 자유를 통해 다른 피조물에 대한 그들의 사랑을 넓히고 강화하는 것이다. 이것은 호렐 Horrell 이 바울신학의 중심 윤리원칙으로 소개한 "타자 존중"의 주제이며,[97] 다음 장에서 우리는 이를 생태적 방향, 특히 자기비움의 윤리 ethical kenosis 측면에서 발전시킬 것이다. 여기서 중요한 단계는 타자를 존중하는 사랑과 관심이 교회 공동체뿐만 아니라 심지어 인간 공동체를 넘어서는 모든 피조물을 포괄하는 것으로 확장 해석해 나가는 것이다.

　또 다른 방법은 첫 번째 방식과 상호 보완적이지는 않지만 같은 과정을 표현하는 또 다른 방식으로, 하나님의 생명 안에서 신앙인의 참여가 깊어지는 것이다. 이전 장에서 우리는 로마서 8장 21절의 영광 $\delta \delta \xi \alpha$ 을 고대 그리스어적 배경에 반하지 않고 히브리어 כָּבוֹד 의 의미를 강조해 읽을 필요가 있다는 주엣의 확신을 주목하고 지지했다. 해방된 하나님의 자녀들의 영광은 하나님 자신의 생명을 통해 경험할 수 있는 모든 것 안에서 부활에 참여하는 명예롭고 심오한 궁극적인 중요성의 영광이다.[98] 한스 우르스 폰 발타살 Hans Urs von Balthasar 은 "하나님의 아들 자녀들의 영광의 자유" 롬 8:21 를 "하나님의 자녀들이 온전히 그들 자신 안에, 또한 온전히 하나님 안에 있을 자유, 온전히 그들의 것이며 온전히 하나님의 것인 영광"이라 기술했다.[99] 자녀들은 현생에서 하나님과 함께 하는 첫 열매 $\dot{\alpha}\pi\alpha\rho\chi\dot{\eta}$ 를 성령의 경험을 통해 얻는다롬

8:23. 고린도후서 3장에서 바울이 신자의 진보를 "영광의 한 단계에서 다른 단계로"라고 말한 것은, 예수 그리스도 앞에서 하나님의 영광을 묵상하는 과정과 연관되어 있다.[100] 자신 "스스로를 숨기는 부끄러움 에서"[101]부터 눈을 돌려 그리스도의 삶의 현존, 광휘를 묵상하는 것은 변화되고 그 삶에 참여함을 뜻한다. 발타살은 또한 "참여 없이는 바라봄seeing도 없다"고 기술한다.[102] 신자들의 이러한 점진적인 영광으로의 과정을 로마서 8장 21절의 "하나님의 아들들의 영광의 자유"를 καινὴ κτίσις의 일부로 연관 짓는 것은 어렵지 않으며, 그러므로 나머지 피조물과 이 해방의 공유는 신자들이 겪는 영광화의 과정, 그리스도를 바라봄에 있다는 추론이 가능하다.

바울의 비전에서 나머지 피조물이 왜 신자의 영광에 의존해야 하는지에 대해 말하기는 쉽지 않다. 부정적으로 말하자면, 바울의 공동체 안에서 끊임없이 분쟁을 일으키며 현재도 남아 있는 인간의 깊은 죄악의 치유를 위해 창조질서 안에서 관계의 구조를 진정으로 변화시킬 타자 존중의 깊이를 보여야 할 필요가 있기 때문이다. 지난 만년 동안 인류의 생태적 성과에 대한 고려는 이러한 관점의 현실성을 뒷받침한다. 보다 긍정적으로 말하면, 인간이 하나님의 주도로 시작된 자기 희생에 대해 자기 희생적 사랑으로 응답하면서 하나님의 형상 안에서 자신의 참된 소명을 발견해야 할 필요성의 표현으로 볼 수 있다.[103] 우리는 아마도 그 이유를, 적어도 바울적 용어로 말하자면, 인간이 그리스도의 이야기에 참여하기 위해 불리움을 받는 특별한 방식을 통해 그들이 매우 중요한 역할을 감당하는 이유에 대해 찾아야 할 것이다. 그리스도의 자기 비움, 죽음, 그리고 부활이 우주적인 구원과 화해의 중심에 있듯이, 그리스도의 자기 희생적인 값진 사랑에 대한 숙고와 모방이 우주적 화해고후 5:18-20; 골 1:20 참조와 신자의 영광으로의 길 모두에 결정적인 부분이다.

우리는 여기서 성령이 신자를 화해의 상태로 더욱 깊이 끌어들이는 두 가지 방법을 간략히 논했으며, 이는 하나님에 의해 시작된 화해에 참여하는 방식이기도 하다. 첫째는 바울의 자유에 대한 완전한 표현인 타자 존중의 확대와 심화이며고전 9:19, 갈 5:13, 둘째는 하나님과의 깊은 교감 속에서 일어나는 신자의 점진적인 영광화였다. 우리는 이 두 과정이 구원의 경륜에서 분리될 수 없음을 강조해 왔다. 그렇다면 그들을 통합하는 더 많은 바울 주제가 있는지에 대한 질문이 생긴다.

이것에 대한 해답은 자기비움kenosis이라는 주제이다. 빌립보서 2장 7절에 있는 그리스도를 본받아, 자기를 비움으로 하나님께서 상대방을 만드신 것과 그것을 위해 의도하신 것을 생각해 그것을 온전히, 그 자체로 존중하는 것이다.[104] 그러나 자기 비움은 자유롭게 그리스도를 묵상하는 데서 나온다. 바울은 이를 마음의 새로워짐을 통한 변화롬 12:2, 그리스도의 마음을 갖는 것빌 2:5, 그리스도의 얼굴을 묵상함으로 영화롭게 됨고후 3:18 등 여러 곳에서 다양한 표현을 빌려 나타낸다. 이 모든 것들은 우리가 여기서 도출하려는 결론 안에 통합될 수 있는데, 이는 자유로운 묵상이 하나님의 자녀들의 영광을 더욱 깊게 한다는 것이다. 이 깊어지는 영광은 그리스도의 자기희생에 대해 깊이 묵상함으로써 시작된다. 이를 통해 우리는 세계를 위한 하나님의 자기희생의 일부가 되고, 이로 인해 다른 피조물에 대한 태도를 완전히 새롭게 한다.

이는 매우 감성적이며, 따라서 추상화될 위험이 있기에 생태신학을 공식화하려는 우리의 목적에 부적절하게 작용할 수 있다. 이를 구체화하기 위해 우리는 종종 엑시터 Exeter 대학의 학생들과 함께 사우스게이트 Southgate의 모델을 이용해 하나님, 인류, 그리고 세계의 관계에 대한 가능한 모델을 탐구하던 것을 차용한다. 이들 논의의 범위는 인간의 소명에 대한 생태적인 관점을 반영하는데, 청지기적 접근법의 다양한 모습을 통한 겸손한 생물중심주의 biocentrism — 알도 레오폴드 Aldo Leopold의 용어를 빌리자면 생물권의 평범한 시민이 되는 방법의 탐구 — 부터 다른 극단에는 인간이 생물권을 개선하고 치유하며 실제로 구제하는 데 적극적인 역할을 담당해야 한다고 주장하는 "창조된 공동 창조자 created co-creator"의 논의에 이른다.[105] 학생들은 이 넓은 논의의 범주 안에서 한 입장을 골라 그것을 정당화함으로써 인간의 소명에 대한 자신의 견해를 나타내도록 요청받았다. 학생들 중 가장 예리한 이들은 진정한 공동 창조자의 역할을 담당하기 위해서는 종종 생물중심주의의 극단에서 시작해야 한다고 주장한다. 이것은 우리가 시도하는 종말론적 생태신학에서 자기비움의 윤리 ethical kenosis의 중심성과 그 중요성을 완벽하게 보여준다. 이러한 학생들의 지적은 그리스도교 역사의 중심 원동력을 명확히 표현한 것이다. 그들은 — 대부분 무의식적으로 — 인류가 빌립보 찬가에서 보여주는 "구원자의 궤적"을 따를 가능성을 발견한다. 신자들이 그리스도에 참여한다는 것은 그리스도의 — 자기희생적인 — 이야기가 그들 자신의 이야기가 된다는 것을 의미한다. 성육신은 인간이 겪을 수 있는 모든 유형의 고난과 역경 속에서 하나님의 지혜 또는 말씀 the Logos of God을 드러내는 방

식으로 창조된 세계의 현실에 참여함을 의미한다.[106] 자기비움^{kenosis}
은 영광에 완전히 참여하기 위해 필요한 서곡이다. 그리스도를 따른
값진 자기 겸허는 평등, 조화, 그리고 공유된 창조성의 공동체로 가
는 길이다.[107] 인간 삶의 아이러니와 한계에의 완전한 노출은 구원자
를 영웅이 되게 하며, 부활을 통해 피조물의 모든 요소를 자신과의 하
나됨으로 이끌 수 있다. 그리고 신자들은 그리스도가 세상을 하나님
과 화해시키는 과정의 일부로써 피조물의 고통받음에 참여할 수 있으
며, 투쟁과 재탄생의 과정에서 의미 있는 고통을 받는다. 바울의 관
점에서 볼 때 인류는 그리스도 예수 안에 있는 마음을 떠나서는 자유
를 행사할 수 없다. 하지만 그 마음의 올바른 표현은, 하나의 영광에
서 다른 영광으로 옮겨가면서, 피조물^{κτίσις}이 보기를 갈망하고 그 자체
로 변화하고 있는 소명의 문제를 제기한다. 신학적으로, 우리는 연합
^{enosis} [108]과 "하나님 형상의 닮음^{theosis}"의 일부가 되기 위해서는 자기비
움^{kenosis}으로부터 출발해야 한다고 말할 수 있는데, 하나님의 충만함
은 창조된 사람들과 궁극적으로 피조세계의 모든 경험에 완전히 스며
든다.[109] 윤리적 실천에서 이것이 의미하는 바는 다음 장에서 다룰 것
이다.

7.8   바울의 생태신학과 현대의 생태신학

우리가 신학적 논의를 마무리 짓고 구체적인 윤리적 성찰에 들어가기에 앞서 우리가 개발하려는 바울의 생태신학을 현대 생태신학과 비교하는 것은 도움이 될 것이다. 우리의 접근법은 다양한 계획의 기초가 되는 암묵적인 우주론적 내러티브와 그것이 내러티브 장르적으로 어떻게 이해될 수 있는지에 대한 분석을 통해 정리된다.

먼저, 우리는 로마서 8장과 골로새서 1장에 대한 면밀한 읽기에 뿌리를 둔 바울신학의 생태 지향적 구성의 제안을 간결히 요약하여 제공하고, 그 다음 이러한 본문들을 해석 렌즈의 중심에 두고, 더 넓은 바울 문서로 확장했다. 우리는 바울의 내러티브가 창조에서 문제와 해결로 이동하는 기본 형태를 갖추고 있음을 보았다. 바울은 이 내러티브의 도입부에서 창조 행위 자체를 묘사하는 데에는 비교적 적은 관심을 기울이나, 이 창조 행위는 그리스도를 통한 하나님의 사역이며, 이는 모든 피조물이 본질적으로 선하다는 것을 암시한다.

그는 특히 아담의 죄와 인간의 불순종을 우주적인 죽음의 이유로 묘사함으로 문제에 대해서도 명확히 묘사한다. 그러나 바울서신은 피조물이 썩어짐에 종노릇하고 허무에 굴복되어 있으며 화해가 필요하다는 묘사를 제외하고는 피조물에 대한 더 넓은 문제의 원인과 성격으로 인식되는 것에 대해서는 거의 명시적으로 언급하지 않는다. 우리가 주목한 바와 같이 이러한 묘사는 궁극적으로 만물을 하나님/

그리스도와 하나 되게 할 그리스도 안에서 이루어질 하나님의 성취에 더 관심을 가지고 있다. 그러므로 바울의 창조 이야기는 그리스도 사건을 통해 이미 시작되었으나 아직 완전히 성취되지 않은 미래에 초점을 맞춘 매우 종말론적인 이야기이다. 그것은 또한 이미 변화되었지만 고통과 부패에 종노릇하고 있으며 완전히 다가온 해방의 미래에 대한 기대감에 신음하고 있는 시간의 끝, 말세를 살아가는 신자들과 나머지 피조물들의 계속되는 투쟁과 고통에 대한 이야기이다. 또한 하나님의 자녀인 구원받은 인류가 그리스도의 이야기에 참여함으로 중요하고 중심적인 역할을 담당하는 이야기이다. 그리스도 안에서 그들이 변화되고 성령에 의해 새 힘을 부여받고 새로운 삶을 사는 것은 그들이 자유롭게 되고, 새로워지고, 화해를 이룬 사람들로서 그 지위를 반영한 일관된 삶을 살아야 할 책임이 있다는 심오한 신학적·윤리적 함의를 수반한다. 프라이의 표현에 따르면, 이는 깊은 희극적 요소가 포함된 낭만적인 이야기로서, 이 이야기는 위태로운 상황이 역경과 선한 힘과의 연대를 통해 희망으로, 더 나아가 궁극적으로 하나님과의 연합으로 변화해 간다.

현대의 생태신학들은 종종 내포된 내러티브적 특성에 대해 명시적으로 드러내지 않고도 다양한 종류의 이야기를 제공한다. 우리는 생태신학적 제안들에서 공통적인 두 가지 내러티브적 모티브를 찾았다. 하나는 사라진 황금시대를 동경하는 것으로 자연 속에 인간이 존재하는 방식으로 살았던 사회로 돌아간다면 모든 것이 잘 될 수 있다는 주장이다. 프라이가 보여주듯이, 이것은 희극의 특징과 유사하다.[110] 그 황금시대는 처음에는 인상적일 수 있는 다양한 어려움이 극복되고 통합과 조화가 회복될 때 재발견된다.

우리는 다양한 생태신학에서 이러한 유형을 발견한다. 그 한 예는 우리가 1장에서 다룬 린 화이트의 유명하고 악명 높은 과학 분야의 논문이다. 종종 화이트의 글을 인용한 것을 보면, 그가 그렇게 지배적이라고 본 인간중심주의를 단지 비난만 하지 않고, "신은 인간의 이익과 통치를 위해 모든 것[피조물]을 계획했다"는 확신을 표현했다는 것은 잊혀지곤 한다.[111] 그는 인간이 무엇을 할 수 있고 무엇이 되어야 하는지에 대한 대안으로서 반대담론counter-narrative을 제안했다. 그는 "인간의 끝없는 피조물 지배를 인간을 포함한 모든 피조물의 평등에 대한 생각으로 바꾸기 위해" 성인에 대해 예를 든 후 새로운 프란치스코주의의 가능성을 언급했다.[112] 그런 다음 프란시스코주의를 기반으로 한 공동체를 이상화하며, 그 비전을 바탕으로 수용적 전략이라 할 수 있는 것을 옹호하며, 세상에 대한 매력과 영감, "생물과 무생물의 독특한 범심론汎心論적인 감각을 회복해야 하며, 초월적인 하나님에 대한 이들의 찬양에의 참여를 회복해야 한다고 말했다.[113] 이 제안의 기초가 되는 암묵적 내러티브 구조는 명백한 모순의 극복에 기초하고 있는데,[114] 이것은 창조에 대한 최초의 성서적 서술이 자애로운 창조자가 인간에 의한 이기적인 지배를 허가하는 것처럼 보인다는 것이다. 그는 인류가 프란시스의 예를 따라 "모든 자연의 영적 자율성"을 인정하면 아직은 모든 것이 잘 될 가능성이 있다고 본다.[115]

또 다른 황금시대 이야기는 로즈마리 래드포드 류터Rosemary Radford Ruether가 생태여성주의의 타락에 관한 이야기에 대한 비판적 재해석을 통해 조화로운 모계 사회가 남성의 폭력과 지배에 의해 휩쓸려 갔으며, 필요한 것은 그러한 유형의 사회구조로 돌아가는 것과 지구 의 리듬과 조화로운 연결을 되찾는 것이라 주장한 것이다.[116] 전통적 인 인간중심주의에 대항하고 과거의 학대와 억압에 대한 회개의 필요 성을 강조하는 그러한 지적에는 강점이 있다. (이는 아마도 지구와의 결 합을 이루는 희극 장르로서 하나님은 지구의 힘/에너지의 기초가 되는 신적 체계로[117] 이해되며 이를 위한 투쟁과 여정이라는 낭만적 요소를 가지고 있다. 가부장제와 생태적 오용의 "권력"은 포착되었지만 아직 이것을 무너뜨리지는 못했다.)[118]

황금시대로 거슬러 올라가는 생태신학의 세 번째 유형은 청지 기론의 윤리로 이어지는 많은 복음주의적 논의들의 기초가 되는 것이 다. 윌리스 젠킨스가 잘 보여주듯이, 청지기론은 광범위한 신학과 영 성의 기반이 되고 또한 이들을 통해 지지받는 매우 다양한 생태윤리 적 방법론이다.[119] 그러나 그러한 방법론들은 공통적으로 인간이 그 들의 지배권을 적절히 행사하여 피조세계가 그 자체로서 존재하도록 하는 원죄 이전의 상태를 지향한다. 칼빈 베이즈너의 연구를 예로 들 면, 구원받은 인류는 "야생"을 "정원"으로 변형시켜 지구가 처한 타락 과 저주의 상태를 되돌리는 역할을 감당하도록 되어 있다[1.4장 참조]. 이 러한 표현은 그 빈번한 사용으로 인해 상당히 "바울적"으로 보인다.[120]

그러나 6장에서 제시된 보강된 분석을 통해 명확히 제시했다 시피, 우리는 바울서신을 공정히 다룸에 있어 어떠한 향수를 불러일 으키는 내러티브도 고려하지 않는다. 바울의 신학적인 비전은 단호히 미래지향적이고 종말론적이다. 더 나아가 이러한 논의의 일부는, 인

간이 적절한 지배권을 회복할 수 있는 타락 이전의 상황에의 회복은
과학적, 화석인류학적^{또한 신학적}인 이유로 거부되어야만 한다는 주장을
따른다.

사실 역설적으로, 청지기론에 대한 어떤 접근에는 아이러니나
희극에 속하지 않은 암묵적 내러티브가 있을 수 있다. 청지기론을
"보전"의 시각으로 보는 관점에서는 현재보다 나쁘지 않은 미래를 유
지할 수 있다는 희망이 있다고 본다.[121] 여기에는 — 아마도 대부분의
관련 생태학자들이 열성적으로 부인할 — 상황이 실제로 더 악화되는
경향이 있으며, 하나님의 지구를 보호하기 위해 청지기론이 중요하다
는 암시가 반영되어 있다. 왜냐하면 우리는 하나님의 기적적인 인도
나 변화가 근시일 내에 일어나리라고 기대하지 않기 때문이다.

이러한 점은 현대 생태신학에서 찾아낸 다른 내러티브 비유인
아이러니^{반어}를 고려하게끔 한다. 생태에 대한 잘못된 이해와 접근을
통해 나쁜 결과를 불러오는 인간의 간섭을 제한한 자연 순환을 적절
히 운용하는 것이 최선의 희망이라면, 근본적인 내러티브는 멈출 가
능성이 없이 흘러가는 것 중 하나이며, 행위자로서 우리의 역할은 냉
정하게 받아들이는 것뿐이다. 예를 들어 해석학적 렌즈를 형성하여
전도서와 같은 성서 본문의 일부분을 제어하는 데 사용함으로써 철저
한 "성서적" 생태신학을 구성하는 것은 확실히 가능하다. 70인역본의
전도서는 "$\mu\alpha\tau\alpha\iota\acute{o}\tau\eta\varsigma$"^{허무}라는 개념과 함께 시작되는데 이 단어
$\mu\alpha\tau\alpha\iota\acute{o}\tau\eta\varsigma$는 바울이 로마서 8장 20절에서도 사용한 단어이다. 여기서
는 모든 것에는 계절이 있고, 모든 것은 지나가지만, 하나님의 목적
은 여전히 알 수가 없으며 멀지 않아 허무라는 주제가 되돌아온다고

단언한다[전도서 3장]. 이러한 생태신학은 자연의 주기를 받아들이는 윤리와 인간의 모든 열망의 허무함을 암시할 것이다. 또한 세상을 "그냥 있는 그대로" 두라는 세속주의에 기초하여 순수하게 반어적인 방식으로 생태신학을 구축하는 것 또한 가능하며, 실제로 매우 유혹적이다. 이러한 견해들은 최근 짐 체니[Jim Cheney][122]와 웨슬리 와일드먼[Wesley Wildman][123]에 의해 제안되었다.

반어적 생태신학의 또 다른 예는 우리가 작업해온 신약성서의 예와는 매우 다른 본문인 욥기서 38-41장을 기반으로 한다. 이에 대한 비평에 대해 이제까지 거의 다루지 않았기에 여기에서 좀 더 자세하게 다루려 한다.[124] 이야기 속에서의 욥처럼, 자연에 긍정적인 영향을 끼칠 수 있다는 우리의 능력에 대한 인간 중심적인 추정은 이 구절을 연구하는 생태신학자들에 의해 반어적·풍자적 접근으로 여겨진다.[125] 독자는 결국 인간의 통치가 아닌 하나님의 영향권에 속한 방대한 피조세계를 떠올리게 된다. 이러한 접근 방식은 나머지 피조물을 통제하려는 시도를 포기하는 접근 방법이라 할 수 있다. 또한 자연 세계에 가득한 고통에 대한 수수께끼에 대한 인식도 강하게 드러낸다.[126]

매우 뚜렷한 예로 빌 맥키벤[Bill McKibben]의 『위로의 폭풍우: 하나님, 욥, 그리고 창조의 규모』[The Comforting Whirlwind: God, Job and the Scale of Creation]를 들 수 있다. 맥키벤[McKibben]은 인간 중심적인 가정을 약화시키기 위해 하나님께서 욥에게 하신 "매우 냉소적인" 대답에 주목한다.[127] 그는 이 대답을 우리에게 "풍부하고, 거칠고, 소름끼치는 삶의 구조"를 보여주는[128] "어떠한 결론도 없는 방대하고 복잡한 소설"의 발췌본으로 본다.[129] 강력하고 냉정하게 이는 "사람 없는 세상"[130]을 묘사하는데, 이는 최근 앨런 와이즈먼 Alan Weisman 이 매우 다른 방식으로 접근한 사고실험을 통해 반복되었다.[131] 맥키벤은 욥기의 구절을 인간의 청지기적 소명 모델을 수용하는 사람들에 대한 반대 내러티브로서counter-narrative 사용한다.[132] 그의 주장의 핵심은 히로시마와 나가사키 이후 우리가 실질적인 원자폭탄의 사용을 '포기'하기로 결정한 것과 같이 우리의 "반창조적"인 방식에 대해 '포기'하는 것이다. 이러한 '포기'는 우리를 "창조의 경이로움과 신비 이것의 모든 모호성과 반어성[133]를 인정하는 피조물이" 되도록 준비시킬 것이다.[134]

클레어 파머 Clare Palmer 는 욥을 특히 청지기로서의 인간이라는 개념에 대항하는 존재로 인용한다. 그녀는 "여기서 하나님은 '사람이 살지 않는 땅, 사람이 살지 않는 사막에 물을 주고' 있다. 하나님은 정원사도 없이 그 땅에 직접 관여하신다. 인류는 이와 아무런 상관이 없으며 … 동물들 … 은 인류의 동반자로서 지음 받지 않았고, 심지어는 인간을 염두에 두고 만들어지지도 않았다."[135] 윌리엄 브라운 William P. Brown은 또한 욥기의 내러티브가 인간의 소명을 엄격한 범위 내에서 설정하는 것으로 보며 "자연을 정복하고 통제하는 것은 더 이상 인간의 존엄성을 분별하는 공식의 일부가 아니다"라고 말한다.[136]

욥기서 38-41장에 근거한 이러한 주장을 통해 일종의 반대 내러티브가 설정된다. 이는 인간 중심성에 집중하는 널리 퍼진 담론에 반대하여 독특한 서사적 형태를 가진 특정 성서 구절에 대한 강조를 통해 독자들의 마음, 생각, 그리고 행동을 전통적으로 가르쳐왔던 것과 매우 다른 방향으로 이끌어야 한다고 주장한다. 우리는 로마 황제에 의한 황금시대에 대한 바울의 거부[4장]와 순수 스토아적 우주론에 대한 골로새서의 거부[5장]에 관한 반 내러티브적 현상에 주목했다.

리사 사이더리스 Lisa Sideris 는 홈즈 롤스턴 Holmes Rolston 의 업적을 기리는 글에서 진화 과정은 생산적이며 본질적으로 가치와 불가치가 연결되어 있기에 인간이 진화 과정을 유익하게 간섭할 수 있다[137]는 개념에 반대하기 위해 욥기서를 언급한다; 그는 자연을 예수의 수난, 고난의 길 *via dolorosa* , 그리고 무고한 자의 학살과 같은 비극적인 언어를 지속적으로 사용하여 묘사한다.[138]

데니스 에드워즈 Denis Edwards 는 롤스턴과 같이 진화의 고통에 대해 많은 관심을 가지고 있는 학자로 하나님의 신성과 피조물을 위한 예비하심에 대한 이해의 한계에 대해 중요한 단서를 욥기서를 통해 찾는다. 그러나 에드워즈는 욥기서에 머물지 않는다. 그는 또한 하나님을 신뢰할 수 있다는 우리의 보증으로 십자가 사건을 언급하고, 더 최근의 글에서는 진화의 희생자들이 하나님의 사랑과 생명 안에서 어떠한 형태로든 계속 유지된다는 그의 확신을 강조했다.[139] 이 내러티브는 욥기서가 41장에서 끝난다면 남게 될 아이러니한 방식에 머물지 않으며, 욥기서 본문에서 욥에게 주어진 진부하고 거의 자기 풍자적인 결말에 머물러야 할 필요도 없다. 에드워즈에게 있어, 그리스도 안에 있는 하나님의 사랑은 누구도 잃어버릴 필요가 없는 심오한 결합의 장소로 우리를 이끈다. 아이러니는 종말론적 희극에 의해 전복된다.

이 짧막한 조사는 현대 생태신학을 지탱하는 함축적 내러티브의 범위와 그것을 유도하거나 뒷받침하는 다양한 성서 본문을 보여준다. 우리는 단 하나의 생태신학적 내러티브만이 "성서적"이며 신학적, 윤리적으로 유익하다고 주장하고 싶지 않다. 그러나 우리는 성서에 기반한 그리스도교 생태신학을 바울의 중요 본문들의 연구를 통해 추론한 내러티브를 근거로 삼아야 한다고 제시한다. 전 우주를 변화시키고 구원하는 하나님 이야기의 결정적 순간으로 그리스도 사건에 초점을 맞춘 그 미래지향적이고 희망찬 비전,[140] 인류에 대한 사명감과 책임감 등, 이 이야기는 적절하고 철저하게 종말론적이며 그리스도교 교리의 핵심과 깊게 연관되어 있다. 그리므로 우리는 그것이 그리스도교 생태윤리를 구축하기 위한 적절한 근거가 된다고 제안한다.

7.9   **결 론**

성서가 그것으로부터 나올 수 있는 신학의 내러티브 형태에 대해 완전히 결정짓지 못한다는 것은 타당하며 놀라울 일이 아니다. 하나님과 피조물과의 관계에 대한 성서 저자들의 저술은 여러가지 내러티브 방식을 포함하고 있으며 우리는 서로 다른 중심 본문의 사용이 서로 다른 유형의 모델을 만든다는 점을 볼 수 있었다. 욥기서 38-41장을 기반으로한 해석학적 렌즈는 로마서 8장 19-23절이나 골로새서 1장 15-20절에서 제시한 것과 상이한 강조점을 제시하는 경향이 있다. 따라서 성서가 우리가 현재 "환경"이라고 부르는 것에 대한 접근 방식을 "생태적" 용어로 이해하는 것 ─ 이 둘은 고대 저자들에게 크게 이질적인 개념이다 — 에 대해 완전히 결정짓지 못하는 것은 필연일 것이다. 교부들의 글에 대해서도 광범위한 해석적 접근 방법이 있다는 점은, 본문의 풍부함을 공평하게 대하기 위해 다양한 유형의 읽기가 필요하다는 확신 때문이다.[141] 그러나 서론에서 언급한 것처럼, 바울이 특히 개신교 전통에서 그리스도교 신학에 심오한 영향을 미쳤고, 그가 모든 피조물의 새로워짐의 시작점으로 그리스도 사건을 중심에 둠을 고려할 때, 성서적 그리스도교 신학에서 바울에 주의를 기울여야 할 이유는 충분하다. 바울서신은 그리스도교 신학의 생태 지향적 해석의 풍부한 근거를 제공한다. 인간 중심적인 전통적 해석의 우세 속에서 바울신학은 그리스도를 통한 하나님의 세상을 변화시키는 사역의 그 우주적 차원과 영향에 초점을 맞추고 있다. 인간이 성령의 도우심으로 그리스도에 참여하여 그와 함께 죽고 새로운 삶을 시작하듯이, 모든 피조물이 화해를 이루고 그리스도에 참여하는 과정에 있으며, 결국 모든 것이 될 그 안에서 삶을 얻게 될 것이다. 우리는 내러티브 분석을 통해 바울의 창조 이야기의 성격과 형태를 다루었으며, 이것이 얼마나 종말 지향적인지, 그 종말론 이야기 내에서 인류의 역할에 대한 묘사가 어떻게 생태신학적 함의를 이끌어낼 수 있는지 알아보았다. 마지막 장의 바울윤리에 대한 논의는 인류의 생태적 책임에 대해 어떻게 하면 더 널리 알릴 수 있는지를 탐구하며, 그러한 책임이 실제로 어떻게 수행될 수 있는지에 대해 현대의 과학적이고 윤리적인 이해와의 교류를 통해 논의한다.

8장

생태신학적 렌즈로 본 바울윤리

8.1 서 론

이전 장에서, 그리고 로마서 8장 19-23절과 골로새서 1장 15-20절에 대한 다양한 연구에서 우리는 바울신학과 윤리가 본질적으로, 불가분하게 상호 연결되어 있음을 보았다. 하나님이 그리스도 안에서 이미 이루셨지만 아직 이루지 못한 구원과 갱신은 새로운 개종자의 지위를 묘사할 뿐 아니라 회심자의 행동과 책임에 대해 암시한다. 이 마지막 장의 과제는 바울서신의 읽기를 통해 이러한 윤리적 차원에 초점을 맞추고, 이것이 현대 환경 윤리의 문제와 딜레마에 어떻게 연결되는지를 탐구하는 것이다. 비록 처음부터 지금까지 주석을 적용화하기는 간단하지 않다고 강조해왔으나, 그럼에도 불구하고 우리는 바울의 비전이 현재의 윤리적 도전에 대한 대응을 형성할 수 있는 방법이 있다는 것을 보이려 한다.

이번 장에서는 먼저 바울윤리의 중심을 요약하기 위한 간략한 개요를 제시한다. 우리는 바울윤리의 도덕적 규범이 기독론에 근거한 타자 존중과 상호 연대에 초점을 맞출 때 가장 잘 포착될 수 있다는 제안을 할 것이다. 이는 인간 공동체라는 제한을 넘어서는 도덕적 책임에 대한 바울의 타자 개념을 발전시킬 수 있는 가능성에 대한 고찰로 이어진다. 그런 다음 우리는 세 가지 질문을 집중적으로 고려하여 우리의 생각을 적용한다. 즉, 자기비움의 윤리 ethical kenosis 가 어떤 형태를 취할 수 있는지, 윤리가 어떤 방식으로 종말론적일 수 있는지, 그리고 상호 연대가 생태학적으로 어떻게 적용될 수 있는지에 대한 질문을 다룰 것이다. 각각의 질문에 대해 우리는 하나님께서 온 우주를 향해 바라시는 화해와 해방을 구현하고 시행하라는 인간의 소명을 표현하는 제안의 적용 사례를 제시할 것이다.

8.2   바울윤리의 이해

타자 존중과 상호 연대

다소 놀랍게도, 바울신학보다 바울의 윤리에 관한 연구가 훨씬 적었다.[1] 이는 부분적으로 한스 휘브너 Hans Hübner 가 지적한대로, 바울의 윤리는 바울 연구에서 독립적인 주제라기보다는 율법, 정의 등과 같이 많이 논의되는 다른 주제들과 연관되어 있기 때문이다.[2] 그럼에도 불구하고 이 주제에 대한 보완적이고 때로는 경쟁적인 다양한 접근법이 있어왔다. 예를 들어 어떤 연구들은 바울윤리의 유대적 성격, 유대 경전의 내용과 형태에 대한 영향, 이방인을 위한 *할라카*로서의 성격을 강조했다.[3] 이와는 대조적으로, 그리스 로마 도덕철학, 특히 냉소적 토론과 권고의 패턴과 유사성을 강조한 연구들도 있다.[4] 우리는 바울적 권고의 형태를 파악하고 이해하려는 모든 시도에서 문제의 복잡성과 기존 연구들을 부정하지 않으며, 이 두 영역의 영향력과 중요성을 인정한다.[5]

바울윤리의 형태와 내용에 대한 또 다른 접근 방향은 예수의 가르침이다. 이 제안은 알프레드 레슈Alfred Resch와 W. D. 데이비스W. D. Davies가 제안했고, 최근에는 데이비드 웬햄David Wenham이 제안했는데, 그는 예수와 바울의 가르침 사이에 "엄청난 중복"이 있으며, 바울 서신에는 예수의 가르침이 많이 반영되어 있다고 지적했다.[6] 그러나 예수의 가르침에 대한 명시적인 언급의 수는 극히 적으며고전 7:10-11, 9:14, 11:23-25; 덜 직접적인 언급, 롬 14:14; 살전 4:15-17 이러한 구절에 반영된 가르침을 통해 견고한 형태의 바울윤리를 확립하는 것은 어렵다.[7]

앞 장에서 이미 지적하였듯이 바울신학과 윤리는 밀접하게 연결되어 있다. 그리고 이 연결은 종종 직설법과 명령형으로 자주 표현된다.[8] 바울은 직설법을 사용하여 구원에 대한 선언을 한다. "당신은 ― 이미 ― 하나님의 새로운 피조물의 일부이며 죄에 대하여 죽고 그리스도 안에서 살아있다." 그리고 바울은 또한 명령적인 권고를 언급한다. "그러므로 너희 자신을 죄에 대하여는 죽은 것으로 여기고, 성령의 것들에 너희 마음을 두어라롬 6:11-13, 8:5-13 등." 간단히 말해서 "당신 모습 그대로가 되어라"라고 권고한다.

바울서신서에서 신학과 윤리 사이의 연관성에 대한 이러한 고전적 공식은 여러 도전을 통해 재 공식화 되었지만,[9] 어떻게 파악되고 표현되는지에 관계없이 이 둘 사이의 밀접한 연결은 공고하다. 앞서 논의한 바와 같이 그리스도를 통한 하나님의 화해의 행위를 강조하는 직설법이 고린도후서 5장 18-19절과 골로새서 1장 20-22절에서 강조되고 또한 평화, 통합과 화해의 메시지를 선포하고 구현해야 한다는 명령법에 해당하는 구절도 있다 고후 5:20; 골 1:23, 3:1-15 . 이는 또한 바울에서 종말론과 윤리가 어떻게 밀접하게 연관되는지를 나타낸다. 도덕적 의무는 이미 존재하고 또한 아직 존재하지 않는 새로운 피조물의 특성의 표현이다.[10] 바울의 그리스도교 윤리는 새로운 시대의 시작을 결정짓는 그리스도를 통한 하나님의 구원적이고 종말론적인 역사를 기반하여 형성된다. 이 책에서 발달시킨 내러티브 접근법의 중요한 공헌 중 하나는 그리스도교 윤리가 우리가 위치한 이야기 속의 특정 지점에서 그 정의를 어떻게 찾는지 보여주는 것으로, 세대들이 겹쳐 투쟁하는 시기에, 하나님의 구원을 성취하려는 희망을 향해 분투하며, 그 새로운 피조물의 특성에 의해 이미 정의된 방식으로 행동하나 인간의 행동 그 자체가 종말을 가져올 것이라 가정하지 않고 그 시작은 결국 하나님께 달려있음을 보여준다.

그러므로 바울의 깊은 신학적 윤리는 철저히 종말론적인 것이지만, 또한 철저히 *기독론적*이다. 이것은 앞선 연구에서 나타난 주제들이다. 예수의 *가르침*에서 바울윤리의 근거를 찾기 보다는 바울의 기독론에서 찾는 것이 더 설득력이 있다. 볼프강 슈라게 Wolfgang Schrage

는 "기독론은 바울의 근본적인 윤리 원칙"이라고 언급한 반면 리처드 헤이스^{Richard Hays}는 "바울윤리의 근본적 규범은 바로 그리스도와의 동형적인 삶"이라 말했다.[11] 헤이스^{Hays}는 바울윤리의 두 가지 핵심 규범을 "공동체의 통일과 그리스도의 모방"으로 정의하며 이를 더 구체적으로 명시한다.[12] 바울윤리에 대한 더 근래의 연구에서 호렐은 "바울윤리의 '초월 규범'은 상호 연대와 타자 존중에 가장 간결하게 드러나"고 "이 두 경우 모두 도덕적 의무는 바울의 신학, 특히 그의 기독론에 근거한다"며 기독론적인 기초에 근거한 연구를 제안했다.[13] "상호 연대"는 공동체가 그리스도의 몸^{고전 12:12-26; 롬 12:4-5}으로 세례를 통해^{고전 12:13; 갈 3:26-28} 들어갈 수 있으며 주님의 만찬을 통해 기려진다^{고전 10:16-17}는 관념에 기반을 두며, 통합과 화해에 대한 바울의 호소를 뒷받침한다.[14] "타자 존중"은 바울이 타인에 대한 자기 희생을 그리스도교 행동의 패러다임으로 제시한 그리스도의 본보기에 뿌리를 두고 있다^{롬 15:2-3; 고전 11:1; 빌 2:4-1}.[15] 그러나 이 연구는 바울윤리가 인간 공동체를 넘어 우리가 직면하고 있는 생태적 도전과 어떻게 연관될 수 있는지를 고려하는 것은 아니다.

      6장에서 우리는 다른 개념들과 함께 우주적 화해라는 주제를 바울신학을 읽는 해석 렌즈에 적용했다. 이것의 타당성은 7장에서 논의되었다. 우리는 또한 이 모티브가 하나님의 역사에 대한 선언^{직설법}을 담고 있을 뿐 아니라 윤리적 함축^{명령법}을 가지고 있다고 주장했다. 이를 통해 우리는 그리스도인들이 평화와 화해를 촉진하고 올바른 관계를 맺고 심화시키는 방식으로 행동하도록 요구된다는 결론을 내릴 수 있었지만, 이것이 환경 문제와 관련하여 정확히 무엇을 의미해야 하는지 명확하지 않았다. 우선, 평화와 화해의 주제에 관련된 역사·맥락적 차이가 분명하다. 광범위하게 말해 바울의 사회적 상황은 농경 사회 — 때때로 변방의 땅에 살면서 날씨 변화에 대한 취약성, 병충해, 가축의 약탈과 인간에 대한 위협을 포함한 그러한 생활 방식에 의한 도전에 대처하는 — 와 그레코–로만 세계의 도시 기반이 중첩된, 즉 제국의 요구로 도시와 그 도시에 상주하는 군인들을 먹여 살려야 하는 상황이었다. 이러한 배경은 현대 서구 생활 방식보다 인류와 다른 생명체 사이의 제한된 식량 공급을 둘러싼 경쟁에 대해 관심을 더 집중시킨다.

　　미로슬라브 볼프^{Miroslav Volf} 가 지적했듯이, 완전한 인간 사이의 화해조차도 하나님의 손에 의해 완성을 기다리는 "메시아적인 문제"이다. 그럼에도 불구하고 볼프가 계속해서 제안하듯이 우리는 "취소할 수 없는 화해의 비전을 근거로 하여 최종적이지 않은 화해를 위해 투쟁"할 수 있다.[16] 그러나 일부 생물들이 다른 생물의 생존에 필요한 음식으로서 제공되는 현재의 피조물들 사이에서 화해를 상상하는 것은 훨씬 더 어렵다.[17]이러한 화해가 무엇으로 구성되어야 하며, 인간은 어떤 방식으로 화해를 조성할 수 있을까? 우리는 6.4장에서 생물체가 번성할 수 있는 공간을 만드는 관점으로 이것을 이해할 수 있는 방법을 제시했고, 8.4장에서 인간이 멸종 위기종을 보호하고 동물을 죽이는 행위를 줄이거나 없애려는 노력과 같은, 이 비전의 가능한 몇 가지 실행 방법에 대해 다룰 것이다.

　　타인과의 관계에 대한 윤리적 패턴의 관점에서 볼 때, 바울윤리의 중심적인 도덕 규범을 형성하는 것은 타인의 유익을 위한 자기 희생의 기독론적 패러다임이다. 이것은 교회 안에서 또는 성도들ἐν ἐκκλησία과의 관계에 초점을 맞추고 있으며, 개인 행동의 가치는 그들이 교제κοινωνία를 장려하고 믿음의 공동체에 선을 행하는 정도에 따라 결정되어야 한다.[18] 호렐이 보여주었듯이, 바울에서 이 타자 존중의 관점은 심지어 특정 상황에 비추어 하나님의 다른 명령이 상대화되거나 적용될 수 있는 초월 규범으로 작용할 수 있다.[19] 이러한 초월 규범은 그 외의 합법적인 방침들을 인정할 수 없게끔 한다. 다른 신자들에 대한 보살핌은 아무리 그것이 합법적이라 할지라도 자신의 선호나 욕구보다 형제ἀδελφοί의 복지를 우선시하는 데까지 확장된다. 그러한 요구는 심지어 완전히 정당화된 "권리들"을 무시한다고전 8:9-9:23; 롬 14:1-15:7. 예를 들어 그리스도인들은 "무엇이든지 스스로 속된 것이 없음"롬 14:14으로 모든 음식을 자유롭게 먹을 수 있지만, 이러한 음식을 용납할 수 없는 다른 자매나 형제롬 14:15-21에 대한 배려로 이 자유를 제쳐 둘 필요가 있을지도 모른다.

　　바울서신서들을 모든 피조물에 대한 하나님의 조화로운 관심과 모든 피조물이 하나님의 구원과 영광을 위한 목적에 참여하는 것을 중심에 두는 렌즈를 통해 다시 읽음으로써, 우리는 이 가르침이 관련된 다른 사람들의 공동체의 범주를 넓힐 수 있는 가능성에 대해 찾으려 한다. 이것은 과학적 발견을 통해 인류가 속한 생태계 내에서 상호의존성에 대해 더 크게 공감할 수 있게 된 것과 분명히 일치한다. 이러한 맥락에서 타인을 위한 자기 권리의 제한, 이웃 사랑, 육체의 불가분한 상호 연결성에 관한 바울의 가르침은 예를 들어 우리의 인간적 "권리"가 다른 종의 지속적인 번영에 영향을 미치는 경우와 같은 새로운 반향과 관련성을 찾게 된다.

7.6장에서 언급한 바와 같이 타인을 위한 자기 희생의 기독론적 패턴을 요약한 가장 영향력 있는 본문 중 하나는 빌립보서 2장 5-11절이다.[20] 바울은 이 기독론적 패러다임을 특정 사건에 연관시킨다. 예를 들어 타자 존중을 돈과 관련하여 응용할 때 그는 부자인 그리스도가 타인을 위해 가난해졌다는 예시를 든다 고후 8:9. 바울은 고린도 교회 신자들이 최소한 부분적으로나마 도움이 필요한 다른 교회들을 후원하길 기대하는데, 이는 현재 충분한 기부자들이 있기 때문이다. 그는 고린도 신자들이 베푸는 것에 따라 "강요"받는 것이 아니라, 그들의 "넉넉함"이 선물을 받는 사람들의 필요를 충족시켜 "균등"을 가져올 것이라 암시한다 고후 8:13-15; 롬 12:13, 15:26; 고전 16:1-2. 즉 다른 사람들에게 혜택을 주기 위해 그들은 자신의 필요를 포기하는 것이 아니라 잉여를 포기하는 것이다. 바울의 글에서는 탐욕 πλεονεξία을 이방세계의 악 롬 1:29; 엡 4:19 으로 비난하고 있는데, 골로새서의 저자는 이것을 우상숭배 골 3:5와 동일시 한다. 바울은 자신의 행동에는 그러한 동기가 없음을 강력히 주장한다 살전 2:5; 고후 7:2. [21]

사람 간의 또는 교회 구성원 간의 관계의 맥락과 관련된 바울의 가르침은 우리가 그리스도 안에서 화해와 구원의 과정에 모든 피조물을 포함시키는 렌즈를 해석의 중심에 놓을 때 다시 읽히고 다시 초점이 맞춰질 수 있다. 값진 배려를 받아야 하는 "타인"의 공동체는 교회 공동체와 인간 공동체의 범주를 넘어 확장될 수 있다. 우리는 이제 이 제안에 대해 더 자세히 알아볼 것이다.

8.3 　　　**인간 공동체를 넘어서**

타자 배려와 자기비움의 윤리

바울서신에 대한 논의를 통해 인정했듯이, 바울이 인간 — 특히 교회 — 공동체에 주된 관심을 가지고 있다는 것에는 의심의 여지가 거의 없다. 바울은 그리스도 안에 있는 사람들이 다른 사람들을 어떻게 대해야 하는지에 대해 관심이 있다. 실제로 우리가 동물복지라 부를 수 있는 개념과 관련된 본문을 인용할 때, 바울은 그것이 오직 사람의 권리와 책임에 대한 지침으로만 기능한다고 주장한다 고전 9:9: "하나님께서 어찌 소들을 위하여 염려하심이냐?". 따라서 인간이 인간 주변에 있는 환경과 어떻게 관계되는지에 대한 논쟁에 있어서 바울의 기여를 찾을 수 있는 명백하거나 쉬운 방법이 없다는 것은 분명하다.

그럼에도 불구하고 바울의 윤리적 권고는 그 관심 영역이 교회와 인간 공동체를 넘어 확장되는 방향으로 몇 가지 힌트를 줄 수 있다. 우선, 교회에 그 관심이 집중되어 있음에도 불구하고 바울의 윤리적 권고는 공동체 밖의 사람들에 대한 행동과도 관련이 있다. 선행과 사랑을 형제 ἀδελφοί 뿐만 아니라 "모두"와 적에게도 보여주라는 요구가 그것이다 롬 12:14-17; 갈 6:10; 빌 4:5; 살전 3:12, 5:15. 또한 — 로마서 12:17과 같이 — 내부자와 외부자가 "선하다"고 여기는 것 사이에 일부 중복되는 부분이 있을 것이라는 명백한 가정도 있다.[22] 이러한 인류 보편의 윤리관은 바울이 이웃을 자신처럼 사랑하라는 계명을 인용 롬 13:9; 갈

5:14; 참조, 레 19:18 하기도 한다는 점에서 표현되며, 모든 — 인간 — 이웃을 사랑하라거나 선을 행하라는 명령은 지구 온난화에 의해 악화되는 홍수와 같이 인간의 건강이나 복지에 영향을 미치는 환경 악화 또는 변화의 영향을 완화하기 위한 조치를 촉진할 수 있기 때문에, 어떠한 생태적 성찰을 뒷받침해줄 수 있는 잠재력이 있다[23] 그러나 이것은 본질적으로 인간 중심적인 신학적 윤리이다.

이러한 배타적인 인간 중심적인 관심사를 넘어서는 첫걸음은 우리가 이미 생태신학적인 해석의 중요 본문으로 확인한 바울의 본문 롬 8:19-23과 골 1:15-20, 4.6장 참조 들을 연구의 중심에 놓을 때 취해질 수 있다. 위에서 자세히 다루었듯이, 이 본문들은 바울의 구원 이야기에 전체 피조물이 포함됨을 강하게 시사한다. 그리고 이러한 본문들이 이 주제에 대해 가장 잘 개발되고 중요한 반면, 다른 바울 본문들은 하나님의 구원과 화해의 목적에 모든 피조물을 포함하는 것에 대한 이 중심적인 초점을 통해 일관성 있게 읽을 수 있다[7장 참조].

바울의 타자 존중의 시각에서 신자의 개념을 교회 공동체는 물론 인간 공동체의 범위를 넘어서는 다른 방면으로 그 범위를 넓히는 것은 여전히 풍부한 상상력이 필요한 단계이다. 그러나 환경을 변화시키는 매우 강력한 과학 기술을 사용하는 60억 이상의 인구에 의해 촉발된 생태적 위기가 발생하고 있는 현재의 상황은 바울과 그 동시대 사람들의 이해의 범위 내의 어떤 것과도 매우 다른 상황이기에, 이 단계는 매우 중요하다. 이는 핵심을 넘어서는 단계이나 우리는 이것이 근본적으로 바울 사상과 그 결이 다르지 않음을 논증할 것이다. 만일 그리스도의 죽음을 통해 이루어진 화해와 화평에 "만물"이 포함된다면, 이 행동의 윤리적 결과로서 따르는 "타인을 위한 삶"은 바울 자신의 개념적 표현에 포함되지 않더라도 논리적으로 만물^{τά πάντα}을 그 범위 안에 포함시킨다고 주장할 수 있다.

타자 존중의 대상을 인간 공동체를 넘어선 범위로 확장시키는 것은 어떤 의미에서 그리스도교 공동체를 넘어 *친족언어*를 확장시키려는 움직임이라는 점도 주목할 필요가 있다. 바울에게 있어서 형제^{ἀδελφοί}는 그리스도 안에 있는 사람들, 즉 교회의 구성원인 것이 분명하지만, 현대 그리스도인들은 종종 이 언어를 모든 인간을 "형제자매"로 칭하기 위해 적용했다. 인간을 제외한 피조물까지 연대적 언어를 확장하는 급진적인 단계를 원하지 않거나 필요로 하지 않을 수 있지만,[24] 우리는 도덕적 관심의 공동체를 "만물"로 확장하는 것은 바울윤리와 현대의 환경적 관심을 연결할 수 있는 중요한 시도로 본다.

따라서 우리는 인간을 제외한 피조물을 단지 인간 속죄의 드라마가 일어나는 무대나 인류가 마음대로 쓸 수 있는 자원의 저장고로 보기보다는, 그들을 값진 타자 존중을 보여야 하는 공동체에 포함시킬 것을 제안한다. 우리는 앞장에서 그리스도의 본보기를 통해 어떻게 자기비움^{kenosis}이 화해와 영광에 참여라는 모티브를 뒷받침하는 통합적인 신학적 개념으로 작용할 수 있는지를 보았다. 그리스도의 자기 비움은 윤리적 패러다임으로도 작용하여 인간이 다른 종의 생존 욕구나 그들을 위한 "자원"을 인간 자신의 비본질적 자원 요구사항보다 더 높은 우선순위에 두도록 동기를 부여하며 정당성을 제공한다. 우리가 제안하려는 바울적 모델은 다음과 같은 공급과 관심의 "평등"을 제안한다. 고린도후서에서 바울은 그리스도교적 패러다임의 사용을 통해 상대적으로 강하고 힘 있는 사람들이 행동을 취하도록 도전한다. 이는 약한 자의 순종적 복종을 정당화하는 윤리가 아니라 상대적으로 강한 자의 값진 자기 희생을 요구하는 윤리이다. 그러나 마케도니아인들이 어려움에 처한 성도들을 섬기려는 열망으로 그들의 "극심한 가난" 중에 "풍성한 연보를 넘치도록" 한 사례도 있다^{고후 8:1-5}. 이것은 그리스도교적 접근법이 인간의 정당한 열망을 희생하거나 축소를 통해 다른 종들의 필요를 충족시키는 것이 정당하다고 볼 수 있음을 시사한다. 그리스도의 자기 희생 kenotic self-giving 은 모든 "타자"에 대한 그리스도교적인 행동 모델이다. 그러나 이 바울 모델이 구체적인 윤리적 딜레마에 대한 명확하거나 분명한 답을 제시하지 않는다는 것 또한 분명하다.[25] 그럼에도 불구하고 우리는 자기비움의 윤리 ethical kenosis 의 패러다임이 바울 전통의 연속성을 충실하게 유지하는 생태윤리의 중심에 설 수 있다고 제안한다.[26]

　　우리의 윤리적 틀의 핵심을 자기비움으로 볼 때, 우리는 여성주의적 관점에서 자기비움 kenosis 이라는 용어에 대한 비판을 인식하게 된다. 사라 코클리 Sarah Coakley 는 이 비판에 대한 현명한 분석과 응답을 제공하였다.[27] 그녀가 지적하듯이, 우리는 자기 희생의 언어와 관련하여 의심의 해석학을 적용할 수 있지만, "*자기비움* 또는 '희생적' 사랑의 가치를 재고하려는 *모든* 시도가 성 본질주의 gender essentialism 논의에서 나오는 것은 아니다."[28] 실제로 바울의 윤리 모델에 대한 비판적인 평가는 확실히 필요하지만, 사회적 약자나 취약계층의 사람들이 그리스도를 모방하여 묵묵히 고통받도록 촉구하지 않기 때문에 자기 낮춤의 가르침이 포함할 수 있는 명백한 위험을 일부 피할 수 있다. 오히려 그것은 신분과 위계의 역전을 그리스도의 몸 됨의 특성으로 봄으로써 특히 사회적 강자에게 그리스도의 자기 낮춤의 본보기를 따를 것을 요청한다.[29]

자기비움의 윤리 ethical kenosis 의 첫 번째 요소는 그리스도의 예를 따르는 열망의 자기비움이라고 할 수 있으며 그리스도와 같이 신자는 지위를 "강탈"[30]하거나 높은 지위를 열망하는 것이 아니라, "타인의 이익을 추구하는 것"[빌 2:4]이다. 열망의 자기비움의 본질은 어떠한 것을 가지려는 유혹에 저항하고, — 열망[ἁρπαγμός]에 대한 우리의 이해를 바탕으로 — 역할이나 지위에 과도한 애착을 가지기보다 대가가 따르는 고통을 겪게 되더라도 다른 사람의 이익을 위한 하나님의 목적에 순종으로 따르는 것이다.[31] 역할과 지위에 대한 과도한 애착은 다른 생물의 지위를 존중하지 못하게 하여 그리스도를 따르지 못하게 한다.

그러나 열망의 자기비움은 식욕의 자기비움과 함께 간다. 죄는 인류 스스로의 본성을 인식하지 못하게 하는 힘인 "항상 [인간]자신의 의지나 의도에 의하지 않은 태도와 행동에 대한 강박"으로 생각될 수 있다.[32] 이는 창세기 3장에서 다루고 있는 하나님에 대항하는 지위를 원하는 강박관념일 수 있다. 그러나 그것은 타인을 억압할 수 있는 힘이나, 성을 성적인 용도로만 이용하거나, 과도한 음주, 마약, 음식 혹은 어떤 종류의 감각에 대한 욕구를 충족시키기 위한 강박일 수 있다. 이 모든 것들은 우리를 신을 대체하는 어떠한 물질을 만들거나 경험하게 하여 우상숭배로 이끈다.[33] 이 모든 것은 하나님을 경배함으로 얻는 자유를 고갈시킨다. 그러한 식욕은 우리의 몫보다 더 많은 세계의 풍족함[34]을 소비한다. 식욕의 자기비움 원칙의 적용은 널리 펴져 있다. 이는 수출용 작물을 위한 농지 확장 과정에서의 산림 파괴, 인구 과밀 거주지에서 탄소 집약적 에너지를 낭비하는 것뿐 아니라 지속 가능하지 않은 연료의 사용을 가중시키는 원거리 먹거리에 대한 서구의 요구와 장거리 화물 운송 등에도 적용된다.

열망의 자기비움과 연결된 식욕의 자기비움의 특정 측면에는 물욕의 자기비움이 있다. 인간으로서 우리의 야망과 경험을 자유케 하신 구원의 질서에 기꺼이 맞추어야 하듯이, 우리는 종종 다른 생물의 행복을 희생하면서 획득되는 삶의 과시적 물질 요소에 대한 질서를 정립해야 한다. 물론 바울서신들이 지구를 위해 사는 것이 무엇을 의미하는지, 우리의 생태적 발자국의 영향을 줄이기 위한 독특하거나 분명하고 구체적인 언급을 하지는 않는다. 그러나 결정적인 것은 그리스도교 윤리의 핵심에 그리스도를 통해 암시된 바를 따르는 — 또는, 더 잘 모방하는 — 것을 중심으로 둔 실천 패턴을 모델로 제공한다.[35]

이러한 유형의 자기비움의 윤리ethical kenosis 예수 자신의 자기희생적 삶으로부터 시작된 위대한 화해를 더욱 심화, 발달시킴을 통해 더 성숙한 타자 존중을 가능케 한다. 이 타자 존중은 진정으로 사랑하는 사람의 입장에서 사랑받는 사람이 그 자체로 번영하기를 바라는 열망으로 표현될 수 있다. 인간 사이의 사랑은 부모의 사랑, 애인의 사랑, 친구, 또는 낯선 사람이나 적에 대한 딱딱하고 의도적인 사랑인지에 따라 각기 다른 방식으로 상대방이 번영하기를 바라는 비강제적인 갈망이다. 따라서 인간과 비인간적 피조물 사이의 사랑도 상대방을 알고자 하며, 상대방이 하나님께 속한 관계에 있는 존재로 인정하려는 진정한 욕구에 달려 있다.

이러한 사랑은 단순한 감정이 아니라 자기비움kenosis에 의해 정화된 욕망의 진정한 표출로 강인하고 분별력 있는 사랑이어야 한다. 이것은 인간의 이익을 위해 다른 생물들이 인간의 거주지로부터 멀리 떨어져야 하거나, 약품이나 살충제에 의해 통제되어야 하는 것을 인식하면서도 여전히 그들의 존재에 대한 경이로움을 기리고 공존을 원하며 실제로 그들이 그 자체로서 번영함과 충만함과 자기 초월의 기회를 얻기를 바라는 것이다. 우리는 바울서신서들에 대한 우리의 창조적 유용으로부터 추론하여 하나님께서 세상을 변화시키는 과정에 인간이 한 부분을 차지하고 있으며 현재보다 앞으로 더 그 영역이 늘어날 것이라 본다. 인간은 하나님이 세상의 고통을 치유하는 그 사역에 참여할 수 있다.

이러한 타자 존중의 자기비움을 다른 측면에 적용하기 위해 우리는 두 가지 추가적인 질문을 한다. 첫째, 윤리학은 유의미하게 종말론적일 수 있는가? 둘째, 이전에 확인되었지만, 일차적인 서신의 원래적 상황에서 결국 배타적이고 인간 중심적으로 보이는 상호 연대의 모티브에서 생태윤리적인 표현을 찾을 수 있는가?

8.4   **종말론적인 윤리**

　　　　　　　　우리는 피조물의 구원이라는 주제를 직접적으로 다루는 바울의 핵심 본문들에 대한 반성이 지속적인 투쟁의 과정을 시사한다는 것을 보았다. 로마서 8장 19-21절과 골로새서 1장 24절의 본문에서 특히 인간의 소명은 그 투쟁의 필수적인 부분이며, 인간의 자유는 "이미 그러나 아직"으로 묘사되듯이 그 이행의 과정에 있으며 — 적어도 로마서 8장 19, 21절에서는 — 그 성취에 피조물의 변화가 달려 있다. 이러한 시각은 인간의 종말론적 사명을 진지하게 받아들이는 생태신학적 윤리에 대한 관심을 불러 일으킨다.

　　　　종말론적 윤리는 행동의 극단성을 암시하지도, 세상을 적대적으로 부정하지도 않는다. 고린도전서 7장 [7:2-6, 12-16, 27] 에서 바울의 성 윤리가 시사하는 바와 같이 그것은 신중하고 실용적일 수 있다.[36] 심지어 바울의 유명한 ὡς μή가 일련의 구절에서 다섯 번이나 반복적으로 사용되어 세상과 일종의 '분리'를 요구한다고 하더라도 이는 스토아 및 견유 학파 문서의 어법과 유사성이 있다[37] 세상에 대한 보살핌의 결여를 암시하는 것이 아니라 정확히는 그리스도인의 자유, 즉 세상의 욕망과 욕망에 의해 결정되지 않는 자유를 암시하는 것으로 이해될 수 있다. 불트만은 이것을 "죽음으로부터의 자유가 주어지면, 세상과 그 힘으로부터의 자유도 주어진다. 믿음의 사람은 스스로를 의지하는 것에서 자유로워지고 세상을 — 아마도 — 마음대로 조종할 수 있지만 그럼에도 불구하고 희생한다."[38] 혹은 고든 피 Gordon Fee 가 언급했듯이 "사람들은 다른 사람들처럼 결혼하고, 슬퍼하고, 기뻐하고, 사고, 이용하며 살지만, 이것들 중 어느 것도 자신의 삶을 결정짓지 못한다. 그리스도인은 영원으로 특징지어진다. 그러므로 인간은 다른 사람들의 존재를 지시하는 지배적인 힘 아래 있지 않다."[39] 종종 물질세계에 대한 거부를 암시하는 것으로 비판받는 이러한 종류의 금욕주의가 어떻게 우리가 앞서 윤곽을 잡은 윤리적 자기비움의 종말론적 밑바탕으로 작용하는지는 어렵지 않게 볼 수 있다.[40] 바울은 독자들에게 현재의 모습 — 이미 형성되고 있는 새로운 피조물로서 완성을 향해 가는 — 으로 세상의 탐욕과 욕망으로부터 자유로운 사람으로 살도록 도전한다.

우리는 문헌을 통해 종말론에 대한 두 가지 대안적 접근 방법을 찾을 수 있었다. 하나는 바울 이후 그리스도교에서 "역사적인 희망과 분리된" 종말론적 공식화를 거부하여 그리스도교 사상의 생태적 잠재력을 훼손하는 이원론적 논의의 일부로 간주하는 것이다.[41] 그러므로 생태신학적 윤리는 창조 교리를 통해서만 다루어 질 것이다.

종말론 유형의 다른 대안으로는 특히 불트만의 연구와 관련이 있는 주제의 실존화 existentialization 혹은 비신화화 demythologization 이다.[42] 이러한 접근은 인간을 제외한 피조물과 인간과의 관계에 대한 신약성서의 영향을 단순히 무시한다. 실제로 로마서 8장과 골로새서 1장 연구들의 접근 방식은 매우 인간 중심적이었다4.2장, 5.2장 참고. 비록 그러한 해석이 본문의 내용에 근거하여 타당하다 할지라도, 그것은 보다 총체적인 읽기에서 나오기 시작하는 피조세계의 돌봄을 위한 중요한 자료들을 제외시키게 될 것이다.

그러나 캐트린 테너 Kathryn Tanner 의 탈세속화된 종말론에서 대안적이고 훨씬 더 정교한 형태의 실존화를 찾을 수 있다. 그녀는 우주의 미래에 대한 과학적 예측 앞에서 종말론적 교리를 창조의 교리와 유사한 방식으로 재구성하는 것이 최선이라 주장한다. 과학은 우주에 시작이 없었을지도 모른다고 말하나 창조의 교리는 모든 창조된 시공간이 시시각각 하나님에 대한 존재론적 의존을 긍정하는 것으로 받아들여질 수 있다. 그래서 과학은 우리에게 우주가 의미 없는 끝, 단지 허무함에 표류할 수도 있다고 말하나 종말론은 현재의 희망과 목적에 관한 것일 수 있다. 테너는 신약성서의 영생이 미래적 희망을 뜻한다기보다는 하나님 나라의 현재성으로 보는 종말론적 지향을 가지고 있다.[43] 테너의 논의는 세심하고 우아하게 구성되어 있으며, 과학적 정보에 입각한 종말론의 문제에 대해 사실적이다.[44] 그러나 우리는 그녀의 내러티브가 바울의 주요 본문으로부터 우리가 추론한 내러티브에 완전히 부합하는지 의문을 제기한다. 그녀의 접근법은 세계의 상태에 대한 특정 "스토아주의"와 혼합된 불트만이 제안한 탈신화적 접근법의 현대적 재유용에 더 가까워 보인다. 그녀의 주장의 함의는 위대한 우주적 순환이 결국 우주의 운명을 해결할 것이라는 점이며, 한편 영생이 이미 내재된 신자들은 이러한 상황을 견디고 그 내재성을 향한 방향을 유지해야 한다.

우리의 접근법은 테드 피터스 Ted Peters가 "우리의 미래에 대한 비전의 자극으로 인해 현재 창조적이고 변혁적인 행동을 취함"으로 정의하는 "선취先取적 윤리"와 더 유사하다.[45] 이것은 인간의 행동 자체가 새로운 피조물의 완성을 가져올 수 있다는 과장된 주장을 하지 않고 종말을 가져오실 하나님의 방법을 따르려는 노력을 뜻한다. 그

노력이 수반하는 투쟁과 고통은 단순히 시대의 조건으로만 볼 수 있는 것이 아니라, 세상의 신적 변화 과정의 일부로 보여진다. 우리는 너무 확신적인 종말론적 윤리가 억압적이고 심지어는 전체주의적일 수 있다는 볼프Volf의 경고를 심각하게 받아들인다.[46] 그러나 인간을 제외한 피조물과 관련된 종말론적 접근법이 하나님의 목적에 부합하며, 타자 존중의 확장을 통해 공동체에 대한 우리의 개념을 인간의 범주보다 넓게 확장해야 할 필요성을 인식하고, 목소리가 없는 자에게 목소리를 줄 수 있기를 희망할 수 있지만아래 참조, 또한 — 우리의 극도로 제한적인 능력을 잘 사용해 — 하나님이 희망으로 피조물을 종 되게 하셨던 "허무함"을 초월할 수 있도록 돕고, 인간과 궁극적으로 피조물 전체의 영광스러운 자유를 희망할 수 있다.

앤드류 린지Andrew Linzey 역시 로마서 8장에 영향을 받은 종말론적 생태윤리의 틀을 만들었다. 우리의 윤리적 제안들의 실제적 실행으로 초점을 옮겨, 우리는 채식주의가 종말론적 표징으로써 받아들여질 수 있다는 그의 제안에 대한 고려부터 다루려 한다.

평화의 왕국에 대한 기대로써의 채식주의

동물의 지위와 권리를 중요시 여기는 신학적 주장의 넓은 맥락에서 린지는 "성서적 이상으로서의 채식주의"에 대한 사례를 제시한다.[47]린지는 로마서 8장 19-21절이 인간이 어떠한 존재인지를 나타내는 결정적인 본문이며 "사제적 구원 사역을 담당하여 … 피조물을 허무함, 괴로움과 고통과 무가치함에서 해방시키는" 존재라고 주장한다.[48] 다른 채식주의자들과 마찬가지로 린지는 창세기 1장 29-30절의 창조기사와 이사야서 11장 6-9절의 평화로운 미래 왕국의 묘사가 "하나님의 뜻은 평화를 위한 것"이라는 증거로 동물을 포함한 모든 살해의 종식을 주장한다. 그는 성서에서 그러한 살해는 인간의 죄악[창 9:3-5]의 맥락에서의 양보적 허가로서만 허용되었다고 지적한다.[49] 그러므로 "채식 생활 방식을 선택하는 것은 나머지 피조물들과 평화롭게 살기 위한 실용적인 한 걸음으로써 오늘날 세계에서 제도화된 살생의 비율을 줄이기 위한 한 걸음이다"라고 주장한다.[50] 린지는 "예수는 비건이 아니었고 아마도 채식주의자도 아니었을 것"이라는 잠재적인 문제를 해결하기 위해 노력한 후, "평화로운 왕국의 근사치"로 만드는 수단[51]으로서 채식주의에 호소하며 결론짓는다. 이는 채식주의에 대한 헌신을 메시아 시대의 미래적 평화에 대한 비전과 일치하는 단계로 간주한다는 점에서 종말론적인 윤리이다. "우리는 창세기로 되돌아가는 것이 아니라 나아간다고 말할 수 있다."[52]

이 윤리적인 주장은 다소 설득력이 있다. 많은 이들이 칼을 쳐서 보습을 만드는[미 4:3] 예언적인 비전을 전쟁을 끝낼 동기이자 명령, 즉 평화를 촉구하는 것을 받아들이는 것처럼, 인간과 동물을 아우르는 미래 평화의 비전을 분명히 "이미"나 "아직"인 삶을 살자는 소명에의 윤리적 도전으로 보는 것이 타당하다. 그러나 우리는 바울 — 더 넓게는 성서적 — 비전의 윤리적 실천으로써 종말론적 채식주의에 대한 주장에 의문을 제기할 이유 역시 찾게 된다.[53]

첫째, 피조물의 원상태에 대한, 특히 이것이 포식자의 폭력을 자연의 "타락"으로 보는 시각과 관련될 때 문제가 있다.[54] 육식 이전의 천국의 개념을 과학적 증거와 동일시하는 것은 불가능하나, 우리가 알고 있는 것처럼 본성에 내재된 과정을 통해 자연이 생겨난 것이다. 사우스게이트의 표현을 빌리자면,

> 진화 과정에 내재된 자원에 대한 경쟁과 투쟁 그리고 자연에서 이루어지는 포식 전략, 고통과 멸종의 과정들은 종의 특성을 개량하고 더 정교한 경지로 나아가게 한다. … 우주가 하나님이 주신 완벽한 상태에서 피조물의 반역으로 인해 타락하는 것과는 거리가 멀지만, 열역학 제2법칙과 다윈적 자연 선택에 의해 지배되는 과정의 복잡성이 나타나는 우리의 우주는 생물들의 아름다움, 복잡성과 다양성을 형성할 수 있는 가장 그럴듯한 우주인 것으로 보인다. 이러한 관점에서 이것은 하나님이 원래 의도했던 종류의 우주이다.[55]

사우스게이트가 분명히 밝혔듯이, 이것이 우주가 원래 의도되었던 모든 것이라는 것은 아니다. 하나님의 종말론적인 의도는 피조물의 존재를 — 필연적으로 — 특정 짓고 있는 허무와 썩어짐으로부터 해방시키는 것이다. 실제로 바울서신의 본문과 깊게 관련되어 있는 우리의 종말론적 내러티브는 정확히 투쟁과 고통을 통해 궁극적으로 승리와 해방을 이루는 "낭만극적"이야기를 나타낸다. 그러한 이야기 안에서, 채식에 대한 종말론적 논쟁은 피조물의 평화로운 미래에

대한 부분적인 예측적 인식으로써 그 설득력을 유지할 수 있다.

둘째, 그러나 우리는 피조물의 선함으로 나타나는 본질과는 별개로 포식자와 피식자 관계의 다중적 네트워크가 우리가 알고 있는 세계의 불변적 기능의 일부라는 것을 인정해야 한다. 우리는 하나님이 더 이상 포식과 폭력이 없는 방식으로 피조물을 새롭게 하는 궁극적인 종말의 모습을 상상할 수도 있지만, 인간이 지금 여기서 포식자와 피식자의 관계를 바꾸거나 되찾으려고 하는 것은 현실적이지도, 바람직하지도 않다. 동물들 사이와 인간과 동물 사이의 화해는 생태계의 먹이사슬을 바꾸는 것을 의미할 수 없다.

그리스도교 채식주의자들은 이에 대해 즉각적으로 사자가 풀로 자양분을 섭취하는 것은 불가능할 수도 있지만, 적어도 필요한 자원과 기회를 가진 사람들이 채식주의 식단으로 영양을 섭취하는 것은 확실히 가능하다고 대답할 것이다. 육류 소비를 줄여야 하는 설득력 있는 ― 비-종말론적 ― 윤리적 이유들이 실제로 많이 있으며, 이 점은 강조되어야 마땅하다.[56] 그러나 우리는 여전히 종말론적 비전에 대한 최고의 윤리적 실천이 채식주의적인 삶이라고 확신한다. 이것은 특히 동물을 특정한 형태의 농업 시스템의 일부로 키우는 ― 그리고 죽이고 먹는 ― 것이 인간과 동물의 관계에 긍정적이고 가치 있는 양식을 반영할 수 있다는 주장이 제기될 수 있기 때문이다. 사우스게이트는 영국 남서부의 황무지 지역인 다트무어 Dartmoor 에서 이루어지는 영농 양식의 특징을 설명하면서, 해당 지역의 지형적 특성과 문화적 기풍에 의해 형성된 인간-동물 관계는 심지어 동물을 죽이는 것과 관련해서도 보살핌과 우정으로 특정 지어진다는 점에 주목했다.[57] 스테판 웹Stephen Webb에게는 유감스러운 말이지만, 인간과 반려동물 사이의 매우 특별한 종류의 관계는 인간과 동물의 관계에서 보편적인 패러다임으로 간주되어서는 안 된다.[58] 따라서 이 논의는 이렇게 정리될 수 있는데,

> 건강한 영농 방법의 맥락에서 동물의 번식, 사육, 관리는 인간의 진정한 천직의 부분인 종 사이의 보살핌과 우정의 한 형태로 간주될 수 있다. … 특정한 종류의 공동체는 엄격한 채식주의로의 이동으로 상실될 수 있으며, 그러므로 그것은 이사야적 비전을 지향한다기보다는 멀어지는 것으로 보일 수 있다.[59]

이 주장은 생태적이고 과학적인 관점에서 더욱 강화될 수 있다. 마이클 폴란Michael Pollan이 잘 보여주듯이, 동물들은 특히 소규모의 지속 가능한 영농 모델에서 화학 비료와 석유 기반 제품 및 운송의 필요성을 줄이고, 거름을 통한 영양소의 재활용에 중요한 역할을 담당한다.[60] 그러나 그가 또한 강력하게 주장하듯이, 인도적인 동물 사육은 오늘날 널리 퍼져있는 축산업의 운영과는 매우 다를 것이다. 칼 바르트Karl Barth는 "모든 사냥꾼의 오두막, 도축장, 해부실에 … 로마서 8장 18-19절이 명확하게 기록되어 있어야 한다"며 도살은 "용서받은 죄인으로서 회개, 감사, 찬양의 깊은 경건 행위"로서만 이루어질 수 있다고 주장하며,[61] 폴란은 그곳에서 무슨 일이 벌어지는지에 대해 숙고할 수 있도록 "유리 도축장" — 문자 그대로이든 비유적이든 — 을 주장한다:

미국에서 동물의 산업화와 잔혹화는 비교적 새롭고 피할 수 있는
지역적 현상이다. 다른 어떤 나라도 식용동물을 미국만큼 집중적
으로 또는 잔인하게 사육하고 도살하지 않는다. 역사상 그 누구도
그들이 먹는 동물들과 이렇게 멀리 떨어져 살아 본 적이 없다. 만
약 우리의 육류 산업의 벽이 말 그대로 ― 혹은 비유적으로 ― 투
명해진다면, 우리는 더 이상 우리가 하는 방식으로 동물을 기르고,
죽이고, 먹지 않을 것이다. 꼬리 자르기, 좁은 우리와 부리 자르기
는 하루 아침에 사라질 것이고, 한 시간에 400마리의 소를 도살하
던 날은 즉시 끝나게 될 것이다. 누가 그 광경을 견딜 수 있겠는
가? 그렇다. 우리가 소비하는 육류의 가격은 더 비싸질 것이다. 아
마 우리는 더 적은 고기를 소비하게 되겠지만 아마도 우리는 육류
를 소비할 때 그들이 마땅히 받아야 할 의식, 격식과 존경을 받게
될 것이다.[62]

간단히 말하자면 채식주의가 바울서신 본문에 대한 우리의 연
구에서 도출된 종말론적 비전의 윤리적 함의를 가장 잘 표현하는 것
은 아니다. 이들 본문은 인간이 모든 피조물의 화해, 화평, 해방을 위
해 일하는 자유롭고 화해를 이룬 피조물로써 새로운 정체성을 표현할
책임이 있는 종말론적인 내러티브 구조를 만들어냈다. 그러나 이러한
비전은 특히 과학적이고 생태적인 통찰을 통해 채식주의보다는 관대
하고 경건한 인간과 동물 사이의 관계 정립, 채식주의보다는 소규모
의 지속 가능하고 지역적인 영농으로 더 잘 표현된다고 주장하려 한
다.

종말론적인 과업: 멸종의 감소

종말론적인 윤리학에 대한 하나의 제안에 이어 다른 제안으로 넘어가려 한다. 6장에서 우리는 피조물의 "허무함"롬 8:20이 진화 과학의 입장에서 볼 때, 생물권의 아름다움, 복잡성, 적응성, 그리고 궁극적으로 거기서 드러나는 의식이 겪는 고통과 소멸의 양상으로 읽힐 수 있음을 보여주었다.[63] 이러한 과정을 통해 지금까지 살아왔던 모든 종의 98퍼센트 이상을 포함하여 수백만 마리의 멸종이 초래되었다.

사우스게이트는 몰트만이 그리스도를 진화의 구세주로 보는 견해[64]와 함께 이 과정에서 인간의 동반자적 가능성을 진지하게 받아들일 수 있다고 제안했다. 사우스게이트는 하나님께서만 하실 수 있는 포식-피식 관계의 변화나 종말을 인간이 할 수 있다고 주장하지 않는다. 그러나 그는 *하나님의 자녀로써 모든 피조물의 해방 과정의 일부가 되기 시작하는 우리가 자유를 얻었다는 표징은 인간이 신중한 지혜와 과학적 독창성의 조합을 통해 멸종의 비율을 줄이는 것이라고* 대담하게 제안한다.

멸종은 야생의 자연이 "작동하는" 방식의 본질적인 부분이다. 그러나 멸종은 지구에서 살아가는 생명체의 감소, 피조물의 선함의 모든 측면, 하나님을 찬양하는 모든 방법의 감소를 뜻한다. 인간의 소명의 성취는 우리의 지식과 독창성의 힘을 생물권에서 이러한 현상을 없애는 데 사용하는 것일 수도 있다. 그것은 인간이 현재 우리가 가지고 있는 것보다 훨씬 더 많은 지식과 지혜를 얻는 것을 의미할 것이다. 따라서 우리가 가장 중요시하고 우선시해야 하는 것은 인간이 아닌 세계에 대한 가능한한 — 비–침투적인 방법으로 — 많은 지식과 지혜를 쌓고, 현재 *인간에 의해 야기되는* 매우 높은 멸종률을 낮추는 것이어야 한다.

그러나 우리의 제안은 그것을 뛰어 넘어 인간 또한 생물학적 멸종 과정을 끝내기 위해 주목할만한 전진을 이룰 수 있고, 따라서 피조물의 치유를 위한 매우 중요한 단계로 나아갈 수 있다는 것을 암시한다.

일부 인위적이지 않은 멸종을 막는 것은 전적으로 바람직하며 윤리적인 것으로 널리 받아들여지고 있다. 자이언트 팬더의 경우를 예로 들 수 있다. 판다는 어떤 이유로든 진화의 "성공작" 중 하나는 아니다. 낮은 번식률로 인해 그 개체수는 환경의 질적 저하에 쉽게 위협받는다. 비록 대나무 숲이 인간의 활동으로부터 위협받지 않았다 하더라도, 팬더는 살아남기 위해 고군분투해야 한다. 하지만 그럼에도 불구하고 야생과 사육 모두에서 팬더를 보존하기 위한 시도가 활발히 이루어지고 있다.

롤스톤Rolston은 "비록 한 종에게 해롭지만, 자연에서의 멸종은 생태계에서의 악이 아니다. 그것은 오히려 내일로 가는 열쇠"이며 인위적 멸종과 자연적 멸종은 살인과 자연사만큼이나 크게 다르다는 것을 분명히 한다.[65] 우리와 그의 의견이 불일치를 이루는 핵심은 롤스턴은 멸종을 여전히 창조의 자연적인 전개로 보는 반면 우리는 이를 인간이 그들 자신의 해방과 피조물의 신음을 덜어주는 데 주목해야 하는 역사의 종말론적 단계로서 간주한다는 데 있다.

바울의 생태신학 내러티브는 현재를 지속적인 투쟁과 고통의 시기이면서도 그리스도의 죽음과 부활을 통해 악한 시대의 결정적 패배와 새로운 피조물의 시작으로 이루어진 '종말의 때'로 본다. 이것은 마틴Martyn이 "새로운 앎의 방법"이라 지칭하는 세상에 대한 완전히 새로운 관점을 요구한다.[66] "새로운 피조물"의 관점에서 볼 때, 멸종의 단계를 수반하는 자연 선택을 통해 새로운 가능성을 모색하는 진화의 과정은 그것의 허무와 죽음 ─ 과 멸종 ─ 과 함께 옛 세대의 일부로 간주될 수 있다. 지금은 존재하는 종들 간의 화해와 자기 초월의 새로운 가능성을 모색할 시기인 피조물의 갱신이 필요한 시점이다. 골로새서 찬가는 변화가 그리스도를 통한 하나님의 사역의 가장 중요한 점이라 강조한다. 그러나 골로새서와 로마서, 그리고 바울신학과 윤리를 전반적으로 살펴본 우리의 읽기를 통해 이는 특히 교회에서 기대되고 드러나는 하나님의 화해와 해방의 사역에는 인간의 윤리적 책임도 수반된다는 것을 암시한다. 인간은 궁극적인 갱신을 향해 힘쓰는 피조물들 속에서 새로운 피조물로 살아간다는 것이 무엇을 의미하는지를 실천과 관계를 통해 수행하는 핵심 역할을 담당한다. 이를 로마서 8장의 용어로 바꾸어 말하자면, 피조물의 최후의, 영광스러운 해산의 고통은 우리가 자유케 됨을 기다리고 있다. 그리고 이 자유의 징표는 인간이 현재 성령과 동행하는 어떠한 생물종도 피조세계 속의 가능성의 관계망에서 사라지는 것을 막으려 한다는 것일 것이다.

종의 멸종을 끝내기 위한 이러한 부르심은 또한 과학적 정보에 입각한 화해의 개념의 일부로 보여질 수 있다. 6.4장의 강조와 종말론적 채식주의에 대한 사례를 통해 우리는 육식과 종 간의 경쟁을 끝내기 위해 세속적인 명령으로서 강제한다는 것을 상상할 수 없다. 우리가 할 수 있는 것은 우리의 지혜가 허락하는 한, 전 지구의 생태계가 지속적이고 또한 지속 가능한 상태를 보장하는 것이다. 즉, 각자의 "영역"에서 다양한 공동체가 번영할 수 있도록 질서 있고 비억압적인 관계를 가능하게 하는 화해의 비전을 추구하는 것이다. 이것은 자이언트 팬더나 북극곰과 같은 상징적인 종들뿐 아니라 그러한 종들이 의존하는 모든 무수히 많은 생명체 ― 우리 자신을 포함한 ― 에 대해서도 마찬가지이다.

이는 자연 경쟁을 통해 멸종하게 될 몇몇 종들을 인공적인 환경에 두는 것을 의미할 수도 있다. 또한 그 수가 많은 경쟁 종들의 ― 인도적인 ― 도태가 수반될 수도 있다. 멸종 위기에 처한 생태계와 인접한 인간 공동체의 협력이 필수적일 것이다. 그러한 공동체의 문화적 이해와 장소에 대한 인식은 최대한 존중되어야 하며, 그들의 생활 방식이 변화함에 따른 보상을 받아야 할 것이다. 그래서 우리는 더 가진 자들의 타자를 고려한 자제와 값진 자기 희생의 필요성에 대해 다시 한번 생각하게 된다. 이상적으로 토착인구의 번성은 비인간 생물군의 번성과 함께해야 하지만, 멸종 위기에 처한 종들이 번성할 수 있는 자연 보존 지역 ― 호랑이 보호 구역과 같은 ― 을 갖는 것이 필수인 장소와 상황이 있을 수 있다.

우리는 바울이 말한 "이미 그러나 아직"의 종말론적 위치에 있다고 확신한다. 그러므로 이것은 피조물에 대한 하나님의 희망이 입증되고 실현되는 시대이며, 화해가 이루어지고, 화해를 이루고 새로

워진 하나님의 자녀들이 자유케 됨으로 비롯된 피조물의 고통의 치유
가 일어나는 시대이다. 생물학적인 멸종은 생물의 자유뿐 아니라 이
피조물의 모든 아름다움, 다양성, 풍요로움을 가능하게 하는 과정의
필수적인 부분이었지만, 심각한 가치 상실이다. 토마스 베리^{Thomas Ber-}
ry는 이것을 다음과 같이 정리한다.

> 멸종은 정확히 이해하기 어려운 개념이다. 그것은 영원성을 지닌
> 다. 정상적인 생식 과정을 통해 갱신될 수 있는 개별 생명체를 죽
> 이는 행위와는 전혀 다르다. 또한 단순한 숫자의 감소도 아니다.
> 또한 고칠 수 있거나 대체품을 찾을 수 있는 손상을 의미하지도 않
> 는다. 우리 세대에만 영향을 미치는 것도 아니다. 또한 그것은 어
> 떤 초자연적인 힘으로 고칠 수 있는 것도 아니다. 그것은, 오히려,
> 땅에서와 같이 하늘에서도 아무런 구제책이 없는 절대적이고 최종
> 적인 행위이다.[67]

베리는 인류에 의한 멸종에 대해 기술하지만, 그의 관찰은 모
든 멸종에도 동일하게 적용된다. 따라서 우리는 비인위적 멸종까지도
감소시키는 행위를 종말론적 증표로서 옹호한다. 젠킨스^{Jenkins}가 지
적했듯이, 생물종의 다양성은 그들 자신뿐 아니라 하나님과의 삶에
대한 우리 자신의 경험에도 중요하다.[68]

8.5 　　상호 연대

　　　　　　　바울윤리의 또 다른 메타 규범은 타자 존중과
는 별개로, 고린도전서 12장 12-26절과 로마서 12장 4-5절의 본문
에서 표현된 상호 연대다. 바울은 그리스도 공동체를 그리스도에 속
한 하나의 몸^{롬 12:4-5}, 심지어는 그리스도의 몸^{고전 12:27}으로 본다. 세례
와 성찬은 이 구성원들이 하나의 연합 공동체의 구성원인 것을 규정
하고 드러낸다^{갈 3:26-29; 고전 10:16-17}. 하지만 이것이 인간들의 ἐκκλησία이
고 소수의 공동체에 적용되는 논의인데 어떻게 이 메타 규범이 생태
적 범주의 종말론적 윤리에 기여할 수 있는가?

　　　　우리는 다음과 같은 점에 주목한다. 첫째, 6장에서 설명한 바
와 같이 우리는 우리의 해석학이 반드시 구원에 대한 우주적인 범주
를 내포한다고 인식한다. 이러한 관점은 모든 피조물, 인간과 다른
피조물들이 구원의 길을 가고 있으며, 모든 피조물들은 그리스도의
구원 목적의 공동체에 실제적이든 그렇지 않든 한 부분을 담당하고
있다고 본다. 골로새서 찬가는 특히 그리스도 안에서 통합되고 화해
를 이룬 피조물 공동체 전체의 모델을 제시했지만, 우리는 바울 문서
들의 다른 곳에서도 이러한 만유내재기독론적^{panenchristic}, 또는 만유내
재신론적 비전이 표현되었음을 발견했다^{7.4장 참조}. 더 나아가 그리스도
안의 공동체의 특징은 고린도전서 12장에서 드러났듯이 성령 안에서
의 동료애와 상호 의존이다. 바울 문서에서 κοινωνία는 공동체 안에서
모든 종류의 주고받음을 가능케 하는 친목의 관계이다.

몸을 이용한 바울의 묘사는 다양하고 상호 관련적이고 의존적인 부분을 가지고 있어 주목할 만한 여러 특징을 포함한다. 인간의 사회나 심지어 우주 전체를 묘사하기 위해 육체의 개념을 사용하는 것은 사실 특이한 것은 아니었다5.3장 참조. 그러나 여기서 놀라운 것은 하나님께서 가장 약하고 가장 덜 명예로운 구성원들에게 가장 큰 명예와 중요성을 주셨다는 그의 주장이다. 이는 강한 반전의 수사학이며, 그리스도의 지체에 대한 경중이 일반적으로 기대하는 중요성과 우선순위에 대한 예상을 역전시키는 것과 같다고 주장한다고전 12장 22-24절 참조.[69] 이러한 반전을 가능케 하는 것은 서로를 동등하게 보살피고 배려하는 것으로, 각 구성원의 기쁨이나 슬픔이 다른 구성원 모두로부터 공감을 불러 일으키는 것이 당연시된다. 여기서 바울은 고린도 교회 성도들 간의 교제κοινωνία 안에서의 관계에 대해 이야기하고 있는 것이 분명하지만, 우리의 생태 지향적 해석 렌즈는 이미 신체와 공동체의 개념을 "만물"을 포괄하도록 넓히자는 제안을 분명히 했으며, 여기에는 특히 골로새서 찬가가 결정적인 기여를 한다.

이러한 이해는 매우 배타적이고 계층적인 특징과는 반대되는 공동체 개념의 형성을 가능하게 한다. 공동체의 상호의존성에 초점을 맞출 때, 우리는 또한 화해라는 핵심주제와의 연관성을 볼 수 있다. 상호의존성은 특히 안네 프리마베시Anne Primavesi의 "선물교환"gift-exchange의 용어를 통해 이해할 수 있다.[70] 공동체가 구성원들 간의 깊은 상호의존성을 통해 성장하고 번영한다면, 그것은 또한 상호 이해와 교류를 저해하는 요소들과 더 완전한 화해를 이루는 과정을 통해 성장하고 번영하는 것과 같다.[71] 우리는 인간으로서 타인의 에너지와 재능에 점점 더 의존하게 됨에 따라, 자율성의 우상으로부터 점차 해방되고 관계의 망 속에서 더 진실하게 살아가야 한다. 여기서 우리는 앞서 밝힌, 더 진정한 자유와 더 깊은 화해를 가능케 하는 자기비움, 즉 이기적 자기중심주의의 포기의 모습을 보게 된다.

바울 공동체는 인간의 상호의존성이 성령에 의해 뒷받침된다고 생각한다고전 12: 4-26; 고후 13:13. 따라서 공동체의 형성은 사귐συνοίκησις의 과정으로 시구르드 버그만Sigurd Bergmann은 우리의 거처에 하나님의 영이 거하시게 하는 방법을 찾는 과정이 요구된다고 정리한다.[72] 이 과정의 가장 큰 특징은 성찬예식과 성령 임재 기도를 위해 함께 모인 신자 공동체를 구성한다는 점이다. 그러나 이미 밝혔듯이 우리는 이 성찬을 위한 신자 공동체에 대해 포괄적이고 실로 우주적인 차원의 이해를 추구하며, 인간 이외의 피조물을 포함할 가능성을 배제하지 않는다.[73] 갈라디아서 5장 22절에 따르면 사귐συνοίκησις의 열매는 사랑과 기쁨 그리고 평화이다. 구조적이고 생태학적인 정보에 기반한 읽기의 관점에서 우리는 이 열매들이 성령 공동체 안에서 충만함에 이르게 되는 것이 인간의 범주를 넘어 확장될 수도 있다고 본다.

알도 레오폴드Aldo Leopold의 "토지 윤리"land ethic[74]의 단순함과 설득력에 매혹된 생태신학자들은 공동체라는 용어를 너무 경솔하게 사용하는 경향이 있다. 이 용어의 문제점에 대해서는 실리아 딘-드럼먼드Celia Deane-Drummond의 논의가 유용할 것이다.[75] 과학적으로 레오폴드의 안정적이고 멋진 생물 군집 형성은 "생물 군집"biotic communities이 정적인 실체가 아니며 그것들은 위상공간位相空間의 복잡한 "인력인자"attractors를 중심으로 동적으로 전개된다는 현대의 인식을 고려할 때

문제가 있다. 윤리적으로 종간種間 공동체에 대한 과도한 강조는 비인간 주체의 권리에 대한 강조와 같은 유형의 어려움에 부딪힐 수 있다.[76] 인간 공동체는 서로의 의무와 권리가 얽혀 있는 준계약적 상호의무로 가득 차 있다. 여러 주체들이 어떠한 책임도 지지 못하면서 권리를 부여 받는 경우, 그 공동체는 기존의 모습을 잃기 시작한다.

그러나 인간은 의심할 여지없이 서로 뿐 아니라 서로 다른 유기체 전반에 걸쳐 의존한다는 점에서, 이 공동체의 언어에는 깊은 진실이 남아 있다. 이러한 상호 의존의 네트워크에는 장내 미생물, 재배할 수 있는 농작물, 사육할 수 있는 동물뿐만 아니라 먼 거리에 있는 관계도 포함된다는 것이 점점 분명해지고 있다. 우리는 산소를 광합성에 의존하고, 단백질을 섭취하기 위해 콩과 식물에 의한 대기 질소 고정에 궁극적으로 의존한다는 점은 뚜렷하지만, 그 외에도 해양 조류에 의한 대기 중 황산화물질의 순환과 같이 잘 인식되지 않는 관계에도 의존한다.[77] 이러한 예는 무수히 많다. 결과적으로 인간이 이들의 번성을 장려하거나 적어도 허용하기 위해 긍정적인 결정을 내릴 경우에만 인간 이외의 생물 시스템이 번성하게 되는 경우가 증가하고 있다. 산호초와 같은 거대한 해양 생태계도 인간이 해수면 온도 상승에 긍정적으로 대처해야만 계속 번성할 것이다. 공동체 언어의 빈번한 사용은 비인간 실체에 도덕적 지위를 부여하는 쪽으로 방향을 잡았다. 그러나 더 도움이 되는 것은 다른 생물에 대한 의존성을 우리가 인식하는 것이다. 그리고 그들의 선물을 받는 이로서, 그리고 그들에게 아낌없이 나누는 이로서 우리를 그들과 어떻게 함께 연결되어야 하는지를 이해하는 것이 중요하다.[78]

바울은 특히 그리스도인 공동체 안에 있는 가난한 사람들에게 관심을 가졌으며 그가 유대 지역 교회의 지도자들과 이 관심을 나누었다는 기록이 남아 있다갈 2:10.[79] 실제로 그가 그리스도의 본을 받으라고 호소함을 통해 예루살렘의 가난한 사람들을 위해롬 15:26; 고후 20:8-9 기부에 얼마나 많은 노력을 기울였는지는 매우 놀랍다.[80] 가난한 자에 대한 배려는 신흥 교회의 다양하고 때로는 경쟁적인 파벌들 사이에서 공통적인 요소였던 것으로 보인다.[81] 결국 그것은 구약성서의 다양한 전통에서 발견되는 가난한 자에 대한 하나님의 보살핌의 강한 모티브를 반영한다.[82]

여기서 가난한자는 단순히 현재 물질적으로 빈곤에 처한 사람들로 정의되지 않는다.[83] 가난한자의 근본적인 상태를 결정하는 중요한 측면 중 하나는 그들의 미래가 위협받고 있고, 그들은 스스로를 주장하고 그들의 상황을 바로잡을 수 있는 힘과 목소리가 부족하다는 점이다. 신약의 가난한 사람들은 배고프고 목마르고 슬퍼하는 사람들마 5:3-4; 눅 6:20-21 ; 소경, 절름발이, 나병환자, 죽은 자마 11:4-5 ; 장애인, 절름발이, 소경눅 14:13,21과 "곤고하고, 가련하고 가난하고 눈 멀고 벌거벗은"계 3:17 자들과 연관되어 있다.[84] 이 모두는 번영할 수 없거나 원상태를 회복할 수 없는 근본적인 상태를 공유하며, 많은 성서 본문들은 하나님이 그들에게 가까이 계시며 그들의 회복에 관심을 가진다고 주장한다.

이러한 확장된 공동체에 대한 배려가 바로 우리가 바울 사상에서 찾을 수 있다고 여기는 추가적인 차원이다. 타자와의 상호 의존과 구원에의 공통된 구도를 통해 생겨난 이 강화된 공동체 의식 안에서 적용되는 윤리의 특별한 대상은 취약한 자, 침묵하는 자, 약한 자들이다. 우리는 앞서 이것이 기후 변화로 인해 제기되는 새로운 문제에 그리스도교 윤리가 기여할 수 있는 설득력 있는 근거라고 제시했다.[85] 저지대 지역, 특히 허리케인과 태풍에 취약한 지역에 거주하는 미래 세대의 인간은 이미 현재 부유한 자들의 무분별한 — 그리고 실제로 억압적인[86] — 행동으로 인해 번영을 위협받고 있다. 그 미래 세대들은 현재의 위기에 의해 영향을 받은 가장 목소리를 낼 수 없는 자들이며 그들의 번영이 심각한 위험에 처해 있다는 주장은 설득력이 있으며, 실제로 일부 전통적인 섬 공동체는 문자 그대로 그들이 기반을 두고 있는 땅을 잃고 있다.[87]

토마스 베리 Thomas Berry 가 인용한 멸종에 대한 구절을 비추어 볼 때, 이러한 주장은 더 큰 범주로 확장될 수 있다. 번영을 위협받는 것은 미래 인류뿐 아니라 인간들이 중·단기의 이득을 고려할 때 그 목소리가 거의 들리지 않는 비인류 생물종의 미래 역시도 큰 위협을 받게 된다. 이들 역시도 새로운 "가난한 자"로 볼 수 있으며, 궁지에 몰리고 그들의 미래가 힘 있는 자의 행동에 의해 박탈당한 자이며, 그러므로 성서 전통은 특히 그들에게 하나님의 — 그들이 하나님에게 — 관심이 있을 수 있음을 암시하는 것으로 보인다.[88]

이러한 생각의 실제적인 해결 방안으로 북극의 해빙에서만 살아가고 따라서 지구 온난화로 인해 잠재적으로 멸종당할 수 있는 웅장하고 상징적인 종인 북극곰의 서식지를 남극으로 옮기려는 노력을 머릿속으로 실험한다고 상상해 보라. 그들은 그런 여정에서 살아남을 수 있을 것인가? 녹아내리기 시작한 21세기 말의 남극 변두리에 충분히 안정적인 식량 공급원과 함께 얼음 서식지가 충분히 안정되어 그들 스스로 자리를 잡을 수 있을 것인가? 여기에는 결과를 예측할 수 없는 요소들이 너무 많다. 그러나 우리는 이 장의 윤리적 반성이 그러한 조치들에 대한 매우 적극적인 고려의 방향으로 우리를 움직이게끔 한다고 제안한다. 그것은 줄 수 있는 자원이 있는 사람들이 자원을 희생적으로 사용하는 것을 포함하는 확장된 타자 존중을 강조한다. 이것은 우리와는 다른 생태환경에서 살아가는 생물들, 심지어 인간을 사냥하는 것으로 알려진 생물체조차도 공동체에서 배제하는 것을 거부한다. 그리고 바울의 약자를 위한 값진 관심의 모델과 가장 약하고 보잘 것 없는 구성원들이 가장 중요하고 명예롭게 된다는 신체로서의 공동체 모델은 이러한 우려들이 모든 크기와 모양의 생물, 심지어 인상적인 북극곰보다 훨씬 덜 매력적인 생물에게도 적용된다는 것을 암시할 것이다. 이러한 메타 윤리 원칙은 어떤 선택을 해야 하는지 반드시 알려주지는 않으며, 그것은 실제로 그러한 원칙들의 특징이다.

모든 생물에 대한 윤리적 관심의 일반적인 확장에서 소리를 낼 수 없는 자들과 번영이 가장 위협받는 자들을 우선적으로 여기는 것에 대한 강조는 이러한 생태적 딜레마에 힘과 고통을 더한다. 그리고 미래 세대를 여기에 포함시기는 것은 다른 가치 체계들에 기반을 두고 있는 미래에 대한 경시에 저항한다.[89] 북극곰의 멸종은 우리의 활동에 더 많이 의존하게 되었고, 전례 없는 방식으로 우리의 독창성과 재능에 의존해야 할 수도 있다. 그러나 북극곰 이동과 같은 프로젝트에 필요한 엄청난 노력과 보살핌, 비용 및 불안정성은 또 다른 가치를 가질 것이다. 그것은 단지 해당 종의 필요를 충족시키지만은 않는다. 바로우Barlow와 마틴Martin이 플로리다 비자나무를 더 북쪽으로 이식移植하는 제안이 "쉽고, 합법적이며 저렴하다"[90]고 묘사하는 반면, 이러한 이동은 쉽지도 값싸지도 않을 것이다. 그러한 사고실험은 실제로 시행되기 전에 세계에서 가장 탄소 집약적인 경제의 과정에 영향을 미치는 사람들에게 전반적인 정책의 변화가 얼마나 중요한지 더욱 명확히 하기 위한 수사적 장치로 작용할 것이다. 기후 변화의 영향을 완화하기 위해 경제적, 재정적, 기술적, 사회정치적 분야에서 시행되어야 하는 복합적인 조치들이 있으며 이들 대부분은 대량 멸종을 방지하는 수단으로 나무를 옮겨 심는 프로젝트보다 더 쉽고, 적은 비용이 들며, 신뢰할 수 있을 것이다.[91] 후자에 대한 생각을 통해 전자의 중요성이 강조된다.

환경 윤리의 형성은 수많은 미해결 문제들에 직면해 있다. 우리가 알고 있는 사실 중 하나는 타자에 대한 윤리와 상호 연대의 윤리는 개별 "타자"들의 상대적 요구와 공동체의 전반적인 복지, 그리고 인간과 자연의 번영이라는 상대적 가치 사이에서 지속적인 긴장에 직면한다는 것이다. 우리는 다른 종을 위한 자기비움의 윤리ethical kenosis인 "타자존중"을 주장함에 있어 다른 종의 이익이나 가치를 개인 혹은 인간의 이익과 동등하거나 더 높게 보아야 한다고 주장하는 것은 아니다. 인간과 다른 종의 상대적 지위에 대한 문제는 물론 복잡하고 논란이 많은 문제이며, 우리는 여기서 그 토론을 하려는 의도는 없다. 그러나 우리가 논하고자 하는 것은 첫째, 바울윤리에 대한 우리의 다시 읽기에서 인간을 제외한 생물들은 도덕적 관심을 가질 만한 가치가 있는 "타자"로 간주되어야 하며, 생태윤리적 행동은 다른 인간들의 복지적 필요에만 — 매우 중요 — 기반을 두지 않아야 한다는 것이다. 둘째, 최고 수준의 안락함과 소비를 누리는 인간은 생태적 영향을 가장 크게 미치는 생물종이다. 따라서 인간은 그들의 값지고 관대하며 자기 제한적인 관심을 "타자"에게 기울여야 하며, 피조물의 번영은 인간의 번영을 뒷받침하는 능력의 관점에서만 측정되는 것이 아님을 기억해야 한다.

윤리적인 관심의 영역과 공동체의 범위가 확장될수록, 이 문제는 개인과 시스템 간의 상대적 가치와 관련된 환경 윤리의 고전적인 문제와 결합된다.[92] 우리는 이러한 윤리의 종말론적 특성을 진지하게 받아들여 생물학적 멸종을 끝내려는 의무를 포함시킴으로써, 인구가 증가하는 상황에서 어떻게 다른 종이 번성할 수 있도록 해야 하는지에 대한 문제를 제기한다. 또한 다른 종의 번성에 대한 관심은 흔한 종보다 희귀종에 더 관심을 같게 한다. 그러나 이것은 현재의 지구가 처한 상황을 고려할 때 숙고해야 할 질문이다.

8.6   결 론

이제 우리는 결론에 도달했다. 지금까지 우리는 생태학적인 문제를 고려하여 해석학적이고 윤리적인 시각으로 바울서신을 다루었다. 논의를 마무리하면서, 이 마지막 장의 구체적인 결과뿐 아니라 이 책의 전반적인 결론을 도출하려 한다. 첫째, 우리가 시도한 것은 명시적으로 건설적이고 창조적이며 해석학적인 정보에 기반한 바울 읽기이다. 이 해석은 우리가 사는 특정한 맥락에 의해 형성되었으며, 생태학적 문제를 이해하는 데 매우 중요한 현대 과학의 영향을 받았다. 우리의 접근 방식은 성서 본문을 바르게 해석한다면 "친환경"적 메시지를 찾을 수 있다는 "회복"의 읽기와 지구성서시리즈와 같이 성서와 기독교 전통에서 벗어난 현대적인 윤리 원칙을 "정경"으로 삼는 비판적인 읽기 사이의 어딘가에 위치하고 있다[1-2장 참조].

　　우리는 바울이 "정말로" 말했다거나 생각한 것을 제시하는 척하지 않는다. 또한 바울이나 다른 성서 전통이 현대의 복잡한 환경적 도전과 관련된 문제에 대해 명확하고 실질적인 윤리적 지침을 제공할 수 있다고 가정하지도 않는다. 하지만 우리의 의도는 생태신학과 환경 윤리의 형성을 위해 성서, 특히 바울 서신이 생산적이고 건설적인 역할을 담당하도록 하는 데 있다. 이러한 우리의 노력은 기독교적인 생태윤리에 기여하고 설득력 있는 전통에 대한 재전유再專有로 제시될 수 있다. 이 장에서 분명히 알 수 있듯이, 이 연구에서는 과학적 접근이 매우 중요하다. 그러나 광범위한 신학적, 윤리적인 원칙에서 구체적이고 사실적인 제안으로의 전환은 어려우며, 따라서 불확실성과 다수의 논쟁이 불가피하게 발생한다. 사실 우리의 주요 관심사는 이 책을 통해 바울을 읽는 방법을 확립하는 것, 즉 구체적인 규정을 도출하려는 것이 아니라 이러한 관점에서 읽었을 때 그의 신학과 윤리의 확장된 형태가 어떠한 모습일지를 확립하는 것이었기 때문에 우리의 최종 제안은 잠정적이고 간략했다.

이 방법은 콘라디의 연구에서 파생된 해석학적 렌즈의 개념2장 참조과 주요 바울 문서의 기초가 되는 내러티브 형태를 식별하려는 시도3장 참조 모두를 중심에 두었다. 그 차이에도 불구하고 우리는 로마서 8장과 골로새서 1장에서 시작 단계와 문제를 해결하는 단계를 거치는 피조물에 대한 일관적인 이야기를 발견했다. 이 본문들이 분명하게 보여주는 것은 바울의 하나님의 구원 목적에 대한 이야기가 — 선택된 — 인간뿐 아니라 피조물 전체를 아우른다는 것이다. 더 구체적으로 이러한 중요 본문을 우리의 해석학적 렌즈를 위해 사용하여 우리는 투쟁과 고통 후에 피조물의 영광스러운 화해와 자유가 달성되는 "낭만극적" 유형 — 프라이의 용어 — 의 이야기를 발견했다. 게다가 이 이야기 속에 등장하는 인물들의 묘사는 인간, 특히 그리스도 안에서 윤리적 의무와 위엄을 수반하는 새로운 삶을 사는 그리스도교 공동체 구성원들의 중요한 역할을 암시한다. 그리스도 안에 있는 자들은 그들의 자유를 드러내고, 평화와 화해와 그리스도의 타자를 위한 자기 희생을 따르면서 그들의 새로운 정체성과 일관되게 살도록 요구된다4-6장 참조.

로마서 8장과 골로새서 1장은 모든 피조물의 미래에 대한 희망을 서로 다른 이미지와 모티브를 사용해 나타낸다. 로마서 8장에서는 허무에 굴종 후 해방과 영광이, 골로새서 1장에서는 화해의 이미지가 지배적으로 사용되었다. 우리는 로마서 8장의 이미지들이 진화 과학에 근거한 유용에 잘 부합한다고 보았다. 반면 화해의 이미지는 비록 우리가 바울 전통에 대한 생태적 접근에 중요한 주제라고 주장해 왔지만, 그 개념을 종말론적 문제와 연관시키는 데는 신중해야 한다.

바울신학의 넓은 지경은 또한 생태적 참여를 위한 생산적인 자료로써 활용된다. 피조물의 문제-해결에 대한 광범위한 내러티브는 로마서 8장과 골로새서 1장과 같은 생태적으로 가장 선호되는 본문 외의 다양한 문헌에서도 볼 수 있으며, 특히 만물은 그리스도를 통해 하나님이 창조하셨고 결국 만물이 그들의 목적을 하나님/그리스도 안에서 찾을 것이라는 생각을 구체적으로 볼 수 있다. 바울신학의 "중심"을 분별하기 위한 다양한 제안들 중에서, 바울을 종말론적이고 참여적인 방법으로 읽는 것은 해석적으로 유의미하며 생태적 참여에 가장 생산적인 잠재력을 제공하는 것으로 보인다. 또한 해석적 온전성과 생태적 결실성을 모두 가지고 있는 우주 화해의 모티브도 바울신학의 중심으로 볼 수 있다. 이러한 바울의 내러티브 생태신학은 필연적으로 철저하게 종말론적인 것이며, 여기서는 하나님의 우주를 해방시키기 위한 결정적인 행동이 이미 그리스도 사건에서 일어났지만, 그 목표의 성취가 아직 이루어지지 않은 상태이며, 따라서 현재는 '이미'와 '아직' 사이의 긴장 상태에 갇혀 있는 시간으로 남는다.

이 희망으로 가득 찬 종말론적 내러티브는 현대 생태신학에서 다른 ― 암시적인 ― 내러티브들과 대조되지만, 우리는 적어도 그러한 내러티브가 전반적인 신약성서와 특히 바울에서 보여지길 원하는 한[7장 참조] 이것이 그리스도교 생태신학의 근본적인 내러티브 형태를 표현하는 것으로 간주되어야 한다고 주장한다.

그리스도 안에서의 참여에 대한 중심 사상 또한 윤리적인 차원을 가지고 있는데, 이는 그리스도 안에서 살아가는 신자의 책임을 가리키며, 다른 사람을 위한 그리스도의 자기 희생의 본을 따라 살아야 한다는 것을 의미한다. 특히 자기비움의 윤리 ethical kenosis 로 해석되는 이러한 타자 존중은 바울윤리의 중심이라고 우리는 주장했다. 그리고 "타인"의 공동체에 전체 피조물을 포함되도록 확장하는 중요한 단계를 밟았다면 — 그것은 바울의 가치관과 그리스도 안에 만물이 하나 된다는 바울의 비전을 고려할 때, 이치에 맞다 — 그리스도적인 타자 존중은 같은 그리스도인이나 인간에게뿐만이 아니라 모든 생물종과 모든 형태의 생물에 적용해야 마땅하다. 또한 바울윤리의 또 다른 핵심 메타 규범인 그리스도 안에서 하나 된 몸, 즉 공동체의 연합에 대한 아이디어 또한 생태적 방향으로 해석될 수 있으며, 이는 창조질서 전반에 걸친 보살핌과 상호성의 관계를 암시한다.

이러한 핵심 주장은 우리가 제시한 바울의 생태신학과 윤리가 특정한 인간중심주의를 암시하고 있다는 지적을 받을 수 있다. 그러나 우리의 신학적, 윤리적 성찰이 바울과 바울 전통에 근거하고 있다면, 인간중심주의를 벗어날 수는 없을 것이다. 전체적인 바울서신과 우리의 본문은 그리스도를 믿는 인간 공동체를 이야기의 중심에 두고, 그 안에서 하나님이 이루시는 모든 것의 새롭게 함에 대한 기대와 실현을 찾는다. 그러나 이것이 암시하는 인간중심주의의 형태는 인간의 우월성이나 궁극적 중요성을 주장하는 것이 아니라고 우리는 제안한다. 오히려 이 인간중심주의는 그리스도 안에 있는 사람들에게 윤리적 책임, 즉 값진 자기 희생과 타자 존중, 만물을 통해 평화와 화해를 위해 일하는 것 그리고 상대적으로 약하고 가난한 자를 위해 아낌없는 사랑으로 그들 자신의 식욕과 물욕을 제한하는 것에 대해 책임이 있다는 것을 뜻한다. 인간이 하나님의 화해와 해방의 사역의 중심에 서는 이유도 이러한 의미 때문이다.

우리는 바울신학과 윤리의 생태학적인 해석이 생태신학과 생태윤리 모두에 큰 가치와 전반적인 윤곽을 제공한다고 주장해 왔다. 바울신학의 내러티브적 형태와 그리스도에 참여함으로 인한 윤리적 규범은 이러한 연구의 결실을 보여준다. 우리는 또한 그리스도교 채식주의의 경우 — 우리가 전적으로 긍정하지는 않는 사례 — 와 멸종으로부터 종을 보호하기 위한 인간의 행동에 대한 평가와 논증을 통해 이 광범위한 윤리적 체계의 좀 더 구체적인 결과에 대해 알아보았다. 그러나 바울서신들에서 파생된 광범위한 윤리적 개념을 정책과 행동의 세부 사항으로 정리하는 것은 복잡하고 불확실한 것이며, 이는 현대 과학과 윤리의 모든 자원으로 뒷받침되어야 한다. 바울의 생태윤리의 대체적인 윤곽을 확립하는 것이 근본적으로 중요하며, 이것이 이 연구의 중요한 기여 중 하나이기를 바라지만, 우리는 여기에서 구체적인 조치와 헌신에 대한 부분은 잠정적인 것이라 생각한다. 이러한 문제에 대한 우리의 특별한 성찰을 통해 만들어지는 것이 무엇이든 간에, 바울이 그리스도인들의 이와 같은 문제에 대해 기여할 수 있는 신학적, 윤리적 틀을 형성하는 데 어떠한 도움이 될 수 있는지를 보여주기를 바랐으며, 앞으로 있을 더욱 생산적인 대화와 토론을 기대한다.

미 주

서론

1   최신 연구 동향과 결과는 기후 변화에 관한 정부간 협의체(IPCC)의 리포트들을 참
고하였다(http://www.ipcc.ch/index.htm). 지구 온난화에 대한 이해를 돕기 위한 입
문서로는 다음의 책을 추천한다. Mark Maslin, *Global Warming: A Very Short In-
troduction* (Oxford: Oxford University Press, 2004).

2   다양한 성서 본문에 대한 비판적 개요는 데이빗 G. 호렐, 이영미 역, 『성서와 환경』
(오산: 한신대학교출판부, 2010)을 참조.

3   Norman Harbel의 Earth Bible Project에서 시도하고 있다. 1장에서 더 자세하게 다
룰 예정이다.

4   참조, Fernando F. Segocia and Mary Ann Tolbert, *Reading from This Place*, 2 vols
(Minneapolis: Fortress, 1995).

1장

1   Lynn White Jr., "Historical Roots of Our Ecologic Crisis," *Science* 155 (1967),
1203-7.

2   "der meistzitierte Autor im Rahmen der ökotheologischen Diskussion" (our transla-
tion); Heike Baranzke and Hedwig Lamberty-Zielinski, "Lynn White und das Do-
minium Terrae (Gen 1, 28b). Ein Beitrag zu Einer Doppelten Wirkungsgeschichte,"
BN 76 (1995), 56. Baranzke and Lanberty-Zielinski에 따르면 화이트의 저술의 반

향으로 수많은 논의들이 창세기 1장 28절과 인류의 지구 지배에 대한 논의가 활발히 일어났다. 유사하게 터커도 화이트의 저술이 여러 신학자들의 진정한 "각자의 논지가 담긴"논의들을 이끌어 냈다고 지적한다. Gene M. Tucker, "Rain on a Land Where No One Lives: The Hebrew Bible on the Environment," *JBL* 116 (1997), 3-4. 더 많은 참고 자료와 토론을 위해 다음을 참고하라. Udo Krolzik, *Umweltkrise, Folge des Christentums?* (Stuttgart: Kreuz, 1979); Lawrence Osborn, *Guardians of Creation: Nature in Theology and the Christian Life* (Leicester: Apollos, 1993); Colin A. Russell, *The Earth, Humanity, and God* (London: UCL, 1994), 89; Wilfried Lochbühler, *Christliche Umweltethik: Schöpfungstheologische Grundlagen, Philosophisch-ethische Ansätze, Ökologische Marktwirtschaft*, Forum Interdisziplinäre Ethik 13 (Frankfurt am Main: Peter Lang, 1996), 76-77; Peter Harrison, "Subduing the Earth: Genesis 1, Early Modern Science, and the Exploitation of Nature," *JR* 79 (1999), 86-109; Alister E. McGrath, "The Stewardship of the Creation: An Evangelical Affirmation," in *The Care of Creation*, ed. R. J. Berry (Leicester: Inter Varsity, 2000), 86-89; Richard J. Bauckham, *God and the Crisis of Freedom: Biblical and Contemporary Perspectives* (Louisville, KY: Westminster John Knox Press, 2002), 129-33. 화이트가 토론을 형성하는 데 허용된 범위에 대한 최근 논의는 Willis Jenkins, *Ecologies of Grace: Environmental Ethics and Christian Theology* (New York: Oxford University Press, 2008), 10-15. 그리스도교의 인류 창조에 대한 교리의 부정적인 생태학적 의미에 대한 비슷한 비평은 Carl Amery, *Das Ende der Vorschung: Die Gnadenlosen Folgen des Christentums* (Hamburg: Rowohlt, 1972)에 의해 제기되었다. 에머리는 화이트와 마찬가지로 성서 본문이나 성서 학문에 대해서는 자세히 다루지 않는다.

3   Lynn White Jr., "Historical Roots of Our Ecologic Crisis," 1205. 여기서 인간중심적이라는 표현은 서구 그리스도교의 부정적이고 파괴적인 측면을 의미하는 단어로 사용되었다. 좀 더 양가적인 가치로서 사용된 저술은 Marguerite Shuster, "The redemption of the Created Order: Sermons on Romans 8:18-25," in *The Redemption*, ed. Stephen T. David, Daniel Kendall, and Gerald O'Collins (New York: Oxford University Press, 2004), 321-42를 참고. 더 세부적인 논의는 이 책의 6장에서 다시 다룬다.

4   Lynn White Jr., "Historical Roots of Our Ecologic Crisis," 1205.

5   위의 논문, 1206.

6   위의 논문, 1207. 화이트가 제안한 새로운 프란시스주의에 대해서는 7.7장 참조.

7   위의 논문, 1205-06. 믿음에 대한 재고의 필요성과 중요성은 그리스도교 사상 밖에서도 발견되었는데 Arne Naess, "deep, long-range ecology movement" ["The Shallow and the Deep, Long-Range Ecology Movement. A Summary," *Inquiry* 16 (1972), 5-100] 개념은 이와 유사하다. 1970년대 초 Christopher Southgate, "Environmental Ethics and the Science-Religion Debate: A British Perspective on Barbour," in *Fifty Years in Science and Religion: Ian G. Barbour and His Legacy*, ed. Robert J. Russell (Aldershot: Ashgate, 2004), 241에 논의된 이안 바버와 화이트의 대화 역시 참고할 만하다.

8   그럼에도 불구하고, 화이트의 도전에 응답한 사람들 중 일부는 마치 그가 성서 주석에 관여했던 것처럼 쓰고 있다. 예: Heike Baranzke and Hedwig Lamberty-Zielinski, "Lynn White und das Dominium Terrae (Gen 1, 28b). Ein Beitrag zu Einer Doppelten Wirkungsgeschichte," 32-33. 화이트의 "Bibelinterpretation"에 대해 언급하고 그의 "die biblischen Schöpfungstexte, darunter vor allem Gen 1, 26-28"에 대해 비판한다.

9   Lynn White Jr., "Historical Roots of Our Ecologic Crisis," 1205.

10   Gene M. Tucker, "Rain on a Land Where No One Lives: The Hebrew Bible on the Environment," 3-4 참조.

11   David W. Orr, "Armageddon versus Extinction," *Conservation Biology* 19, no. 2 (2005), 290-92; Keith D. Dyer, "When Is the End Not the End? The Fate of Earth in Biblical Eschatology (Mark 13)," in *The Earth Story in the New Testament*, The Earth Bible, vol. 5, ed. Norman C. Habel and Vicky Balabanski (Cleveland, OH: Pilgrim, 2002), 44-56.

12   Keith D. Dyer, "When Is the End Not the End? The Fate of Earth in Biblical Eschatology (Mark 13)," 45-49 참조. 또는 Wilfried Lochbühler, *Christliche Umwelt-tethik: Schöpfungstheologische Grundlagen, Philosophisch-ethische Ansätze, Ökolo-gische Marktwirtschaft*, 76-77.

13   Keith D. Dyer, "When Is the End Not the End? The Fate of Earth in Biblical Es-chatology (Mark 13)," 48-49. 또한 Edward Adams, "Retrieving the Earth from the Conflagration: 2 Peter 3. 5-13 and the Environment," in *Ecological Hermeneutics: Biblical, Historical, and Theological Perspectives*, ed. David G. Horrell, Cherryl Hunt, Christopher Southgate, and Francesca Stavrakopoulou (New York: T.&T. Clark, 2010), 108-20도 참고할 만하다.

14   Ernst M. Conradie, "Towards an Ecological Biblical Hermeneutics: A Review Es-say on the Earth Bible Project," *Scriptura* 85 (2004), 126.

15   위의 논문, 126.

16   Francis Watson, "Strategies of Recovery and Resistance: Hermeneutical Reflections on Genesis 1-3 and Its Pauline Reception," *JSNT* 45 (1992), 8.

17   위의 논문, 80.

18   Ernst M. Conradie, "Towards an Ecological Biblical Hermeneutics: A Review Essay on the Earth Bible Project," 124; H. Paul Santmire, *Nature Reborn: The Eco-logical and Cosmic Promise of Christian Theology* (Minneapolis: Fortress, 2000), 7. 참조, The Earth Bible Team, "Guiding Ecojustice Principles," in *Readings from the Perspective of Earth*, The Earth Bible, vol. 1, ed. Norman C. Habel (Cleveland, OH: Pilgrim, 2000), 39; Elisabeth Schüssler Fiorenza, *In Memory of Her* (London: SCM Press, 1983), 18.

19   Elisabeth Schüssler Fiorenza, *In Memory of Her*, 140-51.

20   위의 책, 168-73; Elisabeth Schüssler Fiorenza, "Missionaries, Apostles, Co-work-ers: Romans 16 and the Reconstruction of Women's Early Christian History," *Word and World* 6 (1986), 420-33.

21   이러한 예들은 다음을 참조하시오. Elisabeth Schüssler Fiorenza, *In Memory of Her*, 45-48; Elisabeth Schüssler Fiorenza, "Missionaries, Apostles, Co-workers: Romans 16 and the Reconstruction of Women's Early Christian History"; Morna D. Hooker, "Authority on Her Head: An Examination of I Cor. XI. 10," *NTS* 10 (1964), 110-16, 재 출간, *From Adam to Christ: Essays on Paul* (Cambridge: Cambridge Uni-versity Press, 1990). 간략한 개요는 David G. Horrell, *An Introduction to the Study of Paul*, 2nd ed. (New York: T&T Clark, 2006), 114-20 참조.

22   Francis Watson, "Strategies of Recovery and Resistance: Hermeneutical Reflections

on Genesis 1-3 and Its Pauline Reception," 83 참조. 해석학의 필수 요소로서 "의혹과 회수"를 함께 적용하는 것은 특히 폴 리쾨르의 연구와 관련이 있다. Anthony C. Thiselton, *New Horizons in Hermeneutics: The Theory and Practice of Transforming Biblical Reading* (Grand Rapids: Zondervan, 1992), 344-78.

23 Mary Hayter, *The New Eve in Christ* (Grand Rapids: Eerdmans, 1987); Ben Witherington III, *Women in the Earliest Churches*, SNTSMS 59 (Cambridge: Cambridge University Press, 1988); Ben Witherington III, *Women and the Genesis of Christianity* (Cambridge: Cambridge University Press, 1990).

24 *The Green Bible* (London: HarperCollins, 2008), i-15 (서문부터).

25 Norbert Lohfink, *Theology of the Pentateuch: Themes of the Priestly Narrative and Deuteronomy*, trans. Linda M. Maloney (Edinburgh: T.&T. Clark, 1994), 8.

26 위의 책, 12-13.

27 위의 책, 17.

28 Richard J. Bauckham, *God and the Crisis of Freedom: Biblical and Contemporary Perspectives*, 141.

29 위의 책, 141-42. 이와 유사한 이전 논의는 Udo Krolzik, *Umweltkrise, Folge des Christentums?*; Peter Harrison, "Subduing the Earth: Genesis 1, Early Modern Science, and the Exploitation of Nature."

30 Richard J. Bauckham, *God and the Crisis of Freedom: Biblical and Contemporary Perspectives*, 159.

31 위의 책, 160.

32 위의 책, 167.

33 위의 책, 158; 강조를 더함.

34 위의 책, 176-77; 또한 다음을 참조, Richard J. Bauckham, "Joining Creation's Praise of God," *Ecotheology* 7 (2002), 45-59.

35 William Dyrness, "Stewardship of the Earth in the Old Testament," in *Tending the Garden*, ed. Wesley Granberg-Michaelson (Grand Rapids: Eerdmans, 1987), 50-65; Alister E. McGrath, "The Stewardship of the Creation: An Evangelical Affirmation"; Douglas John Hall, *The Steward: A Biblical Symbol Come of Age* revised edition (Grand Rapids: Eerdmans, 1990). 청지기론은 그리스도교의 환경 선언과 계획에서 두드러진 주제가 되는 경향이 있다. Robert James Berry, "An Evangelical Declaration on the Care of Creation," in *The Care of Creation: Focusing Concern and Action* (Leicester, UK: Inter-Varsity Press, 2000), 17-22; Interfaith Council for Environmental Stewardship, "The Cornwall Declaration on Environmental Stewardship, 2000," http://www.cornwallalliance.org/docs/the-cornwall-declaration-on-environmental-stewardship.pdf [2009. 7. 31접속]; The John Ray Initiative, http://www.jri.org.uk [2009. 8. 26접속]; *The Green Bible* (예, 1-26-28; 1226). 또한 다음을 참조, "Common Declaration on Environmental Ethics: Common Declaration of John Paul II and the Ecumenical Patriarch His Holiness Bartholomew I," http://www.vatican.va/holy_father/john_paul_ii/speeches/2002/june/ documents/hf_jp-ii_spe_20020610_venice-declaration_en.html [2009. 8. 4접속]; The International Theological Commission, "Communion and Stewardship: Human Persons Created in the Image of God," http:// www.vatican.va/roman_curia/congregations/cfaith/

cti_documents/rc _con_cfaith_doc_20040723_communion-stewardship_en.html [2009. 8. 4접속].

36 2.1장의 각주 9-11 참조; 또한 심화 논의는 7.8장 참조.

37 Lawrence Osborn, *Guardians of Creation: Nature in Theology and the Christian Life*, 86.

38 James Jones, *Jesus and the Earth* (London: SPCK, 2003).

39 Tim Cooper, *Green Christianity. Caring for the Whole Creation* (London: Spire, 1990), 218; James A. Nash, *Loving Nature: Ecological Integrity and Christian Responsibility* (Nashville: Abingdon, 1991), 143; Michael S. Northcott, *The Environment and Christian Ethics, New Studies in Christian Ethics* (Cambridge: Cambridge University Press, 1996), 224-25; Edward P. Echlin, *The Cosmic Circle: Jesus and Ecology* (Blackrock, Colo.: Columba, 2004), 94-96.

40 마 6:26-29; 막 4:1-20, 26-32; 요 15:1-8의 본문이 다음 연구들에서 어떻게 다루어졌는지 보라. Sean McDonagh, *The Greening of the Church* (Maryknoll, NY: Orbis, 1990), 159; Tim Cooper, *Green Christianity: Caring for the Whole Creation*, 172; Ian Bradley, *God Is Green: Christianity and the Environment* (London: Darton, Longman, & Todd, 1990), 78; Richard J. Bauckham, "Reading the Synoptic Gospels Ecologically," in *Ecological Hermeneutics: Biblical, Historical and Theological Perspectives*, ed. David G Horrell et al. (Edinburgh: T.&T. Clark, 2010), 70-82.

41 Adrian M. Leske, "Matthew 6.25-34: Human Anxiety and the Natural World," in *The Earth Story in the New Testament*, 21.

42 위의 글, 24.

43 위의 글, 26-27.

44 Sean McDonagh, *The Greening of the Church*, 158.

45 위의 책, 158-59 참조. 더 근래의 연구 Sean McDonagh, *Passion for the Earth* (London: Geoffrey Chapman, 1994), 140: "복음의 중심 주제가 피조물에 대한 보살핌이라고 주장하는 것은 왜곡일 것이다. 그럼에도 불구하고, 피조물에 대한 기독교 신학은 씨 뿌리는 자와 씨앗(마 13:3-9, 18-23), 포도나무와 가지(요 15:1-17; 막 12:1-12)의 비유 등을 통해 예수가 자연세계에 대해 보여준 존중의 태도로부터 많은 것을 배울 수 있다. 그는 들의 백합화(눅 12:27), 공중의 새(마 6:26), 여우와 그들의 은신처(눅 9:58)를 통해 자신의 이야기를 설명했다." 다른 예는 다음을 참조, Edward P. Echlin, *The Cosmic Circle: Jesus and Ecology*, 95: "예수는 먹거리를 키우는 것에서 비롯된 은유와 비유를 사용하여 하나님의 왕국에 대해 설교했다. … 복음서의 예수는 계절의 변화, 날씨, 씨앗, 토양, 성장, 수확, 그리고 지역 생물계와 함께 일하는 것에 대한 지방 농촌 지혜에 민감했다."

46 Sean McDonagh, *The Greening of the Church*, 162-64에서 인용. 비슷한 예로는 James A. Nash, *Loving Nature: Ecological Integrity and Christian Responsibility*, 125; Michael S. Northcott, *The Environment and Christian Ethics, New Studies in Christian Ethics*, 202-5.

47 Ernest Lucas, "The New Testament Teaching on the Environment," *Transformation* vol. 16, no. 3 (July 1999), 97.

48 Steven Bouma-Prediger, *For the Beauty of the Earth: A Christian Vision for Creation Care* (Grand Rapids: Baker Academic, 2001), 77.

49   Thomas Finger, *Evangelicals, Eschatology, and the Environment*, The Scholars Circle 2 (Wynnewood, PA: Evangelical Environmental Network, 1998); Douglas J. Moo, "Nature in the New Creation: New Testament Eschatology and the Environment," *JETS* 49 (2006), 449-88; David M. Russell, *The New Heavens and New Earth: Hope for the Creation in Jewish Apocalyptic and the New Testament*, Studies in Biblical Apocalyptic Literature 1 (Philadelphia: Visionary, 1996).

50   Francis Watson, "Strategies of Recovery and Resistance: Hermeneutical Reflections on Genesis 1-3 and Its Pauline Reception," 81.

51   예, Elisabeth Schüssler Fiorenza, "Missionaries, Apostles, Co-workers: Romans 16 and the Reconstruction of Women's Early Christian History," 422-23; Elisabeth Schüssler Fiorenza, "The Will to Choose or to Reject: Continuing Our Critical Work," in *Feminist Interpretation of the Bible*, ed. Letty M. Russell (Philadelphia: Westminster, 1985), 130-31.

52   H. Paul Santmire, *Nature Reborn: The Ecological and Cosmic Promise of Christian Theology*, 6.

53   Mary Daly, *Beyond God the Father: Toward a Philosophy of Women's Liberation* (London: Women's Press, 1986); Daphne Hampson, *After Christianity* (London: SCM Press, 1996).

54   Phyllis Trible, *Texts of Terror: Literary-Feminist Readings of Biblical Narratives* (Philadelphia: Fortress, 1984). 또한 Diana Lipton, "Remembering Amalek: A Positive Biblical Model for Dealing with Negative Scriptural Types," in *Reading Texts, Seeking Wisdom*, ed. David F. Ford and Graham Stanton (London: SCM Press, 2003), 139-53도 참고하라. 그러나 트리블의 연구는 여성신학적 읽기가 회복과 저항의 두 가지 방법 모두에서 작동할 수 있다는 점을 잘 보여준다. 아담과 하와에 대한 회복의 여성신학적 읽기에 대해서는 Phyllis Trible, "A Love Story Gone Awry," in *God and the Rhetoric of Sexuality* (London: SCM Press, 1978), 72-143를 참조하라.

55   Kathleen E. Corley, "1 Peter," in *Searching the Scriptures*, A Feminist Commentary vol. 2, ed. Elisabeth Schüssler Fiorenza (London: SCM Press, 1995), 354-57.

56   T. Lemaire의 글을 Roger Burggraeve, "Responsibility for a 'New Heaven and a New Earth,'" *Concilium* (1991/4), 116에서 재인용.

57   Norman C. Habel, ed., *Readings from the Perspective of Earth*, The Earth Bible vol. 1 (Cleveland, OH: Pilgrim, 2000), 24. 해당 원칙에 대한 더 자세한 설명은 The Earth Bible Team, "Guiding Ecojustice Principles," 참조.

58   The Earth Bible Team, "Ecojustice Hermeneutics: Reflections and Challenges," in *The Earth Story in the New Testament*, The Earth Bible vol. 5, 2. 이 원칙들에 대한 논의는 The Earth Bible Team, "Conversations with Gene Tucker and Other Writers," in *The Earth Story in Genesis*, The Earth Bible vol. 2, ed. Norman C. Habel and Shirley Wurst (Cleveland, OH: Pilgrim, 2000), 21-33.

59   Keith D. Dyer, "When Is the End Not the End? The Fate of Earth in Biblical Eschatology (Mark 13)," 48-49.

60   Gene McAfee, "Chosen People in a Chosen Land: Theology and Ecology in the Story of Israel's Origins," in *The Earth Story in Genesis*, The Earth Bible vol. 2, 158.

61   Howard N. Wallace, "Rest for the Earth? Another Look at Genesis 2.1-3," in *The Earth Story in Genesis*, The Earth Bible vol. 2, 56.

62 Keith Carley, "Psalm 8: An Apology for Domination," in *Readings from the Perspective of Earth*, The Earth Bible vol. 1, 121.

63 위의 글, 122.

64 Norman C. Habel, *Readings from the Perspective of Earth*, The Earth Bible vol. 1, 30.

65 Norman C. Habel, "An Ecojustice Challenge: Is Earth Valued in John 1?" in *The Earth Story in the New Testament*, The Earth Bible vol. 5, 76-82.

66 위의 글, 82.

67 Elizabeth Wainwright, "Which Intertext? A Response to 'An Ecojustice Challenge: Is Earth Valued in John 1?'" in *The Earth Story in the New Testament*, The Earth Bible vol. 5, 83.

68 Norman C. Habel, "Geophany: The Earth Story in Genesis 1," in *The Earth Story in Genesis*, The Earth Bible vol. 2, 46-47. 비슷한 논의는 Norman C. Habel, "Introducing Ecological Hermeneutics," in *Exploring Ecological Hermeneutics*, Society of Biblical Literature Symposium 46, ed. Norman C. Habel and Peter Trudinger (Atlanta: SBL, 2008), 6-8.

69 The Earth Bible Team, "Guiding Ecojustice Principles," 38.

70 Norman C. Habel, "Introducing the Earth Bible," in *Readings from the Perspective of Earth*, The Earth Bible vol. 1, 33. 지구성서프로젝트를 위한 해석학을 설명함에 있어서 의심과 회수에 대한 Fiorenza의 여성신학 해석학을 명시적으로 이용한다. 또한 Norman C. Habel, "Introducing Ecological Hermeneutics"도 참조. 이와 유사하게, Ernst M. Conradie, "Towards an Ecological Biblical Hermeneutics: A Review Essay on the Earth Bible Project," 127, 에서는 "새로운 생태학적 해석학은 … 신뢰의 해석자뿐만 아니라 의혹의 해석자로도 작동해야한다"고 말한다.

71 Wayne Grudem, *Systematic Theology: An Introduction to Biblical Doctrine* (Leicester, UK: Inter Varsity, 1994), 459-66.

72 John Paul II, "Apostolic Letter *Mulieris Dignitatem*," *Libreria Editrice Vaticana* (1988), http://www.vatican.va/holy_father/john_paul_ii/letters/ documents/hf_jp-ii_let_29061995_women_en.html (accessed January 8, 2007). 이러한 역할의 다양성에 대해서는 다음에서 상술. John Paul II, "Letter to Women," *Libreria Editrice Vaticana* (1995), http://www.vatican.val holy_father/john_paul_ii/letters/documents/ hf_jp-ii_let_29061995 _women_en.html (accessed January 8, 2007), 예수가 제자로 남자만을 택한다는 복음서의 기록과 관련된다.

73 Manfred Hauke, *Women in the Priesthood? A Systematic Analysis in the Light of the Order of Creation and Redemption*, trans. David Kipp (San Francisco: Ignatius, 1988), 332-33 (성만찬); 202-3, 347-56 (종속).

74 Loren Wilkinson, "New Age, New Consciousness, and the New Creation," in *Tending the Garden*, 25. 예를 들어 컴비는 그리스도교의 친환경적 사고와 뉴에이지 철학의 유사점을 특히 창조에 내제된 신의 개념으로 본다[Constance E. Cumbey, *The Hidden Dangers of the Rainbow: The New Age Movement and Our Coming Age of Barbarism* (Shreveport: Huntington House, 1983), 162-69]. 또한 Constance E. Cumbey, *A Planned Deception: The Staging of a New Age "Messiah"* (East Detroit, MI: Pointe Publishers, 1985), 43, 에서는 뉴에이지가 제시한 "환경 보존 방안"이 "거의 보편적으로 애니미즘과 범신론을 촉진한다"고 지적하며; 110-23에서는 식품 유

통, 경제, 환경 등 어떤 것에 대한 국제적인 통제를 옹호하는 사람이나 세계를 "바꾸고" 싶어하는 사람을 의심한다. 흥미롭게도, 그녀는 이러한 정책들을 "정치적 의제" (111)로 인식한다. 또한 Dave Hunt, *Peace, Prosperity, and the Coming Holocaust: The New Age Movement in Prophecy* (Eugene, OR: Harvest House, 1983). 와 Lawrence Osborn, *Guardians of Creation: Nature in Theology and the Christian Life*, 27-28을 참고하라.

75   Loren Wilkinson, "New Age, New Consciousness, and the New Creation," 24.

76   David W. Orr, "Armageddon versus Extinction." Orr에 대한 여러 반응은 *Conservation Biology* 19. 6 (2005)를 보라.

77   이에 대한 대표적인 출판물은 E. Calvin Beisner, *Where Garden Meets Wilderness: Evangelical Entry into the Environmental Debate* (Grand Rapids: Eerdmans, 1997). 미국의 환경 논쟁에 대한 다양한 복음주의자들의 반응에 대한 연구는 Harry O. Maier, "Green Millennialism: American Evangelicals, Environmentalism, and the Book of Revelation," in *Ecological Hermeneutics: Biblical, Historical, and Theological Perspectives*, 246-65를 보라.

78   Harry O. Maier, "Green Millennialism: American Evangelicals, Environmentalism, and the Book of Revelation," 246-65; Todd Strandberg, "Bible Prophecy and Environmentalism," *Rapture Ready*, http://www. rr-bb. com/rr-environmental. html [게시 2016. 8. 8]; Spencer Strickland, "Beware of Global Warming! (2 Peter 3:6-7)," http:// jeremiahdanielmccarver. wordpress. com/2008/08/07/beware-of-global-warming-2-peter-36-7/ [게시 2008. 8. 7].

79   Lawrence Osborn, *Guardians of Creation: Nature in Theology and the Christian Life*, 127 참조. 여기서 그는 기존 연구 중 컴비를 주요 예로 들면서, "일부 근본주의자들은 임박한 종말을 성서적인 근거로 보며, 그들에게 환경위기는 하나님의 나라가 이 땅의 것이 아니라는 추가적인 증거일 뿐이다. 그들은 이 세상이 사라질 것이기 때문에, 이 세상에 대한 보호는 궁극적으로 무관심의 영역에 속할 뿐이다. 그런 사람들에게 환경을 걱정하는 그리스도인들은 뉴에이지 운동에 매진하는 것으로 호도된다"고 했다. 또한 61-62도 참조.

80   Hal Lindsey, *The Late Great Planet Earth* (London: Lakeland, 1971) 와 Tim LaHaye and Jerry B. Jenkins, *Left Behind* (Wheaton, IL: Tyndale House, 1995). 이들 저서는 세계적인 베스트셀러다. 린제이의 책은 4천만부 이상 팔렸고 [Michael S. Northcott, *An Angel Directs the Storm: Apocalyptic Religion and American Empire* (New York: I. B. Tauris, 2004), 66] 2002년 1월까지 *Left Behind* 시리즈는 3천 2백만질 이상 팔렸다 [Crawford Gribben, "Rapture Fictions and the Changing Evangelical Condition," *Literature and Theology* 18 (2004), 78].

81   Crawford Gribben, "Rapture Fictions and the Changing Evangelical Condition," 77-79; Harry O. Maier, "Green Millennialism: American Evangelicals, Environmentalism, and the Book of Revelation."

82   Paul Boyer, *When Time Shall Be No More: Prophecy Belief in Modern American Culture* (Cambridge, Mass.: Belknap, 1992), 331-37; Lawrence Osborn, *Guardians of Creation: Nature in Theology and the Christian Life*, 61-63. 전천년설과 연관된 환경적 태도에 대해 "현재 상황에 대한 개선을 위해 고안된 모든 단체에 대한 무관심 혹은 적대"라 정의한 것은 지난 세기 초 사회 개혁과 관련된 것이다 [Shirley Jackson Case, *The Millennial Hope: A Phase of War-time Thinking* (Chicago: University of Chicago Press, 1918), 240]. 현대 그리스도인들 사이의 반환경적 논리와 태도가 근본주의적 바탕을 가지고 있다는 논의는 Douglas Lee Eckberg and T. Jean Blocker,

"Christianity, Environmentalism, and the Theoretical Problem of Fundamentalism," *JSSR* 35 (1996), 343-55. 참조.

83 예, James McKeever의 글을 Paul Boyer, *When Time Shall Be No More: Prophecy Belief in Modern American Culture*, 333-34에서 재인용.

84 Paul Boyer, *When Time Shall Be No More: Prophecy Belief in Modern American Culture*, 337.

85 Tony Campolo, *How to Rescue the Earth without Worshipping Nature: A Christian's Call to Save Creation* (Milton Keynes: Word, 1992), 특히 94-96. 또한 R. S. Beal Jr., "Can A Premillennialist Consistently Entertain a Concern for the Environment? A Rejoinder to Al Truesdale," *PSCF* 46 (1994), 172-77와 전천년설이 현재의 문제를 어떻게 긍정적으로 묘사하는가에 대해서는 Robert G. Clouse, ed., *The Meaning of the Millennium: Four Views* (Downers Grove, IL: InterVarsity, 1979), 특히 68-69. 참고.

86 E. Calvin Beisner, *Where Garden Meets Wilderness: Evangelical Entry into the Environmental Debate*, 65-66, 164, 170.

87 위의 책, 110.

88 위의 책, 48-49, 53, 117-23. 황야에 대한 다른 태도가 환경에 대한 다른 입장을 보여주는 중요한 지표가 될 수 있다는 것은 주목할 만하다.

89 위의 책, 25.

90 위의 책, 107; 125 등 참조. 로마서 8장의 중요성에 대해서는 4, 6, 7장을 보라.

91 Harry O. Maier, "Green Millennialism: American Evangelicals, Environmentalism, and the Book of Revelation."

92 예로 린지는 성서 해석의 기본 규칙은 본문의 문자 그대로의 의미를 찾는 것이라고 말하지만 (Hal Lindsey, *The Late Great Planet Earth*, 50), 스가랴 14장 12절의 재앙을 핵폭발의 결과물로 해석한다 (Hal Lindsey, *The Late Great Planet Earth*, 175).

93 Michael S. Northcott, *An Angel Directs the Storm: Apocalyptic Religion and American Empire*.

94 Hal Lindsey, *The Late Great Planet Earth*, 69, 72-80. 그러나 아랍과 러시아의 동맹은 아프리카를 통한 공산주의 진영의 확장 때문인 것으로 보인다.

95 Paul Boyer, *When Time Shall Be No More: Prophecy Belief in Modern American Culture*, 326-31.

96 다양한 요소들을 분리하는 것은 쉽지 않으며, 반대로 정치적 요소들이 신학적 접근에 영향을 미칠 수 있다.

97 Paul Boyer, *When Time Shall Be No More: Prophecy Belief in Modern American Culture*, 141. 이와 유사한 와트의 진술은 Mark Tracy, "The Ronald Reagan Years-The Real Reagan Record: Environment" (2003), http://www.geocities.com/thereaganyears/environment.htm (accessed January 2007); 그의 입장은 Greg Lakes, "Headwaters News: James Watt," Center for the Rocky Mountain West at the University of Montana (2003), http://www.headwatersnews.org/ p.watt.html (accessed February 20, 2007)에서 찾을 수 있다. 또한 그가 "나의 의무는 주님이 다시 오시는 그날까지 땅을 점령(occupy)하라는 성서말씀을 따르는 것이다."고 말했다고 한다(*The Washington Post*, 1981년 5월 24일).

98 John Hinderaker, "Bill Moyers Smears a Better Man than Himself" (2005), http://

powerlineblog. com/archives/2005/02/009377. php [2009. 7. 31 접속].

99   Andrew Sibley, *Restoring the Ethics of Creation: Challenging the Ethical Implications of Evolution* (Camberley, UK: Anno Mundi Books, 2005), 특히 146-47.

100   여기에서는 지구성서팀의 생태 정의 원칙인 '상호연결성' (지구는 생명과 생존을 위해 서로 의지하는 상호연결된 생명체의 공동체, The Earth Bible Team, "Guiding Ecojustice Principles," 44-46)은 인간의 고유성과 내재적 우월성에 대한 어떠한 개념에도 반대되는, 완전히 "자연의 일부"라는 상반된 주장을 나타낸다는 점(The Earth Bible Team, "Guiding Ecojustice Principles," 45)에 주목하는 것이 적절하다. 또한 창조론자의 입장이 반드시 환경보호에 반대되는 것이 아니라는 점도 유의해야 한다. 예: Ralph E. Ancil, "Environmental Problems: A Creationist Perspective Our Biblical Heritage [sic]," *Creation Social Science and Humanities Quarterly Journal* (1983), http://www.creationism. org/csshs/v06n4p05. htm [2006. 5. 14 접속]; Ralph E. Ancil, "Man and His Environment: The Creationist Perspective," *Creation Social Science and Humanities Quarterly Journal* (1989), http://www. creationism. org/csshs/v12n4p19. htm [2009. 8. 5 접속].

2장

1   Albert Schweitzer, *The Quest of the Historical Jesus*, ed. John Bowden (1913; 재인쇄, London: SCM Press, 2000), 6. 전체 인용문은 다음과 같다: "신학은 연속된 시대 마다 예수 안에서 자신의 생각을 발견하였다. 그것이 예수님을 살아있게 할 수 있는 유일한 방법이었다. 그러나 각 시대만이 예수 안에서 자신의 반영을 찾은 것이 아니라 각 개인도 자신의 성격에 따라 자신의 예수를 만들어냈다. 예수의 생애를 쓰는 것 만큼 사람의 진정한 모습을 드러내는 역사적 과제는 없다." 조지 티렐(George Tyrrell)은 아돌프 폰 하르나크(Adolf von Harnack)의 저작에 드러난 그리스도의 묘사를 비판하며 "하르나크(Harnack)가 보는 그리스도는 19세기 가톨릭의 어둠을 뒤돌아보며 깊은 우물 바닥에 보이는 자유주의 개신교의 얼굴을 비춘 것일 뿐"이라고 말했다. (*Christianity at the Crossroads* [London: Longmans, Green, 1910], 44).

2   '적용할 수 있는 정도'는 그 함축성에 대해 논의될 수 있다. 본질적으로 우리가 여기에 포함하고자 하는 것은 본문에 명백히 폭력을 가하지 않는 어떠한 읽기도 그 읽기를 해석으로 만들기 어렵게 한다는 점이다.

3   James Barr, "Man and Nature-The Ecological Controversy and the Old Testament," *BJRL* 55 (1972), 30. 참조. 또한 Norbert Lohfink, *Theology*, 1-17; Bernhard W. Anderson, "Creation and Ecology," 동저자, *Creation in the Old Testament* (Philadelphia: Fortress, 1984), 152-71도 참고.

4   Richard J. Bauckham, *God and the Crisis of Freedom: Biblical and Contemporary Perspectives* (Louisville, KY: Westminster John Knox Press, 2002), 158

5   Peter Harrison, "Subduing the Earth: Genesis 1, Early Modern Science, and the Exploitation of Nature," 88-90.

6   특히 N. T. Wright, *The New Testament and the People of God* (London: SPCK, 1992), 282-85, 332-33; *Jesus and the Victory of God* (London: SPCK, 1996), 360-65; New Heavens, New Earth: The Biblical Picture of Christian Hope (Cambridge: Grove, 1999).

7   Edward Adams, *The Stars Will Fall from Heaven: Cosmic Catastrophe in the New Testament and Its World*, LNTS 347 (London: T&T Clark, 2007).

8   해당 문제는 2008년에 출판된 *The Green Bible*의 부분이다: 이 "Green-Letter Edition"의 목적은 성서의 메시지가 인간에게 창조를 돌보라고 호소한다는 것을 보여주는 텍스트를 강조하는 것이다. 이에 대한 비평은 David G. Horrell, "The Green Bible: A Timely Idea Deeply Flawed," *ExpTim* 121 (2010), 180-85.

9   Wesley Granberg-Michaelson, "Introduction: Identification or Mastery?" in Granberg-Michaelson, *Tending the Garden*, 4. 성서의 가르침에 대한 일련의 언급이 있다: "성서는 인류의 지배가 본질적으로 모든 피조물에 대한 봉사로 본다." (3), "성서는 현대 그리스도인들이 이를 통해 읽고자 하는 일종의 이원론에 맞서 싸운다."(3-4), "성서에서 그리는 하나님, 인간, 피조세계의 의도된 관계는…" (4), 등. 또한 William Dyrness, "Stewardship of the Earth in the Old Testament," 53-54; Loren Wilkinson et al., *Earthkeeping: Christian Stewardship of Natural Resources* (Grand Rapids: Eerdmans, 1980), 203-38; 과 *The Green Bible*도 참조.

10 John Reumann, *Stewardship and the Economy of God* (Grand Rapids: Eerdmans, 1992), 7, 16, 18.

11 청지기론 개념의 윤리적 가치에 대한 추가적 비평은 특히 다음을 참조하라. Clare Palmer, "Stewardship: A Case Study in Environmental Ethics," in *The Earth Beneath: A Critical Guide to Green Theology*, Ian Ball et al. (London: SPCK, 1992), 67-86. 예: "청지기론에 함축된 정치적인 메시지는 권력과 억압에 관한 것이며, 섬기는 자와 섬김 받는 자의 것이다" (76). 이 개념의 기초가 되는 가정은 "인류가 다른 자연 세계로부터 분리되어 있다는 강한 인식 … 자연은 인간의 자원이며, 인간이 자연을 통제하고 있고, 자연은 인간의 관리에 의존하고 있다(77-78)"이다. 팔머는 이를 간단히 말해 인간 중심적이고 우월적인 윤리라고 했다(cf. 81-84). 이와 유사한 의문점이 제기된 Richard J. Bauckham, *God and the Crisis of Freedom: Biblical and Contemporary Perspectives*, 172, 에서는 "청지기적 이미지는 여전히 자연의 기술지배라는 현대적 기획에 너무 치중되어 있다. 우리는 자연이 우리에 의해 관리될 때 항상 더 풍요로워지고, 자연이 우리의 자애로운 침해를 필요로 하며, 온 세상을 잘 보살펴 애완동물이 사는 잘 가꾸어진 정원으로 바꾸는 것이 우리의 일인가?"라고 문제를 제기한다. 또한 Richard J. Bauckham, *Beyond Stewardship: The Bible and the Community of Creation*, 2006 Sarum Lectures (London: Darton, Longman, & Todd, 출간예정); Christopher Southgate, "Stewardship and its Competitors: A Spectrum of Relationships between Humans and the Non-Human Creation," in *Environmental Stewardship: Critical Perspectives, Past and Present*, ed. R. J. Berry (New York: T&T Clark, 2006), 185-95, 7.8장을 참조.

12 이것은 어떤 의미에서 존 밀뱅크(John Milbank, *Theology and Social Theory: Beyond Secular Reason* (Oxford: Blackwell, 1990)의 주장에 의해 제기된 문제이며, 여기서 제안된 "급진적 정통주의(radical orthodoxy)"는, 근본주의적 접근법과 완전히 다른 접근 방법을 사용한다.

13 Francis Watson, "Hermeneutics and the Doctrine of Scripture: Why They Need Each Other," 2008년 the Australian Theological Forum in Canberra에서 발표된 원고의 18-19쪽. / 2010년 등재 *International Journal of Systematic Theology*, Volume 12, Issue 2, 118-143).

14 물론 그리스도교 전통과 아무런 관련이 없는 사람들은 생태위기와 그리스도교의 연관성을 (화이트 처럼)폭로, 비판하거나 그리스도인들이 특정한 입장을 채택하도록 설득하기 위해 성서의 친-생태성을 연구하고 평가하는 데 관심을 가질 수 있다.

그러나 이 두 가지 이유 모두 성서 본문을 현대의 도덕적 행동을 형성하는 데 중요한 기준으로 삼는 사람들이 있다는 사실에서 비롯된 것이다. 우리는 여기서 유대인들이 관련된 히브리어 성서 본문에 대한 읽기는 시도하지 않았고, 현대 유대인들의 삶과 윤리에 미치는 히브리어 성서의 중요성도 고려하지 않았다. 우리가 여기서 조사한 성서에 대한 접근은 본질적으로 그리스도교 전통에 대한 것이며, 우리는 유대인의 성서 읽기 방식이 단순히 그리스도교의 그것과 동화될 수 있다는 인상을 피하고 싶다.

15 H. Paul Santmire, *Nature Reborn: The Ecological and Cosmic Promise of Christian Theology* (Minneapolis: Fortress, 2000), 6-9.

16 위의 책, 7-8.

17 James A. Nash, *Loving Nature: Ecological Integrity and Christian Responsibility*, 94. 이 범주에 포함될 수 있는 것은 특정 성서 본문이라기 보다는 가장 중요한 성서 주제의 사용, 성서에서 생태윤리를 찾는 데 더 유익한 방법에 관한 연구자들의 것이다. 내쉬(Nash)자신도 이웃사랑의 대상을 더 넓혀 우리의 "생물학적 이웃들(biotic neighbors [sic] (143))"을 포함해야 한다는 논의를 지지하며, 실리아 딘-드럼먼드(Celia Deane-Drummond)는 히브리 성서의 지혜의 개념에 초점을 맞춘다 [*Creation Through Wisdom* (Edinburgh: T&T Clark, 2000)]. 반면 마이클 노스콧(Michael North-cott)은, 그의 저서 *Environment*를 통해 유대적(히브리적)이고 그리스도교적인 창조의 개념 모두를 반영한 자연윤리를 창조, 관계성과 자연 질서 회복에 적용하는 것을 옹호한다. 더 급진적인 접근법은 매튜 폭스(Matthew Fox)가 지지하는 "타락/구원의 영성" 대신 "피조물 중심"의 영성을 제안하는 방법론이 있다 [예, *Original Bless-ing* (Santa Fe: Bear, 1983)]. 사실 산트마이어(Santmire)는 그를 수정주의자라기보다는 재건주의자로 분류하지만, 폭스(Fox)는 자신을 진정한 전통주의자로 여겼을 수 있다(예: Original Blessing, 11).

18 칼 바르트의 유명한 교리적 의무에 대한 명언은 "사도들과 예언자들이 어떤 말을 했는지가 아니라 우리가 사도들과 예언자들을 근거로 어떤 말을 해야 하는가 이다." [*Church Dogmatics 1.1: The Doctrine of the Word of God*, trans. G. W. Bromi-ley, 2nd ed. (Edinburgh: T&T Clark, 1975), 16].

19 Dale B. Martin, *Sex and the Single Savior* (Louisville, KY: Westminster John Knox, 2006), 1-16.

20 Ernst M. Conradie, "The Road towards an Ecological Biblical and Theological Hermeneutics," *Scriptura* 93 (2006), 305-14, 특히 305-8. 또한 동저자, "Interpreting the Bible amidst Ecological Degradation," *Theology* 112 (2009), 199-207; 동저자, "What on Earth is an Ecological Hermeneutics? Some Broad Parameters," in *Eco-logical Hermeneutics*, 295-313.

21 Ernst M. Conradie, "The Road towards an Ecological Biblical and Theological Hermeneutics," 306 (원본의 강조를 따름).

22 존 톰슨(John Thompson)의 이데올로기에 대한 정의는 "뜻 - 또는 의미 - 가 지배 관계를 유지하는 데 기여하는 방식"이다 [John B. Thompson, *Studies in the Theory of Ideology* (Cambridge: Polity, 1984), 4, 130-31, 134, 141, 146 참조].

23 Ernst M. Conradie, "The Road towards an Ecological Biblical and Theological Hermeneutics," *Scriptura* 93 (2006), 308.

24 우리는 이 문맥에서 프랜시스 영(Frances Young)의 매우 유용한 연구에 주목한다. Frances Young, *The Art of Performance: Towards a Theology of Holy Scripture* (Lon-don: Darton, Longman, & Todd, 1990).

25 Ernst M. Conradie, "Interpreting the Bible amidst Ecological Degradation," *Theology* 112 (2009); 동저자, "Ecological Hermeneutics."

26 Ernst M. Conradie, "Interpreting the Bible amidst Ecological Degradation," 200.

27 Ernst M. Conradie, "The Road towards an Ecological Biblical and Theological Hermeneutics," 311-12.

28 위의 논문, 311.

29 위의 논문, 312. 더 최근에 콘라디는 이 점을 약간 재구성 하여, 해석에 있어 "교리적"으로 인식되는 것의 영향력은 불가피한 것으로 보았다. "Ecological Hermeneutics."참조.

30 F. Gerald Downing, "Review of Habel, Norman C. and Balabanski, Vicky (eds.), *The Earth Story in the New Testament*. The Earth Bible 5. London: Sheffield Academic Press, 2002," Biblnt 12 (2004), 311-13.

31 Augustine, *On Christian Doctrine* 1.35.40: "신성한 성서 전체를, 혹은 일부를 이해했다고 생각하지만 하나님과 이웃 사랑을 통한 이해를 얻지 못하면 그는 여전히 [말씀을] 이해하는 데 성공하지 못한 것이다" 인용 R. P. H. Green, ed. and trans., *Saint Augustine: On Christian Teaching, Oxford World's Classics* (Oxford: Oxford University Press, 1997). 해당 본문에 대해 알려준 데일 마틴에게 감사를 전한다. [Dale B. Martin, *Sex and the Single Savior*, 11-12, 49-50, 168]. 또한 1.40.44: "누군가 계명의 목적이 '순수한 마음으로부터의 사랑, 선한 양심, 진실한 믿음'이라는 것을 알게 되었을 때[딤전 1:5] 그는 성서의 모든 해석을 이 세 가지와 연관시킬 준비가 되어 있을 것이며 이 책들을 다루는 일에 자신 있게 접근할 것이다." 하나님과 이웃에 대한 사랑을 율법의 중심으로 여기는 움직임은 물론 유대인과 그리스도인 모두 이전의 선례를 가지고 있다.

32 루터적 성서 해석 접근 방법에 대해서는 Roy A. Harrisville and Walter Sundberg, *The Bible in Modern Culture: Theology and Historical Critical Method from Spinoza to Käsemann* (Grand Rapids: Eerdmans, 1995), 15-16와 Francis Watson, *Text, Church, and World: Biblical Interpretation in Theological Perspective* (Edinburgh: T&T Clark, 1994), 231-36을 참조.

33 Christopher Southgate, ed., *God, Humanity, and the Cosmos: A Companion to the Science-Religion Debate*, rev. ed. (New York: T&T Clark, 2005), 특히. 213-41.

34 Ian Barbour, *Religion and Science: Historical and Contemporary Issues* (London: SCM Press, 1997), 106-36.

35 위의 책, 109.

36 진화과학과 유신론적 진화에 대항하여 바라본 창조론에 대한 자세한 설명은 Ted Peters and Martinez J. Hewlett, *Evolution from Creation to New Creation* (Nashville: Abingdon, 2003)참조.

37 Ian Barbour, *Religion and Science: Historical and Contemporary Issues*, 113.

38 위의 책, 113.

39 Robert J. Russell, *Cosmology: From Alpha to Omega* (Minneapolis: Fortress, 2008)는 종말론에 대한 그리스도교의 신념에 대한 연구가 왜 현대 과학의 결과물에서 출발해야 하는지에 대한 예이다.

40 Stanley Hauerwas and David Burrell, "From System to Story: An Alternative Pat-

tern for Rationality in Ethics," in *Why Narrative?* ed. Stanley Hauerwas and L. Gregory Jones (Grand Rapids: Eerdmans, 1989), 185.

41 우리는 3장의 내용과는 별개로 하우워스와 버렐의 마지막 기준의 비극적 요소가 그리스도교의 특정 이야기를 전제로 한다는 것을 밝힌다. 그들의 주장은 의료 윤리와 관련된 그들의 관심사를 고려할 때 의심의 여지 없이 적합하나 우리의 논의에서는 믿음의 이야기를 어디까지 확장할 수 있는가와 인간이 아닌 피조물에 관한 바울의 주요 문헌들 안에 있는 서술의 특징적인 형태들을 고려하는 것이 중요할 것이다.

42 비판적 생태 성서 신학의 좀 더 넓은 범주의 개념은 David G. Horrell, *The Bible and the Environment: Towards a Critical Ecological Biblical Theology, Biblical Challenges in the Contemporary World* (Oakville, CT: Equinox, 2010) 참조.

3장

1 Rudolf Bultmann, "New Testament and Mythology: The Problem of Demythologizing the New Testament Proclamation [1941]," in *New Testament and Mythology and Other Basic Writings*, ed. Schubert M. Ogden (London: SCM Press, 1985), 1-43 참고. 그리고 Richard B. Hays, *The Faith of Jesus Christ: The Narrative Substructure of Galatians 3:1-4:11* (1983; rev. ed., Grand Rapids: Eerdmans, 1997), 51-55의 논의도 참고하라.

2 George W. Stroup, *The Promise of Narrative Theology* (London: SCM Press, 1984).

3 Alasdair MacIntyre, *After Virtue: A Study in Moral Theory* (London: Duckworth, 1981).

4 Stanley Hauerwas, *A Community of Character: Toward a Constructive Christian Social Ethic* (Notre Dame, IN: University of Notre Dame Press,1981), 특히 그가 소설 *"Watership Down"* 을 사용하여 공동체를 형성하고 유지하는 데 내러티브의 중요성을 설명한 9-35쪽 참조. 하우워스의 접근법에 대해서는, David G. Horrell, *Solidarity and Difference: A Contemporary Reading of Paul's Ethics* (New York: T&T Clark, 2005), 63-70 참조.

5 이러한 포스트모던적인 배경과 장소에 대한 이야기들의 명확한 소개는 Gerard Loughlin, *Telling God's Story: Bible, Church, and Narrative Theology* (Cambridge: Cambridge University Press, 1996), 3-26.

6 John Milbank, *Theology and Social Theory: Beyond Secular Reason* (Oxford: Blackwell, 1990), 330.

7 Stanley Hauerwas, *A Community of Character: Toward a Constructive Christian Social Ethic*, 84.

8 이 부분과 이 챕터의 다른 부분에서 David G. Horrell, "Paul's Narratives or Narrative Substructure? The Signi ficance of 'Paul's Story," in *Narrative Dynamics in Paul*, 157-71 부분을 차용함.

9 그레마스는 인물에 사건을 종속시킴으로써 내러티브가 이해될 수 있다고 제안했다. Michael J. Toolan, *Narrative: A Critical Linguistic Introduction*, 2nd ed. (New

York: Routledge, 2001).

10 Richard B. Hays, *The Faith of Jesus Christ: The Narrative Substructure of Galatians 3:1-4:11*.

11 N. T. Wright, *The New Testament and the People of God* (London: SPCK, 1992); Ben Witherington III, *Paul's Narrative Thought World: The Tapestry of Tragedy and Triumph* (Louisville, KY: Westminster John Knox, 1994); James D. G. Dunn, *The Theology of Paul the Apostle* (Edinburgh: T&T Clark, 1998); 또한 Michael J. Gorman, *Cruciformity: Paul's Narrative Spirituality of the Cross* (Grand Rapids: Eerdmans, 2001); 동저자, *Inhabiting the Cruciform God: Kenosis, Justification, and Theosis in Paul's Narrative Soteriology* (Grand Rapids: Eerdmans, 2009). 이러한 유형의 개요는 다음을 참조. Bruce W. Longenecker, "Narrative Interest in the Study of Paul," in Longenecker, *Narrative Dynamics in Paul*, 3-16; 동저자, "The Narrative Approach to Paul: An Early Retrospective," *CurBS* 1 (2002), 88-111; David G. Horrell, "Paul's Narratives or Narrative Substructure? The Significance of 'Paul's Story'," 특히 168-71.

12 Douglas A. Campbell, *The Quest for Paul's Gospel: A Suggested Strategy*, JSNTSup 274 (New York: T&T Clark, 2005).

13 위의 책, 71. 그러나 아래 3.3장의 추가 분석을 통해, 문제 해결 구조는 내러티브 "줄거리"의 한 유형일 뿐이라는 것을 알 수 있다.

14 헤이스의 개관 참고 Richard B. Hays, *The Faith of Jesus Christ: The Narrative Substructure of Galatians 3:1-4:11*, 51-63, 예를 들면 루이스 마틴은(J. Louis Martyn) 갈라디아서에 선형적 구원사의 개념에 반대하는 견해를 밝히나 ["Events in Galatia: Modified Covenantal Nomism versus God's Invasion of the Cosmos in the Singular Gospel: A Response to J. D. G. Dunn and B. R. Gaventa," in *Pauline Theology*, vol. 1, *Thessalonians, Philippians, Galatians, Philemon*, ed. Jouette M. Bassler (Minneapolis: Fortress, 1991), 160-79], 라이트, 스크로그스, 헤이스와 룰은 (N. T. Wright, Robin Scroggs, Richard B. Hays, and David J. Lull) 이와 다르게 "구원-역사적" 접근법으로 바울을 논한다. 같은 책에서 스크로그스는 "구원 역사"와 "이제는 유명해진 '이야기 신학'"의 연결성을 분명히 하고 "구원 역사의 구조 안에서 바울의 신학을 재고하는 것은 그 자신의 의식적인 사고 과정에 최소한의 영향을 미친다"는 대담한 주장을 펼친다. [Robin Scroggs, "Salvation History: The Theological Structure of Paul's Thought (1 Thessalonians, Philippians, and Galatians)," in Jouette M. Bassler, *Pauline Theology*, 1, 215-16].

15 Ernst Käsemann, "Justification and Salvation History in the Epistle to the Romans," in Käsemann, *Perspectives on Paul*, NTL (London: SCM Press, 1971), 64. "구원사"가 진화발달의 개념과 분리될 수 있다는 주장에 대하여 David J. Lull, "Salvation History: Theology in 1 Thessalonians, Philemon, Philippians, and Galatians" 참조: 라이트 (N. T. Wright)의 주장에 대한 응답으로는, R. B. Hays, and R. Scroggs, in Jouette M. Bassler, *Pauline Theology*, 1, 251.

16 바슬러의 에세이 Jouette M. Bassler, *Pauline Theology*, vol. 1, 외에도 론제네커 Bruce W. Longenecker, ed., *Narrative Dynamics in Paul: A Critical Assessment* (Louisville, KY: Westminster John Knox, 2002)를 참고하고, 헤이스의 대답은 Richard B. Hays, "Is Paul's Gospel Narratable?" *JSNT* 27 (2004), 217-39를 참고하라.

17 J. Louis Martyn, *Galatians*, AB 33A (New York: Doubleday, 1997), 347-48 참조. 또한 동저자, "Events in Galatia," 172-73에서 마틴은 바울의 "구원사적" 읽기에 반대하며: 갈라디아서에는 "[구원신학]이라는 용어를 의미 있게 사용하기 위해 필요한

그리스도 이전의 선형성의 개념이 부족하다. 갈라디아서에서 아브라함은 선형이라기 보다는 뚜렷한 점적 인물로… 따라서 역사도 이야기도 갈라디아서에서 바울이 아브라함을 묘사한 것과 잘 연관되는 단어는 아니다" 또한 John M. G. Barclay "Paul's Story," in *Narrative Dynamics in Paul*, 133-56을 참조하라.

18   J. Louis Martyn, *Galatians*, 389; 또한 283. 마틴은 헤이스가 불트만을 비판한 것에 반대해 이렇게 썼다: "불트만은 그리스도 안에서 하나님이 행하신 행동의 사건-성격을 강조했지만, 그는 사건을 점적인 것으로 다루는 경향이 있었다. 바울에 대한 나의 읽기는 구원사건이 시간적 확장성과 형태를 가지고 있다는 것을 강조한다; 십자가 사건은 고립된 사건이 아니라 이야기 속의 사건으로서 의미를 가진다" (*Faith of Jesus Christ*, 267n1).

19   Douglas A. Campbell, *The Quest for Paul's Gospel: A Suggested Strategy*, 93.

20   Michael J. Toolan, *Narrative: A Critical Linguistic Introduction*, 4-6. 그리고 채트먼(Seymour Chatman)은, "문헌에서 인과관계의 원칙이 매우 강하기 때문에 독자는 그것이 명시되어 있지 않더라도 그것을 기대하며 실제로 그것을 유추하고 있을 것이다"라고 지적한다. Mark Allen Powell, *What Is Narrative Criticism? A New Approach to the Bible* (London: SPCK, 1993), 40에 재인용. 우주론의 시간 궤적은 인과관계, 즉 "줄거리"를 암시할 것이다. 내러티브 비평에 대한 비평의 유용한 자료는 위의 책, 91-98 참조.

21   Northrop Frye, *Anatomy of Criticism* (Princeton: Princeton University Press, 2000); James F. Hopewell, *Congregation: Stories and Structures* (Philadelphia: Fortress, 1987).

22   Christopher Booker, *Why We Tell Stories* (New York: Continuum, 2004).

23   Northrop Frye, *Anatomy of Criticism*, 162.

24   James F. Hopewell, *Congregation: Stories and Structures*, 58.

25   위의 책, 59.

26   위의 책, 76.

27   James F. Hopewell, *Congregation: Stories and Structures*, 76.

28   Northrop Frye, *Anatomy of Criticism*, 191.

29   James F. Hopewell, *Congregation: Stories and Structures*, 60.

30   위의 책, 60.

31   Northrop Frye, *Anatomy of Criticism*, 208.

32   James F. Hopewell, *Congregation: Stories and Structures*, 61.

33   위의 책, 62.

34   Northrop Frye, *Anatomy of Criticism*, 238.

35   위의 책, 42.

36   호프웰은 "희극과 비극, 낭만과 아이러니 같은 극과 극의 대립된 세계들은 모순적이다: 희극은 문제로부터 해결로 이동하는 반면, 비극은 해결책에서 문제로 이동한다; 낭만극은 자신으로부터 초자연적인 것으로 이동하는 반면 아이러니는 자신으로부터 초자연적인 요소를 제거한다."고 정리한다(*Congregation*, 61). 그러나 폴 피데스가 지적했듯이, 그렇다고 해서 희극에 비극적 요소가 포함될 수 없다는 것은

아니다. 이것은 십자가와 부활에 대한 그리스도교 이야기 전체를 한 내러티브 아크(arc)로 보았을 때 분명히 드러난다. Paul S. Fiddes, *Freedom and Limit: A Dialogue between Literature and Christian Doctrine* (Macon, GA: Mercer University Press, 1999), 65-82 참조.

37　James F. Hopewell, *Congregation: Stories and Structures*, 98.

38　Gerard Loughlin, *Telling God's Story: Bible, Church, and Narrative Theology* 참조.

39　여기에서 우리는 그리스도교 윤리에 대한 하우워스의 접근 방식을 다시 한번 반복한다. 예, Stanley Hauerwas, *A Community of Character: Toward a Constructive Christian Social Ethic*; David G. Horrell, *Solidarity and Difference: A Contemporary Reading of Paul's Ethics*, 63-70.

4장

1　실제로 상대적으로 적은 수의 성서 본문이 생태신학적인 논의에서 선호되고 있다. Steven Bouma-Prediger, *Beauty of the Earth: A Christian Vision for Creation*; Hans Halter and Wilfried Lochbühler, eds., *Ökologische Theologie und Ethik*, 2 vols. (Graz: Styria, 1999); Gerhard Liedke, *Im Bauch des Fisches: Ökologische Theologie* (Stuttgart: Kreuz, 1979); Wilfried Lochbühler, *Christliche Umweltethik: Schöpfungstheologische Grundlagen, Philosophisch-ethische Ansätze, Ökologische Marktwirtschaft*; Ian Bradley, *God Is Green: Christianity and the Environment*; H. Paul Santmire, *Nature Reborn: The Ecological and Cosmic Promise of Christian Theology*.

2　John Bolt, "The Relation between Creation and Redemption in Romans 8:18-27," *CTJ* 30 (1995), 34.

3　B. Pyatt et al., "An Imperial Legacy? An Exploration of the Environmental Impact of Ancient Metal Mining and Smelting in Southern Jordan," *J Archaeol Sci* 27 (2000), 771-78.

4　John Seymour and Herbert Girardet, *Far from Paradise: The Story of Human Impact on the Environment* (London: Green Planet, 1990), 45, 53.

5　이 용어는 일반적으로 천사, 신자, 비신자, 인간을 제외한 생명체, 인간을 제외한 피조물, 인간을 제외한 피조물의 무생물적인 요소 중 하나 이상의 다양한 조합에 적용된다고 가정된다.

6　이 구절의 주제에 대한 이러한 해석은 동방 정교회의 가르침에 남아 있으며, 피조물에 대한 인간의 책임에 대한 그들의 현대적인 관점의 일부를 형성한다: Michael Prokurat, "Orthodox Perspectives on Creation," *SVTQ* 33 (1989), 331-49.

7　Wilhelm Pauck, ed. and trans., *Luther: Lectures on Romans*, ed. John Baillie, John T. McNeill, and Henry P. Van Dusen, LCC 15 (London: SCM Press, 1961), 237-39.

8　John T. McNeill, ed., *Calvin: Institutes of the Christian Religion*, vol. 1, Books I.i to III.xix, LCC 20, 2 vols. (London: SCM Press, 1960), 717.

9　Sermon 60 in John Wesley, *The Works of the Rev. John Wesley, A. M.*, vol. 6 (London: John Mason, 1829), 245.

10   Alan Scott, *Origen and the Life of the Stars* (Oxford: Oxford University Press, 1994), 127, 147-48.

11   Bonaventure, "The Tree of Life," in *Bonaventure: The Soul's Journey into God; The Tree of Life; The Life of St. Francis*, trans. Ewert Cousins (London: SPCK, 1978), 131.

12   예, Brendan Byrne, *Romans*, SP 6 (Collegeville, MN: Liturgical Press, 1996); Charles E. B. Cranfield, *A Critical and Exegetical Commentary on The Epistle to the Romans*, vol. 1, *Romans I-VIII*, ICC, 2 vols. (Edinburgh: T&T Clark, 1975); James D. G. Dunn, *Romans 1-8*, WBC 38A (Dallas, TX: Word Books, 1988), 469; Joseph A. Fitzmyer, *Romans: A New Translation with Introduction and Commentary*, AB 33 (New York: Doubleday, 1993), 506; Douglas J. Moo, *The Epistle to the Romans*, NICNT (Grand Rapids: Eerdmans, 1996), 514.

13   예, Charles E. B. Cranfield, *A Critical and Exegetical Commentary on The Epistle to the Romans*, 412; Douglas J. Moo, *The Epistle to the Romans*, 514.

14   Karl Barth, *Church Dogmatics IV.2: The Doctrine of Reconciliation*, vol. 2, trans. G. W. Bromiley (Edinburgh: T&T Clark, 1958), 329; Ernst Käsemann, *Commentary on Romans*, trans. G. W. Bromiley (Grand Rapids: Eerdmans, 1980), 232-33.

15   J. Ramsey Michaels, "The Redemption of Our Body: The Riddle of Romans 8:19-22," in *Romans and the People of God*, ed. Sven K. Soderlund and N. T. Wright (Grand Rapids: Eerdmans, 1999), 92-114.

16   C. K. Barrett, *A Commentary on the Epistle to the Romans*, BNTC (London: A&C Black, 1971), 165. 이 점은 안톤 뵈틀(Anton Vögtle)에 의해 더 강력히 주장되는데, 그는 바울이 다음에 대해 가르치기를 원하지 않는다고 결론짓는다. "das Schicksal der Schöpfung in Vergangenheit, Gegenwart und Zukunft … Der Apostel hat wohl überhaupt nur die Situation der noch leidenbedrängten Christen im Auge" ["Röm 8,19-22: Eine Schöpfungstheologische oder anthropologisch-soteriologische Aussage?" in *Mélanges bibliques en hommage au R. P. Béda Rigaux*, ed. Albert Descamps and André de Halleux (Gembloux, Belgium: Duculot, 1970), 365].

17   John G. Gager Jr., "Functional Diversity in Paul's Use of End-Time Language," *JBL* 89 (1970), 329.

18   G. W. H. Lampe, "The New Testament Doctrine of *KTISIS*," *SJT* 17 (1964), 460. 최근에 토마스 슈라이너는 이 구절이 피조물에 대해 이야기하지만, "바울이 제시하는 비전의 중심을 구성하는 요소는 아니다"라고 언급하며, [*Romans*, Baker Academic Commentary on the New Testament (Grand Rapids: Baker Academic, 1998), 437], 무(Moo)는 "그의 초점은 일관되게 인간 중심적이다"고 주장한다 [Douglas J. Moo, *The Epistle to the Romans*, 517n50].

19   C. H. Dodd, *The Epistle of Paul to the Romans*, Moffat's New Testament Commentary (London: Houghton, 1932), 134. 영광에 대한 다른 견해는 Robert Jewett, *Romans*, Hermeneia (Minneapolis: Fortress, 2007), 510-11; N. T. Wright, *The Resurrection of the Son of God* (London: SPCK, 2003), 257-58 참조. Edward Adams, "Paul's Story of God and Creation," in Longenecker, *Narrative Dynamics in Paul*, 19-43, 이것을 "아담 구원론"을 반영하는 것으로 이해한다(29). 우리는 이 "영광"의 주제를 7장에서 더 자세히 다룰 것이다.

20   또한 John Bolt, "The Relation between Creation and Redemption in Romans 8:18-27," 참조. 본문의 κτίσις와 관련해서는 Rudolf Bultmann, *Theology of the New Testament*, vol. 1, trans. Kendrick Grobel (London: SCM Press, 1952) 참조. 여기서는,

"이것이 의미하는 것은 분명히 지구와 피조물이 인간에게 종속되었다는 것이지, 롬 8:38 이후에 열거된 *우주적 힘들 을 의미하는 것이 아니다.*" (230, 원문 강조를 따름), 그러나 그는 "창조주로서 피조물에 대한 바울의 개념은 그것이 *인간의 존재에 어 떠한 의미를 가지느냐* 에 달려 있다; 이러한 관점에서 피조물은 양가적이다"라고 주장한다 (231, 강조 첨가).

21   예, R. J. Berry, *Ecology & Ethics* (London: InterVarsity, 1972), 28.

22   참조, Ron Elsdon, "Eschatology and Hope," in *The Care of Creation: Focusing Con-cern and Action*, 161-66; Michael Northcott, *The Environment and Christian Ethics*, 204; H. Paul Santmire, *Nature Reborn: The Ecological and Cosmic Promise of Chris-tian Theology*, 42.

23   Steven Bouma-Prediger, *For the Beauty of the Earth: A Christian Vision for Creation Care*, 40. 또한 N. T. Wright, "Jesus is Coming-Plant a Tree," in *The Green Bible* (London: HarperCollins, 2008), I-72-1-85.

24   R. J. Berry, *The Care of Creation: Focusing Concern and Action*, 19.

25   Jürgen Moltmann, *The Way of Jesus Christ: Christology in Messianic Dimensions*, trans. Margaret Kohl (London: SCM Press, 1990), 283. 또한 Sean McDonagh, *Pas-sion for the Earth*, 141-42; Tim Cooper, *Green Christianity. Caring for the Whole Creation*, 64-68; James A. Nash, *Loving Nature: Ecological Integrity and Christian Responsibility*, 125.

26   Sean McDonagh, *The Greening of the Church*, 163. 또한 라이트는 로마서 8장의 핵 심을 "예수의 오심"으로 본다.

27   Sermon 60 in *Works*, 241-52. 또한 Jeffrey G. Sobosan, *Romancing the Universe: Theology, Science, and Cosmology* (Grand Rapids: Eerdmans, 1999), 참조. 그러나 그 는 "성 바울은 나비가 죽음에서 살아날 것이라고는 전혀 상상하지 못한다"고 주장 한다 (100).

28   해당 구절의 생태적 접근은 Ernst M. Conradie, *An Ecological Christian Anthropol-ogy: At Home on Earth?* (Aldershot, VT: Ashgate, 2005), 73-77 참조. 콘라디는 진화 과학에 비추어 볼 때 허무와 인간의 죄를 연결시키는 문제와 같은 개념들을 논의하 고, 이 구절에 대한 생태학적 해석은 "아마도 바울의 비전에 포함되지 않았을 것"이 라 언급했다 (74).

29   Charles E. B. Cranfield, "Some Observations on Romans 8:19-21," in *Reconcilia-tion and Hope: New Testament Essays on Atonement and Eschatology presented to L. L. Morris on His 60th Birthday*, ed. Robert Banks (Exeter: Paternoster, 1974), 230.

30   John G. Gibbs, *Creation and Redemption: A Study in Pauline Theology*, NovTSup 26 (Leiden: Brill, 1971), 155.

31   생태학적 질문과 명시적으로 연결되는 간략한 주석은 Wolfgang Schrage, "Bibelar-beit über Röm 8,19-23," in *Versöhnung mit der Natur*, ed. Jürgen Moltmann (Mu-nich: Kaiser, 1986), 150-66 참조.

32   Brendan Byrne, *Romans*, 259.

33   Robert Jewett, *Romans*, 513.

34   위의 책, 512.

35   Harry Alan Hahne, *The Corruption and Redemption of Creation: Nature in Romans*

8.19-22 and Jewish Apocalyptic Literature, LNTS 336 (New York: T&T Clark, 2006). 또한 Horst R. Balz, *Heilsvertrauen und Welterfahrung: Strukturen der paulinischen Eschatologie nach Römer 8,18-39*, BEvT 59 (Munich: Kaiser, 1971); Walther Binde-mann, *Die Hoffnung der Schöpfung: Römer 8,18-27 und die Frage einer Theologie der Befreiung von Mensch und Natur* (Neukirchen-Vluyn: Neukirchener Verlag, 1983); Olle Christoffersson, *The Earnest Expectation of the Creature: The Flood-Tradition as Matrix of Romans 8:18-27* (Stockholm: Almqvist & Wiksell, 1990); Hae-Kyung Chang, *Die Knechtschaft und Befreiung der Schöpfung. Eine exegetische Untersuchung zu Römer 8,19-22*, BM 7 (Wuppertal: Brockhaus, 2000).

36 Norman C. Habel, *Readings from the Perspective of Earth*; Norman C. Habel and Shirley Wurst, *The Earth Story in Genesis*; Norman C. Habel and Shirley Wurst, eds., *The Earth Bible*, vol. 3, *The Earth Story in Wisdom Traditions* (Cleveland, OH: Pilgrim, 2001); Norman C. Habel, ed., The Earth Bible, vol. 4, The Earth Story in Psalms and Prophets (Cleveland, OH: Pilgrim, 2001); Norman C. Habel and Vicky Balabanski, eds., *The Earth Bible*, vol. 5, *The Earth Story in the New Testament* (Cleveland, OH: Pilgrim, 2002).

37 Brendan Byrne, "Creation Groaning: An Earth Bible Reading of Romans 8.18-22," in Norman C. Habel, *Readings from the Perspective of Earth*, 193-203; Marie Turner, "God's Design: The Death of Creation? An Ecojustice Reading of Romans 8.18-30 in the Light of Wisdom 1-2," in Norman C. Habel and Shirley Wurst, *The Earth Story in Wisdom Traditions*, 168-78. 더 최근의 연구는 Sigve Tonstad, "Creation Groaning in Labor Pains," in Habel and Trudinger, *Exploring Ecological Hermeneutics*, 141-49; Brendan Byrne, "An Ecological Reading of Rom 8.19-22: Possibilities and Hesitations," in Horrell, Hunt, Southgate, and Stavrakopoulou, *Ecological Hermeneutics*, 83-93.

38 John T. McNeill, ed., *Calvin: Institutes of the Christian Religion, vol. 2, Books III.xx to IV.xx*, LCC 21, 2 vols. (London: SCM Press, 1960), 1006-7.

39 예를 들어 로마서 9-11장에 대한 변화된 인식에 대한 요약 설명은 Karl P. Don-fried, *The Romans Debate* (Edinburgh: T&T Clark, 1991), lxx과 John Ziesler, *Paul's Letter to the Romans* (Philadelphia: Trinity, 1989), 37: "로마서 9-11장은 전체 논쟁의 클라이맥스를(까지도) 구성한다"를 참고하라.

40 발츠(Balz)를 예로 들면, 그는 생태학적 문제와 아무 관련이 없는 로마서 8장을 바울 종말론의 중심이자 절정으로 본다(Horst R. Balz, *Heilsvertrauen und Welterfahrung: Strukturen der paulinischen Eschatologie nach Römer 8,18-39*, 125, 129); 라이트는 더 최근에, "하나님은 우주 전체를 통해 뭘 하려 하시는가"라는 주제를 통해 명시적으로 로마서 8장 18-28절이 "로마서 5-8장, 그리고 실제로 로마서 1-8장의 일련의 생각의 흐름에 대한 의도적이고 신중하게 계획된 클라이맥스"로 본다(N. T. Wright, *New Heavens, New Earth: The Biblical Picture of Christian Hope*, 12). 반면, Hae-Kyung Chang, *Die Knechtschaft und Befreiung der Schöpfung. Eine exegetische Untersuchung zu Römer 8, 19-22*는 로마서 8:19-22절에 대한 그의 논의를 "짧은 여담"으로 설명하며 시작한다(1; "Der knappe Exkurs über die Schöpfung …").

41 예를 들어 로마서 8장 20절은 그리스도인의 주된 역할 중 하나는 "창조질서를 지속적으로 보수하고, 새로운 것을 존재하게 하며, 새로운 질서의 패턴을 확립하는 것"이라고 주장하기 위해 사용되었다 [Brian Heap and Flavio Comin, "Consump-tion and Happiness: Christian Values and an Approach towards Sustainability," in *When Enough Is Enough: A Christian Framework for Environmental Sustainability*, ed. R. J. Berry (Nottingham: Apollos, 2007), 96]. 이 본문에 대한 피상적 참조에 대

한 논평은 Brendan Byrne, "Creation Groaning: An Earth Bible Reading of Romans 8.18-22," 193장 참조.

42 Robert Jewett, *Romans*, 512-15. 로마서 8장에 대한 이 관점의 더 자세한 설명은 Robert Jewett, "The Corruption and Redemption of Creation: Reading Rom 8:18-23 within the Imperial Context," in *Paul and the Roman Imperial Order*, ed. Richard A. Horsley (Harrisburg: Trinity Press International, 2004), 25-46 참조.

43 Michael J. Toolan, *Narrative: A Critical Linguistic Introduction*, 4-6.

44 Mark Allen Powell, *What Is Narrative Criticism? A New Approach to the Bible*, 40.

45 예, Olle Christoffersson, *The Earnest Expectation of the Creature: The Flood-Tradition as Matrix of Romans 8:18-27*, 108; Charles E. B. Cranfield, *A Critical and Exegetical Commentary on The Epistle to the Romans*, 416; James D. G. Dunn, *Romans 1-8*, 472; Robert Jewett, *Romans*, 516; 그러나 샌데이와 헤드람은 "그에 대한 두려움은 바울이 생각하는 것 만큼 흔하지 않았을 수도 있다"고 지적한다. [William Sanday and Arthur C. Headlam, *A Critical and Exegetical Commentary on the Epistle to the Romans*, ICC (Edinburgh: T&T Clark, 1905), 209]. 톤스타드도 로마서 8장은 하부 내러티브를 통해 읽어야 한다고 제안하는 데 이 점을 사용한다 (Sigve Tonstad, "Creation Groaning in Labor Pains," 141).

46 로마서에 대한 내러티브적 접근의 초기 시도에 대해서는 Edward Adams, "Paul's Story of God and Creation," 참조. 그는 그레마스의 행동 모델을 이용하여 로마서 1-8장이 "하나님의 창조적 목표는 창조의 시작으로부터 아담의 타락과 그에 따른 인간의 타락으로 인한 좌절을 통해 종말의 궁극적 성취에 이르기까지" "근본적이고 일관된" 설명을 제공한다고 결론짓는다(33). 그러나 로마서 8장 19-22절에 대한 그의 언급은 짧으며, 관련된 내러티브 전개에 대해 고려하지 않는다.

47 바울의 시작된 종말론을 고려한다면 과거, 현재, 미래가 쉽게 구분되는 깔끔한 선형적 이야기는 있을 수 없다. 그럼에도 불구하고 우리는 시간적 흐름이 내러티브에 암시적으로 반영되어 있다고 생각하며, 이는 과거, 현재, 미래를 구분하는 것이 모두 가능하며 생태신학적 해석에 중요하다고 주장할 것이다(상세한 내용은 7장에서 다룬다).

48 Francis Watson, "Strategies of Recovery and Resistance: Hermeneutical Reflections on Genesis 1-3 and Its Pauline Reception."

49 Charles E. B. Cranfield, *A Critical and Exegetical Commentary on The Epistle to the Romans*, 404. 스토아 학파와 플라톤 학파 모두 우주 전체를 살아있는 것으로 말할 수 있었다는 점은 주목할 만 하다. 아래 5.3장 참조.

50 크리소스톰은 다음과 같이 연관 짓는다 "'피조물이 허무에 굴복하도록 만들어졌다는 것'의 의미는 무엇인가? 왜 그것이 부패할 수 있게 되었는가" (*Hom. Rom.* 14). 또한 James D. G. Dunn, *Romans 1-8*, 470: "두 단어 뜻을 모두 아우른다면 … ματαιότης는 φθορά와 거의 같은 의미로 볼 수 있다." Robert Jewett, *Romans*, 513-15에서 허무와 "타락의 결과"에 대해 말하는 반면 Brendan Byrne, *Romans*, 261은 굴복에서 노예제도가 비롯되었다고 본다.

51 ὑπετάγη의 암시적 주체가 하나님이어야 한다는 확신은 아래를 참조.

52 로마서 1장 18-23절과 8장 19-22절의 유사성에 대해서는 Nikolaus Walter, "Gottes Zorn und das 'Harren der Kreatur.' Zur Korrespondenz zwischen Römer 1, 18-32 und 8, 19-22," in *Christus Bezeugen. Festschrift für Wolfgang Trilling zum 65, Geburtstag*, ed. Karl Kertelge, Traugott Holtz, and Claus-Peter März (Leipzig: St.

Benno, 1989), 218-26를 참조. 그러나 월터는 로마서 8장 19-22절의 κτίσις는 복음화 되지 않은 믿지 않는 인류를 칭한다고 주장한다(220).

53　　Brendan Byrne, *Romans*, 260; James D. G. Dunn, *Romans 1-8*, 470: "일차적으로 아담 이야기를 암시한다."

54　　Harry Alan Hahne, *The Corruption and Redemption of Creation: Nature in Romans 8.19-22 and Jewish Apocalyptic Literature*, 195.

55　　Joseph A. Fitzmyer, *Romans: A New Translation with Introduction and Commentary*, 509. 참조. 이러한 맥락에서 φθορά가 도덕적인 내용을 가지고 있다는 생각 은 예를 들어 James D. G. Dunn, *Romans 1-8*, 472, 그리고 Harry Alan Hahne, *The Corruption and Redemption of Creation: Nature in Romans 8.19-22 and Jewish Apocalyptic Literature*, 195과 같은 다른 사람들에 의해 거부된다. 흥미롭게도, 슈도 요나단 타르굼(Pseudo-Jonathan's targum)의 창세기 3장 17장에서는 땅이 "그 죄를 드러내지 않았기 때문에" 저주 받았다고 언급한다 [John Bowker, *The Targums and Rabbinic Literature: An Introduction to Jewish Interpretations of Scripture* (Cambridge: Cambridge University Press, 1969), 121].

56　　Edward Adams, *Constructing the World: A Study in Paul's Cosmological Language* (Edinburgh: T&T Clark, 2000), 77-80는 κτίσις의 언어적 배경에 대해 언급하면서, 하 나님의 창조 활동을 나타내는 데 사용된 것은 "그리스 구약 번역자들의 언어적 혁 신"이라고 언급했다(77). 푀르스터는 신약 시대의 그리스어 κτίσις의 더 일반적인 사용(용례를 들어)과 함께 κτίζω가 70인역에서 하나님의 신성한 활동을 나타내기 위 해 사용되었다고 지적하며(오경에 4~5회, 역사서에는 없으며, 예언서에는 15회, 묵시서 에 36회) 이 단어의 신학적 중요성은 LXX 토라의 첫 번역 이후에 생겨났음을 시사 한다. 이 단어가 묵시적인 책에서만 가장 두드러지게 나타나는 것이 분명하다(Werner Foerster, "κτίζω," *TDNT* 3, 1025).

57　　Edward Adams, *Constructing the World: A Study in Paul's Cosmological Language*, 178 에서 "바울은 그 본문[창 3:17-19]에 대한 후기 유대적 성찰에 따라 판단의 규모 를 우주적 차원으로 확장한다"라고 지적한다.

58　　크리스토퍼슨은 홍수 이야기가 바울이 여기에서 κτίσις를 사용하는 데 배경을 제 공한다는 생각에 기반을 두고 있으며 "하나님의 아들들"(19절)은 창세기 6장 2절에 대한 참조로, 바울의 암시에는 에녹 전통을 바탕으로 한 이야기의 발전이 숨어 있 다고 본다. 그러나 바울은 다른 신약성서의 서신서들(벧전3:19-20; 벧후 2:4-5, 3:5-6; 유 6)과는 달리 이 전통이나 파수꾼에 대한 이야기를 여기서 언급한다. 그리고 크 리스토퍼슨의 로마서 8장 19절 υἱοὶ τοῦ θεοῦ의 해석은 타당성이 적어 보인다. 이 후 논의와 함께 Olle Christoffersson, *The Earnest Expectation of the Creature: The Flood-Tradition as Matrix of Romans 8:18-27* 참고.

59　　예, Charles E. B. Cranfield, *A Critical and Exegetical Commentary on The Epistle to the Romans*, 413; James D. G. Dunn, *Romans 1-8*, 470. John Murray, *The Epistle to the Romans*, NICNT (Grand Rapids: Eerdmans, 1968)에서는 "이것은 분명히 지구 와 관련된 바울의 창세기 3장 17, 18절의 논평이다"라고 언급한다(303).

60　　Charles E. B. Cranfield, *A Critical and Exegetical Commentary on The Epistle to the Romans*, 414; C. H. Dodd, *The Epistle of Paul to the Romans*, 134; Franz J. Leenhardt, *The Epistle to the Romans: A Commentary* (London: Lutterworth, 1961), 220; Douglas J. Moo, *The Epistle to the Romans*, 516. 또한 Robert Jewett, *Romans*, 513, 그는 유대언어의 영향을 받은 마법 주문과 유사한 점을 인용해: "모든 피조물이 굴 복하는 [성스럽고] 명예로운 이름[ἡ πᾶσα κτίσις [ὑ]πόκειται]"으로 본다. 굴복은 아 담에게 더 직접적으로 책임이 있는 행위로 보았다. Brendan Byrne, *Romans*, 258

과 동저자, "Creation Groaning: An Earth Bible Reading of Romans 8.18-22,"참조. 그러나 번은 더 최근의 논문("An Ecological Reading of Rom 8.19-22: Possibilities and Hesitations,")에서 그 자신의 견해를 다소 수정한다. "하나님은 굴종의 중개자였다. 아담이 원인이었다."

61   Wilhelm Pauck, ed. and trans., *Luther: Lectures on Romans*, 238.

62   John T. McNeill, ed., *Calvin: Institutes of the Christian Religion 1*, 246.

63   Harry Alan Hahne, *The Corruption and Redemption of Creation: Nature in Romans 8.19-22 and Jewish Apocalyptic Literature*, 211.

64   희년서 3.24-25는 창세기 3장 16-19절(노동과 엉겅퀴)을 반영한다. "그 날 모든 야생 동물과 소와 새, 그리고 걷거나 움직이는 모든 것의 입이 닫혀 더 이상 말을 할 수 없게 되었다. (그때까지 그들은 모두 공통된 언어로 서로 말을 나눴기 때문이다)"(3.28). 또한 *1 En.* 80.2-4. *Apoc. Moses* (바울에 이어) 이 주제는 계속되며, 타락으로 인해 동물들이 인간에게 불복종하게 되었으며(10.1-11.3; 24.4), 나뭇잎은 나무에서 떨어진다(20.4).

65   Harry Alan Hahne, *The Corruption and Redemption of Creation: Nature in Romans 8.19-22 and Jewish Apocalyptic Literature*, 212-13.

66   Contra Olle Christoffersson, *The Earnest Expectation of the Creature: The Flood-Tradition as Matrix of Romans 8:18-27*.

67   Nikolaus Walter, "Gottes Zorn und das 'Harren der Kreatur.' Zur Korrespondenz zwischen Römer 1,18-32 und 8,19-22" 참조.

68   예, Morna D Hooker, *From Adam to Christ: Essays on Paul*, 76-84. 그는 로마서 1장 23절에 초점을 맞춰 여기서 멸망의 이야기에 대한 명확한 언급이 이루어졌다고 본다.

69   마틴은 "바울은 여기서 아담, 하와, 타락 혹은 인류가 죄에 속박됨에 대해 언급하지 않는다. … 바울이 로마서 1장을 통해 드러내는 시나리오는 아담의 몰락이 아니라 우상숭배의 시작과 그 결과와 관련이 있다"고 주장한다 (Dale B. Martin, *Sex and the Single Savior*, 52). Francis Watson, *Paul and the Hermeneutics of Faith* (New York: T&T Clark, 2004), 144에서는 이 특정 본문(롬 1:23)을 금송아지에 대한 설명으로 보는 반면 Stanley K. Stowers, *A Rereading of Romans: Justice, Jews, and Gentiles* (New Haven, CT: Yale University Press, 1994), 86-90에서는 "아담의 부재"를 언급하며, 바벨탑에서 보여진 자만심에 따른 황금기의 쇠퇴와 그에 따라 아브라함의 후손들이 다른 사람들과 구별되는 국가로 등장하는 것을 로마서 1장 전체의 배경으로 보는 것을 선호한다.

70   Charles E. B. Cranfield, *A Critical and Exegetical Commentary on The Epistle to the Romans*, 413-14.

71   Brendan Byrne, *Romans*, 260-61. 앞의 II 참고.

72   또 다른 제안은 그것이 하늘의 권위에 대한 피조물의 종속성을 암시할 수 있다는 것이다. 예, C. K. Barrett, *A Commentary on the Epistle to the Romans*, 165-66.

73   Otto Bauernfeind, " μάταιος κτλ," *TDNT* 4, 523에서 그는 로마서 8장 20절을 "전도서에 대한 타당한 해설"로 보며, 주엣은 이 구절이 후대의 독자들에게 전도서 1장 2절을 상기시켰을 것이라 여긴다(Jewett, *Romans*, 513). 이 견해에 대한 비판으로는 Harry Alan Hahne, *The Corruption and Redemption of Creation: Nature in Romans 8.19-22 and Jewish Apocalyptic Literature*, 190 참조. R. J. Berry, *God's Book of*

Works. *The Nature and Theology of Nature* (New York: T&T Clark, 2003), 231에서 그는 전도서 전체를 로마서에 대한 해설로 여긴다(비록 시대착오적이기는 하지만).

74   또한 N. T. Wright, *Evil and the Justice of God* (Downers Grove, IL.: InterVarsity, 2006), 116-17. 이 허무는 때때로 인간이 피조세계에서 제 역할을 하지 못하는 것에 직접적으로 기인한다; Brendan Byrne, *Romans*, 258; Charles E. B. Cranfield, *A Critical and Exegetical Commentary on The Epistle to the Romans*, 413-14.

75   Franz J. Leenhardt, *The Epistle to the Romans: A Commentary*, 219-25; Douglas J. Moo, *The Epistle to the Romans*, 515; Brendan Byrne, *Romans*, 258.

76   심판과 진통 사이에는 바울 이전의 연관성이 있지만(1 En. 62.4 and 1QH 3.7-18), 메시아와의 구체적인 연관성은 이후의 저술에서만 나타나는 것으로 보인다 [Charles E. B. Cranfield, *A Critical and Exegetical Commentary on The Epistle to the Romans*, 416; E. P. Sanders, *Jesus and Judaism* (London: SCM Press, 1985), 124]. 또 다른 제안으로는 출애굽기의 이야기가 바울의 사상에 일부 배경이 된다는 실비아 키이즈마트 등의 주장이 있다 [Sylvia C. Keesmaat, *Paul and His Story: (Re)Interpreting the Exodus Tradition*, JSNTSup 181 (Sheffield: Sheffield Academic Press, 1999), 89] 그리고 로리 브라텐은 피조물의 신음이 인간의 죄에 대한 애도를 표현한다고 제안한다 [Laurie Braaten, "All Creation Groans: Romans 8:22 in Light of the Biblical Sources," *HBT* 28 (2006), 131-59].

77   종말론적 시나리오에 대해서는 Edward Adams, *The Stars Will Fall from Heaven: Cosmic Catastrophe in the New Testament and Its World* 참조.

78   이 주제에 대해서는 Katherine M. Hayes, *"The Earth Mourns": Prophetic Metaphor and Oral Aesthetic*, Academica Biblica 8 (Atlanta: SBL, 2002) 참조.

79   Luzia Sutter Rehman, "To Turn the Groaning into Labor: Romans 8.22 23," in *A Feminist Companion to Paul*, ed. Amy-Jill Levine Marianne Bickenstaff (Cleveland, OH: Pilgrim, 2004), 80-81에서는 변혁의 장소로서 지구의 중요성을 강조하고 지구와 자궁에 대한 고대 관점 사이의 유사점을 지적한다.

80   위의 미주. 56-57 참고.

81   Luzia Sutter Rehman, "To Turn the Groaning into Labor: Romans 8.22 23," 79에서는 필로의 용례(στενεῖν; *Leg.* 3.212)와 요세푸스의 용례(στενάζειν; *J.W.* 5.384)를 기록했다.

82   C. K. Barrett, *A Commentary on the Epistle to the Romans*, 166-67; Charles E. B. Cranfield, *A Critical and Exegetical Commentary on The Epistle to the Romans*, 416-17; James D. G. Dunn, *Romans 1-8*, 472; Brendan Byrne, *Romans*, 261; Douglas J. Moo, *The Epistle to the Romans*, 518 참조.

83   Charles E. B. Cranfield, *A Critical and Exegetical Commentary on The Epistle to the Romans*, 417.

84   Rom 6:4-8, 8:16-17; Gal 2:19.

85   Charles E. B. Cranfield, *A Critical and Exegetical Commentary on The Epistle to the Romans*, 417 던에 이어 ἐν ἑαυτοῖς이 뒤따르는 αὐτοὶ의 반복이 얼마나 "매우 강조적인가"에 주목한다(James D. G. Dunn, *Romans 1-8*, 474).

86   Luzia Sutter Rehman, "To Turn the Groaning into Labor: Romans 8.22 23"에서 그는 고난에의 참여와 해방의 공유를 강조한다(80-82).

87   Olle Christoffersson, *The Earnest Expectation of the Creature: The Flood-Tradition as*

Matrix of Romans 8:18-27, 103-4, 120-24.

88 또한 다른 바울 친서에서 이스라엘 자손(고후 3:13)과 신자들에 대해 말할 때 υἱοὶ 가 사용되었다는 점을 참조하라(고후6:18에서 호세아 2:1 LXX를 인용할 때; 갈3:7, 26; 4:6-7).

89 Brendan Byrne, "Creation Groaning: An Earth Bible Reading of Romans 8.18-22," 202에서는 바울이 "파괴와 부활 보다는 지속과 변화의 개념을 제안하고 싶어 하기에" 여기서 부활을 언급하는 것을 피할 수도 있다고 제안한다. 반면에 무는 "몸의 부활에 대한 교리"를 "이 세상과 다음 세상 사이의 어떤 종류의 중요한 연속성을 요구하는 것으로 본다. 사실 많은 해석가들에 의해 제안되었듯이, 지체에 대한 비유는 우주에 대한 파괴와 변화 사이의 긴장을 해결하는 가장 좋은 방법을 제공할 수도 있다. 여기서도 연속성과 불연속성의 수수께끼 같은 조합을 발견할 수 있다" (Douglas J. Moo, "Nature in the New Creation: New Testament Eschatology and the Environment," 469)고 주장한다.

90 Luzia Sutter Rehman, "To Turn the Groaning into Labor: Romans 8. 22 23," 81.

91 Robert Jewett, *Romans*, 515와 미주 79.

92 Harry Alan Hahne, *The Corruption and Redemption of Creation: Nature in Romans 8.19-22 and Jewish Apocalyptic Literature*, 215-16. 이것은 신약성서의 "우주적 재앙" 이미지가 라이트의 주장처럼 역사적 측면에서 급진적인 변화를 묘사하는 상징적 혹은 은유적인 언어인지(N. T. Wright, *The New Testament and the People of God*, 280-86), 아니면 아담스의 주장처럼 진정한 우주적이고 파괴적인 사건을 상정하는지 (Edward Adams, *The Stars Will Fall from Heaven: Cosmic Catastrophe in the New Testament and Its World*)에 대한 훨씬 더 넓은 의미의 논쟁을 제기한다. 2.1장의 미주 6-7 참고. 아담스는 또한 이와 관련하여 신약성서의 종말론에는 두 가지 입장이 있다고 제안하는데, 하나는 우주적 파괴와 재창조의 개념을 강조하는 것이고, 다른 하나는 로마서 8장에서 두드러지는 변형의 개념에 초점을 맞춘 것이다(256-57).

93 Edward Adams, "Paul's Story of God and Creation," 38에서는 로마서를 "구원의 역사 보다는 *피조물의 역사*" 로 보는데 이는 근본적인 이야기가 피조물에 대한 하나님의 의도에 초점을 맞추고 있기 때문이다(강조표현은 원문을 따름).

94 James F. Hopewell, *Congregation: Stories and Structures*, 59-60, 69, 75-79.

95 Robert Jewett, "The Corruption and Redemption of Creation: Reading Rom 8:18-23 within the Imperial Context,"; 동저자, *Romans*, 508-17 참조. 또한 J. R. Harrison, "Paul, Eschatology, and the Augustan Age of Grace," *TynBul* 50 (1999), 79-91 도 참조.

96 Robert Jewett, "The Corruption and Redemption of Creation: Reading Rom 8:18-23 within the Imperial Context," 27, 30-31과 동저자, *Romans*, 509에 인용.

97 이 구별의 추가 상징으로서, 주엣은 로마서의 κτίσις의 ἀποκαραδοκία와 아우구스투스의 평화의 제단에 있는 대지의 어머니 상을 비교한다(*Romans*, 511).

5장

1   예로 Eduard Lohse, *Colossians and Philemon*, Hermeneia, trans. William R. Poehl-
    mann and Robert J. Karris (Philadelphia: Fortress, 1971), 180-81; Eduard Schweizer,
    The Letter to the Colossians, trans. Andrew Chester (London: SPCK, 1982 [1976]),
    15-19; Roy Yates, *The Epistle to the Colossians*, Epworth Commentaries (London:
    Epworth, 1993), xi-xii. George H. van Kooten, *Cosmic Christology in Paul and the
    Pauline School: Colossians and Ephesians in the Context of Graeco-Roman Cosmolo-
    gy with a New Synopsis of the Greek Texts*, WUNT 2.171 (Tübingen: Mohr Siebeck,
    2003) 등에서 바울과 골로새서 저자 사이의 우주론적 차이에 대한 자세한 논의를
    찾을 수 있다.

2   예, Peter T. O'Brien, *Colossians, Philemon*, WBC 44 (Dallas: Word Books, 1982),
    xli-xlix; F. F. Bruce, *The Epistles to the Colossians, to Philemon, and to the Ephesians*
    (Grand Rapids: Eerdmans, 1984), 28-33; N. T. Wright, *The Epistles of Paul to the
    Colossians and to Philemon* (Leicester: InterVarsity, 1986); 31-34; Markus Barth and
    Helmut Blanke, *Colossians: A New Translation with Introduction and Commentary*,
    AB 34B, trans. Astrid B. Beck (New York: Doubleday, 1994), 114-26; Douglas J.
    Moo, *The Letters to the Colossians and to Philemon* (Grand Rapids: Eerdmans, 2008),
    28-41. 바울 사상의 연속성을 입증하는 주장들의 예는 Andrew T. Lincoln, "The
    Household Code and Wisdom Mode of Colossians," *JSNT* 74 (1999), 93-112 와
    Todd D. Still, "Eschatology in Colossians: How Realized Is It?" *NTS* 50 (2004),
    125-38 참조.

3   James D. G. Dunn, *The Epistles to the Colossians and to Philemon*, NIGTC (Grand
    Rapids: Eerdmans, 1996), 19.

4   위의 책, 38

5   "서신서 보다는 이 구절들에 대해 더 많이 쓰여졌다" (Roy Yates, *The Epistle to the Co-
    lossians*, 14).

6   Ian K. Smith, *Heavenly Perspective: A Study of the Apostle Paul's Response to a Jewish
    Mystical Movement at Colossae*, LNTS 326 (New York: T&T Clark, 2006), 147-50에
    서는 골1:15-20의 특징이 찬가적 소재로서의 서술을 정당화한다는 일반적인 견해
    가 있다고 말한다 [그러나 그것이 일반적으로 적용되는 신약성서 구절에 대한 용
    어의 적합성에 관해서는 Stephen E. Fowl, *The Story of Christ in the Ethics of Paul:
    An Analysis of the Function of the Hymnic Material in the Pauline Corpus*, JSNTSup
    36 (Sheffield: Sheffield Academic Press, 1990), 31-45 참조]. Ian K. Smith, *Heavenly
    Perspective: A Study of the Apostle Paul's Response to a Jewish Mystical Movement at
    Colossae*, 150-51는 또한 원형에 대해 제시된 많은 이본들에 대한 요약을 제공한다.

7   Ernst Käsemann, "A Primitive Christian Baptismal Liturgy," in *Essays on New Tes-
    tament Themes*, SBT 41 (London: SCM Press, 1964), 149-68. 이 아이디어에 대한 역
    사에 관한 연구는 Robert Jewett, *Paul's Anthropological Terms: A Study of their Use
    in Conflict Settings* (Leiden: Brill, 1971), 230-37 참조.

8   예, Peter T. O'Brien, *Colossians, Philemon*, 40-42; N. T. Wright, *The Epistles of
    Paul to the Colossians and to Philemon*, 64; Markus Barth and Helmut Blanke, *Co-
    lossians: A New Translation with Introduction and Commentary*, 227-36; Christian
    Stettler, *Der Kolosserhymnus: Untersuchungen zu, Form, traditionsgeschichtlichem*

Hintergrund und Aussage von Kol 1,15-20, WUNT 2.131 (Tübingen: Mohr Siebeck, 2000), 345. N. T. Wright, *The Climax of the Covenant* (Edinburgh: T&T Clark, 1991), 100에서는 찬가의 원래 형태에 관한 논쟁에 대해 "이 경우 유일하게 가능한 것은 우리가 가진 본문을 다루는 것이다"라고 지적한다.

9　Andrew T. Lincoln and A. J. M. Wedderburn, *The Theology of the Later Pauline Letters* (Cambridge: Cambridge University Press, 1993), 66. 이와 유사하게 Marianne Meye Thompson, *Colossians & Philemon* (Grand Rapids: Eerdmans, 2005), 144에서는 "골로새서가 신약의 다른 어떤 책 보다도 피조물에 대한 지속적인 성찰을 위한 더 풍부한 소재를 제공한다는 주장은 과장이 아닐 것이다"라 주장한다.

10　Steven Bouma-Prediger, *Beauty of the Earth: A Christian Vision for Creation*, 124.

11　이레니우스 (*Haer.* 1.22.1)는 이 구절을 구체적으로 언급하지는 않지만 요한복음 1장 3절을 참조하여 πάντα의 모두를 아우르는 범위성을 강조한다. 또한 어거스틴 (*Sermons* 290.2) 과 Peter Gorday, ed., *Ancient Christian Commentary on Scripture: Colossians, 1-2 Thessalonians, 1-2 Timothy, Titus Philemon*, ACCSNT 11 (Chicago: Fitzroy Dearborn, 2000), 14-16의 다른 고대 해설가들의 견해를 참고하라.

12　또한 Aquinas, *ST* 3.35.8 *ad* 1와 Calvin, *Inst.* 2.124. 참조.

13　예를 들어 최근 서신서에 관한 논문들 중 Stephen E. Fowl, *The Story of Christ in the Ethics of Paul: An Analysis of the Function of the Hymnic Material in the Pauline Corpus,* E. Gordley, *The Colossian Hymn in Context: An Exegesis in Liga of Jewish and Greco-Roman Hymnic and Epistolary Conventions*, WUNT 2.228 (Tübingen: Mohr Siebeck, 2007); Ian K. Smith, *Heavenly Perspective: A Study of the Apostle Paul's Response to a Jewish Mystical Movement at Colossae*를 참고.

14　Douglas J. Moo, *The Letters to the Colossians and to Philemon*, 121에서는 하늘과 땅이 전 우주를 뜻하는 일반적인 성서의 뜻을 나타내는 기능을 한다고 언급한다.

15　본 책 6.4장의 미주 26-29 참조.

16　예, Eduard Lohse, *Colossians and Philemon*, 41, 61; Eduard Schweizer, *The Letter to the Colossians*, 55-88, F. F. Bruce, *The Epistles to the Colossians, to Philemon, and to the Ephesians,* 74-77; Edward Schillebeeckx, *Christ: The Christian Experience in the Modern World*, trans. John Bowden (London: SCM Press, 1988), 187, 194; George H. van Kooten, *Cosmic Christology in Paul and the Pauline School: Colossians and Ephesians in the Context of Graeco-Roman Cosmology with a New Synopsis of the Greek Texts*, 127. 로제는 시틀러(다음에서 볼 것이다)의 인용을 통해 십자가의 신학은 "자연적이거나 우주적인 신학의 목적을 위해 찬가를 이용하려는 모든 시도를 포함한다" (60n211)고 제안한다.

17　Roy Yates, *The Epistle to the Colossians*, 27.

18　C. F. D. Moule, *The Epistles to the Colossians and to Philemon* (Cambridge: Cambridge University Press, 1962), 71. 흥미롭게도 그는 계속해서 "아마도 로마서 8장의 이 포용적인 희망에 대한 최고의 논평은 (분명히) 인간뿐만 아니라 자연에 대한 구원의 약속이라는 점"이라 말한다. 또한 J. B. Lightfoot, *Saint Paul's Epistles to the Colossians and to Philemon: A Revised Text with Introductions, Notes, and Dissertations* (New York: Macmillan, 1886). 115; G. H. P. Thompson, *The Letters of Paul to the Ephesians, to the Colossians, and to Philemon* (Cambridge: Cambridge University Press, 1967)도 참조.

19　I. Howard Marshall, "The Meaning of 'Reconciliation,'" in *Unity and Diversity in*

New Testament Theology: Essays in Honor of George E. Ladd, ed. Robert A. Guelich (Grand Rapids: Eerdmans, 1978), 127.

20   Lars Hartman, "Universal Reconciliation (Col 1,20)," *SNTU* 10 (1985), 112 and 120.

21   Ian K. Smith, *Heavenly Perspective: A Study of the Apostle Paul's Response to a Jewish Mystical Movement at Colossae*, 146-47 참조. "이단"과 가능한 "오류"에 대한 연구는 F. F. Bruce, *The Epistles to the Colossians, to Philemon, and to the Ephesians*, 17-26; James D. G. Dunn, *The Epistles to the Colossians and to Philemon*, 23-35; John M. G. Barclay, *Colossians and Philemon*, NTG (Sheffield: Sheffield Academic Press, 1997), 39-48; Ian K. Smith, *Heavenly Perspective: A Study of the Apostle Paul's Response to a Jewish Mystical Movement at Colossae*, 19-38 참조. John J. Gunther, *St. Paul's Opponents and Their Background: A Study of Apocalyptic and Jewish Sectarian Teachings*, NovTS 35 (Leiden: Brill, 1973), 3-4에서는 골로새서에 관련된 문헌에서 발견된 40가지 이상의 제안들을 나열한다. 그러나 모나 후커는 골로새 교회에 그런 "이단"이 존재했는지에 대해 의문을 제기한다 [Morna D. Hooker, "Were There False Teachers in Colossae?" in *Christ and Spirit in the New Testament*, ed. Barnabas Lindars and Stephen S. Smalley (Cambridge: Cambridge University Press, 1973), 315-31].

22   Ian K. Smith, *Heavenly Perspective: A Study of the Apostle Paul's Response to a Jewish Mystical Movement at Colossae*, 172.

23   Andrew T. Lincoln and A. J. M. Wedderburn, *The Theology of the Later Pauline Letters*, 15-16.

24   Stephen E. Fowl, *The Story of Christ in the Ethics of Paul: An Analysis of the Function of the Hymnic Material in the Pauline Corpus*, 123-54; Ian K. Smith, *Heavenly Perspective: A Study of the Apostle Paul's Response to a Jewish Mystical Movement at Colossae*, 146-72.

25   깁스(John G. Gibbs)는 *Creation and Redemption: A Study in Pauline Theology*에서 골 1:1-20을 다루며 골로새서의 주제와 생태위기와의 연관성에 주목한다(155). 또한 그의 바울과 관련된 유명한 저서 John G. Gibbs, "Pauline Cosmic Christology and Ecological Crisis," *JBL* 90 (1971), 472 에서도 "생태학이 필요로 하는 세계에 대한 전체론적 관점"을 "창조와 구원에 대한 그리스도의 주(lordship)적 개념"과 연결시킨다.

26   Markus Barth, "Christ and All Things," in *Paul and Paulinism: Essays in Honour of C. K. Barrett*, ed. M. D. Hooker and S. G. Wilson (London: SPCK, 1982), 160-72, 165.

27   James D. G. Dunn, *The Epistles to the Colossians and to Philemon*, 104.

28   Lewis R. Donelson, *Colossians, Ephesians, 1 and 2 Timothy, and Titus*, Westminster Bible Companion (Louisville, KY: Westminster John Knox, 1996), 31.

29   Markus Barth and Helmut Blanke, *Colossians: A New Translation with Introduction and Commentary*, 197-200; 인용문은 246에서.

30   N. T. Wright, *The Epistles of Paul to the Colossians and to Philemon*, 77, 80.

31   John M. G. Barclay, *Colossians and Philemon*, 95.

32   Andrew T. Lincoln, "The Letter to the Colossians," in *The New Interpreter's Bible*,

Vol. 11, ed. Leander E. Keck (Nashville: Abingdon, 2000), 610.

33   Douglas J. Moo, *The Letters to the Colossians and to Philemon*, 137.

34   위의 16번 미주 참조.

35   웨더번은 "찬가가 서신 자체보다 현재의 생태적 관심에 부합하는 세계관을 반영할 가능성"이라 언급한다(Andrew T. Lincoln and A. J. M. Wedderburn, *The Theology of the Later Pauline Letters*, 66). 그러나 John G. Gibbs, *Creation and Redemption: A Study in Pauline Theology*, 100-101에서는 찬가는 서신에 필수적이며, 그 우주적 의미가 서신서 저자의 의도에 반하지 않았다고 주장한다.

36   Joseph Sittler, "Called to Unity," in *Evocations of Grace: The Writings of Joseph Sittler on Ecology, Theology, and Ethics*, ed. Steven Bouma-Prediger and Peter Bakken (Grand Rapids: Eerdmans, 2000), 39 (원 논문은 1962년 출판). 이 τὰ πάντα라는 구는 네 번 등장하며 그 복수형인 πρὸ πάντω (17절)와 ἐν πᾶσιν(18절)도 등장한다. 다른 우주적 기독론에 대한 저술로는 Allan D. Galloway, *The Cosmic Christ* (London: Nisbet, 1951); Joseph Sittler, *Essays on Nature and Grace* (Philadelphia: Fortress, 1972); Matthew Fox, *The Coming of the Cosmic Christ* (San Francisco: Harper & Row, 1988) 등을 참조하라.

37   Joseph Sittler, "Called to Unity," 40, 48.

38   Joseph Sittler, "A Theology for Earth," in Steven Bouma-Prediger and Bakken, *Evocations of Grace*, 20-31 (원 출판년도는 1954년).

39   Sean McDonagh, *The Greening of the Church*, 160.

40   위의 책, 163. 이와 비슷한 언급으로는 다음과 같은 저술을 예로 들 수 있다. Charles P. Lutz, "Loving All My Creaturely Neighbors," *Trinity Seminary Review* 25 (2004), 98: "만물이 하나님과 화해하고 모든 피조물이 서로 화해할 것이다"; Paulos Mar Gregorios, "New Testament Foundations for Understanding the Creation," in Granberg Michaelson, *Tending the Garden*, 89; James A. Nash, *Loving Nature: Ecological Integrity and Christian Responsibility*, 125; H. Paul Santmire, *Nature Reborn: The Ecological and Cosmic Promise of Christian Theology*, 42. 특히 지구 성서시리즈는 에베소서 1장의 유사 구절에 대한 논의를 제외하고는 이 본문을 직접 다루지 않는다: Elmer Flor, "The Cosmic Christ and Ecojustice in the New Cosmos," in Habel and Balabanski, *The Earth Story in the New Testament*, 137-47; 그러나 여기는 Vicky Balabanski, "Critiquing Anthropocentric Cosmology: Retrieving a Stoic 'Permeation Cosmology' in Colossians 1:15-20," in Habel and Trudinger, *Exploring Ecological Hermeneutics*, 151-59와 동저자, "Hellenistic Cosmology and the Letter to the Colossians: Towards an Ecological Hermeneutic," in Horrell, Hunt, Southgate, and Stavrakopoulou, *Ecological Hermeneutics*, 94-107 참조.

41   Michael S. Northcott, *The Environment and Christian Ethics, New Studies in Christian Ethics*, 202. 또한 동저자, *A Moral Climate: The Ethics of Global Warming* (London: Darton, Longman, & Todd, 2007), 239-40 참조.

42   Brennan R. Hill, *Christian Faith and the Environment: Making Vital Connections* (Maryknoll, NY: Orbis, 1998), 96.

43   David M. Russell, *The New Heavens and New Earth: Hope for the Creation in Jewish Apocalyptic and the New Testament*," 181.

44   Vicky Balabanski, "Critiquing Anthropocentric Cosmology: Retrieving a Stoic 'Permeation Cosmology' in Colossians 1:15-20," 157, 158.

45   위의 책, 159; 또한 Vicky Balabanski, "Hellenistic Cosmology and the Letter to the Colossians: Towards an Ecological Hermeneutic,"도 참조.

46   Steven Bouma-Prediger, *Beauty of the Earth: A Christian Vision for Creation*, 108; 105-10 참조.

47   위의 책, 124.

48   R. McL. Wilson, *A Critical and Exegetical Commentary on Colossians and Philemon*, ICC (New York: T&T Clark, 2005), 136. Markus Barth and Helmut Blanke, *Colossians: A New Translation with Introduction and Commentary*, 199는 이 구절은 특정 명사가 없을 때 우주나 세계를 지칭하는 역할을 하는 히브리어 כֹּל의 번역 수단이었음을 시사한다.

49   Andrew T. Lincoln and A. J. M. Wedderburn, *The Theology of the Later Pauline Letters*, 13; 예를 들어 골로새서 3:11의 "야인이나 스구디아인"에 대한 언급.

50   George H. van Kooten, *Cosmic Christology in Paul and the Pauline School: Colossians and Ephesians in the Context of Graeco-Roman Cosmology with a New Synopsis of the Greek Texts*, 126. Vicky Balabanski, "Critiquing Anthropocentric Cosmology: Retrieving a Stoic 'Permeation Cosmology' in Colossians 1:15-20"은 찬가내에서 스토아적 우주론의 범위를 탐구한다.

51   예를 들어 Livy, *AUC* 2.32; Epictetus, *Diatr.* 2.10.3-4; Seneca, *Clem.* 1.4.3, 1.5.1. C. K. Barrett, *A Commentary on the First Epistle to the Corinthians*, BNTC (1968; 2nd ed., London: A&C Black, 1971), 287 등에서 이 은유는 시민의 행동을 장려하기 위해 정치적 환경에서 사용되었고, 스토아 학파에서는 자연 질서에 따른 행동을 옹호하기 위해 사용되었다고 언급한다. 특히 Dale B. Martin, *The Corinthian Body* (New Haven, Conn.: Yale University Press, 1995), 15-21은 육체를 단지 은유적인 것이 아닌 실제 소우주로 보는 고대 세계의 관점을 다룬다.

52   *Corp. herm.* 8.2와 12.15와 플라톤의 "εἰκὼν τοῦ νοητοῦ θεός αἰσθητός " (*Tim.* 92C).

53   Michael Lapidge, "Stoic Cosmology and Roman Literature, First to Third Centuries A.D.," *ANRW* II.36.3 (1989), 1381-83. 스토아 학파의 아이디어의 사용에 관해서는 Plato, *Tim.* 32B, 32C; Aristotle, *Metaph.* 12. 8; Philo, *Her.* 155 참조.

54   Orphic fragment 168 [Otto Kern, *Orphicorum Fragmenta* (Berlin: Weidmann, 1963), 201-2].

55   Harry O. Maier, "A Sly Civility: Colossians and Empire," *JSNT* 27 (2005), 340.

56   이러한 은유사용의 발달에 대해서는, C. F. D. Moule, *The Epistles to the Colossians and to Philemon*, 67; Margaret Y. MacDonald, *The Pauline Churches: A Socio historical Study of Institutionalization in the Pauline and Deutero-Pauline Writings*, SNTSMS 60 (Cambridge: Cambridge University Press, 1988), 154-55; 동저자, *Colossians and Ephesians*, SP 17 (Collegeville, MN: Liturgical Press, 2000), 61; Hanna Roose, "Die Hierarchisierung der Leib-Metapher im Kolosser- und Epheserbrief als 'Paulinisierung': Ein Beitrag zur Rezeption Paulinischer Tradition in Pseudo-paulinischen Briefen," *NovT* 47 (2005), 117-41 참조.

57   예, Eduard Lohse, *Colossians and Philemon*, 52-56; Ralph P. Martin, *Ephesians, Colossians, and Philemon*, Interpretation (Atlanta: John Knox, 1991), 106; Eduard Schweizer, *The Letter to the Colossians*, 58. 이것은 "복원된" 형태의 찬가의 내용이었고, 골로새서의 언어가 동시대 철학적 개념과 유사하다는 것을 바탕으로 에른스

트 케제만(Ernst Käsemann)은 이 찬가가 그리스도교 성립 이전의 원본("A Primitive Christian Baptismal Liturgy," 151-52)에서 수정되었을 수도 있다고 제안했다.

58 George H. van Kooten, *Cosmic Christology in Paul and the Pauline School: Colossians and Ephesians in the Context of Graeco-Roman Cosmology with a New Synopsis of the Greek Texts*, 23-30에서는 교회가 그리스도의 몸으로 표현되는 반면, 다른 곳에서는 그의 몸이 우주 전체와 명확하게 동일시된다고 주장한다. 통합적 인격에 관하여는 E. Best, *One Body in Christ: A Study in the Relationship of the Church to Christ in the Epistles of the Apostle Paul* (London: SPCK, 1955), 특히 203-7 참조. Robert Jewett, *Paul's Anthropological Terms: A Study of their Use in Conflict Settings*, 241-45에서는 저자에 대한 논란의 여지가 없는 바울 친서에서 "몸"의 사용에 특히 초점을 맞춰 신자들의 언어인 그리스도의 몸이 후에 문서화된 유대인의 아담의 몸 (*guf*-Adam) 개념과 유사할 수 있다고 제안하나 무는 그리스도를 "통합적인 사람"으로 보는 바울의 개념이 다른 동시대 신체의 은유보다 "더 즉각적인 영향"이라 판단한다(Douglas J. Moo, *The Letters to the Colossians and to Philemon*, 127). 반대되는 의견은 Paul Beasley-Murray, "Colossians 1:15-20: An Early Christian Hymn Celebrating the Lordship of Christ," in *Pauline Studies: Essays Presented to Professor F. F. Bruce on His 70th Birthday*, ed. Donald A. Hagner and Murray J. Harris (Grand Rapids: Eerdmans, 1980), 179-82 참조.

59 이 견해는 J. B. Lightfoot, *Saint Paul's Epistles to the Colossians and to Philemon: A Revised Text with Introductions, Notes, and Dissertations*를 포함한 다수의 주석가들에 의해 제기된다. 스토아 사상에 대한 토론을 위해서는 Michael Lapidge, "Stoic Cosmology," in *The Stoics*, ed. John M. Rist (Berkeley: University of California Press, 1978), 170-76와 David E. Hahm, *The Origins of Stoic Cosmology* (Columbus: Ohio State University, 1977), 142-43 참조. 예로서 A. A. Long and D. N. Sedley, eds., *The Hellenistic Philosophers*, 2 vols. (Cambridge: Cambridge University Press, 1987), §§44F 와 67L; Pseudo-Aristotle's *De Mundo* 6.397와 7.401, R. McL. Wilson, *A Critical and Exegetical Commentary on Colossians and Philemon*, 144 참조. 바렛 (Barrett)은 이 용어가 "찢어진 파편들을 합친 것"을 의미할 수 있다고 주장한다: C. K. Barrett, *From First Adam to Last* (London: A&C Black, 1962), 86n4.

60 예: Eduard Lohse, *Colossians and Philemon*, 49; James D. G Dunn, *The Epistles to the Colossians and to Philemon*, 91. 다른 예로는 로마서 11:36를 다루는 James D. G. Dunn, *Romans 9-16*, WBC 38B (Dallas, TX: Word Books, 1988), 701 참조.

61 Markus Barth and Helmut Blanke, *Colossians: A New Translation with Introduction and Commentary*, 227.

62 George H. van Kooten, *Cosmic Christology in Paul and the Pauline School: Colossians and Ephesians in the Context of Graeco-Roman Cosmology with a New Synopsis of the Greek Texts*, 123; Richard J. Bauckham, "Where is Wisdom to be Found? Colossians 1.15-20 (2)," in Ford and Stanton, *Reading Texts, Seeking Wisdom*, 134.

63 디오 크리소스톰(Dio Chrysostom)은 우주의 요소들의 화합(Or. 38.10-11; 40.35-37)에 대해 이야기할 때, 특히 καταλλαγή (38.11)를 같은 원칙의 징후로써 언급하였다. 또한 Pseudo-Aristotle의 *De Mundo* 6.396와 George H. van Kooten, *Cosmic Christology in Paul and the Pauline School: Colossians and Ephesians in the Context of Graeco-Roman Cosmology with a New Synopsis of the Greek Texts*, 130-31에서 "우주 원리"의 화해/조화가 오시리스와 에로스/아프로디테의 행동과 유사하다고 지적했다.

64 Michael Lapidge, "Stoic Cosmology and Roman Literature, First to Third Centu-

ries A.D.."

65 Harry O. Maier, "Barbarians, Scythians and Imperial Iconography in the Epistle to the Colossians," in *Picturing the New Testament: Studies in Ancient Visual Images*, ed. Annette Weissenrieder, Friederike Wendt, and Petra von Gemünden, WUNT 2.193 (Tübingen: Mohr Siebeck, 2005), 385-406; Harry O. Maier, "A Sly Civility: Colossians and Empire."

66 예, E. Gordley, *The Colossian Hymn in Context: An Exegesis in Liga of Jewish and Greco-Roman Hymnic and Epistolary Conventions*, Lewis R. Donelson, *Colossians, Ephesians, 1 and 2 Timothy, and Titus*, 21-28. 또한 Jack T. Sanders, *The New Testament Christological Hymns*, SNTSMS 15 (Cambridge: Cambridge University Press, 1971), 75n3 참조. 또한 C. F. D. Moule, *The Epistles to the Colossians and to Philemon*, 58; Peter T. O'Brien, *Colossians, Philemon*, 45-48; N. T. Wright, *The Climax of the Covenant*, 111-13; James D. G. Dunn, *The Epistles to the Colossians and to Philemon*, 89; John M. G. Barclay, *Colossians and Philemon*, 66-68; Christian Stettler, *Der Kolosserhymnus: Untersuchungen zu. C. F. Burney, "Christ as the APXH of Creation,"* JTS 27 (1926), 160-77는 골로새서 찬가는 창세기 1장의 בראשׁית의 다른 의미를 설명하는 것으로 본다.

67 F. F. Bruce, *The Epistles to the Colossians, to Philemon, and to the Ephesians*, 62. 58쪽과 다른 곳들에서 그는 골 1:15-20의 언어에 있어서 여러 유대 경전과의 연관성을 발견한다. 예: John G. Gibbs, *Creation and Redemption: A Study in Pauline Theology*, 107-8; Peter T. O'Brien, *Colossians, Philemon*, 52-53; Andrew T. Lincoln, "The Household Code and Wisdom Mode of Colossians," 599; Ian K. Smith, *Heavenly Perspective: A Study of the Apostle Paul's Response to a Jewish Mystical Movement at Colossae*, 171; Douglas J. Moo, *The Letters to the Colossians and to Philemon*, 113-14, 117-19.

68 Vincent A. Pizzuto, *A Cosmic Leap of Faith: An Authorial, Structural, and Theological Investigation of the Cosmic Christology in Col. 1:15-20*, BeT 41 (Leuven: Peeters, 2006), 175-76.

69 이 시대 유대 사상의 지혜와 로고스의 유사점에 대한 논의는 Martin Scott, *Sophia and the Johannine Jesus*, JSNTSup 71 (Sheffield: Sheffield Academic Press, 1992), 89-94 참조.

70 잠언 8:30의 다른 번역에 대해서는 R. B. Y. Scott, "Wisdom in Creation: The 'āmôn of Proverbs VIII 30," VT 10 (1960), 220-22 참고.

71 Ian K. Smith, *Heavenly Perspective: A Study of the Apostle Paul's Response to a Jewish Mystical Movement at Colossae*, 166는 골로새서 1:17의 πρὸ πάντων과 시락서 1:4의 지혜를 사용한 표현과의 유사점이 있다고 본다.

72 David T. Runia, *Philo in Early Christian Literature: A Survey*, CRINT. Section III: Jewish Traditions in Early Christian Literature 3 (Minneapolis: Fortress, 1993), 84-86에서는 필로의 우주론과 골로새서의 우주론 사이의 유사점과 차이점을 다룬다. Lars Hartman, "Universal Reconciliation (Col 1,20)," 113-18과 James D. G. Dunn, *The Epistles to the Colossians and to Philemon*, 91참조.

73 필로는 συνίστημι를 사용하지만 이는 인간의 육체가 하나님의 섭리에 의해 묶여 있다는 맥락에서 사용되었다(Her. 58).

74 이 용어는 성서에 드물게 나타나는데, 마태복음 5:9와 LXX의 잠언 10:10 (동사형)에 나타난다. Eduard Lohse, *Colossians and Philemon*, 59n203. Werner Foerster,

"εἰρηνοποιέω," *TDNT* 2, 419-20 참조.

75   그러나 지혜 사상의 배경은 "그 '유사성'은 오직 보는 사람의 마음에만 있다(325)"고 주장하는 Gordon D. Fee, *Pauline Christology: An Exegetical Theological Study* (Peabody, Mass.: Hendrickson, 2007)와 같은 사람들에 의해 강하게 반박된다. 이는 중요한 유사점을 지나치게 무시하는 것처럼 보인다.

76   Ernst Lohmeyer, *Die Briefe an die Philipper, an die Kolosser und an Philemon*, KEK 10A (11th ed., Göttingen: Meyers, 1956), 43-46. 스타니슬라스 리요네는 유대인의 새해에 자연과 화평한다는 생각이 골로새서 1:20에 담겨 있다고 제안한다; Stanislas Lyonnet, "L'hymne christologique de l'épitre aux Colossiens et la fête juive du nouvel an (S. Paul, *Col.*, 1,20 et Philon, *De spec.leg.*, 192)," *RSR* 48 (1960), 93-100.

77   Eduard Schweizer, *The Letter to the Colossians*, 74-75는 로흐메이어(Lohmeyer)와 리요네(Lyonnet)가 제안한 축제 맥락을 모두 무시하며, 새해의 축제는 창조의 요소들(elements of creation) 사이의 화평을 특징으로 하지만 용서를 언급하지는 않고, 속죄의 날은 용서에 관한 것이지 창조(creation)와 관련되어 있지는 않다고 주장한다. 이와 유사하게 Eduard Lohse, *Colossians and Philemon*, 46은 화평이 "희생과 속죄의 위대한 날에 대한 유대인의 개념과의 연관성은 조금도 암시하지 않는다"고 주장한다. 그러나 Margaret Barker, *The Great High Priest: The Temple Roots of Christian Liturgy* (New York: T&T Clark, 2003), 42-55는 화해를 말하는 신약성서 구절과 "공동체와 피조물을 함께 묶었던 유대를 회복하기 위해 설계된 성전 의식" (53) 사이에 연관성이 있다고 본다.

78   Cilliers Breytenbach, *Versöhnung: eine Studie zur paulinischen Soteriologie*, WMANT 60 (Neukirchen-Vluyn: Neukirchener, 1989), 37-83, 특히 64-65. 이는 스텐리 포터(Stanley Porter)가 마카베오 하권과 신약성서 이전에 καταλλάσσω가 종교적 맥락에서 사용된 증거를 찾지 못한 광범위한 καταλλάσσω의 용례 연구 [Καταλλάσσω in *Ancient Greek Literature, with Reference to the Pauline Writings*, EFN 5 (Cordoba: Ediciones El Almendro, 1994), 특히 16]에 의해 뒷받침되었다.

79   예, W. D. Davies, *Paul and Rabbinic Judaism: Some Rabbinic Elements in Pauline Theology* (London: SPCK, 1955); Ian K. Smith, *Heavenly Perspective: A Study of the Apostle Paul's Response to a Jewish Mystical Movement at Colossae*, 157; Christian Stettler, *Der Kolosserhymnus: Untersuchungen zu.*

80   Eduard Schweizer, *The Letter to the Colossians*, 70; James D. G. Dunn, *The Epistles to the Colossians and to Philemon*, 92; J. B. Lightfoot, *Saint Paul's Epistles to the Colossians and to Philemon: A Revised Text with Introductions, Notes, and Dissertations*, 153. 이 목적을 나타낸다는 관점에 대해서는 Stig Hanson, *The Unity of the Church in the New Testament: Colossians and Ephesians* (Uppsala: Almqvist & Wiksells, 1946), 112; Eduard Lohse, *Colossians and Philemon*, 51-52; John M. G. Barclay, *Colossians and Philemon*, 80; Fee, *Christology*, 302; Stephen E. Fowl, *The Story of Christ in the Ethics of Paul: An Analysis of the Function of the Hymnic Material in the Pauline Corpus*, 109를 참조. 바울 친서(롬 11:36; 고전 8:6)에서 비슷한 공식이 발견되지만 하나님을 대상/목적어로 한다. 브루스는 여기서 스토아 학파의 용어와 직접적인 연관성이 없다고 주장하며 세계가 메시아를 위해 만들어진다는 생각은 랍비적 가르침에 기인한다고 지적(F. F. Bruce, *The Epistles to the Colossians, to Philemon, and to the Ephesians*, 64nn 119, 121)하는 반면 비즐리 머레이(Beasley Murray)는 "Colossians 1:15-20," 173에서 이에 반박한다. b. Sanh. 98b 참조.

81   E. Gordley, *The Colossian Hymn in Context: An Exegesis in Liga of Jewish and Greco-Roman Hymnic and Epistolary Conventions.*

82   Friedrich Büchsel, "ἀποκαταλλάσσω," *TDNT* 1, 259. 골로새서의 우선성에 대해서
      는 Eduard Lohse, *Colossians and Philemon*, 4n2참조.

83   LXX에서 καταλλάσσω는 마카베오 하(1:5, 7:33, 8:29)와 이곳에서 사람에 대한 하
      나님의 화해로 사용된다. LXX인 역의 다른 용례는 חתח을 번역한 예레미야 48:39
      (LXX 31:39)이다. 사람들 사이의 화해(시락 22:22, 27:21)는 διαλλαγή가 사용되었다.
      Andrew T. Lincoln and A. J. M. Wedderburn, *The Theology of the Later Pauline
      Letters*, 33n23에서는 골로새서의 특이한 전치사 사용에 주목한다.

84   Stanley Porter, Καταλλάσσω *in Ancient Greek Literature, with Reference to the
      Pauline Writings*, 183 동사에 전치사적 접두사를 추가하는 것의 세 가지 잠재적 결
      과에 주목한다. 접두사는 접두사로 사용되지 않았을 때의 의미를 유지할 수도 있
      고, 그것이 붙어있는 동사에 새로운 의미를 부여할 수도 있으며, 동사의 의미를 강
      화할 수도 있다. G. Abbott-Smith, *A Manual Greek Lexicon of the New Testament*
      (Edinburgh: T&T Clark, 1936), 51는 ἀποκαταλλάσσω의 "ἀπο는 완전함을 의미하
      며" 따라서 "완전히 화해하다"라는 의미를 가진다고 본다; Friedrich Wilhelm Blass,
      A. Debrunner, and Robert W. Funk, *A Greek Grammar of the New Testament and
      Other Early Christian Literature* (Chicago: The University of Chicago Press, 1961), §318
      (5) 참조.

85   F. F. Bruce, *The Epistles to the Colossians, to Philemon, and to the Ephesians*,
      74n164; Stanley Porter, Καταλλάσσω *in Ancient Greek Literature, with Reference to
      the Pauline Writings*, 184-85. J. B. Lightfoot, *Saint Paul's Epistles to the Colossians
      and to Philemon: A Revised Text with Introductions, Notes, and Dissertations*, 157 또
      한 행 3:21 ἀποκατάστασις의 가능한 유사성에 대해 언급한다.

86   Eduard Schweizer, *The Letter to the Colossians*, 85.

87   Stephen E. Fowl, *The Story of Christ in the Ethics of Paul: An Analysis of the Function
      of the Hymnic Material in the Pauline Corpus*, 특히 104, 130.

88   Lewis R. Donelson, *Colossians, Ephesians, 1 and 2 Timothy, and Titus*, 24, 26.

89   앤더슨(Anderson)은 창조에 대한 신약성서의 가르침은 구약성서의 가르침을 전제
      로 하지만 기독론적으로 보인다고 언급한다 [Bernhard W. Anderson, *From Cre-
      ation to New Creation: Old Testament Perspectives* (Minneapolis: Fortress, 1994), 17-
      18, 244].

90   예, Eduard Lohse, *Colossians and Philemon*, 50-51; Andrew T. Lincoln and A. J. M.
      Wedderburn, *The Theology of the Later Pauline Letters*, 26; James D. G. Dunn, *The
      Epistles to the Colossians and to Philemon*, 90-91.

91   Douglas J. Moo, *The Letters to the Colossians and to Philemon*, 121. James D. G.
      Dunn, *The Epistles to the Colossians and to Philemon*, 91n20에서는 "로고스를 세계
      가 존재하는 '장소'로 생각하는 헬라 유대인의 사상"에 대해 언급한다.

92   Peter T. O'Brien, *Colossians, Philemon*, 44-48; F. F. Bruce, *The Epistles to the Co-
      lossians, to Philemon, and to the Ephesians*, 59-65; James D. G. Dunn, *The Epistles
      to the Colossians and to Philemon*, 89-93; R. McL. Wilson, *A Critical and Exegetical
      Commentary on Colossians and Philemon*, 135-36, 143-44; Douglas J. Moo, *The
      Letters to the Colossians and to Philemon*, 119-20 참조.

93   Margaret Y. MacDonald, *Colossians and Ephesians*, 59.

94   John M. G. Barclay, *Colossians and Philemon*, 80.

95 리처드 보쿰은 내러티브가 "찬가의 첫 절과 둘째 절 사이에 암묵적으로 일어난 악의 침입"을 가정하지만, "골로새서는 대부분의 다른 성서들 만큼이나 악의 기원에 대해 침묵한다"고 인정한다(Richard J. Bauckham, "Where is Wisdom to be Found? Colossians 1.15-20 (2)," 135). 또한 James D. G. Dunn, *The Epistles to the Colossians and to Philemon*, 84-85에서는 만물이 "그 안에" 함께 (17절)있다는 것과 "만물이 서로 소원하게 되었다는 추정"(20절) 사이의 "긴장"에 주목한다.

96 로마서 8장과 마찬가지로, 어떤 이들은 여기서 아담의 불복종에 대한 무언의 암시적 언급을 가정하며, 인류의 최초의 타락은 뒤따르는 우주적 무질서의 원인으로 본다. 예, Rudolf Bultmann, *Theology of the New Testament*, 176; Walter T. Wilson, *The Hope Of Glory: Education and Exhortation in the Epistle to the Colossians*, NTS 88 (Leiden: Brill, 1997), 188-205; R. J. Berry, *God's Book of Works. The Nature and Theology of Nature*, 245.

97 혹자는 저자가 그 당시 사람들 사이에서 흔하게 느꼈던 *Bruchigkeit der Welt*를 언급하고 있다고 추측한다(Lars Hartman, "Universal Reconciliation (Col 1,20)," 116; Edward Schillebeeckx, *Christ: The Christian Experience in the Modern World*, 182, 191; Eduard Lohse, *Colossians and Philemon*, 59; Eduard Schweizer, *The Letter to the Colossians*, 217-20; Gerhard Liedke, *Im Bauch des Fisches: Ökologische Theologie*, 158-61 참조). 다른 이들은 찬가가 "권력"과 "하늘에 있는"것들(1:16, 20)과 같은 실체를 포함하고 있으며, 서신의 다른 곳에서도 유사한 언급이 있다고 지적하면서 (1:13; 2:15; cf. 2:18, 20), 악의적인 힘의 지배하에 있는 피조물을 뜻하는 더 일반적인 용어로 본다(예, James D. G. Dunn, *The Epistles to the Colossians and to Philemon*, 97; C. K. Barrett, *From First Adam to Last*, 86). 브루스는 이 구절과 로마서 8:19-23의 대조를 통해 "여기서 그것은 단순히 허무에 종되는 것이 아니라 피조세계의 부분에 내포된 긍정적인 적대감을 뜻한다. 만물은 창조주와 갈등을 빚었고, 그와 화해할 필요가 있다"고 주장한다(F. F. Bruce, *The Epistles to the Colossians, to Philemon, and to the Ephesians*, 74).

98 Colin Gunton, "Atonement and the Project of Creation: An Interpretation of Colossians 1:15-23," *Dialog* 35 (1996), 35-41.

99 Stanley Porter, Καταλλάσσω in *Ancient Greek Literature, with Reference to the Pauline Writings*, 183.

100 *Adv. Mar.* 5.19.5: "그들은 낯선 사람에게 회유(*conciliari*) 되었을 수도 있지만, 그들 자신의 신 외에는 어떤 신에게도 화해(*reconciliari*)하지 않았을 것이다."

101 I. Howard Marshall, "The Meaning of 'Reconciliation,'"125. 또한 Beasley-Murray, "Colossians 1:15-20," 179. Eduard Lohse, *Colossians and Philemon*, 59n203에서는 "우주적 평화가 돌아오다"라고 했다(강조첨가). 이와 유사하게 엘머 플로어는 에베소서 1:10의 유사한 구절에서 ἀνακεφαλαιώσασθαι의 사용을 통해 전달되는 "한 머리 아래 사물들을 다시 위치시키는" 의미에 주목한다(Elmer Flor, "The Cosmic Christ and Ecojustice in the New Cosmos," 139-41).

102 Christian Stettler, *Der Kolosserhymnus: Untersuchungen zu*, 345 참조. 아래 미주 119번에서 인용함.

103 엄밀히 말하면, 여기서 "충만함"은 동사의 주어이지만, 일반적으로 "하나님의 모든 충만함"과 동등한 것으로 받아들여진다. Eduard Schweizer, *The Letter to the Colossians*, 76-79; F. F. Bruce, *The Epistles to the Colossians, to Philemon, and to the Ephesians*, 72-74; James D. G. Dunn, *The Epistles to the Colossians and to Philemon*, 99-102 참조.

104   John G. Gibbs, *Creation and Redemption: A Study in Pauline Theology*, 106.

105   Douglas J. Moo, *The Letters to the Colossians and to Philemon*, 126-28.

106   예, F. F. Bruce, *The Epistles to the Colossians, to Philemon, and to the Ephesians*, 54;
       N. T. Wright, *The Epistles of Paul to the Colossians and to Philemon*, 65; Markus
       Barth and Helmut Blanke, *Colossians: A New Translation with Introduction and
       Commentary*, 193; James D. G. Dunn, *The Epistles to the Colossians and to Phile-
       mon*, 97; R. McL. Wilson, *A Critical and Exegetical Commentary on Colossians and
       Philemon*, 126; Douglas J. Moo, *The Letters to the Colossians and to Philemon*, 115-
       16.

107   위의 미주 92번 참조.

108   완료시제 συνίστημι의 사용은 이 과정이 그리스도 안에서 진행중이라는 본질을 암
       시할 수 있다. Douglas J. Moo, *The Letters to the Colossians and to Philemon*, 125.

109   예를 들어 Stephen E. Fowl, *The Story of Christ in the Ethics of Paul: An Analysis of
       the Function of the Hymnic Material in the Pauline Corpus*, 123-54에서는 그리스도
       가 열강들보다 우월하다는 것이 찬가의 두 가지 주요 주제 중 하나이며 서신 전반
       에 걸쳐 드러난다고 본다.

110   실제로 보컴은 인간을 제외한 피조물과의 화해가 왜 필요한지, 그리고 그것이 어떤
       형태를 취할 수 있는지는 어려운 논의라 인정한다(Richard J. Bauckham, "Where is
       Wisdom to be Found? Colossians 1.15-20 (2)," 136-37).

111   예를 들어 슈바이처는 완전한 화해의 성취 선언을 "숭배의 찬미적 언어"로 본다
       (Eduard Schweizer, *The Letter to the Colossians*, 86); 또한 Christian Stettler, *Der Kolos-
       serhymnus: Untersuchungen zu*, 342 참조.

112   여기에는 Peter T. O'Brien, *Colossians, Philemon*, 53; Eduard Schweizer, *The Letter
       to the Colossians*, 84; Margaret Y. MacDonald, *Colossians and Ephesians*, 64 등이
       포함된다. 그러나 Douglas J. Moo, *The Letters to the Colossians and to Philemon*,
       137n219에서는 부정과거(아오리스트) 부정사(예를 들어 "화해"에서 사용됨)와 분사
       ("화평"에서 사용됨)가 반드시 과거의 사건을 지칭하는 것은 아니라고 지적한다.

113   골로새서의 독특하고 실현된 종말론의 지나친 강조에 대한 이의 제기는 Todd D.
       Still, "Eschatology in Colossians: How Realized Is It?" 참고.

114   Stephen E. Fowl, *The Story of Christ in the Ethics of Paul: An Analysis of the Function
       of the Hymnic Material in the Pauline Corpus*, 130.

115   Douglas J. Moo, *The Letters to the Colossians and to Philemon*, 130.

116   대명사가 αὐτόν 혹은 αὑτόν (= ἑαυτόν)로 읽힐 수 있기 때문에 두 해석 모두 가능하
       나 찬가의 일반적인 그리스도 중심적인 초점뿐 아니라 16절의 병행구에 의해 기독
       론적 읽기가 선호되는 것으로 보인다. 그리스도를 지시 대상으로 보는 견해는 Edu-
       ard Lohse, *Colossians and Philemon*, 59n201; Markus Barth and Helmut Blanke,
       Colossians: A New Translation with Introduction and Commentary, 214-15; James
       D. G. Dunn, *The Epistles to the Colossians and to Philemon*, 83n3; 103; Douglas J.
       Moo, *The Letters to the Colossians and to Philemon*, 133-34. 하나님을 지시 대상으
       로 보는 견해의 예는 F. F. Bruce, *The Epistles to the Colossians, to Philemon, and to
       the Ephesians*, 74; N. T. Wright, *The Epistles of Paul to the Colossians and to Phile-
       mon*, 75-76; R. McL. Wilson, *A Critical and Exegetical Commentary on Colossians
       and Philemon*, 154 등을 참조. 그럼에도 불구하고 윌슨은 "결국 여기서 일하는 주체
       는 하나님이다. …"(154)라고 말한다.

117 이 점에는 C. F. D. Moule, *The Epistles to the Colossians and to Philemon*, 59와 Peter T. O'Brien, *Colossians, Philemon*, 40 등이 주목했다.

118 John M. G. Barclay, *Colossians and Philemon*, 87. 또한 Lewis R. Donelson, *Colossians, Ephesians, 1 and 2 Timothy, and Titus*, 27-31에서는 20절이 "찬미적 과장"의 예이며, 나머지 서신은 우주적 찬가에 대한 "윤리적이고 교회적인 주석"을 형성한다고 제안한다(29). Andrew T. Lincoln and A. J. M. Wedderburn, *The Theology of the Later Pauline Letters*, 29-30도 참조.

119 Christian Stettler, *Der Kolosserhymnus: Untersuchungen zu*, 345, ("das Geschaffensein der ganzen Schöpfung auf den Messias hin [V. 16fin.] kommt erst in der Versöhnung des Alls auf Jesus hin [V. 20a] zur Erfüllung")의 저자 번역이다.

120 그러므로 골로새서는 프랜시스 왓슨이 Francis Watson, *Text, Church, and World: Biblical Interpretation in Theological Perspective*, 137-53에서 고심하는 종류의 문제에 대한 특별한 응답에 해당한다. 왓슨은 "내러티브 신학은 때때로 예수 이야기에 몰두하면서 그리스도 일원주의 경향을 띤다(137)"는 우려와 함께 "예수 이야기가 설정해야 하는 필수적인 해석학적 틀"로서 "그리스도교 이야기의 보편적 지평"에 대한 무엇인가를 제시하기 위해 창세기 1장의 읽기로 돌아간다. 그는 "일부 포스트모던 내러티브 신학의 비정치 편협성에 반하여, 예수의 이야기는 시간의 중심점으로 해석되어야 하며, 천지 창조와 하나님의 형상을 닮은 인간의 창조라는 우주적 지평에서부터 유래하여 인간과 인간을 제외한 피조물이 그 목표에 도달하는 종말이라는 우주적 지평을 향한다(153)"고 결론짓는다. 골로새서의 예수의 이야기는 창조와 종말의 더 넓은 범주 안에서 설정될 수 없다. 오히려 예수 이야기는 보편화되어 시간과 공간적으로 모든 것을 아우르도록 만들어진다.

121 스토아 사상은 헬레니즘 세계에 매우 광범위한 영향을 끼쳤지만, 골로새서는 이러한 주기나 대화제로 인한 파괴(벧후 3:5-7참고)에 대한 직접적인 언급은 없다.

122 Simon Blackburn, *The Oxford Dictionary of Philosophy* (New York: Oxford University Press, 1994), 364: "스토아 철학의 주춧돌은 우주의 공평하고 필연적이며 도덕적인 질서와 동일시하는 윤리였다. 그것은 현명한 사람의 도덕적인 평화가 그를 가난, 고통, 죽음에 무관심하게 만드는 자족적이고 자비로운 고요의 윤리이다."

123 Vicky Balabanski, "Critiquing Anthropocentric Cosmology: Retrieving a Stoic 'Permeation Cosmology' in Colossians 1:15-20,"157.

124 위의 책, 155.

125 위의 책, 158.

126 Petr Pokorný, *Colossians: A Commentary*, trans. Siegfried S. Schatzmann (Peabody, MA: Hendrickson, 1991; German original, 1987). 내러티브 용어로 골로새서의 세계관을 이해하는 확장 연구는 Walter T. Wilson, *The Hope Of Glory: Education and Exhortation in the Epistle to the Colossians*,188-218를 참조.

127 Sylvia C. Keesmaat, "Echoes, Ethics and Empire in Colossians," paper presented at the annual meeting of the SBL, Washington, D.C., November 2006. 허락 하에 인용.

6장

1 Stephen E. Fowl, "Christology and Ethics in Philippians 2:5-11," in *Where Christology Began: Essays on Philippians 2*, ed. R. P. Martin and B. J. Dodd (Louisville, KY: Westminster John Knox, 1998), 142; Wayne A. Meeks, "The Man from Heaven in Paul's Letter to the Philippians," in *The Future of Early Christianity: Essays in Honor of Helmut Koester*, ed. B. A. Pearson (Minneapolis: Fortress, 1991), 329-30; Douglas A. Campbell, "The Story of Jesus in Romans and Galatians," in Longenecker, *Narrative Dynamics in Paul*, 108 참조.

2 프랜시스 왓슨이 주장한 것처럼, 그리스도 사건은 역사에 개입하는 수직적 개입이며, 따라서 내러티브를 형성하지 않는다고 주장하는 것은 설득력이 적어 보인다 (Francis Watson, "Is There a Story in These Texts?" in Longenecker, *Narrative Dynamics in Paul*, 231-39). 또한 John M. G. Barclay, "Paul's Story." 왓슨에 대한 리처드 헤이스 (Richard Hays)의 더 자세한 비평은 Richard B. Hays, "Is Paul's Gospel Narratable?" 참조. 그러나 여기서 우리는 폴 피데스의 조심스러운 해석에 주목한다: 성서 내러티브의 풍부함은 이 고전적인 "U자형 곡선"으로도 표현하기 어려울 만큼 단순화해 나타내기 쉽지 않다(Fiddes, Paul S. Fiddes, *Freedom and Limit: A Dialogue between Literature and Christian Doctrine*, 47-64).

3 그러나 로마서 8장 17절에서는 다음 구절의 고통과 영광을 "그리스도와 함께"라 규정하지만, 우리가 5.6장에서 보았듯이, 하나님은 "장면 뒤에"있으나 골로새서에서는 찬가 안에 있다.

4 그러나 서신서의 더 넓은 맥락은 이야기의 기저에 낭만적 요소의 일부인 투쟁이 있다는 것을 시사한다(아래 참조).

5 Douglas J. Moo, "Nature in the New Creation," 474, 484. 또한 본문의 윤리적 의미를 확신하는 연구는 Robert Jewett, *Romans*, 511-18와 N. T. Wright, "The Letter to the Romans," in *The New Interpreter's Bible*, Vol. 10, ed. Leander E. Keck (Nashville: Abingdon, 2002), 596-97 참조. 이 논의는 후의 6.4장에서 더 자세히 다룰 것이다.

6 Eduard Schweizer, *The Letter to the Colossians*, 86-87, 299.

7 위의 책, 276 (강조는 원문을 따름).

8 Marianne Meye Thompson, *Colossians & Philemon*, 116.

9 예, Keith Carley, "Psalm 8: An Apology for Domination"; Earth Bible Team, "Guiding Ecojustice Principles" 44-46; Norman C. Habel, "Geophany: The Earth Story in Genesis 1" 또한 Norman C. Habel and Peter Trudinger, eds., *Exploring Ecological Hermeneutics*, Society of Biblical Literature Symposium 46 (Atlanta: SBL, 2008)의 논문들도 참고.

10 Lukas Vischer, "Listening to Creation Groaning: A Survey of Main Themes of Creation Theology," in *Listening to Creation Groaning: Report and Papers from a Consultation on Creation Theology Organised by the European Christian Environmental Network at the John Knox International Reformed Center from March 28 to April 1st 2004*, ed. Lukas Vischer (Geneva: Centre international réformé John Knox, 2004), 21, 22각각. "배타적인간구원론(anthropomonism)"이라는 용어는 총대주교 바르톨로뮤 (Bartholomew)에게서부터 나온 것으로 보인다. 이에 관해서는 John Chryssavgis, ed., *Cosmic Grace, Humble Prayer: The Ecological Vision of the Green Patriarch Bar-*

tholomew I (Grand Rapids: Eerdmans, 2003), 314 참조.

11 David Clough, *On Animals: Theology* (New York: T&T Clark, forthcoming).

12 Richard J. Bauckham, *God and the Crisis of Freedom: Biblical and Contemporary Perspectives*, 173.

13 Brendan Byrne, "Creation Groaning: An Earth Bible Reading of Romans 8.18-22," 198-200. 그는 "부정적" 인간중심주의와 "긍정적" 인간중심주의를 구별한다.

14 John M. G. Barclay, *Colossians and Philemon*, 87.

15 Lewis R. Donelson, *Colossians, Ephesians, 1 and 2 Timothy, and Titus*, 27; 위에 5장 미주 118번 참조.

16 이러한 예로는 인류의 힘에 대해 지나치게 과장한 스테판 웹(Stephen Webb)의 경솔한 논평을 들 수 있다: "세계는 점점 좁아지고 있고, 좋든 나쁘든 간에 인류는 모든 것을 책임지고 있다. 우리는 자연에 대한 책임을 회피할 수 없다. 자연은 대체로 우리의 통제아래 있다. 유일한 의문점은 우리가 어떻게 그 통제력을 행사할 것인가이다" [*Good Eating* (Grand Rapids: Brazos, 2001), 24]. 기후 변화의 영향뿐 아니라 홍수와 쓰나미, 가뭄과 지진은 인류의 행동의 영향이 아무리 크다 하더라도 자연에 대한 통제력이 얼마나 적은지를 보여준다.

17 자세한 내용은 1.2장의 미주 47-49 참조.

18 "우주적 재앙"에 대한 신약성서 본문에 대한 포괄적인 연구와 이들 본문 중 다수가 어떤 형태의 실질적인 우주적 파괴를 예상하고 있다는 강력한 주장은 Edward Adams, *The Stars Will Fall from Heaven: Cosmic Catastrophe in the New Testament and Its World* 를 참조.

19 여기서 우리는 캐드린 테너의 논평에 주목한다: "하나님이 홀로 종말을 초래하기 위해 움직인다면 … 따라서 우리가 공을 들여 고통과 노력이 가득한 선한 행동을 하기 위한 몸부림은 앞으로 다가올 세상에 대한 하나님의 즉각적인 성취에 비해 평가절하 된다; 그리고 종종 우리의 노력을 통해 성취될 선에 대한 기대는 떨어진다" [Kathryn Tanner, "Eschatology and Ethics," in *The Oxford Companion to Theological Ethics*, ed. Gilbert Meilaender and William Werpehowski (Oxford: Oxford University Press, 2007), 43]. 테너의 종말론적 시간에 대해서는 8장에서 더 다루었다.

20 Neil Messer, *Selfish Genes and Christian Ethics: Theological and Ethical Reflections on Evolutionary Biology* (London: SCM Press, 2007), 214.

21 Ernst M. Conradie, "The Road towards an Ecological Biblical and Theological Hermeneutics"와 위의 2.4장 참조.

22 도표의 설명은 Ernst M. Conradie, "The Road towards an Ecological Biblical and Theological Hermeneutics" 참조.

23 Brendan Byrne, "Creation Groaning: An Earth Bible Reading of Romans 8.18-22," 194. 또한 John Bolt, "The Relation between Creation and Redemption in Romans 8:18-27" 참조.

24 Sven Hillert, *Limited and Universal Salvation: A Text-Oriented and Hermeneutical Study of Two Perspectives in Paul*, ConBNT 31 (Stockholm: Almqvist & Wiksell, 1999). 또한 이 보다 앞서 이러한 긴장의 뉘앙스를 보여주는 언급은 E. P. Sanders, *Paul* (Oxford: Oxford University Press, 1991), 126-27 참조.

25 Sven Hillert, *Limited and Universal Salvation: A Text-Oriented and Hermeneutical*

Study of Two Perspectives in Paul, 237-52. 로마서 5장 18절의 우주적 보편성에 대해서는 Richard H. Bell, "Rom 5.18-19 and Universal Salvation," *NTS* 48 (2002), 417-32 참조.

26 예, Peter T. O'Brien, *Colossians, Philemon*, 55-57; Eduard Schweizer, *The Letter to the Colossians*, 87; F. F. Bruce, *The Epistles to the Colossians, to Philemon, and to the Ephesians*, 75; N. T. Wright, *The Epistles of Paul to the Colossians and to Philemon*, 77.

27 Douglas J. Moo, *The Letters to the Colossians and to Philemon*, 특히 137과 136 각각.

28 골로새서 1장 15-20절이 보편적 구원(*Allversöhnung*)에 대한 논의의 역사에 끼친 영향에 대해서는 Eduard Schweizer, *The Letter to the Colossians*, 260-77 참조.

29 Jay B. McDaniel, *Of God and Pelicans: A Theology of Reverence for Life* (Louisville, KY: Westminster John Knox, 1989); Denis Edwards, "Every Sparrow that Falls to the Ground: The Cost of Evolution and the Christ-Event," *Ecotheology* 11 (2006), 103-23; Christopher Southgate, *The Groaning of Creation: God, Evolution, and the Problem of Evil* (Louisville, KY: Westminster John Knox, 2008), 78-91.

30 더 넓은 맥락에서 골로새서의 투쟁과 원정의 모티브에 대한 증거는 6.4장 참조.

31 Willis Jenkins, *Ecologies of Grace: Environmental Ethics and Christian Theology*, 67.

32 이것은 진화적 설명 자체가 생태계의 한 상태를 다른 상태보다 더 가치 있게 여긴다고 가정하는 것이 아니다. 그것은 완전히 잘못 읽은 것이며, 이것은 아마도 제임스 러브록의 가이아 역사에 대한 연구의 가장 큰 약점일 것이다; James Lovelock, *The Ages of Gaid: A Biography of Our Living Earth* (Oxford: Oxford University Press, 1989). 캄브리아기 대 폭발로 인해 지구의 적도에서 빙하가 존재했던 "눈덩이 지구"라 불리는 특이한 상태에 대한 증거가 있다 [Mark A. S. Mc Menamin, "Gaia and Glaciation: Lipalian [Vendian] Environmental Crisis," in *Scientists Debate Gaia*, ed. Stephen H. Schneider et al. (Cambridge, Mass.: MIT Press, 2004), 115-27]. 진화적 설명은 생물학적 상태가 현재의 다양성, 잠재력, 아름다움 또는 선택될 수 있는 무엇이든 간에 가치를 평가할 수 있는 몇 가지 기준이 있어야 한다. 어떤 근거로든 더 다양한 생물권에 더 많은 가치를 부여하는 가치 체계나 생물학적 기능의 복잡성과 복잡성을 유발할 가능성이 더 큰 생물권만이 여러 단계들 중 특정 단계가 선택된 지구에 대해 설명할 수 있을 것이다. 이 증거는 여기서 더 나아가 빠른 진화와 혁신의 새로운 단계를 가능케 하는 것은 눈덩이 지구, 또는 공룡 멸종의 후기 단계와 같은 거대한 생태적 "빈곤"의 시기임을 시사한다.

33 John Polkinghorne, "Pelican Heaven," *Times Literary Supplement*, April 3, 2009.

34 마이클 로이드는 스스로가 강요받았다고 결론 내린다. Michael Lloyd, "Are Animals Fallen?" in *Animals on the Agenda*, ed. Andrew Linzey and Dorothy Yamamoto (London: SCM Press, 1998), 147-60.

35 아마도 이에 관한 가장 유명한 근래의 연구는 칼 바르트의 *das Nichtige* (공허)일 것이다 *Church Dogmatics* 111.3: *The Doctrine of Creation*, trans. G. W. Bromiley and R. J. Ehrlich (Edinburgh: T&T Clark, 1960). 이는 Thomas F. Torrance, *Divine and Contingent Order* (Oxford: Oxford University Press, 1981)에 수정된 형태로 채택되었고, 최근에는 Neil Messer, "Natural Evil after Darwin," in *Theology after Darwin*, ed. R. J. Berry and Michael Northcott (Carlisle: Paternoster, 2009), 139-54에서 다시 수정 채택되었다. 실리아 딘 드러먼드는 "Shadow Sophia"에서 관련 전략으로 보이는 것을 제안했다 [Celia Deane-Drummond, "Shadow Sophia in Christological Perspective: The Evolution of Sin and the Redemption of Nature," *Theology and*

Science 6 (2008), 13-32].

36 Christopher Southgate, *The Groaning of Creation: God, Evolution, and the Problem of Evil* 참조. Holmes Rolston, III, "Disvalues in Nature," *Monist* 75 (1992), 250-78; 동저자, "Naturalizing and Systematizing Evil," in *Is Nature Ever Evil?* ed. Willem B. Drees (New York: Routledge, 2003), 67-86.

37 John F. Haught, *God after Darwin: A Theology of Evolution* (Boulder, CO: Westview, 2000), 38; Richard W. Kropf, *Evil and Evolution: A Theodicy* (Eugene, OR: Wipf & Stock, 2004), 156; Holmes Rolston, III, *Science and Religion: A Critical Survey* (Philadelphia: Templeton Foundation, 2006), 146.

38 웨더번은 "우리는 저자가 언급하지 않은 구절에 더 깊은 의미가 있다고 말할 수 있지만, 이러한 인용으로 인해 본문을 왜곡되게 사용하거나 저자의 의도에 정면으로 반하는 방식으로 사용하지 않는다는 것에 대해 어느 정도 확신을 가질 수 있다"고 주장한다 (Andrew T. Lincoln and A. J. M. Wedderburn, *The Theology of the Later Pauline Letters*, 42).

39 라이트는 또한 계절의 자연적 흐름과 탄생과 죽음에 피조물의 허무함이 있다고 본다 (N. T. Wright, *Evil and the Justice of God*, 117). 커프는 허무가 진화 과정에서 우연이 작용하는 과정에 존재한다고 본다 (Richard W. Kropf, *Evil and Evolution: A Theodicy*, 124). 또한 Holmes Rolston은 " '고난중의 신음'은 태고부터 존재한 사물의 본질이다. 그러한 고난은 창조주의 의지이며, 영광 만큼이나 생산적이다" ("Naturalizing," 85)고 지적한다.

40 Christopher Southgate, *The Groaning of Creation: God, Evolution, and the Problem of Evil*, 60-73. "자기 초월"이란 용어는 생물체의 좁은 의미의 자기 이익이 초월되는 모든 현상을 포괄한다. 이것은 박테리아의 유전자 교환, 진핵 생물의 탄생을 위한 공생, 곤충 공동체의 협력, 자녀를 위한 어머니의 희생적 보살핌, 포식자를 보고 무리에게 경고하는 원숭이, 다툼에서 진 침팬지를 보살피는 행위, 그리고 인간의 사랑과 타자 존중이 실현될 수 있는 가능성에 도달한 모든 인류가 포함된다. Southgate는 이 모든 것을 자기 희생적 사랑의 신성한 부름에 대한 응답으로 보며, 예수를 가장 완벽한 모델로 여긴다.

41 위의 책, 94-95.

42 Robert J. Russell, "Entropy and Evil," *Zygon* 18 (1984), 449-68 참조.

43 Christopher Southgate, *The Groaning of Creation: God, Evolution, and the Problem of Evil*, 60-73.

44 인간의 원죄에 대한 최근의 논의는 Daryl P. Domning and Monika K. Hellwig, *Original Selfishness: Original Sin in the Light of Evolution* (Aldershot, VT: Ashgate, 2006); Gaymon Bennett, Martinez J. Hewlett, Ted Peters, and Robert J. Russell, eds., *The Evolution of Evil* (Göttingen: Vandenhoeck and Ruprecht, 2008) 참조.

45 우리가 과학적 내러티브를 해석하는 방식에 이용한 방법은 환경 윤리적으로 새롭고 건설적인 제안을 도출하려는 샐리 멕페이그(Sallie McFague)의 "the common creation story"와 공통적인 부분이 있다. 그러나 우리의 해석적 렌즈는 단순히 "윤리적 또는 실용적 관심" [Sallie McFague, *The Body of God: An Ecological Theology* (London: SCM Press, 1993), 81]을 재신화화한 것에 지나지 않길 추구하며, 또한 멕페이그의 신학보다 성서 본문이 더 통제적인 영향력을 갖도록 한다. 멕페이그의 일반적 접근법에 대한 비평은 Daphne Hampson, *Theology and Feminism* (Oxford: Basil Blackwell, 1990), 161 참조.

46   성서적 증거 자체가 초기의 조화를 회복하는 것인지에 대해서는 의문의 여지
가 많다. Oliver O'Donovan, *Resurrection and Moral Order: An Outline for Evan-
gelical Ethics*, 2nd ed. (Grand Rapids: Eerdmans, 1994), 55-56 참조. Hans Urs von
Balthasar, *The Glory of the Lord: A Theological Aesthetics, Volume VII: Theology: The
New Covenant*, ed. John Riches, trans. Brian McNeil (San Francisco, CA: Ignatius,
1989), 297에서는 "신약성서는 어디에서도 잃어버린 본래 상태의 영광을 회복함에
대해 이야기하지 않고, 우주가 하나님의 의와 영광을 종말론적으로 성취함에 대해
이야기한다"고 주장한다. 창세기 1-2장을 미래적 "계시"의 본문으로 보는 견해는 J.
W. Rogerson, "The Creation Stories: Their Ecological Potential and Problems," in
Horrell, Hunt, Southgate, and Stavrakopoulou, *Ecological Hermeneutics*, 21-31 참
조.

47   Robert Jewett, *Romans*, 510-11은 여기서 δόξα는 히브리어 כבוד의 영향을 고려해
읽혀야 한다고 지적한다. 이것은 무게감을 의미하며, 따라서 궁극적으로 실체, 중
요성, 현실의 깊이를 의미한다. Gerhard Kittel and Gerhard von Rad, " δοκέω κτλ,"
TDNT 2, 237-51는 כבוד의 영향에 의해 신약성서의 δόξα가 고전 그리스어의 의미
에서 떨어져 변화했는지를 보여준다. כבוד의 의미에 대한 추가적인 논의들은 Carey
C. Newman, *Paul's Glory-Christology: Tradition and Rhetoric*, NovTSup 69 (Leiden:
Brill, 1992), 17-24; Walter Brueggemann, *Reverberations of Faith: A Theological
Handbook of Old Testament Themes* (Louisville, KY: Westminster John Knox, 2002),
87-89; Hans Urs von Balthasar, *The Glory of the Lord: A Theological Aesthetics*, vol.
6, *Theology: The Old Covenant*, ed. John Riches, trans. Brian McNeil and Erasmo
Merikakis (Edinburgh: T&T Clark, 1991), 31-37 참조. 해방된 하나님의 자녀들의 영
광은 부활하신 그리스도의 삶에 참여(골 3:4; 롬 8:7)하는 영광으로, 하나님 자신의
삶을 경험할 수 있는 모든 것이다. 이 논의는 7장에서 더 다룰 것이다.

48   이 해석은 4.4장의 VIII, 91번 미주 참조.

49   Christopher Southgate, *The Groaning of Creation: God, Evolution, and the Problem
of Evil*, 65-66, 71-73.

50   혹은 바울이 12장 2절에서 언급했듯이 마음의 새로워짐에 의해 변화함.

51   Robert Jewett, *Romans*, 515. Heinrich Schlier, *Der Römerbrief*, HThKN 6 (Freiburg:
Herder, 1977), 262-63을 참조함.

52   Robert Jewett, *Romans*, 515n75.

53   Robert Jewett, "The Corruption and Redemption of Creation: Reading Rom 8:18-23
within the Imperial Context," 35.

54   Robert Jewett, *Romans*, 515.

55   Sigve Tonstad, "Creation Groaning in Labor Pains," 148-49. 또한 Edward Schille-
beeckx, *Christ: The Christian Experience in the Modern World*, 237 참조: "피조물은
인간이 마침내 선한 목자, 보살피는 청지기로서 자비를 베풀어 우주도 다시 숨을
쉴 수 있는 구원의 순간을 찾는다." 여기서 쉴레벡스의 "숨을 쉬다"라는 언급은 이
부분에서 성령의 행위에 대입시켜 볼 때 매우 중요하다.

56   N. T. Wright, *The Resurrection of the Son of God*, 258. 참고로 Charles E. B. Cran-
field, "Some Observations," 227는 "[창조의 모든 구성요소는] 인간의 요소가 없는
한, 그들이 창조된 완전한 모습이 되지 못한다"고 본다.

57   위의 책, 258. 완전히 반대되는 주장은 Marie Turner, "God's Design: The Death of
Creation? An Ecojustice Reading of Romans 8.18-30 in the Light of Wisdom 1-2"

참조.

58 예, James D. G. Dunn, *The Epistles to the Colossians and to Philemon*, 114-17; R. McL. Wilson, *A Critical and Exegetical Commentary on Colossians and Philemon*, 170-72; Douglas J. Moo, *The Letters to the Colossians and to Philemon*, 149-53.

59 그렇다면 신자들이 원정을 통해 주인공 그리스도를 따르는 것에는 *agon*과 *pathos*가 모두 있다(Northrop Frye, *Anatomy of Criticism*, 187 참조).

60 8장에서 인간을 제외한 피조물을 포함하기 위한 연합적 결속에 대해 논의할 때 이를 더 발전시킬 것이다.

61 Vicky Balabanski, "Critiquing Anthropocentric Cosmology: Retrieving a Stoic 'Permeation Cosmology' in Colossians 1:15-20," 159.

62 Harry O. Maier, "A Sly Civility: Colossians and Empire," 특히 340.

63 W. Sibley Towner, "The Future of Nature," Int 50 (1996), 33.

64 Holmes Rolston, III, *Science and Religion: A Critical Survey*, 134

65 Fiddes, Paul S. Fiddes, *Freedom and Limit: A Dialogue between Literature and Christian Doctrine*, 47-64. 여기서 언급했듯이 피데스는 Michael Edwards, *Towards a Christian Poetics* (London: Macmillan, 1984)의 "U자형 곡선" - 낙원, 실낙원, 복낙원 - 의 패턴이 성서 내러티브를 지나치게 단순화한 분석으로 본다. 이것이 에드워즈의 연구에 그다지 공평하지 않은 평가라는 것은 다음의 구절에서 볼 수 있다: "우리는 [구원의]과정 안에 위치해 있지만, 가능성의 성취, 태초의 위대함으로의 변화는 미래의 것이다. 우리는 기껏해야 그 시작만을 경험한다. 세상은 새로워지겠지만 그 사이에도 우리 주변은 타락한다. 지구는 낙원이 될 것이나 저주는 계속된다. 게다가 변증법은 합이 다음의 정이 되고 새로운 대립의 근원이 된다는 점에서 그 해결책이 불완전하다는 특징이 있다. 여기서 부활의 경우에는 즉각적인 행복이 아니라 부활의 힘과 죽음 사이의 모순, 즉 동일한 사람 안에 '새 사람'과 '옛 사람'사이의 모순의 연속을 가져온다"(8). 에드워즈와 피데스에 대한 신중한 분석은 Luke Ferretter, *Towards a Christian Literary Theory* (Basingstoke: Palgrave Macmillan, 2003), 160-68 참조. 생태신학적으로 본 구원에 대한 어니스트 콘라디의 최근 연구와도 연관성이 있다. 콘라디는 어렵게 얻어졌으나 은혜로 거저 받는 구원이 십자가와 하나님의 용서에 의해 지배되는 과정, 부활의 승리를 통해 예견된 것이 완료된 과정 또는 성령을 통해 그리스도의 예를 따르라는 부르심으로 볼 수 있다고 지적한다. 구원 내러티브의 형태로 볼 때, 이들 중 어느 것도 그 자체로 충분하지 않다. Ernst Conradie, "The Redemption of the Earth: In Search of Appropriate Soteriological Concepts in an Age of Ecological Destruction," unpublished paper, Yale Divinity School, 2008 참고. 허락 하에 인용함.

7장

1 관련 논평의 예 Odil Hannes Steck, *Welt und Umwelt* (Stuttgart: Kohlhammer, 1978), 173; Norman C. Habel, "Introducing the Earth Bible," 33-35; Ernst M. Conradie, "The Road towards an Ecological Biblical and Theological Hermeneutics."

2 개관은 다음을 참고하라. J. Christiaan Beker, *Paul the Apostle: The Triumph of God in Life and Thought* (Edinburgh: T&T Clark, 1980), 13-16; James D. G. Dunn, *The Theology of Paul the Apostle*, 19-23; Douglas A. Campbell, *The Quest for Paul's Gospel: A Suggested Strategy*, 29-55; Stanley E. Porter, "Is There a Center to Paul's Theology? An Introduction to the Study of Paul and His Theology," in *Paul and His Theology*, ed. Stanley E. Porter (Leiden: Brill, 2006), 1-19.

3 J. Christiaan Beker, *Heirs of Paul: Paul's Legacy in the New Testament and in the Church Today* (Edinburgh: T&T Clark, 1992), 68-71 참고.

4 James D. G. Dunn, *The Theology of Paul the Apostle*, 5.

5 이러한 어려움들에 대한 요약과 바울신학에 대한 다양한 접근 방법은 Stanley E. Porter, "Is There a Center to Paul's Theology? An Introduction to the Study of Paul and His Theology" 참고.

6 예, Heikki Räisänen, *Paul and the Law*, WUNT 29 (Tübingen: Mohr Siebeck, 1983).

7 바울신학에 관한 SBL의 책들을 참조: Jouette M. Bassler, *Pauline Theology*, vol. 1; David M. Hay, ed., *Pauline Theology*, vol. 2, *1 and 2 Corinthians* (Minneapolis: Fortress, 1993); David M. Hay and E. Elizabeth Johnson, eds., *Pauline Theology*, vol. 3, *Romans* (Minneapolis: Fortress, 1995); E. Elizabeth Johnson and David M. Hay, eds., *Pauline Theology*, vol. 4, *Looking Back, Pressing On* (Minneapolis: Fortress, 1997).

8 J. Christiaan Beker, *Paul the Apostle: The Triumph of God in Life and Thought.*

9 이러한 대조에 주의를 기울인 연구들 중에서 다음을 참고. John W. Drane, *Paul: Libertine or Legalist? A Study in the Theology of the Major Pauline Epistles* (London: SPCK, 1975); John M. G. Barclay, "Thessalonica and Corinth: Social Contrasts in Pauline Christianity," *JSNT* 47 (1992), 49-74; Edward Adams, *Constructing the World: A Study in Paul's Cosmological Language.*

10 루터의 1538년 갈라디아 주석에서 번역 Theodore Graebner, http://www.ccel.org/ccel/luther/galatians.iv.html [2009. 6.1 접속].

11 Stephen Westerholm, *Perspectives Old and New on Paul: The "Lutheran" Paul and His Critics* (Grand Rapids: Eerdmans, 2004).

12 위의 책, 30.

13 Jaroslav Pelikan, ed., *Luther's Works*, vol. 26, Lectures on Galatians 1535, Chapters 1-4 (St. Louis, MO: Concordia, 1963), 118과 136.

14 *Paul*, trans. Edward Lumin (London: Philip Green, 1907); Albert Schweitzer, *The Mysticism of Paul the Apostle* (London: A&C Black, 1953). 이러한 견해들과 위에 인용된 유명한 문구에 대한 자세한 논의는 Stephen Westerholm, *Perspectives Old and New on Paul: The "Lutheran" Paul and His Critics*, 101-16 참고. 이들 문구는 Philip

F. Esler, *Galatians* (New York: Routledge, 1998), 153에도 인용됨.

15   Philip F. Esler, *Galatians*, 154-59.

16   Wilhelm Wrede, *Paul*, 85-86, 153.

17   예, Wilhelm Wrede, *Paul*, 115, 132. 여기서는 바울이 개인보다는 인류 혹은 인간 집단을 다루며, 하나님의 백성 가운데서 이방인의 위치를 옹호하는 데 초점을 맞춘 다. 크리스터 스텐달의 연구에 특히 많이 등장하며, 그는 "바울의 교리 이신칭의의 신학적 맥락은 인간이 어떻게 구원받을 것인가의 문제가 아니라, 유대인과 이방인 의 관계에 대한 그의 성찰에 기반한다"고 주장한다(Krister Stendahl, *Paul Among Jews and Gentiles* [Philadelphia: Fortress, 1976], 26).

18   Albert Schweitzer, *The Mysticism of Paul the Apostle*, 3, 225.

19   Brendan Byrne, "Creation Groaning: An Earth Bible Reading of Romans 8.18-22," 194.

20   E. P. Sanders, *Paul and Palestinian Judaism: A Comparison of Patterns of Religion* (London: SCM Press, 1977), 502.

21   위의 책, 467-68; 원본 강조를 따름. 샌더스는 롬 6:3-11; 7:4; 갈 2:19-20, 5:24; 빌 3:10-11 등의 본문을 인용하여 "*이 구절들을 통해 바울이 그리스도의 죽음에 대 해 진정 중대히 여겼다는 점을 알 수 있다*"고 주장한다. 모나 후커는 "그리스도 는 우리가 그의 모습이 될 수 있도록 우리의 모습이 되었다"는 이레니우스의 주장 을 반영하는 신학적 중심 사상을 축약하는 단어로 "상호변환"의 개념을 제안한다 (Morna D. Hooker, *From Adam to Christ*, 22). 그녀는 샌더스와 마찬가지로 그리스도 에의 참여를 "그의[바울의] 기독론뿐 아니라 구원과 구원받은 공동체의 본질, 인간 과 세계를 향한 하나님의 계획, 그리고 회복된 인류에 적합한 삶의 방식에 대한 그 의 이해의 근본 개념"으로 여긴다(9; 4, *et passim*참조).

22   Douglas A. Campbell, *The Quest for Paul's Gospel: A Suggested Strategy*. 호전적인 언어는 캠벨의 글에 전반적으로 나타나는 이미지의 의도적인 반영이다. 최근에, 마 이클 고먼은 이와 연장선상에 있는 정당화나 참여의 반대적 대안을 넘어서기 위한 중요한 시도를 했다(Michael J. Gorman, *Inhabiting the Cruciform God: Kenosis, Justifica-tion, and Theosis in Paul's Narrative Soteriology*, 특히 40-104). 고먼은 정당성을 "죽음과 부활의 참여적 경험"(74)으로 이해해야 한다고 주장하지만, 여기에서 이를 전반적 으로 참작하기에는 시간적 여유가 없다(2009월 4년 출판).

23   Douglas A. Campbell, *The Quest for Paul's Gospel: A Suggested Strategy*, 29-55.

24   이신칭의에 반대하는 이 주장은 Douglas A. Campbell, *The Deliverance of God: An Apocalyptic Rereading of Justification in Paul* (Grand Rapids: Eerdmans, 2009)에서 매 우 상세히 다뤄진다.

25   신학적 동기가 명시적인 부분의 예로 "구원-역사"접근법에 대한 케제만의 강력한 거부를 들 수 있으며, 이는 신학적 관점이 어떻게 나치 이데올로기에 영향을 미치 고 어떠한 면에서는 합리화시켰는지에 대한 그의 이해에 의한 것이었다 (위의 51 페 이지와 미주 15번 참조).

26   J. Christiaan Beker, *Paul the Apostle: The Triumph of God in Life and Thought*, 365.

27   위의 책, 16. 아돌프 다이스만은 앞서 이와 대체로 비슷한 논점을 제시했다. 그는 "정당화, 화해, 용서, 구원, 자녀됨의 모든 '결정'은 드라마의 막처럼 서로 구별할 수 있는 것이 아니라 한 가지에 대한 동의어 형태의 표현이다… 우리는 구원에 관한 이 모든 다양한 증언들이 하나의 완전한 화음처럼 조화롭게 울려퍼지는 것을 듣기

전까지는 바울을 이해하지 못할 것이다"고 주장했다 (Adolf Deissmann, *Paul: A Study in Social and Religious History*, trans. William E. Wilson [London: Hodder & Stoughton, 1926], 176-77).

28   James D. G. Dunn, *The New Perspective on Paul: Collected Essays*, WUNT 185 (Tübingen: Mohr Siebeck, 2005), 88.

29   Jouette M. Bassler, "A Response to Jeffrey Bingham and Susan Graham: Networks and Noah's Sons," in *Early Patristic Readings of Romans*, ed. Kathy L. Gaca and L. L. Welborn, Romans Through History and Culture Series (New York: T&T Clark, 2005), 142.

30   N. T. Wright, *The Climax of the Covenant*, 120-36, 특히. 125를 참조하라. 그리고 더 최근의 연구는 Erik Waaler, *The Shema and the First Commandment in First Corinthians: An Intertextual Approach to Paul's Re-reading of Deuteronomy*, WUNT 2.253 (Tübingen: Mohr Siebeck, 2008) 참조.

31   Jerome Murphy-O'Connor, "I Cor., VIII,6: Cosmology or Soteriology?" *RB* 85 (1978), 254-59에서 주장된 것처럼 대다수의 학자들은 이것이 단지 구원론에 대한 언급일 뿐 아니라 피조물에 대한 언급이라고 보는 시각에 동의한다. James D. G. Dunn, *Christology in the Making* (London: SCM Press, 1980), 179-83에서 던은 이 본문이 그리스도의 "선재성(先在性)"을 경시하지만 "하나님의 창조적인 힘과 행동"과 그리스도를 동일시한다는 것을 인정한다(182).

32   고린도전서 8장 6절과 디모데전서 2장 5절의 상호텍스트성에 관해서는 Annette Merz, *Die fiktive Selbstauslegung des Paulus: Intertextuelle Studien zur Intention und Rezeption der Pastoralbriefe*, NTOA 52 (Göttingen: Vandenhoeck & Ruprecht, 2004)의 방법론을 이용한 Margaret M. Mitchell, "Corrective Composition, Corrective Exegesis: The Teaching on Prayer in 1 Tim 2,1-15," in *Colloquium Oecumenicum Paulinum*, vol. 18, *1 Timothy Reconsidered*, ed. Karl Paul Donfried (Leuven: Peeters, 2008), 41-62를 참조.

33   이 복잡한 절의 세부 사항에 대해서는 David G. Horrell, "Theological Principle or Christological Praxis? Pauline Ethics in 1 Cor 8.1-11.1," *JSNT* 67 (1997), 83-114; David G. Horrell, *Solidarity and Difference: A Contemporary Reading of Paul's Ethics*, 168-82 참조.

34   25절의 Πᾶν은 강조를 위해 도입부에 배치되었다.

35   이 두 가지 주요 지침과 그와 관련된 사항들의 명백한 윤리와 상세한 사항들은 David G. Horrell, *Solidarity and Difference: A Contemporary Reading of Paul's Ethics*, 166-203 참조.

36   Edward Adams, *Constructing the World: A Study in Paul's Cosmological Language*. 아담스는 후기 서신서는 일반적으로 κόσμος에 대해 더 긍정적으로 묘사한다는 점과 함께 이것을 고린도서와 로마서의 대조로 본다.

37   어떤 음식이 금지되어야 하는지에 대한 공통의 우려, 하나님의 창조의 선함에 대한 생각, 그리고 음식이 감사의 일부라는 생각에 주목하라(또한 롬 14:6 참조). 이러한 초기 그리스도교적 맥락에서 식사시간에 감사를 표하고 음식을 축복하는 유대의 관습은 분명히 받아들여진다. 바렛은 시편 24편 1절이 랍비들이 "음식에 대한 축복의 사용을 정당화하기 위해" 사용되었다고 언급했다 [C. K. Barrett, *Essays on Paul* (London: SPCK, 1982), 52].

38   이에 대한 토론 및 비평은 Reggie M. Kidd, *Wealth and Beneficence in the Pastoral*

Epistles: A "Bourgeois" Form of Early Christianity? SBLDS 122 (Atlanta: Scholars Press, 1990)와 Arland J. Hultgren, "The Pastoral Epistles," in *The Cambridge Companion to St Paul*, ed. James D. G. Dunn (Cambridge: Cambridge University Press, 2003), 141-55 참조.

39   "피조물의 선함"에 대한 디모데전서 4:1-5의 긍정에 대해서는 Paul Trebilco, "The Goodness and Holiness of the Earth and the Whole Creation (I Timothy 4.1-5)," in Norman C. Habel, *Readings from the Perspective of Earth*, 204-20 참고.

40   특히 캠벨의 연구에서는 구원 과정의 언약 모델을 단호히 반대한다. Douglas A. Campbell, *The Quest for Paul's Gospel: A Suggested Strategy*; 동저자, *The Deliverance of God: An Apocalyptic Rereading of Justification in Paul* 와 위의 7.2장 참조.

41   특히 Richard B. Hays, *The Faith of Jesus Christ: The Narrative Substructure of Galatians 3:1-4:11* 또한 Douglas A. Campbell, *The Rhetoric of Righteousness in Romans 3.21-26*, JSNTSup 65 (Sheffield: JSOT Press, 1992), 58-69; 동저자, "Romans 1:17-A Crux Interpretum for the ΠΙΣΥΙΣ ΧΡΙΣΤΟΥ Debate," *JBL* 113 (1994), 265-86 참조. 제임스 던과 베리 매트록 같이 목적격 속격으로 읽어야 한다는 논의에 대한 주장은 신학적 관심에 대한 선인지가 문법적/주석적 결정에 영향을 미쳐서는 안된다는 점을 지적한다. 특히 R. Barry Matlock, "Detheologizing the ΠΙΣΥΙΣ ΧΡΙΣΤΟΥ Debate: Cautionary Remarks from a Lexical Semantic Perspective," *NovT* 42 (2000), 1-23; James D. G. Dunn, "Once More, ΠΙΣΥΙΣ ΧΡΙΣΤΟΥ," in Johnson and Hay, *Pauline Theology* 4:61-81(제2판 재인쇄 Hays, *Faith of Jesus Christ*, 249-71); James D. G. Dunn, *Theology of Paul*, 379-85 참조.

42   그러나 그 잠재력에도 불구하고 바울에 대한 가장 최근의 읽기는 심지어 참여적인 관점을 취할 때에도 인간 구원의 영역을 넘어선 확장에 대한 어떠한 명시적인 관심도 보여주지 못한다. 예를 들어 Douglas A. Campbell, *The Quest for Paul's Gospel: A Suggested Strategy*; Michael J. Gorman, *Inhabiting the Cruciform God: Kenosis, Justification, and Theosis in Paul's Narrative Soteriology* 참조.

43   Wayne A. Meeks, "The Image of the Androgyne: Some Uses of a Symbol in Earliest Christianity," *HR* 13 (1974), 180-81.

44   예, Robin Scroggs, "Paul and the Eschatological Woman," *JAAR* 40 (1972), 291-92; H. Paulsen, "Einheit und Freiheit der Söhne Gottes Gal 3.26-29," *ZNW* 71 (1980), 78-85; Douglas A. Campbell, "Unravelling Colossians 3.11b," *NTS* 42 (1996), 120-32 참조.

45   관사의 포함(N, D², F, G, Y, 등) 혹은 불포함(A, B, D, 등)에 대한 본문의 증거는 다소 미세하게 균형을 이루지만 의미상의 차이는 거의 없다.

46   Richard B. Hays, *First Corinthians, Interpretation* (Louisville, KY: John Knox, 1997), 266; J. Christiaan Beker, *Paul the Apostle: The Triumph of God in Life and Thought*, 356-60 참조.

47   E. P. Sanders, *Paul and Palestinian Judaism: A Comparison of Patterns of Religion*, 474.

48   Ralph P. Martin, *Reconciliation: A Study of Paul's Theology* (Atlanta: John Knox, 1981), 3 (원문의 강조를 따름), 여기서 또한 피터 스툴마허의 이러한 취지의 제안을 언급하기도 한다. Cilliers Breytenbach, *Versöhnung: eine Studie zur paulinischen Soteriologie*, 28-29의 마틴에 대한 간략한 개관에서 브라이텐바흐는 마틴의 "doch keine neue Perspektive,"에 대한 두 가지 필수적인 질문에 연구의 초점을 맞춘다: 바울은 어디에서 화해에 대한 개념을 얻었으며, 그것이 예수의 죽음에 대한 이해와

어떤 관련이 있는가?

49 καταλλαγή (롬 5:11, 11:15; 고후 5:18-19; καταλλάσσω (롬 5:10 [bis]; 고전 7:11; 고후 5:18, 19, 20).

50 골 1:20, 22; 엡 2:16. ἀποκαταλλάσσω와 접두사가 없는 형태와의 의미 비교는 위의 105-06을 참조.

51 바울의 생태적 읽기에 대한 기여라는 맥락에서 이 본문에 대한 더 자세한 내용은 David G. Horrell, "Ecojustice in the Bible? Pauline Contributions to an Ecological Theology," in *Bible and Justice: Ancient Texts, Modern Challenges*, ed. Matthew J. M. Coomber (Oakville, CT: Equinox, 2011) 참조.

52 중요 구절인 19절 전반부 ὡς ὅτι θεὸς ἦν ἐν Χριστῷ κόσμον καταλάσσων ἑαυτῷ 는 다양한 해석이 가능하다. Reimund Bieringer, "2 Kor 5,19a und die Versöhnung der Welt," *ETL* 63 (1987), 295-326은 이 구절에 대한 면밀한 해석을 통해, ὡς ὅτι 가 "그것은" (300-304)의 의미이고, ἐν Χριστῷ는 부사로 받아들여져야 한다고 본 다: 주어는 하나님, 술어는 "화해하고 있었다", 그리고 ἐν Χριστῷ는 "eine adverbiale Ergänzung des Prädikats (술어부에 대한 부사적 보충)" (312; 304-12를 보라).

53 Margaret E. Thrall, *A Critical and Exegetical Commentary on the Second Epistle to the Corinthians I-VII*, ICC (Edinburgh: T&T Clark, 1994), 431: "이 절은 바울이 이미 18절에서 말한 것을 반복하고 증폭시킨 것이다"

54 Reimund Bieringer, "2 Kor 5, 19a und die Versöhnung der Welt," 318. Edward Adams, *Constructing the World: A Study in Paul's Cosmological Language*, 235 참조. 그러나 이것은 여기의 우주(cosmos)가 "인류의 전체성" (I. Howard Marshall, "The Meaning of 'Reconciliation,'"123)을 참조하여 "독점적으로 개인적인 의미" (Margaret E. Thrall, *A Critical and Exegetical Commentary on the Second Epistle to the Corinthians I-VII*, 435; 강조 첨가)로 사용되었다는 것을 뜻하지는 않는다.

55 갈 3:26-28; 고전 12:12-27. 엡 1:10 참조. 자세한 논의는 Daniel Boyarin, *A Radical Jew: Paul and the Politics of Identity* (Berkeley: University of California Press, 1994); David G. Horrell, *Solidarity and Difference: A Contemporary Reading of Paul's Ethics*, 99-132 참조.

56 고린도전서 1:10이 고린도서의 지향을 결정하는 근본적인 "논지"로 보는 견해는 Margaret M. Mitchell, *Paul and the Rhetoric of Reconciliation* (Louisville, KY: Westminster John Knox, 1991) 참조.

57 주석가들 중 스랄은 우주론적 해석보다 개인적이고 인류적인 해석을 주장한다: "바 울은 그리스도 안에 누군가 존재한다면, 그 사람은 새로워진 존재이며 …. 주요 강 조점은 인간의 세계에 있어야 한다"고 주장한다(Margaret E. Thrall, *A Critical and Exegetical Commentary on the Second Epistle to the Corinthians I-VII*, 427-28). 빅터 퍼니쉬 는 바울이 신자에 대해 강조한 것으로 보지만, 이것을 더 넓은 맥락에서 이해한다: "17절에서 사도는 신자의 종말론적 존재의 급진적 새로움에 보다 포괄적인 방식 을 강조한다. 그리스도 안에 있는 자들은 완전히 새로운 피조물의 일부, 즉 바울이 개별 신자들이 새로운 존재를 초월하는 실제적 진실로 생각하는 존재이다. 지금의 사악한 시대에 맞서는 것은 새로운 시대이다" [Victor Paul Furnish, *II Corinthians*, AB 32A (New York: Doubleday, 1984), 332].

58 Ulrich Mell, *Neue Schöpfung: Eine traditionsgeschichtliche und exegetische Studie zu einem soteriologischen Grundsatz paulinischer Theologie*, BZNW56 (Berlin: Walter de Gruyter, 1989), 9-32; 조금 간략한 내용인 Moyer V. Hubbard, *New Creation in Paul's Letters and Thought*, SNTSMS 119 (Cambridge: Cambridge University Press,

2002), 1-5에서는 "새로운 피조물", "새로운 창조", "새로운 공동체"라는 문구를 통해 인류학적, 우주론적, 교회론적 대안의 전형을 보여준다.

59 유대 문서에서 모티브와 그 발전에 대한 세세한 연구는 Ulrich Mell, *Neue Schöpfung: Eine traditionsgeschichtliche und exegetische Studie zu einem soteriologischen Grundsatz paulinischer Theologie*, 47-257 참조. 또한 Edward Adams, *Constructing the World: A Study in Paul's Cosmological Language*, 226의 코멘트 참조.

60 Ulrich Mell, *Neue Schöpfung: Eine traditionsgeschichtliche und exegetische Studie zu einem soteriologischen Grundsatz paulinischer Theologie*, 352-53 참조.

61 "Das Kreuz als Ereignis göttlicher Reversion ist ein weltbewegendes, kos misches Geschehen, insofern es in der Mitte' der Geschichte eine ver gangene Welt vor Christus von einer neuen Welt seit Christus trennt … Nicht der Mensch heißt 'neue Schöpfung, sondern, im soteriologischen Verfassungsdanken, die Welt!"(위의 책, 324).

62 "Christus als Initiator einer neuen Lebens (= schöpfungs)ordnung reprä sentiert ein kosmisches Heilsgeschehen, in das der Mensch prinzipiell einbezogen ist" (위의 책, 371).

63 위의 책, 392, 393 참조.

64 위의 책, 387, 392 참조. 또한 394: "Nicht mit der Bekehrung, sondern schon jen-seits der individuellen Verifikation gilt mit dem Datum des Christusereignisses eine neue Soteriologie."

65 Moyer V. Hubbard, *New Creation in Paul's Letters and Thought*, 186.

66 위의 책, 183.

67 위의 책, 232; 또한 236: "바울의 새로운 피조물은 본질적으로 우리 안의 현실이지, 바깥의 것이 아니다."

68 Jerome Murphy-O'Connor, "Pauline Studies," *RB* 98 (1991), 150-51의 다소 무시적인 논평에서 출발한 허바드의 멜에 대한 비평은 멜의 논문의 내용에 공정한 평가를 제공하지 못한다는 점은 주목할 만 하다. 허바드는 멜의 결함이 있는 방법론(*traditionsgeschichtliche*)을 "주석자들이 2차 자료에 집중토록 하고 1차 자료(바울서신)의 많은 부분을 그대로 남겨 두는 것으로 본다. 그러나 멜의 명백한 포괄성에도 불구하고, 그가 유대 경전의 새로운 피조물에 대한 그의 연구에서 이사야적 신탁(Isaianic oracles)에만 초점을 맞추고 있는 것은 놀라운 일이며, 또한 희년서와 에녹1서와 같은 인간 중심주의적인 새로운 피조물에 대한 본문들을 무시한다"고 본다 (Moyer V. Hubbard, *New Creation in Paul's Letters and Thought*, 6). 이러한 비판을 고려할 때, 멜이 거의 140페이지에 달하는 "Bedeutung und Funktion des Begriffes 'Neue Schöpfung' in der paulininschen Theologie,"에 대한 검토(허바드는 150페이지 정도)와 에녹1서와 희년서 ─ 또한 *Joseph and Aseneth* ─ 에 한 논의 [Ulrich Mell, *Neue Schöpfung: Eine traditionsgeschichtliche und exegetische Studie zu einem soteri-ologischen Grundsatz paulinischer Theologie*, 113-78 ("Zur neuschöpfungsvorstellung in der Apokalyptik") 226-49 (on JosAs.)]를 통해 왜 바울 자료가 *Joseph and Aseneth* (305n89, .14-.15, 366, 387, 392, 등)과 같은 헬레니즘 유대 문서들에서 발견되는 개별적 회심 신학으로 해석되어서는 안되는지에 대한 이론적인 주장을 제시하는 것이 공평할 것이다.

69 Tony Ryan Jackson, "The Historical and Social Setting of New Creation in Paul's Letters," Ph.D. dissertation, University of Cambridge, 2009, 2-3; cf. 81, 169. 그리

고 전체적으로, 잭슨의 특별하고 참신한 연구는 바울의 새로운 피조물의 언어가 어떻게 인간 중심적, 우주론적 차원을 모두 내포하고 있는지 잘 보여줄 뿐 아니라, 아우구스투스의 로마제국주의 이데올로기와 피조물의 새로워짐을 나란히 놓음으로써 이 바울의 비전을 조명한다(57-79).

70   Ulrich Mell, *Neue Schöpfung: Eine traditionsgeschichtliche und exegetische Studie zu einem soteriologischen Grundsatz paulinischer Theologie*, 365 참조.

71   위의 책, 366.

72   Rudolf Bultmann, "Das Problem der Ethik bei Paulus," *ZNW* 23 (1924), 135-36; English trans. in Rudolf Bultmann, "The Problem of Ethics in Paul," in *Understanding Paul's Ethics: Twentieth-Century Approaches*, ed. Brian S. Rosner (Grand Rapids: Eerdmans, 1995), 211-12 참조. 허바드는 신자의 "이미" 변화된 경험과 피조물의 "아직"을 너무 강하게 구분하는 것 같다: 예를 들어 그는 로마서 8:18-23을 참조하여 신자는 피조물이 "아직"의 상태로 인해 신음하고 있었기 때문에 신음한다고 주장한다(Moyer V. Hubbard, *New Creation in Paul's Letters and Thought*, 224-25). 반면에 신자들의 신음과 고통도 "아직"을 반영하는 것으로 보인다.

73   세부적인 내용은 George H. van Kooten, *Cosmic Christology in Paul and the Pauline School: Colossians and Ephesians in the Context of Graeco-Roman Cosmology with a New Synopsis of the Greek Texts*, 156-58, 168-71.

74   일부 소문자 사본(33포함)은 이곳이 τά πάντα καινά인 반면, D² K L P Y와 다른 소문자 사본들은 καινά τά πάντα이다. 더 짧은 기록은 P⁴⁶ ℵ B C D F G 048 0243와 일부 소문자사본(1739포함)에서 발견된다. 더 긴 기록은 18절의 시작에서 영향을 받은 것으로 보이며, 아마도 더 선호될 더 짧은 기록은 끝이 비슷한 단어의 반복을 통해 왜 "πάντα"가 실수로 생략되었는지 설명할 수 있다. Bruce M. Metzger, *A Textual Commentary on the Greek New Testament* (New York: United Bible Societies, 1994), 511 참조.

75   Krister Stendahl, "The Apostle Paul and the Introspective Conscience of the West," *HTR* 56 (1963), 199-215; repr. in Stendahl, *Paul among Jews and Gentiles*, 78-96. 스텐달의 논점은 "서구의 자기성찰적 양심"의 렌즈를 통해 해석된 바울은 마치 죄인의 운명에 관심이 있는 것 처럼 보이는 반면, 강한 양심을 가진(빌3:6) 바울은 이방인과 유대인의 구원과 하나님이 이것을 어떻게 가능하게 하셨는가에 대해 관심을 가졌다는 것이다.

76   랄프 마틴은 "우리는 이 구절을 '새로운 피조물'로 축소하지 않도록 주의해야 … 바울은 이 맥락에서 개인적 차원의 다시 태어남을 설명하는 것이 아니라, 오히려 이전에는 그리스도 안에서 종말론적인 행위의 주체이며 이제는 세계를 그 통치하에 둔 하나님에 의해 소외되고 혼란스러웠던 세상의 극적인 회복인 '그리스도 안에서' 새로운 피조물의 도래를 기다리고 있음을 (kerygmatic)선포하고 있다"고 언급한다(Ralph P. Martin, "Reconciliation and Forgiveness in the Letter to the Colossians," in *Reconciliation and Hope*, 104). 또한 Edward Adams, *Constructing the World: A Study in Paul's Cosmological Language*. 그는 바울의 초점이 신자들과 교회 공동체에 맞춰져 있다 하더라도 καινή κτίσις는 "새로운 종말론적 세계"(227) 혹은 "새로운 또는 새로워진 창조질서"(235)를 의미한다고 주장한다.

77   Tony Ryan Jackson, "The Historical and Social Setting of New Creation in Paul's Letters."

78   C. K. Barrett, *A Commentary on the Second Epistle to the Corinthians*, BNTC (London: A&C Black, 1973), 175, quoted in Martin, "Reconciliation and Forgiveness,"

104. Ralph P. Martin, "Reconciliation and Forgiveness in the Letter to the Colossians," in Banks, *Reconciliation and Hope,* 104에서 마틴은 다시 유용한 수정안을 제시한다: "바울의 사고 흐름은 정 반대를 시사한다: 바울의 말은 그것이 객관적이고 사람의 개입과는 무관한 '우리 밖'(extra nos)의 하나님의 일이며 …". 그러나 16절에 대한 배럿의 논평은 더 넓은 관점을 나타낸다: "자신의 환경을 새로운 방식으로 알고, 정당화를 통해 하나님과 새로운 관계를 맺는 것은 새로운 세계에 사는 것이다"(174).

79 Adolf Deissmann, *Paul: A Study in Social and Religious History,* trans. William E. Wilson (London: Hodder & Stoughton, 1926), 140.

80 바울은 한 번도 Χριστιανὸς를 쓰지 않았으며, 다만 기능적으로 동일한 "예수 안"을 사용했다.

81 자세한 내용은 David G. Horrell, *Solidarity and Difference: A Contemporary Reading of Paul's Ethics,* 99-132와 바울의 주요 비전이 하나로 통합된 모든 인류라는 독특한 주장은 Daniel Boyarin, *A Radical Jew: Paul and the Politics of Identity* 참조.

82 Willard M. Swartley, *Covenant of Peace: The Missing Peace in New Testament Theology and Ethics* (Grand Rapids: Eerdmans, 2006), 190.

83 Willard M. Swartley, *Covenant of Peace: The Missing Peace in New Testament Theology and Ethics,* 190-91과 롬 15:33, 16:20, 빌 4:9, 살전 5:23을 참조. 스와틀리는 "하나님은 평화의 하나님이시기 때문에 우리는 하나님에 대한 이러한 성격 묘사가 바울의 윤리 전체에 반영될 것이라고 기대할 수 있다. 그리고 실제 그러하다…"(211)라고 주장한다.

84 바울 문서에서 명사 εἰρηνοποιός는 전혀 사용되지 않았으며, 신약에서는 마태복음 5:9절이 유일하다. 이와 유사한 생각은 앞의 5.3장을 보라.

85 Willard M. Swartley, *Covenant of Peace: The Missing Peace in New Testament Theology and Ethics,* 192.

86 E. P. Sanders, *Paul and Palestinian Judaism: A Comparison of Patterns of Religion,* 474 앞서 인용된 부분 참조.

87 위의 책, 446, 444, 와 446 각각 인용(강조는 원문을 따름).

88 빌립보서 2:6-11이 "바울의 그리스도 찬가"를 요약하는 것으로 보는 견해는 Michael J. Gorman, *Cruciformity: Paul's Narrative Spirituality of the Cross,* 88-92; 동저자, *Inhabiting the Cruciform God: Kenosis, Justification, and Theosis in Paul's Narrative Soteriology,* 9-39.

89 Markus N. A. Bockmuehl, *The Epistle to the Philippians,* BNTC (London: A&C Black, 1998), 115.

90 David G. Horrell, *Solidarity and Difference: A Contemporary Reading of Paul's Ethics,* 206-14. 바울은 때로 자신을 그리스도를 모방하는 중개자로서 이러한 간청을 전달하는 모범이 되는 인물로 삼는다. (예: 고전 4:16, 11:1; 빌3:17).

91 자기비움에 대한 비교할 만한 강조는 Michael J. Gorman, *Inhabiting the Cruciform God: Kenosis, Justification, and Theosis in Paul's Narrative Soteriology,* 특히 31-36를 보라.

92 Victor Paul Furnish, *Theology and Ethics in Paul* (Nashville: Abingdon, 1968), 214.

93 Helmut Thielicke, *Theological Ethics,* vol. 1, *Foundations,* abridged and translated

ed., trans. William H. Lazareth (Grand Rapids: Eerdmans, 1966), 47.

94 James D. G. Dunn, *Theology of Paul*, 466에서는 "사용법의 차이"에 주목한다.

95 Miroslav Volf, *Exclusion and Embrace: A Theological Exploration of Identity, Otherness, and Reconciliation* (Nashville: Abingdon, 1996), 110 참조.

96 Allen Verhey, *The Great Reversal: Ethics and the New Testament* (Grand Rapids: Eerdmans, 1984), 107-8.

97 David G. Horrell, *Solidarity and Difference: A Contemporary Reading of Paul's Ethics*.

98 프란시스 영과 데이빗 포드는 하나님의 영광을 "본질적으로 사회적이며, 함께 반영하는 사람들의 공동체를 통해 참여하게 되는 … 그리스도인의 삶에 변화의 역동성"이라 말한다 [Frances M. Young and David F. Ford, *Meaning and Truth in 2 Corinthians* (London: SPCK, 1987), 259].

99 Hans Urs von Balthasar, *The Glory of the Lord: A Theological Aesthetics, Volume VII: Theology: The New Covenant*, 7, 409.

100 Carey C. Newman, *Paul's Glory-Christology: Tradition and Rhetoric*, 특히 277-28 참조.

101 Hans Urs von Balthasar, *The Glory of the Lord: A Theological Aesthetics, Volume VII: Theology: The New Covenant*, 7, 472.

102 위의 책, 7:24.

103 인간 속 하나님의 모습에 대한 이러한 이해는 Christopher Southgate, "Re-reading Genesis, John, and Job: A Christian's Response to Darwinism," *Zygon* 46-2 (2011), 370-395 참조.

104 Christopher Southgate, *The Groaning of Creation: God, Evolution, and the Problem of Evil*, 61, 97-98. Miroslav Volf, *Exclusion and Embrace: A Theological Exploration of Identity, Otherness, and Reconciliation*, 13-31에서는 "죄악된 인간을 위한 신성한 자기 희생과 서로를 위한 인간의 자기 희생"을 포함한 "십자가, 자신, 그리고 타자"를 다룬다(24).

105 Christopher Southgate, "Stewardship and its Competitors: A Spectrum of Relationships between Humans and the Non-Human Creation."

106 복음서에 등장하는 희극, 낭만, 비극적인 요소들이 너무나 강하고 분명하기 때문에, 가난한 자들이 늘 곁에 있으니(요 12:8), 수로보니게 여인 이야기에서 예수님의 사명의 한계(막 7:26 27), 예수가 아버지의 신비한 방식으로 인해 욥처럼 당황하여 울부짖는 순간(막 15:33)과 같은 역설(아이러니)적인 요소들에 관심을 기울일 가치가 있다.

107 David G. Horrell, *Solidarity and Difference: A Contemporary Reading of Paul's Ethics* 참조.

108 Keith Ward, "Cosmos and Kenosis," in *The Work of Love: Creation as Kenosis*, ed. John Polkinghorne (Grand Rapids: Eerdmans, 2001), 152-66. 특히 164쪽에서는 에노시스(*enosis*)의 개념에 대하여, "유한한 생명이 신성한 본성의 진정한 이미지와 신성한 힘의 매개자가 될 수 있도록 하는 신적 특성과 유한한 특성의 신비롭고 친밀한 결합"이라고 언급한다. 워드는 특히 갈라디아서 2:20과 에노시스를 연관 짓는다 "이제는 내가 사는 것이 아니요 오직 내 안에 그리스도께서 사시는 것이라".

109　동방 정교회의 전통에서 사용되었지만 현대 서양 신학에서는 거의 사용되지 않는 용어인 신성화의 언어를 사용하는 바울의 최근 논의는 Michael J. Gorman, *Inhabiting the Cruciform God: Kenosis, Justification, and Theosis in Paul's Narrative Soteriology* 참조. "겸허는 신성화이다. 십자가에 못박힌 그리스도처럼 되는 것은 가장 신적인 동시에 가장 인간적인 것이다. 그리스도교화가 된다는 것은 신성화이며, 신성화는 인간화이다" (37).

110　Northrop Frye, *Anatomy of Criticism*, 171.

111　Lynn White Jr., "Historical Roots of Our Ecologic Crisis," 1205.

112　위의 논문, 1207.

113　위의 논문, 1207.

114　James F. Hopewell, *Congregation: Stories and Structures*, 58.

115　Lynn White Jr., "Historical Roots of Our Ecologic Crisis," 1207. 그러나 프란치스코, 혹은 초기 프란치스코회가 과연 얼마나 초기 생태신학자로서 여겨질 수 있는지에 대해서는 의문이 제기된다. Wes Jackson, *Becoming Native to This Place* (New York: Counterpoint, 1994), quoted in Willis Jenkins, *Ecologies of Grace: Environmental Ethics and Christian Theology*, 266n52는 구비오 늑대의 "가축화" - 해방 보다는 완전한 번영 - 에 관한 것이다. Nesliha Şenocak, "The Franciscan Order and Natural Philosophy in the Thirteenth Century: A Relationship Redefined," *Ecotheology* 7 (2003), 113-25도 참조.

116　Rosemary Radford Ruether, *Gaia and God: An Ecofeminist Theology of Earth Healing* (London: SCM Press, 1992), 143-72.

117　위의 책, 253.

118　윌리스 젠킨스(Willis Jenkins)는 루터와 같은 사상가가 "파괴와 속박에서 우리의 자매, 지구를 구원하자"고 말할 수 있는 구원적 은유의 놀랍도록 강한 맥락을 지적한다. (Willis Jenkins, *Ecologies of Grace: Environmental Ethics and Christian Theology*, 102-3, 인용은 102).

119　위의 책, 77-92.

120　베이즈너(Beisner)의 접근법과 우리의 분석에서 제시된 접근법 사이에는 흥미로운 비교점이 있다. 두 분석 모두, 피조물이 "신음"하며 인간의 활동은 그것을 변화시키는 데 어느 정도 역할을 할 수 있는 것으로 간주된다. 중요한 차이점은 우리의 접근 방식에서는 인간의 돌아가기를 열망할 수도 있는 이상적인 타락 이전의 상태 또는 인간의 역할에 대한 상정이 없다는 것이고, 둘째는 타자 존중의 자기비움의 윤리를 강조한다(위와 8장 참고)는 점이며 반면 베이즈너의 강조점은 인류의 필요와 열망에 피조물이 따라야 한다는 데 있다.

121　청지기론을 보전의 개념으로 보는 관점. Lawrence Osborn, *Guardians of Creation: Nature in Theology and the Christian Life*, 143; Christopher Southgate, "Stewardship and its Competitors: A Spectrum of Relationships between Humans and the Non-Human Creation." Loren Wilkinson et al., *Earthkeeping in the Nineties: Stewardship of Creation* (Grand Rapids: Eerdmans, 1991)에서는 양치기의 소명을 "양떼를 보살피라"로 언급하며(292), "공용의 자원"이 이미 훼손되지 않았다면 앞으로 훼손될 수 있는 가능성에 대해 지적한다. 그러므로 청지기의 소명은 "공용 자원의 사용을 제한할 수 있는 통치 기구의 설립"으로 번역될 수도 있을 것이다(323).

122　짐 체니는 "우리는 어느 쪽을 원하는가: 우리를 갓난아기처럼 다루거나 우리의 고

통에 대해 비-인간적인 무자비함으로 행동을 강요하는 하나님이 다스리는 세상인가? 아니면 전반적으로 인간의 번영에 잘 맞는 기본적으로 양육적인 세계, 즉 인간이 진화의 힘에 의해 미세하게 조정된 세계인가? 이 세상은 어떻게든 당신을 죽일 것이다; 당신의 삶의 특수상황을 고려할 때, 당신 자신의 잘못이 아니더라도 지구상의 비참한 사람 중 하나로 남겨질 수 있는 세상이다. 당신은 시작조차 할 수 없을지도 모른다 ··· 지구 매트릭스는 당신을 신경 쓰지 않으나 가장 근본적인 방법으로 배려한다: 그것은 당신의 문화가 유리하고 약간의 행운이 따른다면 당신과 당신 종족이 자양분으로 삼을 수 있는 매트릭스이다" [Jim Cheney, "Naturalizing the Problem of Evil," *Environmental Ethics* 19 (1997), 312; emphasis in original]. 이것은 반어 내러티브의 좋은 예로, 심지어 그 장르 충실도는 전도서를 능가한다.

123 Wesley J. Wildman, "Incongruous Goodness, Perilous Beauty, Disconcerting Truth: Ultimate Reality and Suffering in Nature," in *Physics and Cosmology: Scientific Perspectives on the Problem of Evil in Nature*, ed. Nancey Murphy et al. (Berkeley: CTNS, 2007), 267-94에서 와일드먼은 그가 "존재 근거 유신론"이라 부르는 입장을 제안한다. 그의 하나님은 존재의 근거이며 그 본성은 아름다움 뿐 아니라 우주의 폭력에서도 엿볼 수 있다. 그의 하나님은 모든 면에서 혹은 대부분에서 확실한 존재가 아니다. "만일 우리가 비밀을 찾아 헤매는 운명의 저주를 받았다면, 우리는 우주나 그 신성한 마음을 지키는 데 에너지를 낭비하지 말아야 할 것이다" (267). 그의 신론은 "인류의 공통된 도덕적 기대의 어색한 파트너이나 자연의 방식에 깊이 조화되며 세계의 다양한 종교적, 철학적 전통에 담긴 고통에 대한 지혜에 공명한다"(268). 와일드먼은 "이것이 예배할 만한 신이라 할 수 있는가?"라는 질문을 던지며, 종교적 호소보다 타당성이 더 중요하다고 주장한다. 그의 하나님은 "울창한 숲은 멀리서 보면 더 아름답다" (293)와 같다. 고통의 본질은 "악도 아니고 선의 부산물도 아니다. 그것은 화산의 분출구에서 녹아 내린 바위처럼 신성한 심연의 깊은 곳에서 위로 흘러나오는, 자연 속의 신성한 창조성의 샘의 일부이다"(294).

124 그러나 이 구절을 다루는 하벨, 페트릭과 스팡겐베르그의 에세이는 Norman C. Habel and Shirley Wurst, *The Earth Story in Wisdom Traditions* 참조.

125 이것이 이 구절의 유일한 의미는 아니다: 욥이 자신의 고통 뒤에 숨겨진 의미를 찾는 것은 오직 그러한 고통과 단호한 항의를 통해서만 가능했던 하나님과의 만남으로 완성된다고 할 수 있다. 그러나 비인간 피조물에 관한 인간의 위치와 역할의 측면에서 볼 때, 욥의 질문은 확연히 반어적인 어조로 돌아가게 된다. 인간의 지식과 능력이 자연을 개선하거나 치유하는 역할을 제공하며 자연의 변화를 공유한다는 확신은 무의미하고 허무할 수밖에 없다.

126 Robert Alter, *The Art of Biblical Poetry* (New York: Basic Books, 1985), 102에서는 다음과 같이 지적한다. "동물의 영역은 비도덕적인 영역이지만, 그것을 내포하는 날카로운 모순들은 우리에게 단순히 인간의 도덕적 계산의 불완전함을 보게 한다··· 동물의 왕국에서 한 어린 개체에 대한 세심한 보살핌은 그들이 갓 죽은 동물들의 피를 삼키는 것을 의미할 수도 있다. 그것은 모든 도덕적인 의인화에 기반한 해석을 거부하는 일상적인 삶의 의식이다··· 그럼에도 불구하고··· 하나님의 섭리는 이 이상하고 사납고 접근하기 어려운 생명체들을 각각 돌본다. 동물 세계에 대한 이러한 표현과 욥 38:2-38의 정적 자연의 표현 사이에는 근본적인 연속성이 있으며, 동일한 무게의 불가해한 힘의 대안적 측면으로 결실과 파괴는 자연계에 유지되는 엄청난 힘을 공유한다."

127 Bill McKibben, *The Comforting Whirlwind: God, Job, and the Scale of Creation* (Grand Rapids: Eerdmans, 1994), 35.

128 위의 책, 55.

129 위의 책, 57.

130 위의 책, 36.

131 Alan Weisman, *The World without Us* (London: Virgin Books, 2007). 재미있게도, 표지에는 맥키벤의 서평이 등장한다.

132 Bill McKibben, *The Comforting Whirlwind: God, Job, and the Scale of Creation*, 51은 청지기를 "어떤 주어진 상황에서 어떻게 행동해야 하는지에 대한 지침을 거의 주지 않을 정도로 내용이 부족하다"고 설명한다.

133 여기에는 포기를 자기비움의 중심성에 대한 우리의 분석과 관련된 방식으로 수용할 수 있는 단초가 있다. 이것이 여타 주요 본문들을 다루는 작업과 다른 부분은 우리 자신이 이야기 속에 놓여 있다는 것이다. 이 이야기는 결론이 없는 소설이 아니라, 이미 – 그러나 – 아직의 바울적 종말론 안에 있다.

134 Bill McKibben, *The Comforting Whirlwind: God, Job, and the Scale of Creation*, 88.

135 Clare Palmer, "Stewardship: A Case Study in Environmental Ethics," 70.

136 William P. Brown, *The Ethos of the Cosmos: The Genesis of Moral Imagination in the Bible* (Grand Rapids: Eerdmans, 1999), 375.

137 Lisa Sideris, "Writing Straight with Crooked Lines: Holmes Rolston's Ecological Theology and Theodicy," in *Nature, Value, Duty: Life on Earth with Holmes Rolston, III,* ed. Christopher J. Preston and Wayne Ouderkirk (Dordrecht: Springer, 2007), 77-101.

138 이것이 골로새서 찬가처럼 과거의 희생이 새로운 화해 상태로 이어지는 내러티브가 아니라는 것에 주목하라. 오히려 희생은 끊이지 않고, 피조물의 신음도 해소되지 않는다. 롤스턴은 또한 로마서 8:22를 인용해, "'고난 속의 신음'은 태고적부터 있어온 사물의 본질이다. 그러한 고난은 창조주의 의지이며, 영광만큼이나 생산적이다" (Holmes Rolston, III, "Naturalizing and Systematizing Evil," 85)고 주장한다. 그의 관점에 따르면 신음이 영광을 초래함으로 피조물이 신음과 고난에서 벗어나기를 바라서는 안된다. 사우스게이트와 로빈슨은 이러한 희생과 고난에 대한 강조를 롤스턴의 신정론의 "필수구성"요소로 본다 (Christopher Southgate and Andrew Robinson, "Varieties of Theodicy: An Exploration of Responses to the Problem of Evil based on a Typology of Good-Harm Analyses," in *Physics and Cosmology: Scientific Perspectives on the Problem of Evil in Nature*, ed. Nancey Murphy, Robert J. Russell, and William Stoeger SJ [Berkeley: CTNS, 2007], 69-90). 또한 Christopher Southgate, *The Groaning of Creation: God, Evolution, and the Problem of Evil*, 40-54.

139 Denis Edwards, *The God of Evolution: A Trinitarian Theology* (Mahwah, N.J.: Paulist Press, 1999), 36-39; 동저자, "Every Sparrow that Falls to the Ground: The Cost of Evolution and the Christ-Event."

140 각기 다른 내러티브 장르가 특히 강조하는 덕목이 무엇인지를 살펴보는 것도 흥미롭다. 우리에게는 희극, 낭만극적 장르가 희망과 충실한 결의에 우선순위를 매기는 반면, 비극은 희생, 아이러니는 인내를 강조하는 것으로 보인다. 이 모든 것은 신약성서의 핵심 덕목이지만, 우리의 희극적 낭만주의 내러티브는 지위와 자기 방식을 중요시 여기지 않는 사랑과 함께 희망과 믿음이 주요 덕목이 될 것임을 암시한다 (빌 2:7; 고전 13:5).

141 Morwenna Ludlow, "Power and Dominion: Patristic Interpretations of Genesis 1," in Horrell, Hunt, Southgate, and Stavrakopoulou, *Ecological Hermeneutics*, 140-53.

8장

1   연구 개요 및 여기에 간략히 제시된 다양한 제안에 대한 더 자세한 사항은 Horrell, *Solidarity*, 7-46 참조.

2   Hans Hübner, "Paulusforschung seit 1945. Ein kritischer Literaturbericht," *ANRW* II.25 (1987), 2649-2840, 2802.

3   예, Peter J. Tomson, *Paul and the Jewish Law: Halakha in the Letters of the Apostle to the Gentiles* (Minneapolis: Fortress, 1990); Brian S. Rosner, *Paul, Scripture, and Ethics: A Study of 1 Corinthians 5-7* (Leiden: Brill, 1994); Karin Finsterbusch, *Die Thora als Lebensweisung für Heidenchristen*, SUNT 20 (Göttingen: Vandenhoeck & Ruprecht, 1996); Markus N. A. Bockmuehl, *Jewish Law in Gentile Churches* (Edinburgh: T&T Clark, 2000).

4   예, Abraham J. Malherbe, *Paul and the Thessalonians: The Philosophic Tradition of Pastoral Care* (Philadelphia: Fortress, 1987); Will Deming, *Paul on Marriage and Celibacy: The Hellenistic Background of 1 Corinthians 7*, SNTSMS 83 (Cambridge: Cambridge University Press, 1995); F. Gerald Downing, *Cynics, Paul, and the Pauline Churches* (New York: Routledge, 1998); Troels Engberg-Pedersen, *Paul and the Stoics* (Edinburgh: T&T Clark, 2000).

5   골로새서 찬가의 배경에 대해서는 위의 5.3장 참조.

6   Alfred Resch, *Der Paulinismus und die Logia Jesu in ihrem gegenseitigen Verhältnis*, TU 12 (Leipzig: Hinrichs, 1904); Davies, Paul and Rabbinic Judaism; David Wenham, *Paul: Follower of Jesus or Founder of Christianity?* (Grand Rapids: Eerdmans, 1995), 377.

7   더 자세한 내용은 Victor Paul Furnish, *Jesus according to Paul* (Cambridge: Cambridge University Press, 1993); David G. Horrell, *Solidarity and Difference: A Contemporary Reading of Paul's Ethics*, 24-27의 추가적인 자료 참조.

8   관련된 중요 연구는 특히 Rudolf Bultmann, "Das Problem der Ethik bei Paulus," 와 Victor Paul Furnish, *Theology and Ethics in Paul* 참고.

9   예, Udo Schnelle, *Apostle Paul: His Life and Theology*, trans. M. Eugene Boring (2003; English version, Grand Rapids: Baker Academic, 2005), 546-48; Ruben Zimmermann, "Jenseits von Indikativ und Imperativ. Entwurf einer 'impliziten Ethik' des Paulus am Beispiel des 1. Korintherbriefes," *TLZ* 132 (2007), 259-84; David G. Horrell, "Particular Identity and Common Ethics: Reflections on the Foundations and Content of Pauline Ethics in 1 Corinthians 5," in *Jenseits von Indikativ und Imperativ: Kontexte und Normen neutestamentlicher Ethik/Contexts and Norms of New Testament Ethics*, ed. Friedrich Wilhelm Horn and Ruben Zimmermann, WUNT 2.238 (Tübingen: Mohr Siebeck, 2009), 197-212 등을 참고하라.

10 J. Paul Sampley, *Walking between the Times: Paul's Moral Reasoning* (Minneapolis: Fortress, 1991) 참조.

11 Wolfgang Schrage, *The Ethics of the New Testament*, trans. David E. Green (Edinburgh: T&T Clark, 1988), 181; Richard B. Hays, *The Moral Vision of the New Testament* (Edinburgh: T&T Clark, 1997), 46.

12   Richard B. Hays, *The Moral Vision of the New Testament*, 41. 더 최근 연구는 Richard A. Burridge, *Imitating Jesus: An Inclusive Approach to New Testament Ethics* (Grand Rapids: Eerdmans, 2007), 83-90 참조.

13   David G. Horrell, *Solidarity and Difference: A Contemporary Reading of Paul's Ethics*, 274 (원문 강조를 따름).

14   위의 책, 99-132.

15   위의 책, 204-45.

16   Miroslav Volf, *Exclusion and Embrace: A Theological Exploration of Identity, Otherness, and Reconciliation*, 109-10 (원문 강조를 따름). 이것은 그리스도교 윤리가 "극단"의 영역에서 작동해야 한다는 본회퍼의 주장을 반영한다. Dietrich Bonhoeffer, Ethics, ed. Eberhard Bethge, trans. Neville Horton Smith (London: Collins, 1964), 125-43.

17   Richard J. Bauckham, "Where is Wisdom to be Found? Colossians 1.15-20 (2)," 136-38 참조.

18   Victor Paul Furnish, *Theology and Ethics in Paul*, 233.

19   예, David G. Horrell, *Solidarity and Difference: A Contemporary Reading of Paul's Ethics*, 214-22.

20   이 다음 단락에서 우리는 Cherryl Hunt, "Beyond Anthropocentrism: Towards a Re-reading of Pauline Ethics," *Theology* 112 (2009), 190-98의 부분을 인용한다.

21   이 주제에 관하여 Brian S. Rosner, *Greed as Idolatry: The Origin and Meaning of a Pauline Metaphor* (Grand Rapids: Eerdmans, 2007) 참조.

22   David G. Horrell, *Solidarity and Difference: A Contemporary Reading of Paul's Ethics*, 246-72 또한 Victor Paul Furnish, "Uncommon Love and the Common Good: Christians as Citizens in the Letters of Paul," in *In Search of the Common Good*, ed. Dennis P. McCann and Patrick D. Miller (New York: T&T Clark, 2005), 58-87.

23   예, Paula Clifford, *"All Creation Groaning": A Theological Approach to 23 24 Climate Change and Development* (London: Christian Aid, 2007).

24   성 프란시스가 *The Canticle of the Creatures*에서 했던 것처럼 이 본문은 그린 바이블 (*The Green Bible*)의 표지에도 등장한다.

25   인류와 다른 존재의 상호 작용에 대한 이해 충돌을 고려할 때, 우리는 해결책이 "고결한 원칙 보다는 구체적인 상황과 신중한 중개인을 통해 해결되어야 한다"는 스티븐 클라크의 논평이 적합하다고 본다 [*How to Think about the Earth* (London: Mowbray, 1993); quoted in Ernst M. Conradie, An Ecological Christian *Anthropology: At Home on Earth?* 126].

26   이하는 Christopher Southgate, *The Groaning of Creation: God, Evolution, and the Problem of Evil*, 101-3의 분석에서 도출된 것이다 Andrew Linzey, *Animal Theology* (London: SCM Press, 1994), 45-61에서는 인류를 "종(種)"으로 보고 "인간의 고유성은 섬김과 자기 희생능력으로 정의될 수 있다"고 주장한다(45).

27   Sarah Coakley, "Theological Meanings and Gender Connotations," in *The Work of Love: Creation as Kenosis*, ed. John Polkinghorne (Grand Rapids: Eerdmans, 2001), 192-210.

28   위의 책, 208 (원문의 강조를 따름).

29 David G. Horrell, *Solidarity and Difference: A Contemporary Reading of Paul's Ethics*, 243 참조. 이러한 관점에서 베드로전서 2:18-3:6는 더 문제적인 본문이 되며, 이는 Kathleen E. Corley, "1 Peter." 에서 뚜렷하게 드러난다.

30 빌립보서 2:6의 αρπαγμός에 대한 홉킨스의 번역이다. Christopher Devlin, ed., *The Sermons and Devotional Writings of Gerard Manley Hopkins* (London: Oxford University Press, 1959), 108에서 인용.

31 ἁρπαγμός가 이전에 보유하지 않았던 상태에 대한 파악을 나타내는 것인지, 아니면 이미 보유중인 상태에 대한 매달림으로 이해해야 하는 것인지에 대해 많은 논쟁이 있다. 후자에 대한 강력한 주장으로는 N. T. Wright, *The Climax of the Covenant*, 56-98참조. John Reumann, *Philippians: A New Translation with Introduction and Commentary*, AB 33B (New Haven: Yale University Press, 2008)에서는 ἁρπαγμός를 "이용할 수 있는 어떤 것"(333)으로 해석한다. 345-47 참조.

32 James D. G. Dunn, *Theology of Paul*, 112. 또한 Brendan Byrne, "Creation Groaning: An Earth Bible Reading of Romans 8.18-22," on "the sin story" 참조.

33 바울의 탄식과 우상숭배의 연관성에 대해서는 Brian S. Rosner, *Greed as Idolatry: The Origin and Meaning of a Pauline Metaphor* 참조.

34 우리는 여기서 "자원"이라는 용어를 피하는데, 이는 세상의 좋은 것들이 인간이 사용할 수 있는 가용성에 의해 정의된다는 의미를 담고 있기 때문이다.

35 Richard A. Burridge, *Imitating Jesus: An Inclusive Approach to New Testament Ethics* 는 신약 윤리의 중심 요구를 예수의 포용적이고 관대하며 사랑의 실천을 모방하는 것으로 본다.

36 결혼에 대한 그의 가르침은 종말론적 선호에 따른 독신으로 나타난다(7:7-9, 28-34).

37 Gordon D. Fee, *The First Epistle to the Corinthians*, NICNT (Grand Rapids: Eerdmans, 1987), 340과 미주 17-18 참고.

38 Rudolf Bultmann, *Theology of the New Testament*, 351 (원문의 강조를 따름).

39 Gordon D. Fee, *The First Epistle to the Corinthians*, 340-41. Richard Alan Young, *Is God a Vegetarian? Christianity, Vegetarianism, and Animal Rights* (Chicago: Open Court, 1999), 124에 인용된 브루스(F. F. Bruce)의 "바울과 같이 진정으로 해방된 영혼은 그 자신의 해방에 속박되지 않는다" 라는 문구 참조.

40 그러한 금욕주의의 가치에 대한 간략한 논평은 David G. Horrell, "Biblical Vegetarianism? A Critical and Constructive Assessment," in *Eating and Believing: Interdisciplinary Perspectives on Vegetarianism and Theology*, ed. Rachel Muers and David Grumett (New York: T&T Clark, 2008), 50-51. 더 넓은 관점은 Leif E. Vaage and Vincent L. Wimbush, eds., *Asceticism and the New Testament* (New York: Routledge, 1999) 참조.

41 그러한 접근법에 대한 비판적인 설명은 Rosemary Radford Ruether, *Sexism and God-Talk: Towards a Feminist Theology* (London: SCM Press, 1983), 235-57; 245에서 인용.

42 특히 Rudolf Bultmann, "New Testament and Mythology: The Problem of Demythologizing the New Testament Proclamation [1941]," 1-43 참조.

43 Kathryn Tanner, "Eschatology without a Future?" in *The End of the World and the Ends of God*, ed. John Polkinghorne and Michael Welker (Harrisburg: Trinity, 2000), 222-37; 동저자, "Eschatology and Ethics." 터너의 연구에 대한 비판은 Stephen C.

Barton, "New Testament Eschatology and the Ecological Crisis in Theological and Ecclesial Perspective," in Horrell, Hunt, Southgate, and Stavrakopoulou, *Ecological Hermeneutics*, 266-82 참고.

44 "자연주의는 인간의 성취가 가진 힘에 대한 자신감 보다는 숙명론과 더 관련이 있다: 죽음, 무상함과 실패는 단순히 치유 불가능한 삶의 부분으로 보인다. 물리학자들이 옳다면, 사태는 궁극적으로 우주적 규모의 나쁜 결말에 다다를 것이다: 소멸이나 화재는 우리 우주의 유감스러운 미래이다" (Kathryn Tanner, "Eschatology and Ethics," 46). 따라서 터너는 "종말론은 마지막에 일어나는 일에 대한 언급이 아니다. … 선의 완성으로서 종말은 하나님과의 새로운 수준의 관계와 관련이 있다"(47-48). 그녀의 종말론이 인간을 제외한 피조물과 어떠한 관련이 있는지는 명확하지 않다.

45 Ted Peters, *Playing God: Genetic Determinism and Human Freedom* (New York: Routledge, 1997), 174. 미주 16번의 Miroslav Volf, *Exclusion and Embrace: A Theological Exploration of Identity, Otherness, and Reconciliation* 으로부터 인용.

46 Miroslav Volf, *Exclusion and Embrace: A Theological Exploration of Identity, Otherness, and Reconciliation*, 109-10.

47 Andrew Linzey, *Animal Theology*, 125-37.

48 위의 책, 55.

49 Andrew Linzey, *Animal Theology*, 130. 이러한 본문에 대한 이전의 의견은 Samantha Jane Calvert, "'Ours Is the Food That Eden Knew': Themes in the Theology and Practice of Modern Christian Vegetarians," in Eating and Believing: Interdisciplinary Perspectives on Vegetarianism and Theology, ed. Rachel Muers and David Grumett (New York: T&T Clark, 2008). 124-26. Stephen Webb, *Good Eating*, 59-81 에서도 린지의 주장과 비슷한 주장을 제기한다.

50 Andrew Linzey, *Animal Theology*, 132.

51 위의 책, 132, 134. "성서적 채식주의"에 대한 논쟁의 맥락에서 예수의 식단과 관련된 증거를 다루려는 비슷한 시도는 Stephen Webb, *Good Eating*, 102-40. 예수를 통한 이러한 시도들에 대한 비평은 David G. Horrell, "Biblical Vegetarianism? A Critical and Constructive Assessment," 46-49 참조.

52 Andrew Linzey, *Animal Theology*, 137.

53 여기서 우리의 주장은 Christopher Southgate, *The Groaning of Creation: God, Evolution, and the Problem of Evil*, 116-24; 동저자, "Protological and Eschatological Vegetarianism," in *Eating and Believing: Interdisciplinary Perspectives on Vegetarianism and Theology*, ed. Rachel Muers and David Grumett (New York: T&T Clark, 2008), 247-65 와 David G. Horrell, "Biblical Vegetarianism? A Critical and Constructive Assessment"의 논의를 확장시킨 것이다.

54 Andrew Linzey, *Animal Theology*, 84-85, 98-99.

55 Christopher Southgate, "Protological and Eschatological Vegetarianism," 249. 더 자세한 내용은 동저자, *The Groaning of Creation: God, Evolution, and the Problem of Evil*, 특히 28-35 참조.

56 Christopher Southgate, "Protological and Eschatological Vegetarianism," 259-60; 동저자, *The Groaning of Creation: God, Evolution, and the Problem of Evil*, 122-24.

57 Christopher Southgate, *The Groaning of Creation: God, Evolution, and the Problem of Evil*, 119-22. Stephen Budiansky, *The Covenant of the Wild: Why Animals Chose*

Domestication (London: Phoenix, 1997)는 가축화의 공생성과 가축화된 종의 인간에 대한 의존성을 지적한다.

58 Stephen Webb, *Good Eating*, 78-81 참조.

59 Christopher Southgate, *The Groaning of Creation: God, Evolution, and the Problem of Evil*, 121.

60 Michael Pollan, *The Omnivore's Dilemma* (London: Bloomsbury, 2006), 304-33 참조.

61 Karl Barth, *Church Dogmatics III.4: The Doctrine of Creation*, trans. A. T. Mackay et al. (Edinburgh: T&T Clark, 1961), 355.

62 Michael Pollan, *The Omnivore's Dilemma*, 333.

63 Christopher Southgate, *The Groaning of Creation: God, Evolution, and the Problem of Evil*, 95.

64 Jürgen Moltmann, *The Way of Jesus Christ: Christology in Messianic Dimensions*, 296-97.

65 Holmes Rolston III, *Environmental Ethics: Duties to and Values in the Natural World* (Philadelphia: Temple University Press, 1988), 154.

66 J. Louis Martyn, "Epistemology at the Turn of the Ages," in *Theological Issues in the Letters of Paul* (Edinburgh: T&T Clark, 1997), 95.

67 Thomas Berry, *The Dream of the Earth* (San Francisco: Sierra Club, 1988), 9; Sean McDonagh, *The Death of Life: The Horror of Extinction* (Black rock, CO: Columba, 2004), 85에 인용됨.

68 Willis Jenkins, *Ecologies of Grace: Environmental Ethics and Christian Theology*, 230.

69 자세한 내용은 Dale B. Martin, *The Corinthian Body*, 94-96; David G. Horrell, *Solidarity and Difference: A Contemporary Reading of Paul's Ethics*, 121-24 참조.

70 Anne Primavesi, *Gaia's Gift: Earth, Ourselves, and God after Copernicus* (New York: Routledge, 2003).

71 여기서 우리는 상호 의존적인 인간-포식자와 피식자의 관계를 주로 생각하고 있지만, 적어도 우리가 보통 이해하는 것처럼 화해로 특정지어지는 것은 아니다.

72 Sigurd Bergmann, "Atmospheres of Synergy: Towards an Eco-theological Aesth/Ethics," *Ecotheology* 11 (2006), 326-56와 그 안의 그의 초기 연구에 대한 언급.

73 이러한 이해에 관하여는 Alexander Schmemann, *The World as Sacrament* (1965; repr., London: Darton, Longman, & Todd, 1966)를 예로 들 수 있다.

74 "생물학적 공동체의 무결성, 안정성, 아름다움을 보존하는 경향이 있는 것은 옳다. 그 반대적 경향이 있는 것은 잘못된 것이다." [Aldo Leopold, *A Sand County Almanac: With Essays on Conservation from Round River* (Oxford: Oxford University Press, 1966), 262].

75 Celia Deane-Drummond, *The Ethics of Nature* (Oxford: Blackwell, 2004), 32-34.

76 예, Tom Regan, *The Case for Animal Rights* (London: Routledge, 1988). 레건에 대한 분석과 비평은 Lisa Kemmerer, *In Search of Consistency: Ethics and Animals* (Leiden: Brill, 2006), 59-102 참조.

77 James Lovelock, *The Ages of Gaid: A Biography of Our Living Earth*, 143-45.

78 Anne Primavesi, *Gaia's Gift: Earth, Ourselves, and God after Copernicus* 참조. 이런 종류의 확신은 "청지기"에 대한 보다 단방향적이고 후원적인 개념의 대안인 "상호 관리"라는 지구성서의 생태 정의 원칙을 뒷받침한다. 앞의 1.3장, 2.1장 참고.

79 다음에 나오는 것은 이러한 주장에 밀접한 근거를 두고 있다. Christopher Southgate, "The New Days of Noah? Assisted Migration as an Ethical Imperative in an Era of Climate Change," in *Creaturely Theology*, ed. Celia Deane Drummond and David Clough (London: SCM Press, 2009), 249-65; 또한 Christopher Southgate, Cherryl Hunt, and David G. Horrell, "Ascesis and Assisted Migration: Responses to the Effects of Climate Change on Animal Species," *Eur J Sci Theol* 4.2 (2008), 99-111.

80 David G. Horrell, *Solidarity and Difference: A Contemporary Reading of Paul's Ethics*, 231-41.

81 예수의 사역과 유대 토라에 뿌리를 둔 초기 그리스도교의 "구심적인"세력으로서 가난한 사람들에 대한 헌신에 관하여는 Fern K. T. Clarke, "God's Concern for the Poor in the New Testament: A Discussion of the Role of the Poor in the Foundation of Christian Belief (Early to Mid First Century C.E.)," Ph.D. dissertation, University of Exeter, 2000 참조.

82 Lev 19; Deut 10:17-18, 14:28-29, 24:14-22; 2 Sam 22:28; Job 5:15; Pss 9:12, 10:12, 34:6, 107:41, 132:15; Isa 25:4, 49:13; Amos 2:6, 4:1 등.

83 그러나 예루살렘 교회를 위한 모금에 대한 바울의 핵심 관심사는 물질적 결핍이었던 것으로 보인다.

84 Bruce J. Malina, *The New Testament World: Insights from Cultural Anthropology*, Third Edition, Revised and Expanded (Louisville, KY: Westminster John Knox, 2001), 99-100. 굶주린 사람들, 목마른 사람들, 낯선 사람들, 벌거벗은 사람들, 그리고 감옥에 있는 사람들이 다 도움이 필요한 예수와 가까이 있는 사람들이라는 마태복음 25:34-46은 그리스도교 전통에서 특히 중요하다.

85 Christopher Southgate, Cherryl Hunt, and David G. Horrell, "Ascesis and Assisted Migration: Responses to the Effects of Climate Change on Animal Species" 또한 Christopher Southgate, "The New Days of Noah? Assisted Migration as an Ethical Imperative in an Era of Climate Change" 참조.

86 Michael S. Northcott, *A Moral Climate: The Ethics of Global Warming*, 81-119.

87 예를 들어 키리바시(Kiribati)와 같은 태평양의 섬들.

88 생태신학자들이 지구를 "새로운 가난한자"로 부르는 것은 Matthew Fox, *The Coming of the Cosmic Christ*, 147; Sallie McFague, *The Body of God: An Ecological Theology*, 165 참조. "가난한 사람들을 위한 선택"에의 옹호는 Michael S. Northcott, *A Moral Climate: The Ethics of Global Warming*, 42 참조. 닐 메서의 윤리적 기준은 "[프로젝트가] 가난한 이들에게 좋은 소식인가?" 이다(Neil Messer, *Selfish Genes and Christian Ethics: Theological and Ethical Reflections on Evolutionary Biology*, 229-30).

89 Anthony J. McMichael, *Planetary Overload: Global Environmental Change and the Health of the Human Species* (Cambridge: Cambridge University Press, 1995), 307-9; Herman E. Daly and John B. Cobb Jr., *For the Common Good* (Boston: Beacon, 1994).

90 Jason S. McLachlan, Jessica J. Hellmann, and Mark W. Schwartz, "A Framework for Debate of Assisted Migration in an Era of Climate Change," *Conserv Biol* 21

(2007), 297.

91   파칼라와 소콜로는 기후를 안정시키고 위기를 멈추기 위해 일종의 "쐐기"를 추진할 것을 제안하며, 이들의 조합을 통해 효과를 증가시킬 것이다 [S. Pacala and R. Socolow, "Stabilization Wedges - Solving the Climate Problem for the Next 50 Years Using Current Technologies," *Science* 305 (2004), 968-72와 Mark Lynas, *Six Degrees: Our Future on a Hotter Planet* (London: Fourth Estate, 2007), 293-98의 코멘트].

92   Don E. Marietta Jr., *For People and the Planet: Holism and Humanism in Environmental Ethics* (Philadelphia: Temple University Press, 1994).

참고문헌

Abbott-Smith, G. *A Manual Greek Lexicon of the New Testament.* Edinburgh: T&T Clark, 1936.

Adams, Edward. *Constructing the World: A Study in Paul's Cosmological Language.* Edinburgh: T&T Clark, 2000.

———. "Paul's Story of God and Creation." In Longenecker, *Narrative Dynamics in Paul,* 19-43.

———. "Retrieving the Earth from the Conflagration: 2 Peter 3.5-13 and the Environment." In Horrell, Hunt, Southgate, and Stavrakopoulou, *Ecological Hermeneutics,* 108-20.

———. *The Stars Will Fall From Heaven: Cosmic Catastrophe in the New Testament and its World,* Library of New Testament Studies 347. London: T&T Clark, 2007.

Alter, Robert. *The Art of Biblical Poetry.* New York: Basic Books, 1985.

Amery, Carl. *Das Ende der Vorsehung: Die Gnadenlosen Folgen des Christentums.* Hamburg: Rowohlt, 1972.

Ancil, Ralph E. "Environmental Problems: A Creationist Perspective Our Biblical Heritage [sic]." *Creation Social Science and Humanities Society Quarterly Journal* 6, no. 4 (1983): 5-9. http://www.creationism.org/csshs/v06n4p05.htm (accessed May 14, 2006).

———. "Man and His Environment: The Creationist Perspective." *Creation Social Science and Humanities Society Quarterly Journal* 12, no. 4. (1989): 19-22. http://www.creationism.org/csshs/v12n4p19.htm (accessed August 5, 2009).

Anderson, Bernhard W. "Creation and Ecology." In *Creation in the Old Testament,* edited by Bernhard W. Anderson, 152-71. Philadelphia: Fortress, 1984.

_____. *From Creation to New Creation: Old Testament Perspectives*. Minneapolis: Fortress, 1994.

Balabanski, Vicky. "Critiquing Anthropocentric Cosmology: Retrieving a Stoic 'Permeation Cosmology' in Colossians 1:15-20." In Habel and Trudinger, *Exploring Ecological Hermeneutics*, 151-59.

_____. "Hellenistic Cosmology and the Letter to the Colossians: Towards an Ecological Hermeneutic." In Horrell, Hunt, Southgate, and Stavrakopoulou, *Ecological Hermeneutics*, 94-107.

Balz, Horst R. *Heilsvertrauen und Welterfahrung: Strukturen der paulinischen Eschatologie nach Römer 8, 18-39*. Beiträge zur evangelischen Theologie. Theologische Abhandlungen 59. Munich: Kaiser, 1971.

Baranzke, Heike, and Hedwig Lamberty-Zielinski. "Lynn White und das Dominium Terrae (Gen 1,28b). Ein Beitrag zu Einer Doppelten Wirkungsgeschichte." *Biblische Notizen* 76 (1995): 32-61.

Barbour, Ian. *Religion and Science: Historical and Contemporary Issues*. London: SCM Press, 1997.

Barclay, John M. G. *Colossians and Philemon*. New Testament Guides. Sheffield: Sheffield Academic Press, 1997.

_____. "Paul's Story." In Longenecker, *Narrative Dynamics in Paul*, 133-56.

_____. "Thessalonica and Corinth: Social Contrasts in Pauline Christianity." *Journal for the Study of the New Testament* 47 (1992): 49-74.

Barker, Margaret. *The Great High Priest: The Temple Roots of Christian Liturgy*. New York: T&T Clark, 2003.

Barr, James. "Man and Nature-The Ecological Controversy and the Old Testament." *Bulletin of the John Rylands University Library, Manchester* 55 (1972): 9-32.

Barrett, C. K. *A Commentary on the Epistle to the Romans*. Black's New Testament Commentaries. 1957. Revised edition, London: A&C Black, 1971.

_____. *A Commentary on the First Epistle to the Corinthians*. Black's New Testament Commentaries. 1968. 2nd ed., London: A&C Black, 1971.

_____. *A Commentary on the Second Epistle to the Corinthians*. Black's New Testament Commentaries. London: A&C Black, 1973.

_____. *Essays on Paul*. London: SPCK, 1982.

_____. *From First Adam to Last*. London: A&C Black, 1962.

Barth, Karl. *Church Dogmatics I. 1: The Doctrine of the Word of God*. 2nd ed. Translated by G. W. Bromiley. Edinburgh: T&T Clark, 1975.

_____. *Church Dogmatics III.3: The Doctrine of Creation*. 2nd ed. Translated by G. W. Bromiley and R. J. Ehrlich. Edinburgh: T&T Clark, 1960.

_____. *Church Dogmatics III.4: The Doctrine of Creation*. 2nd ed. Translated by A. T.

Mackay, T. H. L. Parker, H. Knight, H. A. Kennedy, and J. Marks. Edinburgh: T&T Clark, 1961.

_____. *Church Dogmatics IV.2: The Doctrine of Reconciliation*, vol. 2. Translated by G. W. Bromiley. Edinburgh: T&T Clark, 1958.

Barth, Markus. "Christ and All Things." In *Paul and Paulinism: Essays in Honour of C. K. Barrett*, edited by M. D. Hooker and S. G. Wilson, 160-72. London: SPCK, 1982.

Barth, Markus, and Helmut Blanke. *Colossians: A New Translation with Introduction and Commentary*. Anchor Bible 34B. Translated by Astrid B. Beck. New York: Doubleday, 1994.

Barton, Stephen C. "New Testament Eschatology and the Ecological Crisis in Theological and Ecclesial Perspective." In Horrell, Hunt, Southgate, and Stavrakopoulou, *Ecological Hermeneutics*, 266-82.

Bassler, Jouette M., ed. *Pauline Theology*. Vol. 1, *Thessalonians, Philippians, Galatians, Philemon*. Minneapolis: Fortress, 1991.

_____. "A Response to Jeffrey Bingham and Susan Graham: Networks and Noah's Sons." In *Early Patristic Readings of Romans*, edited by Kathy L. Gaca and L. L. Welborn, 133-51. Romans through History and Culture Series. New York: T&T Clark, 2005.

Bauckham, Richard. *Beyond Stewardship: The Bible and the Community of Creation*. 2006 Sarum Lectures. London: Darton, Longman, & Todd, forthcoming.

_____. *God and the Crisis of Freedom: Biblical and Contemporary Perspectives*. Louisville, Ky.: Westminster John Knox, 2002.

_____. "Joining Creation's Praise of God." *Ecotheology* 7 (2002): 45-59.

_____. "Reading the Synoptic Gospels Ecologically." In Horrell, Hunt, Southgate, and Stavrakopoulou, *Ecological Hermeneutics*, 70-82.

_____. "Where is Wisdom to be Found? Colossians 1.15-20 (2)." In *Reading Texts, Seeking Wisdom*, edited by David F. Ford and Graham Stanton, 129- 38. London: SCM Press, 2003.

Beal Jr., R. S. "Can A Premillennialist Consistently Entertain a Concern for the Environment? A Rejoinder to Al Truesdale." *Perspectives on Science and Christian Faith* 46 (1994): 172-77.

Beasley-Murray, Paul. "Colossians 1:15-20: An Early Christian Hymn Cele brating the Lordship of Christ." In *Pauline Studies: Essays Presented to Professor F. F. Bruce on His 70th Birthday*, edited by Donald A. Hagner and Murray J. Harris, 169-83. Grand Rapids: Eerdmans, 1980.

Beisner, E. Calvin. Where Garden Meets Wilderness: Evangelical Entry into the Environmental Debate . Grand Rapids : Eerdmans, 1997.

Beker, J. Christiaan. *Heirs of Paul: Paul's Legacy in the New Testament and in the Church Today*. Edinburgh: T&T Clark, 1992.

_____. *Paul the Apostle: The Triumph of God in Life and Thought*, Edinburgh: T&T Clark, 1980.

Bell, Richard H. "Rom 5.18-19 and Universal Salvation." *New Testament Studies* 48 (2002): 417-32.

Bennett, Gaymon, Martinez J. Hewlett, Ted Peters, and Robert J. Russell, eds. *The Evolution of Evil*. Göttingen: Vandenhoeck & Ruprecht, 2008.

Bergmann, Sigurd. "Atmospheres of Synergy: Towards an Eco-theological Aesth/Ethics." *Ecotheology* 11 (2006): 326-56.

Berry, R. J., ed. *The Care of Creation*. Leicester: InterVarsity, 2000.

_____. *Ecology & Ethics*. London: InterVarsity, 1972.

_____. *God's Book of Works. The Nature and Theology of Nature*. New York: T&T Clark, 2003.

Berry, Thomas. *The Dream of the Earth*. San Francisco: Sierra Club, 1988.

Best, E. *One Body in Christ: A Study in the Relationship of the Church to Christ in the Epistles of the Apostle Paul*. London: SPCK, 1955.

Bieringer, Reimund. "2 Kor 5,19a und die Versöhnung der Welt." *Ephemerides Theologicae Lovanienses* 63 (1987): 295-326.

Bindemann, Walther. *Die Hoffnung der Schöpfung: Römer 8,18-27 und die Frage einer Theologie der Befreiung von Mensch und Natur*. Neukirchen-Vluyn: Neukirchener Verlag, 1983.

Blackburn, Simon. *The Oxford Dictionary of Philosophy*. New York: Oxford University Press, 1994.

Blass, Friedrich Wilhelm, A. Debrunner, and Robert W. Funk. *A Greek Grammar of the New Testament and Other Early Christian Literature*. Chicago: University of Chicago Press, 1961.

Bockmuehl, Markus N. A. *The Epistle to the Philippians*. Black's New Testament Commentaries. London: A&C Black, 1998.

_____. *Jewish Law in Gentile Churches*. Edinburgh: T&T Clark, 2000.

Bolt, John. "The Relation between Creation and Redemption in Romans 8:18 27." *Calvin Theological Journal* 30 (1995): 34-51.

Bonaventure. "The Tree of Life." In *Bonaventure: The Soul's Journey into God; The Tree of Life; The Life of St. Francis*, translated by Ewert Cousins, 117-75. London: SPCK, 1978.

Bonhoeffer, Dietrich. *Ethics*. Edited by Eberhard Bethge. Translated by Neville Horton Smith. London: Collins, 1964.

Booker, Christopher. *Why We Tell Stories*. New York: Continuum, 2004.

Bouma-Prediger, Steven. *For the Beauty of the Earth: A Christian Vision for Creation Care*. Grand Rapids: Baker Academic, 2001.

Bowker, John. *The Targums and Rabbinic Literature: An Introduction to Jewish Interpretations of Scripture.* Cambridge: Cambridge University Press, 1969.

Boyarin, Daniel. *A Radical Jew: Paul and the Politics of Identity.* Berkeley: University of California Press, 1994.

Boyer, Paul. *When Time Shall Be No More: Prophecy Belief in Modern American Culture.* Cambridge, Mass.: Belknap, 1992.

Braaten, Laurie J. "All Creation Groans: Romans 8:22 in Light of the Biblical Sources." *Horizons in Biblical Theology* 28 (2006): 131-59.

Bradley, Ian. *God Is Green: Christianity and the Environment.* London: Darton, Longman, & Todd, 1990.

Breytenbach, Cilliers. *Versöhnung: eine Studie zur paulinischen Soteriologie.* Wissenschaftliche Monographien zum Alten und Neuen Testament 60. Neukirchen-Vluyn: Neukirchener, 1989.

Brown, William P. *The Ethos of the Cosmos: The Genesis of Moral Imagination in the Bible.* Grand Rapids: Eerdmans, 1999.

Bruce, F. F. *The Epistles to the Colossians, to Philemon, and to the Ephesians.* Grand Rapids: Eerdmans, 1984.

Brueggemann, Walter. *Reverberations of Faith: A Theological Handbook of Old Testament Themes.* Louisville, Ky.: Westminster John Knox, 2002.

Budiansky, Stephen. *The Covenant of the Wild: Why Animals Chose Domestication.* London: Phoenix, 1997.

Bultmann, Rudolf. "New Testament and Mythology: The Problem of Demythologizing the New Testament Proclamation [1941]." In *New Testament and Mythology and Other Basic Writings*, edited by Schubert M. Ogden, 1-43. , 1985.

_____. "Das Problem der Ethik bei Paulus." *Zeitschrift für die neutestamentliche Wissenschaft* 23 (1924): 123-40.

_____. "The Problem of Ethics in Paul." In *Understanding Paul's Ethics: Twentieth-Century Approaches*, edited by Brian S. Rosner, 195-216. Grand Rapids: Eerdmans, 1995.

_____. *Theology of the New Testament*, vol. 1. Translated by Kendrick Grobel. London: SCM Press, 1952.

Burggraeve, Roger. "Responsibility for a 'New Heaven and a New Earth.'" *Concilium* 4 (1991): 107-18.

Burney, C. F. "Christ as the APXH of Creation." *Journal of Theological Studies* 27 (1926): 160-77.

Burridge, Richard A. *Imitating Jesus: An Inclusive Approach to New Testament Ethics.* Grand Rapids: Eerdmans, 2007.

Byrne, Brendan. "Creation Groaning: An Earth Bible Reading of Romans 8.18 22." In Habel, *Readings*, 193-203.

_____. "An Ecological Reading of Rom 8.19-22: Possibilities and Hesitations." In Horrell, Hunt, Southgate, and Stavrakopoulou, *Ecological Hermeneutics*, 83-93.

_____. *Romans*. Sacra Pagina 6. Collegeville, Minn.: Liturgical Press, 1996.

Calvert, Samantha Jane. "Ours Is the Food That Eden Knew': Themes in the Theology and Practice of Modern Christian Vegetarians." In *Eating and Believing: Interdisciplinary Perspectives on Vegetarianism and Theology*, edited by Rachel Muers and David Grumett, 123-34. New York: T&T Clark, 2008.

Campbell, Douglas A. *The Deliverance of God: An Apocalyptic Rereading of Justification in Paul*. Grand Rapids: Eerdmans, 2009.

_____. *The Quest for Paul's Gospel: A Suggested Strategy*. Journal for the Study of the New Testament Supplement 274. New York: T&T Clark, 2005.

_____. *The Rhetoric of Righteousness in Romans 3.21-26*. Journal for the Study of the New Testament Supplement 65. Sheffield: JSOT Press, 1992.

_____. "Romans 1:17-A *Crux Interpretum* for the ΠΙΣΤΙΣ ΧΡΙΣΤΟΥ Debate." *Journal of Biblical Literature* 113 (1994): 265-86.

_____. "The Story of Jesus in Romans and Galatians." In Longenecker, *Narrative Dynamics in Paul*, 97-124.

_____. "Unravelling Colossians 3.11b." *New Testament Studies* 42 (1996): 120-32.

Campolo, Tony. *How to Rescue the Earth without Worshipping Nature: A Christian's Call to Save Creation*. Milton Keynes: Word, 1992.

Carley, Keith. "Psalm 8: An Apology for Domination." In Habel, *Readings*, 111 24.

Case, Shirley Jackson. *The Millennial Hope: A Phase of War-time Thinking*. Chicago: University of Chicago Press, 1918.

Chang, Hae-Kyung. *Die Knechtschaft und Befreiung der Schöpfung. Eine exegetische Untersuchung zu Römer 8,19-22*. Bibelwissenschaftliche Monographien 7. Wuppertal: Brockhaus, 2000.

Cheney, Jim. "Naturalizing the Problem of Evil." *Environmental Ethics* 19 (1997): 299-313.

Christoffersson, Olle. *The Earnest Expectation of the Creature: The Flood-Tradition as Matrix of Romans 8:18-27*. Stockholm: Almqvist & Wiksell, 1990.

Chryssavgis, John, ed. *Cosmic Grace, Humble Prayer: The Ecological Vision of the Green Patriarch Bartholomew I*. Grand Rapids: Eerdmans, 2003.

Clark, Stephen R. L. *How to Think about the Earth*. London: Mowbray, 1993.

Clarke, Fern K. T. "God's Concern for the Poor in the New Testament: A Discussion of the Role of the Poor in the Foundation of Christian Belief (Early to Mid First Century C.E.)." Ph.D. diss., University of Exeter, 2000.

Clifford, Paula. "All Creation Groaning": A Theological Approach to Climate Change and Development*. London: Christian Aid, 2007.

Clough, David. *On Animals: Theology*. New York: T&T Clark, 2012.

Clouse, Robert G., ed. *The Meaning of the Millennium: Four Views*. Downers Grove, Ill.: InterVarsity, 1979.

Coakley, Sarah. "Theological Meanings and Gender Connotations." In *The Work of Love: Creation as Kenosis*, edited by John Polkinghorne, 192-210. Grand Rapids: Eerdmans, 2001.

Common Declaration on Environmental Ethics: Common Declaration of John Paul II and the Ecumenical Patriarch His Holiness Bartholomew I. (2002). http://www.vatican .va/holy_father/john_paul_ii/speeches/2002/june/documents/hf_jp-ii_sp e_20020610_venice-declaration_en.html (accessed August 4, 2009).

Conradie, Ernst M. *An Ecological Christian Anthropology: At Home on Earth?* Aldershot, Vt.: Ashgate, 2005.

_____. "Interpreting the Bible amidst Ecological Degradation." *Theology* 112 (2009): 199-207.

_____. "The Redemption of the Earth: In Search of Appropriate Soteriological Concepts in an Age of Ecological Destruction." Unpublished paper, Yale Divinity School, 2008.

_____. "The Road towards an Ecological Biblical and Theological Her meneutics." *Scriptura* 93 (2006): 305-14.

_____. "Towards an Ecological Biblical Hermeneutics: A Review Essay on the Earth Bible Project." *Scriptura* 85 (2004): 123-35.

_____. "What on Earth is an Ecological Hermeneutics? Some Broad Parameters." In Horrell, Hunt, Southgate, and Stavrakopoulou, *Ecological Hermeneutics*, 295-313.

Cooper, Tim. *Green Christianity: Caring for the Whole Creation*. London: Spire, 1990.

Corley, Kathleen E. "1 Peter." In *Searching the Scriptures*. Vol. 2, *A Feminist Commentary*, edited by Elisabeth Schüssler Fiorenza, 349-60. London: SCM Press, 1995.

Cranfield, Charles E. B. *A Critical and Exegetical Commentary on the Epistle to the Romans*. Vol. 1, *Romans 1-VIII*. The International Critical Commentary. Edinburgh: T&T Clark, 1975.

_____. "Some Observations on Romans 8:19-21." *In Reconciliation and Hope: New Testament Essays on Atonement and Eschatology presented to L. L. Morris on his 60th Birthday*, edited by Robert Banks, 224-30. Exeter: Paternoster, 1974.

Cumbey, Constance E. *The Hidden Dangers of the Rainbow: The New Age Movement and Our Coming Age of Barbarism*. Shreveport: Huntington House, 1983.

_____. *A Planned Deception: The Staging of a New Age "Messiah."* East Detroit, Mich.: Pointe Publishers, 1985.

Daly, Herman E. and John B. Cobb Jr. *For the Common Good*. 1989. Reprint, Boston, Mass.: Beacon, 1994.

Daly, Mary. *Beyond God the Father: Toward a Philosophy of Women's Liberation*. London: Women's Press, 1986.

Davies, W. D. *Paul and Rabbinic Judaism: Some Rabbinic Elements in Pauline Theology*. 1948. 2nd edition, London: SPCK, 1955.

Deane-Drummond, Celia E. *Creation Through Wisdom*. Edinburgh: T&T Clark, 2000.

_____. *The Ethics of Nature*. Oxford: Blackwell, 2004.

_____. "Shadow Sophia in Christological Perspective: The Evolution of Sin and the Redemption of Nature." *Theology and Science* 6 (2008): 13-32.

Deissmann, Adolf. *Paul. A Study in Social and Religious History*. Translated by William E. Wilson. London: Hodder & Stoughton, 1926.

Deming, Will. *Paul on Marriage and Celibacy: The Hellenistic Background of 1 Corinthians 7*. Society for New Testament Studies Monograph 83. Cambridge: Cambridge University Press, 1995.

Devlin, Christopher, ed. *The Sermons and Devotional Writings of Gerard Manley Hopkins*. London: Oxford University Press, 1959.

Dodd, C. H. *The Epistle of Paul to the Romans*. Moffatt's New Testament Commentary. London: Houghton, 1932.

Domning, Daryl P. and Monika K. Hellwig. *Original Selfishness: Original Sin in the Light of Evolution*. Aldershot, Vt.: Ashgate, 2006.

Donelson, Lewis R. *Colossians, Ephesians, 1 and 2 Timothy, and Titus*. Westminster Bible Companion. Louisville, Ky.: Westminster John Knox, 1996.

Donfried, Karl P. *The Romans Debate*. Rev. ed. Edinburgh: T&T Clark, 1991.

Downing, F. Gerald. *Cynics, Paul and the Pauline Churches*. New York: Routledge, 1998.

_____. "Review of Habel, Norman C. and Balabanski, Vicky (eds.), *The Earth Story in the New Testament*. The Earth Bible 5. London: Sheffield Academic Press, 2002." *Biblical Interpretation* 12 (2004): 311-13.

Drane, John W. *Paul: Libertine or Legalist? A Study in the Theology of the Major Pauline Epistles*. London: SPCK, 1975.

Dunn, James D. G. *Christology in the Making*. London: SCM Press, 1980.

_____. *The Epistles to the Colossians and to Philemon*. New International Greek Testament Commentary. Grand Rapids: Eerdmans, 1996.

_____. *The New Perspective on Paul: Collected Essays*. Wissenschaftliche Untersuchungen zum Neuen Testament 185. Tübingen: Mohr Siebeck, 2005.

_____. "Once More, ΠΙΣΤΙΣ ΧΡΙΣΤΟΥ ." In *Pauline Theology*. Vol. 4, *Looking Back, Pressing On*, edited by E. Elizabeth Johnson and David M. Hay, 61-81. Minneapolis: Fortress, 1997.

_____. *Romans 1-8*. Word Biblical Commentary 38A. Dallas, Tex.: Word Books, 1988.

_____. *Romans 9-16*. Word Biblical Commentary 38B. Dallas, Tex.: Word Books,

1988.

_____. *The Theology of Paul the Apostle.* Edinburgh: T&T Clark, 1998.

Dyer, Keith D. "When Is the End Not the End? The Fate of Earth in Biblical Eschatology (Mark 13)." In Habel and Balabanski, *The Earth Story in the New Testament*, 44-56.

Dyrness, William. "Stewardship of the Earth in the Old Testament." In *Tending the Garden*, edited by Wesley Granberg-Michaelson, 50-65. Grand Rapids: Eerdmans, 1987.

Earth Bible Team, The. "Conversations with Gene Tucker and Other Writers." In Habel and Wurst, *The Earth Story in Genesis*, 21-33.

_____. "Ecojustice Hermeneutics: Reflections and Challenges." In Habel and Balabanski, *The Earth Story in the New Testament*, 1-14.

_____. "Guiding Ecojustice Principles." In Habel, *Readings*, 38-53.

Echlin, Edward P. *The Cosmic Circle: Jesus and Ecology.* Blackrock, Colo.: Columba, 2004.

Eckberg, Douglas Lee, and T. Jean Blocker. "Christianity, Environmentalism, and the Theoretical Problem of Fundamentalism." *Journal for the Scientific Study of Religion* 35 (1996): 343-55.

Edwards, Denis. "Every Sparrow that Falls to the Ground: The Cost of Evolution and the Christ-Event." *Ecotheology* 11 (2006): 103-23.

_____. *The God of Evolution: A Trinitarian Theology.* Mahwah, N.J.: Paulist Press, 1999.

Edwards, Michael. *Towards a Christian Poetics.* London: Macmillan, 1984.

Elsdon, Ron. "Eschatology and Hope." In Berry, *Care*, 161-66.

Engberg-Pedersen, Troels. *Paul and the Stoics.* Edinburgh: T&T Clark, 2000.

Esler, Philip F. *Galatians.* New York: Routledge, 1998.

Fee, Gordon D. *The First Epistle to the Corinthians.* New International Commentary on the New Testament. Grand Rapids: Eerdmans, 1987.

_____. *Pauline Christology: An Exegetical-Theological Study.* Peabody, Mass.: Hendrickson, 2007.

Ferretter, Luke. *Towards a Christian Literary Theory.* Basingstoke: Palgrave Macmillan, 2003.

Fiddes, Paul S. *Freedom and Limit: A Dialogue between Literature and Christian Doctrine.* Macon, Ga.: Mercer University Press, 1999.

Finger, Thomas. *Evangelicals, Eschatology, and the Environment.* The Scholars Circle 2. Wynnewood, Pa.: Evangelical Environmental Network, 1998.

Finsterbusch, Karin. *Die Thora als Lebensweisung für Heidenchristen.* Studien zur Umwelt des Neuen Testaments 20. Göttingen: Vandenhoeck & Ruprecht, 1996.

Fiorenza, Elisabeth Schüssler. *In Memory of Her*. London: SCM Press, 1983.

_____. "Missionaries, Apostles, Co-workers: Romans 16 and the Reconstruction of Women's Early Christian History." *Word and World* 6 (1986): 420-33.

_____. "The Will to Choose or to Reject: Continuing Our Critical Work." In *Feminist Interpretation of the Bible*, edited by Letty M. Russell, 125-36. Philadelphia: Westminster, 1985.

Fitzmyer, Joseph A. *Romans: A New Translation with Introduction and Commentary*. Anchor Bible 33 New York: Doubleday, 1993.

Flor, Elmer. "The Cosmic Christ and Ecojustice in the New Cosmos." In Habel and Balabanski, *The Earth Story in the New Testament*, 137-47.

Fowl, Stephen E. "Christology and Ethics in Philippians 2:5-11." In *Where Christology Began: Essays on Philippians 2*, edited by R. P. Martin and B. J. Dodd, 140-53. Louisville, Ky.: Westminster John Knox, 1998.

_____. *The Story of Christ in the Ethics of Paul: An Analysis of the Function of the Hymnic Material in the Pauline Corpus*. Journal for the Study of the New Testament Supplement 36. Sheffield: Sheffield Academic Press, 1990.

Fox, Matthew. *The Coming of the Cosmic Christ*. San Francisco: Harper & Row, 1988.

_____. *Original Blessing*. Santa Fe: Bear, 1983.

Frye, Northrop. *Anatomy of Criticism*. 1957. Reprint, Princeton: Princeton University Press, 2000.

Furnish, Victor Paul. *II Corinthians*. Anchor Bible 32A. New York: Doubleday, 1984.

_____. *Jesus According to Paul*. Cambridge: Cambridge University Press, 1993.

_____. *Theology and Ethics in Paul*. Nashville: Abingdon, 1968.

_____. "Uncommon Love and the Common Good: Christians as Citizens in the Letters of Paul." In *In Search of the Common Good*, edited by Dennis P. McCann and Patrick D. Miller, 58-87. New York: T&T Clark, 2005.

Gager Jr., John G. "Functional Diversity in Paul's Use of End-Time Language." *Journal of Biblical Literature* 89 (1970): 325-37.

Galloway, Allan D. *The Cosmic Christ*. London: Nisbet, 1951.

Gibbs, John G. *Creation and Redemption: A Study in Pauline Theology*. Novum Testamentum Supplement 26. Leiden: Brill, 1971.

_____. "Pauline Cosmic Christology and Ecological Crisis." *Journal of Biblical Literature* 90 (1971): 466-79.

Gorday, Peter, ed. *Ancient Christian Commentary on Scripture: Colossians, 1–2 Thessalonians, 1-2 Timothy, Titus, Philemon*. Ancient Christian Commentary on Scripture New Testament 11. Chicago: Fitzroy Dearborn, 2000.

Gordley, Matthew E. *The Colossian Hymn in Context: An Exegesis in Light of Jewish and Greco-Roman Hymnic and Epistolary Conventions*. Wissenschaftliche Untersuchungen zum Neuen Testament 2.228. Tübingen: Mohr Siebeck, 2007.

Gorman, Michael J. *Cruciformity: Paul's Narrative Spirituality of the Cross.* Grand Rapids: Eerdmans, 2001.

_____. *Inhabiting the Cruciform God: Kenosis, Justification, and Theosis in Paul's Narrative Soteriology.* Grand Rapids: Eerdmans, 2009.

Granberg-Michaelson, Wesley. "Introduction: Identification or Mastery?" In *Tending the Garden*, edited by Wesley Granberg-Michaelson, 1-5. Grand Rapids: Eerdmans, 1987.

Green, R. P. H., ed. and trans. *Saint Augustine: On Christian Teaching.* Oxford World's Classics. Oxford: Oxford University Press, 1997.

The Green Bible. London: HarperCollins, 2008.

Gregorios, Paulos Mar. "New Testament Foundations for Understanding the Creation." In *Tending the Garden*, edited by Wesley Granberg-Michaelson, 83-92. Grand Rapids: Eerdmans, 1987.

Gribben, Crawford. "Rapture Fictions and the Changing Evangelical Condition." *Literature and Theology* 18 (2004): 77-94.

Grudem, Wayne. *Systematic Theology: An Introduction to Biblical Doctrine.* Leicester: InterVarsity, 1994.

Gunther, John J. *St. Paul's Opponents and Their Background: A Study of Apocalyptic and Jewish Sectarian Teachings.* Novum Testamentum Supplement 35. Leiden: Brill, 1973.

Gunton, Colin. "Atonement and the Project of Creation: An Interpretation of Colossians 1:15-23." *Dialog* 35 (1996): 35-41.

Habel, Norman C. "Geophany: The Earth Story in Genesis 1." In Habel and Wurst, *The Earth Story in Genesis*, 34-48.

Habel, Norman C., ed. *The Earth Bible.* Vol. 1, *Readings from the Perspective of Earth.* Cleveland, Ohio: Pilgrim, 2000.

_____, ed. *The Earth Bible.* Vol. 4, *The Earth Story in Psalms and Prophets.* Cleveland, Ohio: Pilgrim, 2001.

_____. "An Ecojustice Challenge: Is Earth Valued in John 1?" In Habel and Balabanski, *The Earth Story in the New Testament*, 76-82.

_____. "Introducing Ecological Hermeneutics." In Habel and Trudinger, *Exploring Ecological Hermeneutics*, 1-8.

_____. "Introducing the Earth Bible." In Habel, *Readings*, 25-37.

Habel, Norman C., and Peter Trudinger, eds. *Exploring Ecological Hermeneutics.* Society of Biblical Literature Symposium 46. Atlanta: Society of Biblical Literature, 2008.

Habel, Norman C., and Shirley Wurst, eds. *The Earth Bible.* Vol. 2, *The Earth Story in Genesis.* Cleveland, Ohio: Pilgrim, 2000.

_____, eds. *The Earth Bible*. Vol. 3, *The Earth Story in Wisdom Traditions*. Cleveland, Ohio: Pilgrim, 2001.

Habel, Norman C., and Vicky Balabanski, eds. *The Earth Bible*. Vol. 5, *The Earth Story in the New Testament*. Cleveland, Ohio: Pilgrim, 2002.

Hahm, David E. *The Origins of Stoic Cosmology*. Columbus: Ohio State University Press, 1977.

Hahne, Harry Alan. *The Corruption and Redemption of Creation: Nature in Romans 8.19-22 and Jewish Apocalyptic Literature*. Library of New Testament Studies 336. New York: T&T Clark, 2006.

Hall, Douglas John. *The Steward: A Biblical Symbol Come of Age*. 1982. Revised edition, Grand Rapids: Eerdmans, 1990.

Halter, Hans, and Wilfried Lochbühler, eds. *Ökologische Theologie und Ethik*. 2 vols. Graz: Styria, 1999.

Hampson, Daphne. *After Christianity*. London: SCM Press, 1996.

_____. *Theology and Feminism*. Oxford: Basil Blackwell, 1990.

Hanson, Stig. *The Unity of the Church in the New Testament: Colossians and Ephesians*. Uppsala: Almqvist & Wiksells, 1946.

Harrison, J. R. "Paul, Eschatology, and the Augustan Age of Grace." *Tyndale Bulletin* 50 (1999): 79-91.

Harrison, Peter. "Subduing the Earth: Genesis 1, Early Modern Science, and the Exploitation of Nature." *Journal of Religion* 79 (1999): 86-109.

Harrisville, Roy A., and Walter Sundberg. *The Bible in Modern Culture: Theology and Historical-Critical Method from Spinoza to Käsemann*. Grand Rapids: Eerdmans, 1995.

Hartman, Lars. "Universal Reconciliation (Col 1,20)." *Studien zum Neuen Testament und seiner Umwelt* 10 (1985): 109-21.

Hauerwas, Stanley. *A Community of Character: Toward a Constructive Christian Social Ethic*. Notre Dame, Ind.: University of Notre Dame Press, 1981.

Hauerwas, Stanley, and David Burrell. "From System to Story: An Alternative Pattern for Rationality in Ethics." In *Why Narrative?*, edited by Stanley Hauerwas and L. Gregory Jones, 158-90. Grand Rapids: Eerdmans, 1989.

Haught, John F. *God After Darwin: A Theology of Evolution*. Boulder, Colo.: Westview, 2000.

Hauke, Manfred. *Women in the Priesthood? A Systematic Analysis in the Light of the Order of Creation and Redemption*. Translated by David Kipp. San Francisco: Ignatius, 1988.

Hay, David M., ed. *Pauline Theology*. Vol. 2, *1 and 2 Corinthians*. Minneapolis: Fortress, 1993.

Hay, David M., and E. Elizabeth Johnson, eds. *Pauline Theology.* Vol. 3, *Romans.* Minneapolis: Fortress, 1995.

Hayes, Katherine M. *"The Earth Mourns": Prophetic Metaphor and Oral Aesthetic.* Academia Biblica 8. Atlanta: Society of Biblical Literature, 2002.

Hays, Richard B. *The Faith of Jesus Christ: The Narrative Substructure of Galatians 3:1-4:11.* 1983. Revised edition, Grand Rapids: Eerdmans, 1997.

_____. *First Corinthians.* Interpretation: A Bible Commentary for Teaching and Preaching. Louisville, Ky.: John Knox, 1997.

_____. "Is Paul's Gospel Narratable?" *Journal for the Study of the New Testament* 27 (2004): 217-39.

_____. *The Moral Vision of the New Testament.* Edinburgh: T&T Clark, 1997.

Hayter, Mary. *The New Eve in Christ.* Grand Rapids: Eerdmans, 1987.

Heap, Brian, and Flavio Comin. "Consumption and Happiness: Christian Values and an Approach towards Sustainability." In *When Enough Is Enough: A Christian Framework for Environmental Sustainability,* edited by R. J. Berry, 79-98. Nottingham: Apollos, 2007.

Hengel, Martin, and Anna Maria Schwemer. *Paul between Damascus and Antioch: The Unknown Years.* London: SCM Press, 1997.

Hill, Brennan R. *Christian Faith and the Environment: Making Vital Connections.* Maryknoll, N.Y.: Orbis, 1998.

Hillert, Sven. *Limited and Universal Salvation: A Text-Oriented and Hermeneutical Study of Two Perspectives in Paul.* Coniectanea Biblica New Testament Series 31. Stockholm: Almqvist & Wiksell, 1999.

Hinderaker, John. "Bill Moyers Smears a Better Man than Himself." http://powerli neblog.com/archives/2005/02/009377.php (accessed July 31, 2009).

Hooker, Morna D. "Authority on Her Head: An Examination of I Cor. XI. 10." *New Testament Studies* 10 (1964): 110-16.

_____. *From Adam to Christ: Essays on Paul.* Cambridge: Cambridge University Press, 1990.

_____. "Were There False Teachers in Colossae?" In *Christ and Spirit in the New Testament,* edited by Barnabas Lindars and Stephen S. Smalley, 315-31. Cambridge: Cambridge University Press, 1973.

Hopewell, James F. *Congregation: Stories and Structures.* Philadelphia: Fortress, 1987.

Horrell, David G. *The Bible and the Environment: Towards a Critical Ecological Biblical Theology.* Biblical Challenges in the Contemporary World. Oakville, Conn.: Equinox, 2010.

_____. "Biblical Vegetarianism? A Critical and Constructive Assessment." In *Eating and Believing: Interdisciplinary Perspectives on Vegetarianism and Theology,* edited by Rachel Muers and David Grumett, 44-59. New York: T&T Clark, 2008.

_____. "Ecojustice in the Bible? Pauline Contributions to an Ecological Theology." In *Bible and Justice: Ancients Texts, Modern Challenges*, edited by Matthew J. M. Coomber. Oakville, Conn.: Equinox, 2011.

_____. *"The Green Bible*: A Timely Idea Deeply Flawed." *Expository Times* 121 (2010): 180-85.

_____. *An Introduction to the Study of Paul*. 2nd ed. New York: T&T Clark, 2006.

_____. "Particular Identity and Common Ethics: Reflections on the Foundations and Content of Pauline Ethics in 1 Corinthians 5." In *Jenseits von Indikativ und Imperativ: Kontexte und Normen neutestamentlicher Ethik/Contexts and Norms of New Testament Ethics*, edited by Friedrich Wilhelm Horn and Ruben Zimmermann, 197-212. Wissenschaftliche Untersuchungen zum Neuen Testament 2.238. Tübingen: Mohr Siebeck, 2009.

_____. "Paul's Narratives or Narrative Substructure? The Significance of 'Paul's Story.'" In Longenecker, *Narrative Dynamics in Paul*, 157-71.

_____. *Solidarity and Difference: A Contemporary Reading of Paul's Ethics*. New York: T&T Clark, 2005.

"Theological Principle or Christological Praxis? Pauline Ethics in 1 Cor 8.1-11.1." *Journal for the Study of the New Testament* 67 (1997): 83-114.

Horrell, David G., Cherryl Hunt, Christopher Southgate, and Francesca Stavrakopoulou, eds. *Ecological Hermeneutics: Biblical, Historical and Theological Perspectives*. New York: T&T Clark, 2010.

Hubbard, Moyer V. *New Creation in Paul's Letters and Thought*. Society for New Testament Studies Monograph Series 119. Cambridge: Cambridge University Press, 2002.

Hübner, Hans. "Paulusforschung seit 1945. Ein kritischer Literaturbericht." *Aufstieg und Niedergang der römischen Welt* II.25 (1987): 2649-2840.

Hultgren, Arland J. "The Pastoral Epistles." In *The Cambridge Companion to St Paul*, edited by James D. G. Dunn, 141-55. Cambridge: Cambridge University Press, 2003.

Hunt, Cherryl. "Beyond Anthropocentrism: Towards a Re-reading of Pauline Ethics." *Theology* 112 (2009): 190-98.

Hunt, Dave. *Peace, Prosperity, and the Coming Holocaust: The New Age Movement in Prophecy*. Eugene, Ore.: Harvest House, 1983.

Interfaith Council for Environmental Stewardship. "The Cornwall Declaration on Environmental Stewardship" (2000). http://www.cornwallalliance.org/docs/the-cornwall-declaration-on-environmental-stewardship.pdf (accessed July 31, 2009).

Intergovernmental Panel on Climate Change (2009). http://www.ipcc.ch/index.htm (accessed August 4, 2009).

International Theological Commission. "Communion and Stewardship: Human Persons Created in the Image of God" (2004). http://www.vatican.va/roman _curia/

congregations/cfaith/cti_documents/rc_con_cfaith_doc_20040723_commu-nion-stewardship_en.html (accessed August 5, 2009).

Jackson, Tony Ryan. "The Historical and Social Setting of New Creation in Paul's Letters." Ph.D. diss., University of Cambridge, 2009.

Jackson, Wes. *Becoming Native to This Place*. New York: Counterpoint, 1994.

Jenkins, Willis. *Ecologies of Grace: Environmental Ethics and Christian Theology*. New York: Oxford University Press, 2008

Jewett, Robert. "The Corruption and Redemption of Creation: Reading Rom 8:18-23 within the Imperial Context." In *Paul and the Roman Imperial Order*, edited by Richard A. Horsley, 25-46. Harrisburg: Trinity Press International, 2004.

_____. *Paul's Anthropological Terms: A Study of Their Use in Conflict Settings*. Leiden: Brill, 1971.

_____. *Romans*. Hermeneia. Minneapolis: Fortress, 2007.

John Paul II. "Apostolic Letter *Mulieris Dignitatem*." Libreria Editrice Vaticana (1988). http://www.vatican.va/holy_father/john_paul_ii/letters/documents/hf_jp-ii_let_29061995_women_en.html (accessed January 8, 2007).

_____. "Letter to Women." Libreria Editrice Vaticana (1995). http://www.vatican.va/holy_father/john_paul_ii/letters/documents/hf_jp-ii_let _29061995_women_en.html (accessed January 8, 2007).

John Ray Initiative, The. http://www.jri.org.uk (accessed August 26, 2009).

Johnson, E. Elizabeth, and David M. Hay, eds. *Pauline Theology*. Vol. 4, *Looking Back, Pressing On*. Minneapolis: Fortress, 1997.

Johns, James. *Jesus and the Earth*. London: SPCK, 2003.

Käsemann, Ernst. *Commentary on Romans*. Translated by G. W. Bromiley. Grand Rapids: Eerdmans, 1980.

_____. "Justification and Salvation History in the Epistle to the Romans." In *Perspectives on Paul*, 60-78. New Testament Library. London: SCM Press, 1971.

_____. "A Primitive Christian Baptismal Liturgy." In *Essays on New Testament Themes*, 149-68. Studies in Biblical Theology 41. London: SCM Press, 1964. Original essay was published in 1949.

Keesmaat, Sylvia C. "Echoes, Ethics and Empire in Colossians." Paper presented at the annual meeting of the Society of Biblical Literature, Washington, D.C., November 2006.

_____. *Paul and his Story: (Re)Interpreting the Exodus Tradition*. Journal for the Study of the New Testament Supplement 181. Sheffield: Sheffield Academic Press, 1999.

Kemmerer Lisa. *In Search of Consistency: Ethics and Animals*. Leiden: Brill, 2006.

Kern, Otto. Orphicorum Fragmenta. 1922. Reprint, Berlin: Weidmann, 1963.

Kidd, Reggie M. *Wealth and Beneficence in the Pastoral Epistles: A "Bourgeois" Form of*

Early Christianity? Society of Biblical Literature Dissertation Series 122. Atlanta: Scholars Press, 1990.

Kittel, Gerhard, ed. *Theological Dictionary of the New Testament.* Translated by G. W. Bromiley 10 vols. Grand Rapids: Eerdmans, 1964-1976.

Krolzik, Udo. *Umweltkrise, Folge des Christentums?* Stuttgart: Kreuz, 1979.

Kropf, Richard W. *Evil and Evolution: A Theodicy.* 1984. Reprint, Eugene, Ore.: Wipf & Stock, 2004.

LaHaye, Tim, and Jerry B. Jenkins. *Left Behind.* Wheaton, Ill.: Tyndale House, 1995.

Lakes, Greg. "Headwaters News: James Watt." Center for the Rocky Mountain West at the University of Montana, 2004. http://www.headwatersnews.org/p.watt.html (accessed February 20, 2007).

Lampe, G. W. H. "The New Testament Doctrine of *KTISIS.*" *Scottish Journal of Theology* 17 (1964): 449-62.

Lapidge, Michael. "Stoic Cosmology." In *The Stoics,* edited by John M. Rist, 161-85. Berkeley: University of California Press, 1978.

_____. "Stoic Cosmology and Roman Literature, First to Third Centuries A.D." *Aufstieg und Niedergang der Römischen Welt* II.36.3 (1989): 1379-1429.

Leenhardt, Franz J. *The Epistle to the Romans: A Commentary.* London: Lutterworth, 1961.

Leopold, Aldo. *A Sand County Almanac: With Essays on Conservation from Round River.* 1949. Reprint, Oxford: Oxford University Press, 1966.

Leske, Adrian M. "Matthew 6.25-34: Human Anxiety and the Natural World." Habel and Balabanski, *The Earth Story in the New Testament,* 15-27.

Liedke, Gerhard. *Im Bauch des Fisches: Ökologische Theologie.* Stuttgart: Kreuz, 1979.

Lightfoot, J. B. *Saint Paul's Epistles to the Colossians and to Philemon: A Revised Text with Introductions, Notes and Dissertations.* New York: Macmillan, 1886.

Lincoln, Andrew T. "The Household Code and Wisdom Mode of Colossians." *Journal for the Study of the New Testament* 74 (1999): 93-112.

_____. "The Letter to the Colossians." In *The New Interpreter's Bible, Vol. 11,* edited by Leander E. Keck, 551-669. Nashville: Abingdon, 2000.

Lincoln, Andrew T., and A. J. M. Wedderburn. *The Theology of the Later Pauline Letters.* Cambridge: Cambridge University Press, 1993.

Lindsey, Hal. *The Late Great Planet Earth.* London: Lakeland, 1971.

Linzey, Andrew. *Animal Theology.* London: SCM Press, 1994.

Lipton, Diana. "Remembering Amalek: A Positive Biblical Model for Dealing with Negative Scriptural Types." In *Reading Texts, Seeking Wisdom,* edited by David F. Ford and Graham Stanton, 139-53. London: SCM Press, 2003.

Lloyd, Michael. "Are Animals Fallen?" In *Animals on the Agenda,* edited by Andrew

Linzey and Dorothy Yamamoto, 147-60. London: SCM Press, 1998.

Lochbühler, Wilfried. *Christliche Umweltethik: Schöpfungstheologische Grundlagen, Philosophisch-ethische Ansätze, Ökologische Marktwirtschaft.* Forum Interdisziplinäre Ethik 13. Frankfurt am Main: Peter Lang, 1996.

Lohfink, Norbert. *Theology of the Pentateuch: Themes of the Priestly Narrative and Deuteronomy.* Translated by Linda M. Maloney. Edinburgh: T&T Clark, 1994.

Lohmeyer, Ernst. *Die Briefe an die Philipper, an die Kolosser und an Philemon.* 11th ed. Kritisch-exegetischer Kommentar uber das Neue Testament (Meyer Kommentar) 10A. Göttingen: Meyers, 1956.

Lohse, Eduard. *Colossians and Philemon.* Translated by William R. Poehlmann and Robert J. Karris. Hermeneia. Philadelphia: Fortress, 1971.

Long, A. A., and D. N. Sedley, eds. *The Hellenistic Philosophers.* 2 vols. Cambridge: Cambridge University Press, 1987.

Longenecker, Bruce W. "The Narrative Approach to Paul: An Early Retrospective." Currents in Biblical Research 1 (2002): 88-111.

———, ed. *Narrative Dynamics in Paul: A Critical Assessment.* Louisville, Ky.: Westminster John Knox, 2002.

———. "Narrative Interest in the Study of Paul." In Longenecker, *Narrative Dynamics in Paul*, 3-16.

Loughlin, Gerard. *Telling God's Story: Bible, Church, and Narrative Theology.* Cambridge: Cambridge University Press, 1996.

Lovelock, James. *The Ages of Gaia: A Biography of Our Living Earth.* Oxford: Oxford University Press, 1989.

Lucas, Ernest. "The New Testament Teaching on the Environment." Trans formation 16.3 (1999): 93-99.

Ludlow, Morwenna. "Power and Dominion: Patristic Interpretations of Genesis 1." In Horrell, Hunt, Southgate, and Stavrakopoulou, *Ecological Hermeneutics*, 140-53.

Lull, David J. "Salvation History: Theology in 1 Thessalonians, Philemon, Philippians, and Galatians: A Response to N. T. Wright, R. B. Hays, and R. Scroggs." In Bassler, *Pauline Theology*, 1:247-65.

Lutz, Charles P. "Loving All My Creaturely Neighbors." *Trinity Seminary Review* 25 (2004): 97-105.

Lynas, Mark. *Six Degrees: Our Future on a Hotter Planet.* London: Fourth Estate, 2007.

Lyonnet, S. "L'hymne christologique de l'épitre aux Colossiens et la fête juive du nouvel an (S. Paul, Col., 1,20 et Philon, De spec.leg., 192.)." *Recherches de Science Religieuse* 48 (1960): 93-100.

MacDonald, Margaret Y. *Colossians and Ephesians.* Sacra Pagina 17. Collegeville, Minn.: Liturgical Press, 2000.

_____. *The Pauline Churches: A Socio-historical Study of Institutionalization in the Pauline and Deutero-Pauline Writings.* Society for New Testament Studies Monograph Series 60. Cambridge: Cambridge University Press, 1988.

MacIntyre, Alasdair. *After Virtue: A Study in Moral Theory.* London: Duckworth, 1981.

Maier, Harry O. "Barbarians, Scythians and Imperial Iconography in the Epistle to the Colossians." In *Picturing the New Testament: Studies in Ancient Visual Images,* edited by Annette Weissenrieder, Friederike Wendt, and Petra von Gemünden, 385-406. Wissenschaftliche Untersuchungen zum Neuen Testament 2.193. Tübingen: Mohr Siebeck, 2005.

_____. "Green Millennialism: American Evangelicals, Environmentalism, and the Book of Revelation." In Horrell, Hunt, Southgate, and Stavrakopoulou, *Ecological Hermeneutics*, 246-65.

_____. "A Sly Civility: Colossians and Empire." *Journal for the Study of the New Testament* 27(2005): 323-49.

Malherbe, Abraham J. *Paul and the Thessalonians: The Philosophic Tradition of Pastoral Care.* Philadelphia: Fortress, 1987.

Malina, Bruce J. *The New Testament World: Insights from Cultural Anthropology. Third Edition, Revised and Expanded.* Louisville, Ky.: Westminster John Knox, 2001.

Marietta Jr., Don E. *For People and the Planet: Holism and Humanism in Environmental Ethics.* Philadelphia: Temple University Press, 1994.

Marshall, I. Howard. "The Meaning of 'Reconciliation.'" In *Unity and Diversity in New Testament Theology: Essays in Honor of George E. Ladd,* edited by Robert A. Guelich, 117-32. Grand Rapids: Eerdmans, 1978.

Martin, Dale B. *The Corinthian Body.* New Haven, Conn.: Yale University Press, 1995. Sex and the Single Savior. Louisville, Ky.: Westminster John Knox, 2006.

_____. *Sex and the Single Savior.* Louisville, Ky.: Westminster John Knox, 2006.

Martin, Ralph P. *Ephesians, Colossians, and Philemon.* Interpretation: A Bible Commentary for Teaching and Preaching. Atlanta: John Knox, 1991.

_____. *Reconciliation: A Study of Paul's Theology.* Atlanta: John Knox Press, 1981.

_____. "Reconciliation and Forgiveness in the Letter to the Colossians." In *Reconciliation and Hope: New Testament Essays on Atonement and Eschatology presented to L. L. Morris on his 60th Birthday,* edited by Robert Banks, 104-24. Exeter: Paternoster, 1974.

Martyn, J. Louis. "Epistemology at the Turn of the Ages." In *Theological Issues in the Letters of Paul,* 89-110. Edinburgh: T&T Clark, 1997.

_____. "Events in Galatia: Modified Covenantal Nomism versus God's Invasion of the Cosmos in the Singular Gospel: A Response to J. D. G. Dunn and B. R. Gaventa." In Bassler, *Pauline Theology,* 1:160-79.

_____. *Galatians.* Anchor Bible 33A. New York: Doubleday, 1997.

Maslin, Mark. *Global Warming: A Very Short Introduction.* Oxford: Oxford University Press, 2004.

Matlock, R. Barry. "Detheologizing the ΠΙΣΤΙΣ ΧΡΙΣΤΟΥ Debate: Cautionary Remarks from a Lexical Semantic Perspective." *Novum Testamentum* 42. (2000): 1-23.

McAfee, Gene. "Chosen People in a Chosen Land: Theology and Ecology in the Story of Israel's Origins." In Habel and Wurst, *The Earth Story in Genesis*, 158-74.

McDaniel, Jay B. *Of God and Pelicans: A Theology of Reverence for Life.* Louisville, Ky.: Westminster John Knox, 1989.

McDonagh, Sean. *The Death of Life: The Horror of Extinction.* Blackrock, Colo.: Columba, 2004.

_____. *The Greening of the Church.* Maryknoll, N.Y.: Orbis, 1990.

_____. *Passion for the Earth.* London: Geoffrey Chapman, 1994.

McFague, Sallie. *The Body of God: An Ecological Theology.* London: SCM Press, 1993.

McGrath, Alister E. "The Stewardship of the Creation: An Evangelical Affirmation." In Berry, *Care*, 86-89.

McKibben, Bill. *The Comforting Whirlwind: God, Job, and the Scale of Creation.* Grand Rapids: Eerdmans, 1994.

McLachlan, Jason S., Jessica J. Hellmann, and Mark W. Schwartz. "A Framework for Debate of Assisted Migration in an Era of Climate Change." *Conservation Biology* 21 (2007): 297-302.

McMenamin, Mark A. S. "Gaia and Glaciation: Lipalian (Vendian) Environ mental Cri-sis." In *Scientists Debate Gaia*, edited by Stephen H. Schneider, James R. Miller, Eileen Crist, and Penelope J. Boston, 115-27. Cambridge, Mass.: MIT Press, 2004.

McMichael, Anthony J. *Planetary Overload: Global Environmental Change and the Health of the Human Species.* Cambridge: Cambridge University Press, 1995.

McNeill, John T., ed. *Calvin: Institutes of the Christian Religion.* Vol. 1, *Books I.i to III.xix.* Library of Christian Classics 20. London: SCM Press, 1960.

_____, ed. *Calvin: Institutes of the Christian Religion.* Vol. 2, *Books III.xx to IV.xx.* Library of Christian Classics 21. London: SCM Press, 1960.

Meeks, Wayne A. "The Image of the Androgyne: Some Uses of a Symbol in Earliest Christianity." *History of Religions* 13 (1974): 165-208.

_____. "The Man from Heaven in Paul's Letter to the Philippians." In *The Future of Early Christianity: Essays in Honor of Helmut Koester*, edited by B. A. Pearson, 329-36. Minneapolis: Fortress, 1991.

Mell, Ulrich. *Neue Schöpfung: Eine traditionsgeschichtliche und exegetische Studie zu einem soteriologischen Grundsatz paulinischer Theologie.* Beihefte zur Zeitschrift für die neutestamentliche Wissenschaft 56. Berlin: Walter de Gruyter, 1989.

Merz, Annette. *Die fiktive Selbstauslegung des Paulus: Intertextuelle Studien zur Intention und Rezeption der Pastoralbriefe.* Novum Testamentum et Orbis Antiquus 52. Göttingen: Vandenhoeck & Ruprecht, 2004.

Messer, Neil. *Selfish Genes and Christian Ethics: Theological and Ethical Reflections on Evolutionary Biology.* London: SCM Press, 2007.

_____. "Natural Evil after Darwin." In *Theology after Darwin*, edited by R. J. Berry and Michael Northcott, 138-54. Carlisle: Paternoster, 2010.

Metzger, Bruce M. *A Textual Commentary on the Greek New Testament.* 2nd ed. New York: United Bible Societies, 1994.

Michaels, J. Ramsey. "The Redemption of Our Body: The Riddle of Romans 8:19-22." In *Romans and the People of God*, edited by Sven K. Soderlund and N. T. Wright, 92-114. Grand Rapids: Eerdmans, 1999.

Milbank, John. *Theology and Social Theory: Beyond Secular Reason.* Oxford: Blackwell, 1990.

Mitchell, Margaret M. "Corrective Composition, Corrective Exegesis: The Teaching on Prayer in 1 Tim 2,1-15." In *Colloquium Oecumenicum Paulinum.* Vol. 18, *1 Timothy Reconsidered*, edited by Karl P. Donfried, 41-62. Leuven: Peeters, 2008.

_____. *Paul and the Rhetoric of Reconciliation.* Louisville, Ky.: Westminster John Knox, 1991.

Moltmann Jürgen. *The Way of Jesus Christ: Christology in Messianic Dimensions.* Translated by Margaret Kohl. London: SCM Press, 1990.

Moo, Douglas J. *The Epistle to the Romans.* New International Biblical Commentary on the New Testament. Grand Rapids: Eerdmans, 1996.

_____. *The Letters to the Colossians and to Philemon.* The Pillar New Testament Commentary. Grand Rapids: Eerdmans, 2008.

_____. "Nature in the New Creation: New Testament Eschatology and the Environment." *Journal of the Evangelical Theological Society* 49 (2006): 449-88.

Moule, C. F. D. *The Epistles to the Colossians and to Philemon.* The Cambridge Greek New Testament Commentary. Cambridge: Cambridge University Press, 1962

Murphy-O'Connor, Jerome. "I Cor. VIII,6: Cosmology or Soteriology?" *Revue Biblique* 85 (1978): 253-67.

_____. "Pauline Studies." *Revue Biblique* 98 (1991): 145-51.

Murray, John. *The Epistle to the Romans.* New International Commentary on the New Testament. Grand Rapids: Eerdmans, 1968.

Naess, Arne. "The Shallow and the Deep, Long-Range Ecology Movement. A Summary." *Inquiry* 16 (1972): 95-100.

Nash, James A. *Loving Nature: Ecological Integrity and Christian Responsibility.* Nashville: Abingdon, 1991.

Newman, Carey C. *Paul's Glory-Christology: Tradition and Rhetoric.* Novum Testamentum Supplement 69. Leiden: Brill, 1992.

Northcott, Michael S. *An Angel Directs the Storm: Apocalyptic Religion and American Empire.* New York: I. B. Tauris, 2004.

_____. *The Environment and Christian Ethics.* New Studies in Christian Ethics. Cambridge: Cambridge University Press, 1996.

_____. *A Moral Climate: The Ethics of Global Warming.* London: Darton, Longman, & Todd, 2007.

_____. O'Brien, Peter T. *Colossians, Philemon.* Word Biblical Commentary 44. Dallas, Tex.: Word Books, 1982.

O'Donovan, Oliver. *Resurrection and Moral Order: An Outline for Evangelical Ethics.* 2nd ed. Grand Rapids: Eerdmans, 1994.

Orr, David W. "Armageddon versus Extinction." *Conservation Biology* 19 (2005): 290-92.

Osborn, Lawrence. *Guardians of Creation: Nature in Theology and the Christian Life.* Leicester: Apollos, 1993.

Pacala, S., and R. Socolow. "Stabilization Wedges-Solving the Climate Problem for the Next 50 Years Using Current Technologies." *Science* 305 (2004): 968-72.

Palmer, Clare. "Stewardship: A Case Study in Environmental Ethics." In *The Earth Beneath: A Critical Guide to Green Theology.* Ian Ball, Margaret Goodall, Clare Palmer, and John Reader, 67-86. London: SPCK, 1992.

Pauck, Wilhelm, ed. and trans. *Luther: Lectures on Romans,* edited by John Baillie, John T. McNeill, and Henry P. Van Dusen. Library of Christian Classics 15. London: SCM Press, 1961.

Paulsen, H. "Einheit und Freiheit der Söhne Gottes-Gal 3.26-29." *Zeitschrift für die neutestamentliche Wissenschaft* 71 (1980): 74-95.

Pelikan, Jaroslav, ed. *Luther's Works.* Vol. 26, *Lectures on Galatians 1535, Chapters 1-4.* St. Louis, Mo.: Concordia, 1963.

Peters, Ted. *Playing God: Genetic Determinism and Human Freedom.* New York: Routledge, 1997.

Peters, Ted, and Martinez J. Hewlett. *Evolution from Creation to New Creation.* Nashville: Abingdon, 2003.

Pizzuto, Vincent A. *A Cosmic Leap of Faith: An Authorial, Structural, and Theological Investigation of the Cosmic Christology in Col. 1:15-20.* Biblical Exegesis and Theology 41. Leuven: Peeters, 2006.

Pokorný, Petr. *Colossians: A Commentary.* Translated by Siegfried S. Schatzmann. Peabody, Mass.: Hendrickson, 1991. German original published in 1987.

Polkinghorne, John. "Pelican Heaven." *Times Literary Supplement,* April 3, 2009.

Pollan, Michael. *The Omnivore's Dilemma.* London: Bloomsbury, 2006.

Porter, Stanley E. "Is There a Center to Paul's Theology? An Introduction to the Study of Paul and His Theology." In *Paul and His Theology*, edited by Stanley E. Porter, 1-19. Leiden: Brill, 2006.

_____. καταλλάσσω *in Ancient Greek Literature, with Reference to the Pauline Writings.* Estudios de Filología Neotestamentaría 5. Cordoba: Ediciones El Almendro, 1994.

Powell, Mark Allen. *What Is Narrative Criticism? A New Approach to the Bible.* London: SPCK, 1993.

Primavesi, Anne. *Gaia's Gift: Earth, Ourselves, and God after Copernicus.* New York: Routledge, 2003.

Prokurat, Michael. "Orthodox Perspectives on Creation." *St. Vladimir's Theological Quarterly* 33 (1989): 331-49.

Pyatt, B., G. Gilmore, J. Grattan, C. Hunt, and S. McLaren. "An Imperial Legacy? An Exploration of the Environmental Impact of Ancient Metal Mining and Smelting in Southern Jordan." *Journal of Archaeological Science* 27 (2000): 771-78.

Räisänen, Heikki. *Paul and the Law.* Wissenschaftliche Untersuchungen zum Neuen Testament 29. Tübingen: Mohr Siebeck, 1983.

Regan, Tom. *The Case for Animal Rights.* London: Routledge, 1988.

Rehman, Luzia Sutter. "To Turn the Groaning into Labor: Romans 8.22-23." In *A Feminist Companion to Paul*, edited by Amy-Jill Levine and Marianne Bickenstaff, 74-83. Cleveland, Ohio: Pilgrim, 2004.

Resch, Alfred. *Der Paulinismus und die Logia Jesu in ihrem gegenseitigen Verhältnis.* Texte und Untersuchungen 12. Leipzig: Hinrichs, 1904.

Reumann, John. *Philippians: A New Translation with Introduction and Commentary.* Anchor Bible 33B. New Haven, Conn.: Yale University Press, 2008.

_____. *Stewardship and the Economy of God.* Grand Rapids: Eerdmans, 1992.

Rogerson, J. W. "The Creation Stories: Their Ecological Potential and Problems." In Horrell, Hunt, Southgate, and Stavrakopoulou, *Ecological Hermeneutics*, 21-31.

Rolston III, Holmes. "Disvalues in Nature." *The Monist* 75 (1992): 250-78.

_____. *Environmental Ethics: Duties to and Values in the Natural World.* Philadelphia: Temple University Press, 1988.

_____. "Naturalizing and Systematizing Evil." In *Is Nature Ever Evil?* edited by Willem B. Drees, 67-86. New York: Routledge, 2003.

_____. *Science and Religion: A Critical Survey.* 1987. Reprint, Philadelphia: Templeton Foundation, 2006.

Roose, Hanna. "Die Hierarchisierung der Leib-Metapher im Kolosser- und Epheserbrief als 'Paulinisierung': Ein Beitrag zur Rezeption Paulinischer Tradition in Pseudo-paulinischen Briefen" *Novum Testamentum* 47 (2005): 117-41.

Rosner, Brian S. *Greed as Idolatry: The Origin and Meaning of a Pauline Metaphor.* Grand Rapids: Eerdmans, 2007.

————. *Paul, Scripture, and Ethics: A Study of 1 Corinthians 5-7.* Leiden: Brill, 1994.

Ruether, Rosemary Radford. *Gaia and God: An Ecofeminist Theology of Earth Healing.* London: SCM Press, 1992.

————. *Sexism and God-Talk: Towards a Feminist Theology.* London: SCM Press, 1983.

Runia, David T. *Philo in Early Christian Literature: A Survey.* Compendia Rerum Iudiacarum ad Novum Testamentum. Section III: Jewish Traditions in Early Christian Literature 3. Minneapolis: Fortress, 1993.

Russell, Colin A. *The Earth, Humanity, and God.* London: University College London, 1994.

Russell, David M. *The "New Heavens and New Earth." Hope for the Creation in Jewish Apocalyptic and the New Testament.* Studies in Biblical Apocalyptic Literature 1. Philadelphia: Visionary, 1996.

Russell, Robert J. *Cosmology: From Alpha to Omega.* Minneapolis: Fortress, 2008.

————. "Entropy and Evil." *Zygon* 18 (1984): 449-68.

Sampley, J. Paul. *Walking between the Times: Paul's Moral Reasoning.* Minneapolis: Fortress, 1991.

Sanday, William, and Arthur C. Headlam. *A Critical and Exegetical Commentary on the Epistle to the Romans.* 5th ed. The International Critical Commentary. Edinburgh: T&T Clark, 1905.

Sanders, E. P. *Jesus and Judaism.* London: SCM Press, 1985.

————. *Paul.* Oxford: Oxford University Press, 1991.

————. *Paul and Palestinian Judaism: A Comparison of Patterns of Religion.* London: SCM Press, 1977.

Sanders, Jack T. *The New Testament Christological Hymns.* Society for New Testament Studies Monograph Series 15. Cambridge: Cambridge University Press, 1971.

Santmire, H. Paul. *Nature Reborn. The Ecological and Cosmic Promise of Christian Theology.* Minneapolis: Fortress, 2000.

Schillebeeckx, Edward. *Christ: The Christian Experience in the Modern World.* Translated by John Bowden. 1977. Reprint, London: SCM Press, 1988.

Schmemann, Alexander. *The World as Sacrament.* 1965. Reprint, London: Darton, Longman, & Todd, 1966.

Schnelle, Udo. *Apostle Paul: His Life and Theology.* Translated by M. Eugene Boring. 2003. English version, Grand Rapids: Baker Academic, 2005.

Schrage, Wolfgang. "Bibelarbeit über Röm 8,19-23." In *Versöhnung mit der Natur,* edited by Jürgen Moltmann, 150-66. Munich: Kaiser, 1986.

————. *The Ethics of the New Testament.* Translated by David E. Green. Edinburgh:

T&T Clark, 1988.

Schreiner, Thomas R. *Romans.* Baker Academic Commentary on the New Testament. Grand Rapids: Baker Academic, 1998.

Schweitzer, Albert. *The Mysticism of Paul the Apostle.* 2nd ed. 1931. Reprint, London: A&C Black, 1953.

_____. *The Quest of the Historical Jesus.* 1913. New ed., edited by John Bowden. London: SCM Press, 2000.

Schweizer, Eduard. *The Letter to the Colossians.* Translated by Andrew Chester. 1976, Reprint, London: SPCK, 1982.

Scott, Alan. *Origen and the Life of the Stars.* 1991. Reprint, Oxford: Oxford University Press, 1994.

Scott, Martin. *Sophia and the Johannine Jesus.* Journal for the Study of the New Testament Supplement 71. Sheffield: Sheffield Academic Press, 1992.

Scott, R. B. Y. "Wisdom in Creation: The ʾamôn of Proverbs VIII 30." *Vetus Testamentum* 10 (1960): 213-23.

Scroggs, Robin. "Paul and the Eschatological Woman." *Journal of the American Academy of Religion* 40 (1972): 283-303.

_____. "Salvation History: The Theological Structure of Paul's Thought (1 Thessalonians, Philippians, and Galatians)." In Bassler, *Pauline Theology,* 1:212-26.

Segovia, Fernando F., and Mary Ann Tolbert. *Reading from This Place.* 2 vols. Minneapolis: Fortress, 1995.

Şenocak, Nesliha. "The Franciscan Order and Natural Philosophy in the Thirteenth Century: A Relationship Redefined." *Ecotheology* 7 (2003): 113-25.

Seymour, John, and Herbert Girardet. *Far from Paradise: The Story of Human Impact on the Environment.* London: Green Planet, 1990.

Shuster, Marguerite. "The Redemption of the Created Order: Sermons on Romans 8:18-25." In *The Redemption,* edited by Stephen T. David, Daniel Kendall, and Gerald O'Collins, 321-42. New York: Oxford University Press, 2004.

Sibley, Andrew. *Restoring the Ethics of Creation: Challenging the Ethical Implications of Evolution.* Camberley: Anno Mundi Books, 2005.

Sideris, Lisa. "Writing Straight with Crooked Lines: Holmes Rolston's Ecological Theology and Theodicy." In *Nature, Value, Duty: Life on Earth with Holmes Rolston, III,* edited by Christopher J. Preston and Wayne Ouderkirk, 77-101. Dordrecht: Springer, 2007.

Sittler, Joseph. "Called to Unity." In *Evocations of Grace: The Writings of Joseph Sittler on Ecology, Theology, and Ethics,* edited by Steven Bouma-Prediger and Peter Bakken, 38-50. Grand Rapids: Eerdmans, 2000. Essay was originally published in 1962.

_____. *Essays on Nature and Grace.* Philadelphia: Fortress, 1972.

_____. "A Theology for Earth." In E*vocations of Grace: The Writings of Joseph Sittler on Ecology, Theology, and Ethics,* edited by Steven Bouma-Prediger and Peter Bakken, 20-31. Grand Rapids: Eerdmans, 2000. Essay was originally published in 1954.

Smith, Ian K. *Heavenly Perspective: A Study of the Apostle Paul's Response to a Jewish Mystical Movement at Colossae.* Library of New Testament Studies 326. New York: T&T Clark, 2006.

Sobosan, Jeffrey G. *Romancing the Universe: Theology, Science and Cosmology.* Grand Rapids: Eerdmans, 1999.

Southgate, Christopher. "Environmental Ethics and the Science-Religion Debate: A British Perspective on Barbour." In *Fifty Years in Science and Religion: Ian G. Barbour and His Legacy,* edited by Robert J. Russell, 239-48. Aldershot: Ashgate, 2004.

_ _ _, ed. *God, Humanity, and the Cosmos: A Companion to the Science-Religion Debate.* Rev. ed. New York: T&T Clark, 2005.

_____. *The Groaning of Creation: God, Evolution, and the Problem of* Evil. Louisville, Ky.: Westminster John Knox, 2008.

_____. "The New Days of Noah? Assisted Migration as an Ethical Imperative in an Era of Climate Change." In *Creaturely Theology,* edited by Celia Deane Drummond and David Clough, 249-65. London: SCM Press, 2009.

_____. "Protological and Eschatological Vegetarianism." In *Eating and Believing: Interdisciplinary Perspectives on Vegetarianism and Theology,* edited by Rachel Muers and David Grumett, 247-65. New York: T&T Clark, 2008.

_____. "Re-reading Genesis, John, and Job: A Christian's Response to Darwinism." *Zygon* 46 (2011): 370-395.

_____. "Stewardship and its Competitors: A Spectrum of Relationships between Humans and the Non-Human Creation." In *Environmental Stewardship: Critical Perspectives, Past and Present,* edited by R. J. Berry, 185-95. New York: T&T Clark, 2006.

Southgate, Christopher, and Andrew Robinson. "Varieties of Theodicy: An Exploration of Responses to the Problem of Evil Based on a Typology of Good-Harm Analyses." In *Physics and Cosmology: Scientific Perspectives on the Problem of Evil in Nature,* edited by Nancey Murphy, Robert J. Russell, and William Stoeger SJ, 69-90. Berkeley: CTNS, 2007.

Southgate, Christopher, Cherryl Hunt, and David G. Horrell. "Ascesis and Assisted Migration: Responses to the Effects of Climate Change on Animal Species." *European Journal of Science and Theology* 4.2 (2008): 99-111.

Steck, Odil Hannes. *Welt und Umwelt.* Biblische Konfrontationen. Stuttgart: Kohlhammer, 1978.

Stendahl, Krister. "The Apostle Paul and the Introspective Conscience of the West." *Harvard Theological Review* 56 (1963): 199-221. Reprinted in Stendahl, *Paul among*

Jews and Gentiles.

———. Paul among Jews and Gentiles. Philadelphia: Fortress, 1976.

Stettler, Christian. *Der Kolosserhymnus: Untersuchungen zu Form, traditionsgeschicht lichem Hintergrund und Aussage von Kol 1, 15-20*. Wissenschaftliche Unter suchungen zum Neuen Testament 2.131. Tübingen: Mohr Siebeck, 2000.

Still, Todd D. "Eschatology in Colossians: How Realized Is It?" *New Testament Studies* 50 (2004): 125-38.

Stowers, Stanley K. *A Rereading of Romans: Justice, Jews, and Gentiles*. New Haven, Conn.: Yale University Press, 1994.

Strandberg, Todd. "Bible Prophecy and Environmentalism." http://www .raptureready. com/rr-environmental.html (accessed December 18, 2007).

Strickland, Spencer. "Beware of Global Warming! (2 Peter 3:6-7)." http://jer emiahdan-ielmccarver.wordpress.com/2008/08/07/beware-of-global-warming-2-peter-36-7 (accessed April 2, 2009).

Stroup, George W. *The Promise of Narrative Theology*. 1981. Reprint, London: SCM Press, 1984.

Swartley, Willard M. *Covenant of Peace: The Missing Peace in New Testament Theology and Ethics*. Grand Rapids: Eerdmans, 2006.

Tanner, Kathryn. "Eschatology and Ethics." In *The Oxford Companion to Theological Ethics*, edited by Gilbert Meilaender and William Werpehowski, 41-56. Oxford: Oxford University Press, 2007.

———. "Eschatology without a Future?" In *The End of the World and the Ends of God*, edited by John Polkinghorne and Michael Welker, 222-37. Harrisburg: Trinity, 2000.

Thielicke, Helmut. *Theological Ethics*. Vol. 1, *Foundations*. Abridged and translated ed. Translated by William H. Lazareth. Grand Rapids: Eerdmans, 1966.

Thiselton, Anthony C. *New Horizons in Hermeneutics: The Theory and Practice of Transforming Biblical Reading*. Grand Rapids: Zondervan, 1992.

Thompson, G. H. P *The Letters of Paul to the Ephesians, to the Colossians, and to Philemon*. Cambridge Bible Commentary. Cambridge: Cambridge University Press, 1967.

Thompson, John B. *Studies in the Theory of Ideology*. Cambridge: Polity, 1984.

Thompson, Marianne Meye. *Colossians & Philemon*. Two Horizons New Testament Commentary. Grand Rapids: Eerdmans, 2005.

Thrall, Margaret E. *A Critical and Exegetical Commentary on the Second Epistle to the Corinthians I-VII*. Vol. 1. International Critical Commentary. Edinburgh: T&T Clark, 1994.

Tomson, Peter J. *Paul and the Jewish Law: Halakha in the Letters of the Apostle to the Gentiles*. Minneapolis: Fortress, 1990.

Tonstad, Sigve. "Creation Groaning in Labor Pains." In Habel and Trudinger, *Exploring Ecological Hermeneutics*, 141-49.

Toolan, Michael J. *Narrative: A Critical Linguistic Introduction*. 2nd ed. New York: Routledge, 2001.

Torrance, Thomas F. *Divine and Contingent Order*. Oxford: Oxford University Press, 1981.

Towner, W. Sibley. "The Future of Nature." *Interpretation* 50 (1996): 27-35.

Tracy, Mark. "The Ronald Reagan Years-The Real Reagan Record: Environment." http://www.geocities.com/thereaganyears/environment.htm (accessed January 2007).

Trebilco, Paul. "The Goodness and Holiness of the Earth and the Whole Creation (I Timothy 4.1-5)." In Habel, *Readings*, 204-20.

Trible, Phyllis. *God and the Rhetoric of Sexuality*. London: SCM Press, 1978.

————. *Texts of Terror: Literary-Feminist Readings of Biblical Narratives*. Philadelphia: Fortress, 1984.

Tucker, Gene M. "Rain on a Land Where No One Lives: The Hebrew Bible on the Environment." *Journal of Biblical Literature* 116 (1997): 3-17.

Turner, Marie. "God's Design: The Death of Creation? An Ecojustice Reading of Romans 8.18-30 in the Light of Wisdom 1-2." In Habel and Wurst, *Wisdom Traditions*, 168-78.

Tyrrell, George. *Christianity at the Crossroads*. London: Longmans, Green & Co., 1910.

Vaage, Leif E., and Vincent L. Wimbush, eds. *Asceticism and the New Testament*. New York: Routledge, 1999.

van Kooten, George H. *Cosmic Christology in Paul and the Pauline School: Colossians and Ephesians in the Context of Graeco-Roman Cosmology with a New Synopsis of the Greek Texts*. Wissenschaftliche Untersuchungen zum Neuen Testament 2.171. Tübingen: Mohr Siebeck, 2003.

Verhey, Allen. *The Great Reversal: Ethics and the New Testament*. Grand Rapids: Eerdmans, 1984.

Vischer, Lukas. "Listening to Creation Groaning: A Survey of Main Themes of Creation Theology." In *Listening to Creation Groaning: Report and Papers from a Consultation on Creation Theology Organised by the European Christian Environmental Network at the John Knox International Reformed Center from March 28 to April 1st 2004*, edited by Lukas Vischer, 11-31. Geneva: Centre inter national réformé John Knox, 2004.

Vögtle, Anton. "Röm 8,19-22: Eine Schöpfungstheologische oder anthropol ogisch-soteriologische Aussage?" In *Mélanges bibliques en hommage au R. P. Béda Rigaux*, edited by Albert Descamps and André de Halleux, 351-66. Gembloux, Belgium: Duculot, 1970.

Volf, Miroslav. *Exclusion and Embrace: A Theological Exploration of Identity, Otherness, and Reconciliation.* Nashville: Abingdon, 1996.

von Balthasar, Hans Urs. *The Glory of the Lord: A Theological Aesthetics.* Vol. 6, *Theology: The Old Covenant.* Edited by John Riches. Translated by Brian McNeil and Erasmo Merikakis. Edinburgh: T&T Clark, 1991.

_____. *The Glory of the Lord: A Theological Aesthetics.* Vol. 7, *Theology: The New Covenant.* Edited by John Riches. Translated by Brian McNeil. San Francisco: Ignatius Press, 1989.

Waaler, Erik. *The Shema and the First Commandment in First Corinthians: An Intertextual Approach to Paul's Re-reading of Deuteronomy.* Wissenschaftliche Untersuchungen zum Neuen Testament 2.253. Tübingen: Mohr Siebeck, 2008.

Wainwright, Elaine. "Which Intertext? A Response to 'An Ecojustice Challenge: Is Earth Valued in John 1?'" In Habel and Balabanski, *The Earth Story in the New Testament*, 83-88.

Wallace, Howard N. "Rest for the Earth? Another Look at Genesis 2.1-3." In Habel and Wurst, *The Earth Story in Genesis*, 49-59.

Walsh, Brian J., and Sylvia C. Keesmaat. *Colossians Remixed: Subverting the Empire.* 2004. UK edition, Milton Keynes: Paternoster, 2005.

Walter, Nikolaus. "Gottes Zorn und das 'Harren der Kreatur.' Zur Korrespondenz zwischen Römer 1,18-32 und 8,19-22." In *Christus Bezeugen. Festschrift für Wolfgang Trilling zum 65. Geburtstag,* edited by Karl Kertelge, Traugott Holtz, and Claus-Peter März, 218-26. Leipzig: St. Benno, 1989.

Ward, Keith. "Cosmos and Kenosis." In *The Work of Love: Creation as Kenosis,* edited by John Polkinghorne, 152-66. Grand Rapids: Eerdmans, 2001.

Watson, Francis. "Hermeneutics and the Doctrine of Scripture: Why They Need Each Other." *International Journal of Systematic Theology* 12 (2010): 188-43

_____. "Is There a Story in These Texts?" In Longenecker, *Narrative Dynamics in Paul*, 231-39.

_____. *Paul and the Hermeneutics of Faith.* New York: T&T Clark (2004)

_____. "Strategies of Recovery and Resistance: Hermeneutical Reflections on Genesis 1-3 and its Pauline Reception." *Journal for the Study of the New Testament* 45 (1992): 79-103.

_____. *Text, Church, and World: Biblical Interpretation in Theological Perspective.* Edinburgh: T&T Clark, 1994.

Webb, Stephen H. *Good Eating.* Grand Rapids: Brazos, 2001.

Weisman, Alan. *The World without Us.* London: Virgin Books, 2007.

Wenham, David. *Paul: Follower of Jesus or Founder of Christianity?* Grand Rapids: Eerdmans, 1995.

Wesley, John. *The Works of the Rev. John Wesley, A. M.* 3rd ed. Vol. 6. London: John Mason, 1829.

Westerholm, Stephen. *Perspectives Old and New on Paul: The "Lutheran" Paul and His Critics*. Grand Rapids: Eerdmans, 2004.

White Jr., Lynn. "The Historical Roots of our Ecologic Crisis." *Science* 155 (1967): 1203-7.

Wildman, Wesley J. "Incongruous Goodness, Perilous Beauty, Disconcerting Truth: Ultimate Reality and Suffering in Nature." In *Physics and Cosmology: Scientific Perspectives on the Problem of Evil in Nature*, edited by Nancey Murphy, Robert J. Russell, and William Stoeger SJ, 267-94. Berkeley: Center for Theology and Natural Science, 2007.

Wilkinson, Loren. "New Age, New Consciousness, and the New Creation." In *Tending the Garden*, edited by Wesley Granberg-Michaelson, 6-29. Grand Rapids: Eerdmans, 1987.

Wilkinson, Loren, Peter DeVos, Calvin B. DeWitt, Eugene Dykema, Vernon Ehlers, Derk Pereboom, and Aileen Van Beilen. *Earthkeeping: Christian Stewardship of Natural Resources*. Grand Rapids: Eerdmans, 1980.

Wilkinson, Loren, Peter De Vos, Calvin B. DeWitt, Eugene Dykema, and Vernon Ehlers. *Earthkeeping in the Nineties: Stewardship of Creation*. Rev. ed. Grand Rapids: Eerdmans, 1991.

Wilson, R. McL. *A Critical and Exegetical Commentary on Colossians and Philemon*. The International Critical Commentary. New York: T&T Clark, 2005.

Wilson, Walter T. *The Hope of Glory: Education and Exhortation in the Epistle to the Colossians*. Novum Testamentum Supplement 88. Leiden: Brill, 1997.

Wink, Walter. *Engaging the Powers*. Minneapolis: Fortress, 1992.

Witherington III, Ben. *Paul's Narrative Thought World: The Tapestry of Tragedy and Triumph*. Louisville, Ky.: Westminster John Knox, 1994.

_____. *Women and the Genesis of Christianity*. Cambridge: Cambridge University Press, 1990.

_____. *Women in the Earliest Churches*. Society for New Testament Studies Monograph Series 59. Cambridge: Cambridge University Press, 1988.

Wrede, W. *Paul*. Translated by Edward Lumin. London: Philip Green, 1907.

Wright, N. T. *The Climax of the Covenant*. Edinburgh: T&T Clark, 1991.

_____. *The Epistles of Paul to the Colossians and to Philemon*. Tyndale New Testament Commentaries. Leicester: InterVarsity, 1986.

_____. *Evil and the Justice of God*. Downers Grove, Ill.: InterVarsity, 2006.

_____. *Jesus and the Victory of God*. London: SPCK, 1996.

_____. "Jesus Is Coming-Plant a Tree." In *The Green Bible*, 1-72-1-85.

_____. "The Letter to the Romans." In *The New Interpreter's Bible, Vol. 10*, edited by Leander E. Keck, 393-770. Nashville: Abingdon, 2002.

_____. *New Heavens, New Earth: The Biblical Picture of Christian Hope*. Cambridge: Grove, 1999.

_____. *The New Testament and the People of God*. London: SPCK, 1992.

_____. *The Resurrection of the Son of God*. London: SPCK, 2003.

Yates, Roy. *The Epistle to the Colossians*. Epworth Commentaries. London: Epworth, 1993

Young, Frances. The Art of Performance Towards a Theology Scripture. London: Darton, Longman & Todd, 1990.

Young, Frances, and David F. Ford. Meaning and Truth in 2 Corinthians. London: SPCK, 1987.

Young, Richard Alan. *Is God a Vegetarian? Christianity, Vegetarianism, and Animal Rights*. Chicago: Open Court, 1999.

Ziesler, John. *Paul's Letter to the Romans*. London: SCM Press,1989.

Zimmermann, Ruben. "Jenseits von Indikativ und Imperativ. Entwurf einer 'impliziten Ethik' des Paulus am Beispiel des 1. Korintherbriefes." *Theologische Literaturzeitung* 132 (2007): 259-84.